Markus K. Weiss

Rechtsfähigkeit, Parteifähigkeit und Haftungsordnung der BGB-Gesellschaft nach dem Grundlagenurteil des Bundesgerichtshofs vom 29.01.2001

WÜRZBURGER
RECHTSWISSENSCHAFTLICHE SCHRIFTEN

herausgegeben
von

der Juristischen Fakultät der Universität Würzburg

Band 58

ERGON VERLAG

Markus K. Weiss

Rechtsfähigkeit, Parteifähigkeit und Haftungsordnung der BGB-Gesellschaft nach dem Grundlagenurteil des Bundesgerichtshofs vom 29.01.2001

ERGON VERLAG

Bibliografische Information Der Deutschen Bibliothek

Die Deutsche Bibliothek verzeichnet diese Publikation
in der Deutschen Nationalbibliografie;
detaillierte bibliografische Daten sind im Internet
über http://dnb.ddb.de abrufbar.

www.ergon-verlag.de

Printed in Germany
ISSN 1432-0339
ISBN 3-89913-456-7

Meinen Eltern und meiner Ehefrau Judith
in Liebe und Dankbarkeit gewidmet

Vorwort

Die vorliegende Arbeit wurde im Sommersemester 2005 von der Juristischen Fakultät der Bayerischen Julius-Maximilians-Universität Würzburg als Dissertation angenommen. Das Promotionsverfahren wurde mit der mündlichen Prüfung am 22. Juni 2005 abgeschlossen.

Der Inhalt dieser Arbeit verkörpert den Stand von April 2005. Spätere Veröffentlichungen oder Gerichtsurteile konnten nicht berücksichtigt werden.

Mein besonderer Dank gilt meinem verehrten Doktorvater Herrn Prof. Dr. Frank Weiß, auf dessen Anregung das Thema dieser Arbeit basiert. Besonders hervorzuheben sind seine ständige Bereitschaft zur fachlichen Diskussion und seine im richtigen Moment geäußerte Kritik zur Vermeidung falscher Weichenstellungen. Für die Möglichkeit der Teilnahme an seinen Lehrveranstaltungen – insbesondere auf dem Gebiet der Wahlfachgruppe FGG/Insolvenzrecht – während seiner Tätigkeit an der Universität Würzburg danke ich ihm sehr herzlich. Diese Jahre haben mich juristisch geprägt und werden mir stets in guter Erinnerung bleiben.

Dem Zweitgutachter Herrn Prof. Dr. Manfred Just danke ich für die zügige und wohlwollende Begutachtung.

Für ihren jeweiligen Beitrag zum Gelingen dieses Promotionsvorhabens danke ich Frau StD Dr. Roßwitha Raufuß und Herrn StA Dr. Stefan Tratz.

Kahl am Main, im Juni 2005
Markus K. Weiss

Inhaltsverzeichnis

14

Einleitung

§ 1 Problemstellung

Das „Grundlagenurteil"[1] des BGH vom 29.01.2001[2] kommt beinahe einer Revolution im BGB-Gesellschaftsrecht gleich. Wer glaubte, das Verständnis der BGB-Gesellschaft und des ihr zugrundliegenden BGB-Gesellschaftsrecht sei in seinen Grundzügen mit Erlass der – seit diesem Zeitpunkt weitgehend unverändert gebliebenen – §§ 705 ff. BGB ein für allemal festgeschrieben worden, wird angesichts dieses Urteils eines Besseren belehrt. Im Lichte des Grundlagenurteils des II. Zivilsenats vom 29.01.2001 erscheint die BGB-Gesellschaft in einem völlig anderen Gewand als vorher. Kein anderes höchstrichterliches Urteil hat – in der über 100-jährigen Geschichte der BGB-Gesellschaft – jemals zu derart umfassenden und tief greifenden Konsequenzen für das heutige

- materiellrechtliche (Rechtsfähigkeit),
- prozessrechtliche (Parteifähigkeit) und
- haftungsrechtliche (Akzessorietätstheorie)

Verständnis der BGB-Gesellschaft geführt.

Der diesem Urteil zugrunde liegende Paradigmenwechsel beruht auf der seit Anfang der Siebzigerjahre des 20. Jahrhunderts einsetzenden Grundlagenforschung über das Prinzip der Gesamthand und die Rechtsnatur der BGB-Gesellschaft. Angesichts der hohen rechtstatsächlichen Bedeutung und der vielfältig differenzierten Erscheinungsformen der BGB-Gesellschaft in der Rechtspraxis ist es auffallend, dass die BGB-Gesellschaft – bis in die Siebzigerjahre des 20. Jahrhunderts – im juristischen Diskurs eher ein Schattendasein geführt hat. Erst mit der zunehmenden Bedeutung der BGB-Gesellschaft für das Berufs- und Wirtschaftsleben rückte diese Gesellschaftsform in den Blickpunkt des (rechtswissenschaftlichen) Interesses. Mit der fortschreitenden wirtschaftlichen Entwicklung wuchs der Bedarf an spezifischen Gesellschaftsformen, die auf die gestiegenen Anforderungen des wirtschaftlichen Rechtsverkehrs flexibel reagierten und sich als systemkompatibel erwiesen. Aufgrund der Offenheit und Elastizität ihrer gesetzlichen Regelungen spielte die BGB-Gesellschaft im Bereich der Organisation wirtschaftlicher Einheiten immer häufiger eine entscheidende Rolle.

---

[1]   Schmidt, NJW 2001, S. 993.
[2]   BGH, Urt. v 29.01.2001 – II ZR 331/00, BGHZ 146, S. 341 ff. = NJW 2001, S.1056 ff.

Im Jahre 1972 „entdeckte" Flume – nach Otto von Gierkes wissenschaftlichen Grundlagenarbeiten im 19. Jahrhundert – die eigentliche Tragweite des der BGB-Gesellschaft zugrunde liegenden, jahrhundertealten Gesamthandsprinzips: als eine nicht nur schuldrechtliche Verbindung von Gesellschaftern, sondern als verbandsrechtliches beziehungsweise organisationsrechtliches Phänomen unserer geltenden Rechtsordnung.

Im Anschluss an Flume setzte in der Rechtswissenschaft ein reger wissenschaftlicher Diskurs über die Frage der Rechtsnatur und des Wesens der – in den §§ 705 ff. BGB normierten – Gesellschaft bürgerlichen Rechts ein. Die dogmatischen Vorüberlegungen Flumes legten die Grundlage für eine neue – als sog. „Gruppentheorie" bezeichnete – wissenschaftliche Strömung im Gesellschaftsrecht.

Die Rechtsprechung und der überwiegende Teil der rechtswissenschaftlichen Literatur hielten zunächst weiterhin an dem überkommenen Verständnis der Gesamthand als einem schuldrechtlichem, lediglich der Vermögenszuordnung dienenden, Phänomen fest. Diese als „individualistische Theorie" bezeichnete Vorstellung prägt das Verständnis der BGB-Gesellschaft vereinzelt noch bis in unsere Tage.

Die – auf Flume zurückgehende – „Gruppentheorie" wurde in der Rechtswissenschaft weiter entwickelt und stieß bisweilen auf heftige Kritik. Gleichwohl konnte sich diese Theorie im gesellschaftsrechtlichen Schrifttum allmählich durchsetzen und dürfte in der letzten Dekade des 20. Jahrhunderts als die herrschende Meinung anzusehen sein.

Ganz behutsam tastete sich auch die Rechsprechung an diese neu entdeckte und weiter entwickelte Strömung in der rechtswissenschaftlichen Literatur heran. Bis zum Grundlagenurteil des BGH vom 29.01.2001 vermied sie jedoch regelmäßig eindeutige Bekenntnisse. Nicht zuletzt deswegen, sticht das Grundlagenurteil durch seine klaren dogmatischen Aussagen besonders hervor.

Im Rahmen der vorliegenden Arbeit soll umfassend auf rechtsmethodische, rechtsdogmatische und rechtspraktische Aspekte dieses Grundlagenurteils eingegangen werden.

§ 2 Gang der Darstellung

Im Mittelpunkt der Untersuchung steht das Grundlagenurteil des BGH vom 29.01.2001. Zunächst ist aber in den ersten beiden Teilen der Arbeit die Ausganglage im BGB-Gesellschaftsrecht zu klären. Die Bedeutung des Grundlagenurteils kann nicht ohne Kenntnis über den Hintergrund der gesetzlichen Regelungen (1. Teil der Arbeit) und die Entwicklung des BGB-

Gesellschaftsrechts – und zwar in materiellrechtlicher, prozessrechtlicher und haftungsrechtlicher Hinsicht – ermittelt werden (2. Teil der Arbeit).

Mit dem Grundlagenurteil selbst, dessen Aussagen und dessen Begründungen beschäftigt sich der dritte Teil der Arbeit. Zunächst werden verfahrensrechtliche Aspekte des Urteils beleuchtet. Im Anschluss werden dann die drei zentralen Aussagen und Ergebnisse des Urteils – die Rechtsfähigkeit, die Parteifähigkeit und die akzessorische Haftung der Gesellschafter – unter rechtsmethodischen Gesichtspunkten gewürdigt. Ferner schließt sich jeweils eine rechtspolitische Bewertung der Resultate an.

In einem vierten Teil wird auf die Konsequenzen aus dem Grundlagenurteil eingegangen. In einem ersten Abschnitt geht es um den unmittelbaren Kernbereich des Grundlagenurteils, in einem zweiten Abschnitt wird auf die Folgewirkungen desselben eingegangen. Eine Zusammenfassung der wichtigsten Ergebnisse rundet die Untersuchung ab.

1. Teil
Zur Ausgangslage der BGB-Gesellschaft

§ 1 *Die Ursprünge des Rechts der BGB-Gesellschaft*

I. *Vorbemerkung*

Zwei starke Strömungen haben das Recht der BGB-Gesellschaft geprägt: Das römische und das germanische Personengesellschaftsrecht. Durch die Rezeption des römischen Rechts im 15. und 16. Jahrhundert[1] dominierte zunächst die römische Doktrin über Jahrhunderte hinweg das Gesellschafts- und Gemeinschaftsrecht im germanischen Sprachraum[2], wohingegen das germanische Prinzip der Gemeinschaft zur gesamten Hand erst seit der Mitte des 19. Jahrhunderts wieder an Bedeutung gewann[3].

II. *Die* societas *des römischen Rechts*

Im Mittelpunkt der römischen Doktrin von der Personengesellschaft stand die *societas*. Sie war als klassische Erwerbsgesellschaft „die Spätform des zu rein vermögensrechtlichen Gestaltungszwecken nachgeformten personalen Hausverbandes"[4]. Grundlage dieser Gesellschaft bildete ein Gesellschaftsvertrag, der vertragliche Zusammenschluss mehrerer Personen, um einen gemeinsamen Zweck mit gemeinsamen Mitteln zu fördern.[5] Die *societas* war keine Körperschaft mit Rechtssubjektivität, sondern vielmehr ein Vertragsverhältnis, das zwischen den Gesellschaftern nur schuldrechtliche Verpflichtungen erzeugte.[6] Demgemäß hatte die *societas* bloße Innenwirkung und trat nach außen, anders als eine juristische Person, nicht als selbständige Einheit auf.[7] Eine organschaftliche Vertretung war diesem Rechtsinstitut

---

[1] Einen umfassenden Überblick zur Rezeption des römischen Rechts in Deutschland gibt Laufs, Rechtsentwicklungen in Deutschland, S. 45 ff.

[2] Hübner, Grundzüge des deutschen Privatrechts, 171 f.; von Gierke, Deutsches Privatrecht, Bd. I, S. 668.

[3] Buchda, Geschichte und Kritik der deutschen Gesamthandlehre, S. 31.; Buchda, HRG, Bd. I, Sp. 1590; von Gierke, Deutsches Privatrecht, Bd. I, S. 663 u. 668.

[4] Wieacker, Societas: Hausgemeinschaft und Erwerbsgesellschaft, Bd. I, S. 8; zum Ursprung und zur Geschichte der Societas vgl. auch S. 24 ff.

[5] Kaser, Römisches Privatrecht, S. 86, 205.

[6] MünchHdb.GesR. I/Schücking, § 1 Rn. 37; Mugdan, Materialien zum Bürgerlichen Gesetzbuch, Band II, S. 1259.

[7] Kaser, Römisches Privatrecht, S. 86, 206; Jörs/Kunkel/Wenger, Römisches Privatrecht, S. 242; Jörs/Honsell, Römisches Recht, S.332.

fremd: Wenn ein Gesellschafter für die Gesellschaft handelte, traten die Wirkungen seiner Rechtsgeschäfte daher zunächst nur in seiner eigenen Person ein und mussten dann erst auf die übrigen Gesellschafter übertragen werden.[8] Wenn durch Beiträge der Gesellschafter ein „Gesellschaftsvermögen" gebildet wurde, gehörte dies nicht der Gesellschaft als verselbständigter Einheit, sondern allen Teilhabern – als Miteigentümern – nach Bruchteilen. In diesem Fall bestand dann neben der schuldrechtlichen Gesellschaft (*societas*) noch eine sachenrechtliche Gemeinschaft (*communio*).[9]

III. Die „Gesamthand" des germanischen Rechts

1. Vorbemerkung

Im germanischen Recht hatte sich eine andere Form von Gemeinschaftsverhältnis gebildet, das nicht etwa nur eine Modifikation der Grundsätze der *societas* war, sondern von einem strukturell anderen Rechtsprinzip ausging, dem Prinzip der Gesamthand.[10] Bereits im Mittelalter trat die Gesamthand in Erscheinung und diente der mehrheitlichen Vermögenszuordnung bei kleineren Personengemeinschaften, insbesondere bei der ehelichen Gütergemeinschaft, bei der Erbverbrüderung und bei der Lehensgemeinschaft.[11]

2. Charakteristikum der Gesamthand

Als Gesamthand bezeichnete man eine Mehrheit von Menschen, die nicht als Einzelne, sondern zusammen als Träger von Vermögensrechten und Pflichten erschienen.[12] Das eigentliche Charakteristikum der Gesamthand bestand darin, dass mehrere Personen mit „gesamter Hand", d. h. gemeinsam, handelten. Symbolisch wurde dieses Verhältnis dadurch dargestellt, „dass die Mitberechtigten ihre Hände in einander verschlingen und so 'coniuncta manu' über den gemeinschaftlichen Gegenstand verfügen"[13]. Unter Zurückdrängung des individualistischen Gestaltungsprinzips wurde somit eine Gemeinschaftssphäre – eine stärkere Bindung unter den Mitgliedern –

---

8   Kaser, Römisches Privatrecht, S. 86; Jörs/Honsell, Römisches Recht, S. 333.
9   Kaser, Römisches Privatrecht, S. 86; Jörs/Honsell, Römisches Recht, S. 332.
10   Staudinger/Keßler, 12. Aufl., Vorbem. zu § 705 Rn. 5; MünchHdbGesR/Bd. I/ Schücking, § 1 Rn. 38.
11   Wiedemann, Gesellschaftsrecht, S. 243 f.
12   Ebel, Lexikon des Mittelalters, Bd. IV, Sp. 1363.
13   Knoke, Das Recht der Gesellschaft nach dem Bürgerlichen Gesetzbuch für das Deutsche Reich, S. 4.

geschaffen, ohne dass es zur Bildung einer rechtsfähigen Körperschaft in Form der Genossenschaft kam.[14] Im Gegensatz zum römischen Recht stand das Gesellschaftsvermögen nicht im Eigentum einer natürlichen oder juristischen Person, sondern war einer Gemeinschaft verbundener Personen und damit einer Personenmehrheit ungeteilt zugestanden.[15] Darin bestand auch der wesentliche Unterschied zum römischen Recht, das als Rechtsträger neben den natürlichen Personen nur juristische Personen kannte und allen anderen Personenverbindungen diese Fähigkeit absprach. Die auch im germanischen Recht bekannte Unterscheidung zwischen Körperschaften und anderen Personenverbindungen, wie z.B. der gesamten Hand, knüpfte nicht an die im römischen Recht bekannten Kriterien an. Sie betraf nicht die Frage der Rechtsfähigkeit, sondern beschränkte sich vielmehr auf den Grad der Verselbständigung des Personenverbandes von den einzelnen Gesellschafter.[16] Die Frage der Rechtsfähigkeit, die im römischen Recht eine zentrale Rolle spielte, war im germanischen Recht von untergeordneter Bedeutung, da sowohl die Körperschaften als auch die Gesamthand als nach außen rechts- und handlungsfähige Organisationsformen angesehen wurden.[17] Im Vergleich zu rein schuldrechtlichen Verbindungen hatte die Gesamthand einen höheren Grad an Verselbständigung: Der einzelne Gesellschafter war nicht nur schuldrechtlich daran gehindert, über das Gesellschaftsvermögen entgegen dem vereinbarten Zweck zu verfügen. Zu einer derartigen Verfügung mit dinglicher Wirkung war er nicht einmal in der Lage.[18] Die Befugnis zu solchen Verfügungen stand nur allen Gesamthändern zusammen zu, denn allein der Gesamtwille war für die Geschicke der Gesellschaft ausschlaggebend.

3. Die Wiederentdeckung der Gesamthand im 19. Jahrhundert

In vielen mittelalterlichen Rechtsgebieten war das Prinzip der Gesamthand zu finden, und trotz der Vielgestaltigkeit der zersplitterten und unübersichtlichen Rechtsquellen waren die oben aufgeführten charakteristischen Wesenselemente den unterschiedlichen Ausformungen der Gesamthand ge-

---

[14] Staudinger/Kessler, 12. Aufl., Vorbem. zu § 705 Rn. 5; Buchda, HRG, Bd. I, Sp. 1587 ff.

[15] von Gierke, Deutsches Privatrecht, Bd. I, S. 678; vgl. auch Wertenbruch, Die Haftung von Gesellschaften und Gesellschaftsanteilen in der Zwangsvollstreckung, S. 40.

[16] Vgl. Aderhold, JA 1980, S. 136 (137); ders., Das Schuldmodell der BGB-Gesellschaft, S. 154.

[17] Hübner, Grundzüge des deutschen Privatrechts, S. 154; vgl. auch Aderhold, JA 1980, S. 136 (137); ders., Das Schuldmodell der BGB-Gesellschaft, S. 154.

[18] Staudinger/Keßler; 12. Aufl., Vorbem. zu § 705 Rn. 5.

meinsam und eigentümlich.[19] Die mittelalterliche Praxis (Rezeption) unterwarf die Gemeinschaftsverhältnisse den Regeln der *societas* und der *communio* des römischen Rechts.[20] Durch diese Mischung wurde die bisherige Entwicklung unterbrochen und die germanische Tradition zurückgedrängt. Erste Ansätze zu einer Abkehr von der römischen Doktrin finden sich allerdings in einer Abhandlung von Justus Veracius[21] aus dem Jahre 1681[22] und im preußischen allgemeinen Landrecht von 1794[23], das sich – in Abkehr von Grundgedanken des römischen Rechts – weitgehend an das Naturrecht anlehnt. Eine erste fragmentarische Regelung der deutschrechtlichen Gestaltung der Gesamthand findet sich in den Art. 119 – 122 ADHGB zur oHG aus dem Jahre 1861.[24] Doch erst Georg Beseler und dessen Schüler Otto von Gierke haben dem germanischen Rechtsprinzip der Gesamthand im 19. Jahrhundert wieder zum Durchbruch verholfen und ihm eine neue Gestalt gegeben.[25] Auch wenn man mit Wertenbruch[26] der Auffassung ist, dass Gierke keine neue Theorie erfunden habe, da seine Lehre den Stand einer von der Rechtsprechung geprägten Rechtsentwicklung zur deutschen Gesamthand wiedergebe, kann man Beseler und Gierke ein Verdienst sicherlich nicht absprechen: Sie schufen das theoretische Gerüst für die bis dato zersplitterte und unübersichtliche germanische Gesamthandslehre. Georg Beseler[27] ist das Fundament zu verdanken: Er begriff die Gesamthand als Organisation und unterschied die Gemeinschaften zur gesamten Hand von den Genossenschaften.[28] Otto von Gierke[29] setzte

---

19 Ebel, Lexikon des Mittelalters, Bd. IV, Sp. 1363.
20 von Gierke, Deutsches Privatrecht, Bd. I, S. 662; Buchda, Geschichte und Kritik der deutschen Gesamthandlehre, S. 31; Buchda, HRG, Bd. I, Sp. 1590.
21 Der Titel des Werkes lautet: Libellus Consuetudinum Principatus Bambergensis Autore Justo Veracio Primum in Lucem Editus Anno Christo 1681. Es handelt sich dabei um eine Abhandlung über das Bamberger Recht.
22 Buchda, Geschichte und Kritik der deutschen Gesamthandlehre, S. 115 ff. (118); Buchda, HRG, Bd. I, Sp. 1590.
23 Mugdan, Materialien zum Bürgerlichen Gesetzbuch, Band II, S. 1259.
24 Wiedemann, Gesellschaftsrecht, S. 244; Wertenbruch, Die Haftung von Gesellschaften und Gesellschaftsanteilen in der Zwangsvollstreckung, S. 45 ff.
25 Hübner, Allgemeine Deutsche Biographie, Bd. 46 (1902), S. 445 (471 f.); Buchda, Geschichte und Kritik der deutschen Gesamthandlehre, S. 166 ff.; Buchda, HRG, Bd. I, Sp. 1590; Wieacker, KrVJSchr 31 (1940/41), S. 174 (178 ff.).
26 Wertenbruch, Die Haftung von Gesellschaften und Gesellschaftsanteilen in der Zwangsvollstreckung, S. 34.
27 Vgl. die Ausführungen von Beselers zur Gesamthandlehre: System des gemeinen deutschen Privatrechts, Bd. I, Allgemeiner Theil. Das allgemeine bürgerliche Recht, S. 274 ff.; 586 ff.; 650 ff.; Die Lehre von den Erbverträgen, Bd. I, Die Vergabungen von Todes wegen nach dem älteren deutschen Rechte, S. 69 ff.; Volksrecht und Juristenrecht, S. 161 ff.
28 Wieacker, KrVJSchr 31 (1940/41), S. 174 (178); Buchda, Geschichte und Kritik der deutschen Gesamthandlehre, S. 171.

die Arbeit seines Lehrers fort: Er strukturierte das Verbandsrecht und arbeitete das Prinzip der deutschrechtlichen Gesamthandslehre heraus.[30] Es gelang von Gierke, die Gesamthand aus dem durch die Rezeption des römischen Rechts bedingten Schattendasein zu befreien und sie als Personenverbundenheit – d. h. als kollektive Einheit und Gruppe – herauszustellen.[31] In der Gesamthand erkannte er „'kein für sich bestehendes Rechtsinstitut', sondern ein germanisches 'Rechtsprinzip'"[32] mit personenrechtlichem Charakter.[33] Als Kind seiner Zeit – beseelt vom germanischen Rechtsgeist – betonte Gierke die nationalen und volkstümlichen Elemente der Rechtsentstehung und kritisierte das „welsche" Juristenrecht seiner Zeit.[34] Diese Kritik aus dem Geist des 19. Jahrhundert hatte auch maßgeblichen Einfluss auf die Kodifikation der gesamthänderischen Gesellschaft im Bürgerlichen Gesetzbuch.

§ 2 Die Entstehungsgeschichte der Gesetzesregelungen

I.   Orientierung an der societas des römischen Rechts

Die Kommission zur Vorbereitung der Kodifikation eines Bürgerlichen Gesetzbuchs für das Deutsche Reich orientierte sich im ersten Entwurf von 1887/88 an der *societas* des römischen Rechts und legte „die gemeinrechtliche Auffassung vom Begriffe und Wesen der Sozietät zu Grunde [...]"[35]. Die BGB-Gesellschaft wurde nach römisch-rechtlichem Vorbild als bloßes Schuldverhältnis unter den Gesellschaftern – ohne selbständige Rechtsper-

---

[29] Vgl. die umfassenden Werke von Gierkes zur germanischen Gesamthandlehre: Das Deutsche Genossenschaftsrecht, Band II, Geschichte des deutschen Körperschaftsbegriff, S. 923 (928 ff.); Die Genossenschaftheorie und die deutsche Rechtsprechung, S. 339 ff.; Deutsches Privatrecht, Bd. I, Allgemeiner Teil und Personenrecht, S. 663 ff.

[30] Flume, ZHR 136 (1972), S. 177 (185).

[31] Flume, ZHR 136 (1972), S. 177 (188).

[32] Buchda, Geschichte und Kritik der deutschen Gesamthandlehre, S. 173; siehe dazu von Gierke, Die Genossenschaftstheorie und die deutsche Rechtsprechung, S. 342; von Gierke, Deutsches Privatrecht, Bd. I, Allgemeiner Teil und Personenrecht, S. 669.

[33] Wieacker, KrVJSchr 31 (1940/41), S. 174 (178); Buchda, Geschichte und Kritik der deutschen Gesamthandlehre, S. 173 ff.

[34] Vgl. von Gierkes Aussage in einem am 5. April 1889 in der Juristischen Gesellschaft zu Wien gehaltenen Vortrag: „Was wir vom römischen Recht gelernt haben, wollen wir nicht verlernen, und dankbar wollen wir festhalten an der durch die wunderbare juristische Denkkunst der Römer gebildeten Form. Aber der Geist, der die Form beseelt, sei der Geist des Rechtes unserer Väter! An den germanischen Rechtsgeist also wenden wir uns, wenn wir vor einer Neuordnung unserer Privatrechts stehen [...]", aus: von Gierke, Die soziale Aufgabe des Privatrechts, S. 12.

[35] Mugdan, Materialien zum Bürgerlichen Gesetzbuch, Band II, S. 330.

sönlichkeit und ohne eigenes, von dem ihrer Gesellschafter zu unterscheidendes, Gesellschaftsvermögen – ausgestaltet.[36] Durch die Leistung von Beiträgen und die Einbringung von Vermögensgegenständen entstand „kein Eigenthum der Gesellschaft im Gegensatze zu den Gesellschaftern, auch keine Einheit oder Geschlossenheit des Gesellschaftsvermögens [...]. Vielmehr [stand] an den einzelnen Gegenständen jedem Gesellschafter ein bestimmter [...], im Zweifel ein gleicher Antheil zu [...]"[37]. Die einzelnen Gesellschafter waren zwar gehalten, „sich bis zur Auseinandersetzung der Verfügung über den ihnen zustehenden Anteil an den gemeinschaftlichen Gegenständen zu enthalten"[38], allerdings war dieses Verbot nur schuldrechtlicher Art, und jeder Gesellschafter konnte „seinen Theil an den gemeinschaftlichen Gegenständen auch [schon] vor der Auseinandersetzung wirksam veräußern [...]"[39].

II. Berücksichtigung der „deutschrechtlichen Auffassung"

Im zweiten Entwurf des BGB wurde an der Gestalt der Gesellschaft als eines schuldrechtlichen Rechtsverhältnisses im Sinne der römischen Tradition festgehalten.[40] Insbesondere die Kritik Otto von Gierkes am ersten Entwurf des BGB[41] führte aber dazu, dass im zweiten Entwurf auch germanische Traditionen berücksichtigt wurden und folglich das Rechtsprinzip der Gesamthand in das Kodifikationsverfahren eingeführt wurde.[42] Einfluss auf das BGB-Gesellschaftsrecht hatte die „deutschrechtliche Auffassung"[43], die auch in das Preußische Recht, das Französische Recht und das Recht der

---

[36] Mugdan, Materialien zum Bürgerlichen Gesetzbuch, Band II, S. 330 f.
[37] Mugdan, Materialien zum Bürgerlichen Gesetzbuch, Band II, S. 335.
[38] Mugdan, Materialien zum Bürgerlichen Gesetzbuch, Band II, S. 331.
[39] Mugdan, Materialien zum Bürgerlichen Gesetzbuch, Band II, S. 335.
[40] Mugdan, Materialien zum Bürgerlichen Gesetzbuch, Band II, S. 989 f.; Staudinger/ Keßler, 12. Aufl., Vorbem. zu § 705 Rn. 6; Flume, Die Personengesellschaft, S. 3 f.
[41] In seinem Vortrag vom 5. April 1889, in dem er auf die Mängel des ersten Entwurfs eines deutschen bürgerlichen Gesetzbuches aufmerksam machen wollte, führte er aus: „Weiter steigt unser modernes Gesellschafts- und Gemeinschaftsrecht in einer Fülle von Gebilden über die individualistischen Typen der römischen Sozietät und der römischen Kommunion zu personenrechtlichen Gesellschaften und Gemeinschaften empor [...]. Ein Privatrecht, das seine soziale Aufgabe begreift, wird nicht gleich dem deutschen Entwurf mit Sozietätsobligation und Kommunionsverhältnissen abschließen, sondern die innigeren und festeren Gesellschafts- und Gemeinschaftsformen des nationalen Rechtes in seinen Rahmen aufnehmen und ihrem wahren Wesen gemäß normieren." In: von Gierke, Die soziale Aufgabe des Privatrechts, S. 32; vgl auch seine Kritik in: Personengemeinschaften und Vermögensbegriffe, S. 95 ff.
[42] Laufs, Rechtsentwicklungen in Deutschland, S. 303.
[43] Mugdan, Materialien zum Bürgerlichen Gesetzbuch, Band II, S. 1259.

oHG des ADHGB Eingang fand.[44] Das germanische Prinzip der Gesamthand wurde dabei nicht voll in die römischrechtlich geprägten Regelungen der Gesellschaft des bürgerlichen Rechts integriert, es wurde „[...] darüber gestülpt, nicht aber wirklich dem Rechtsverhältnis der Gesellschaft eingefügt [...]"[45]. Man ersetzte eine Regelung, die ein schuldrechtliches Verfügungsverbot vorsah, lediglich durch eine neue Regelung, die dann ein Verfügungsverbot mit dinglicher Wirkung vorsah, so dass der einzelne Gesellschafter zu Verfügungen über das Gesellschaftsvermögen außerstande war. Ergänzt wurde diese Regelung durch das zwangsvollstreckungsrechtliche Korrelat. Neben dem Verfügungsverbot mit dinglicher Wirkung wurde noch eine aus dem Gesamthandsprinzip folgende Aufrechnungsregelung in das BGB aufgenommen. Die Vorschrift über das Miteigentum an den gemeinschaftlichen Gegenständen wurde aufgehoben und damit das Gesellschaftsvermögen als Gesamthandsvermögen konstruiert. Um dieses Gesamthandsvermögen vor gesellschaftswidrigen Verfügungen zu schützen und eine ungestörte Verfolgung des Gesellschaftszweckes sicherzustellen, wurde in § 673 des zweiten Entwurfes festgelegt, dass der Anteil eines ausscheidenden Gesellschafters den übrigen Gesellschaftern unmittelbar zuwächst, ohne dass es eines eigenen Übertragungsaktes bedurfte.[46] Die so entstandenen Regelungen der §§ 658[47] und 673[48] des zweiten Entwurfes

---

44 Vgl. Mugdan, Materialien zum Bürgerlichen Gesetzbuch, Band II, S. 1259; Wertenbruch, Die Haftung von Gesellschaften und Gesellschaftsanteilen in der Zwangsvollstreckung, S. 34 ff.

45 Flume, Die Personengesellschaft, S. 3 f.

46 Mugdan, Materialien zum Bürgerlichen Gesetzbuch, Band II, S. 1001.

47 Der von der zweiten Kommission beschlossene § 658 E II lautete:
„Ein Gesellschafter kann über seinen Antheil an den durch die Beiträge der Gesellschafter und durch den Erwerb aus der Geschäftsführung gemeinschaftlich gewordenen Gegenständen, mit Einschluß der Forderungen, (Gesellschaftsvermögen) nicht verfügen; er ist nicht berechtigt Theilung zu verlangen. Gegen eine Forderung, welche zum Gesellschaftsvermögen gehört, kann der Schuldner eine ihm gegen einen einzelnen Gesellschafter zustehende Forderung nicht aufrechnen. Die Zugehörigkeit einer Forderung zum Gesellschaftsvermögen hat der Schuldner erst dann gegen sich gelten zu lassen, wenn er von der Zugehörigkeit Kenntniß erlangt hat; die Vorschriften der §§ 349 bis 351 finden entsprechende Anwendung. Die Zwangsvollstreckung in das Gesellschaftsvermögen findet nur auf Grund eines gegen sämmtliche Gesellschafter vollstreckbaren Schuldtitels statt."
Aus: Jakobs/Schubert, Die Beratung des Bürgerlichen Gesetzbuchs, §§ 652 bis 853, S. 296; Reatz, Die zweite Lesung des Entwurfs eines Bürgerlichen Gesetzbuchs für das Deutsche Reich, S. 329 ff.

48 Der von der zweiten Kommission beschlossene § 673 E II lautete:
„Scheidet ein Gesellschafter aus der Gesellschaft aus, so wächst sein Antheil am Gesellschaftsvermögen den übrigen Gesellschaftern zu. [...]"
Aus: Jakobs/Schubert, Die Beratung des Bürgerlichen Gesetzbuchs, §§ 652 bis 853, S. 353; Reatz, Die zweite Lesung des Entwurfs eines Bürgerlichen Gesetzbuchs für das Deutsche Reich, S. 340 f.

haben nachträglich mit geringfügigen sprachlichen Überarbeitungen Eingang in das Bürgerliche Gesetzbuch gefunden und entsprechen den §§ 718 bis 720[49], 738 BGB und 736 ZPO[50], die bis heute unverändert geblieben sind[51].

III. Entwicklungsstand zu Beginn des 19. Jahrhunderts

Im Mittelpunkt der Diskussion um den zweiten Entwurf stand also die Sorge um das Gesellschaftsvermögen: „[...] besonders gewährt der Grundsatz der gesammten Hand Schutz gegen die Gefahr, daß durch Verfügungen einzelner Gesellschafter oder ihrer Gläubiger das Gesellschaftsvermögen seiner Bestimmung beliebig entzogen und damit die Erreichung des gemeinschaftlichen Zweckes vereitelt wird"[52]. Dieser Sorge entgegnete die Vorstellung von der Gesamthand als einem „Phänomen der Vermögensbindung"[53]. Man sah in der Gesamthand in erster Linie eine Vermögensgemeinschaft und glaubte dem germanischen Rechtsprinzip damit Genüge zu tun, indem man das Gesellschaftsvermögen als Gesamthandsvermögen konstruierte. Eine detaillierte Regelung der aus der Übernahme des Gesamthandsprinzips sich ergebenden Folgerungen wurde jedoch vermieden. Dies zeigt sich zum Beispiel darin, dass die zweite Kommission den § 642[54] des ersten Entwurfes, der die Bruchteilshaftung der Gesellschafter für die Gesellschaftsverbindlichkeiten regeln sollte, strich. Sie verzichtete auf eine Anpassung der Gesellschafterhaftung an das Prinzip der Gesamthand und erklärte – mit Einführung des § 320 Abs. 2, aus dem die Norm des § 427 BGB hervorgegangen ist[55] –, die allgemeinen Bestimmungen der §§ 420 ff.

---

[49] Die drei Bestimmungen (§§ 718 – 720 BGB) entstanden durch die von der Redaktionskommission vorgenommene Aufteilung des § 658 E II. Der Absatz 2 von § 718 BGB wurde erst nachträglich in die sog. Bundesratsvorlage eingefügt.

[50] Erst nachträglich wurde der Abs. 3 des § 658 gestrichen, und ersatzweise wurde § 671 (beziehungsweise 670b) in die Civilprozeßordnung eingestellt, der dem heutigen § 736 ZPO entspricht. Siehe dazu: Jakobs/Schubert, Die Beratung des Bürgerlichen Gesetzbuchs, §§ 652 bis 853, S. 296 f. Fn. 20.

[51] Vgl. hierzu die Synopse von Staudinger, BGB Synopse 1896-2000, S. 504 ff.; Ulmer, Gesellschaft bürgerlichen Rechts, 3. Aufl., Vor § 705 Rn. 21.

[52] Mugdan, Materialien zum Bürgerlichen Gesetzbuch, Band II, S. 1260.

[53] Schmidt, NJW 2001, S. 993 (994).

[54] Der § 642 des ersten Entwurfes lautete:
„Ist von den Gesellschaftern, sei es in Person, sei es durch Vertreter, mit einem Dritten ein Rechtsgeschäft geschlossen, so werde sie gegenüber dem Dritten im Zweifel zu gleichen Antheilen berechtigt und verpflichtet."
Aus: Reatz, Die zweite Lesung des Entwurfs eines Bürgerlichen Gesetzbuchs für das Deutsche Reich, S. 328.

[55] Vgl. Mugdan, Materialien zum Bürgerlichen Gesetzbuch, Band II, S. 603 f., 987.

BGB für anwendbar. Flume[56] sieht in diesem Verzicht einen Beleg dafür, „daß man mit dem 'Wesen der gesamten Hand' bei der Regelung der Gesellschaft allgemein nichts zu tun haben wollte"[57]. Für diese These spricht zudem, dass sich die Kommission mit der Identität des „germanischen Rechtsprinzips"[58] der Gesamthand nicht vertieft auseinander setzte. Liest man die Protokolle des zweiten Entwurfs im Hinblick auf die Bestimmungen über die Gesellschaft,[59] so sucht man vergebens nach einer Grundsatzdiskussion. Zwar war über den Unterschied zwischen Gesamthandseigentum und Miteigentum heftigst gestritten worden, doch das eigentliche, über diesen Teilaspekt hinausgehende Problem – die Frage nach dem Wesen der Gesamthand – blieb ungelöst. Man begnügte sich mit der Feststellung, dass „die Beschränkung der Verfügungsfreiheit des Gesellschafters [...] auch von mehreren anderen Seiten als das charakteristische Merkmal der gesammten Hand hervorgehoben [wurde]"[60]. Eine weitergehende Diskussion über die Eigenart und das Charakteristikum des Rechtsinstituts der Gesamthand wurde nicht geführt, vielmehr ging es der Kommission nur darum, „zu entscheiden, welche Bestimmungen sachlich den Vorzug verdienten"[61]. Die Haltung der Kommission, eine Entscheidung der Frage über das Wesen der gesamten Hand zu vermeiden[62], führte dazu, dass später Gesetzesregelungen entstanden, obwohl die Frage nach der Rechtsnatur und nach dem Wesen des den Gesetzesregelungen zugrundeliegenden Rechtsinstituts nicht geklärt war. Sowohl die Konstruktion, als auch die entscheidenden Merkmale der Gesamthand – und damit auch der Inhalt der angestrebten Rechtsfolgeanordnungen – blieben unklar.[63] Um angemessen entscheiden zu können, welche Bestimmungen sachlich den Vorzug verdienen, ist es aber unabdingbar, Grundlagen und Struktur des betreffenden Rechtsinstituts vorab zu klären.

Die notwendigen Fragen lauten: Welche Rechtsnatur hat die Gesamthand? Ist die römischrechtliche Sozietät mit der Gesamthand überhaupt kompatibel? Welche Bedeutung hat die Übernahme des Gesamthandsprinzips für die BGB-Gesellschaft? Was ergibt sich aus dem Nebeneinander von römisch- und deutschrechtlichen Traditionen? Bleibt der Gesellschaftsvertrag durch die Übernahme des Gesamthandsprinzips ein schuldrechtlicher Vertrag nach römischrechtlichem Vorbild oder gehört er nun zum Ver-

---

56 Flume, Die Personengesellschaft, S. 4; ders., ZHR 136 (1972), S. 177 (179).
57 Flume, Die Personengesellschaft, S. 4.
58 Dieser Begriff wurde von Gierke geprägt, siehe dazu Fn. 32.
59 Mugdan, Materialien zum Bürgerlichen Gesetzbuch, Band II, S. 982 – 1005.
60 Mugdan, Materialien zum Bürgerlichen Gesetzbuch, Band II, S. 990.
61 Mugdan, Materialien zum Bürgerlichen Gesetzbuch, Band II, S. 990.
62 Mugdan, Materialien zum Bürgerlichen Gesetzbuch, Band II, S. 990.
63 Schmidt, Gutachten, S. 413 (472).

bandsrecht? Handelt es sich bei dem Gesamthandsvermögen um ein Vermögen der Gesellschafter oder um ein Vermögen der Gesellschaft? Ist das Prinzip der Gesamthand nur ein „Phänomen der Vermögensbindung"[64] oder wird die Gesellschaft durch die Übernahme dieses Prinzips zu einer verbandsrechtlichen Organisationseinheit mit Rechtssubjektivität?

Auf all diese Fragen ist die Gesetzgebungskommission (un-)bewusst eine Antwort schuldig geblieben. Insofern ist es nicht verwunderlich, dass die rechtspositivistische Regelung der Gesellschaft im bürgerlichen Gesetzbuch (§§ 705 – 740 BGB) als unvollständig[65], unvollkommen[66], unbefriedigend[67], dürftig[68] und mangelhaft[69] angesehen wird. Karsten Schmidt bezeichnete sie sogar als „gesetzliche Fehlkonstruktion"[70].

Auch Wertenbruch[71] geht von einer fehlenden Kodifikation aus, allerdings begegnet er dem Hinweis auf die Dürftigkeit und Mangelhaftigkeit der rechtspositivistischen Regelung der Gesellschaft im BGB mit der These, der Gesetzgeber habe die „deutschrechtliche Gestaltung" der oHG im ADHGB als ungeschriebenes Grundprinzip für die BGB-Gesellschaft übernommen und wolle damit das Wesen und die Rechtsnatur der BGB-Gesellschaft weitgehend geklärt wissen. Wesentliche – scheinbar offene – Fragen zur BGB-Gesellschaft ließen sich durch Rückgriff auf das der oHG zugrundeliegende Grundmodell widerspruchsfrei klären. Nach seiner Ansicht folge dies unzweifelhaft aus der dem Reichstag mit dem BGB-Entwurf vorgelegten Denkschrift[72] des Reichsjustizamtes, die deutlich später abgefasst worden sei als die Protokolle zu den Entwürfen.[73] Es fehle lediglich die ausdrückliche Regelung dieser Gestaltung in den §§ 705 ff BGB. Die These von Wertenbruch, der Gesetzgeber habe die „deutschrechtliche Gestaltung" der oHG als ungeschriebenes Grundprinzip für die BGB-Gesellschaft übernommen, geht immerhin von der Prämisse aus, dass die rechtspositivistische Regelung der Gesellschaft im BGB – für sich allein gesehen – zahlrei-

---

64 Schmidt, Fn. 53.
65 Vgl. BGH, NJW 2001, S. 1056 (1057); so auch Brandani, RNotZ 2001, S. 230.
66 Ulmer, Gesellschaft bürgerlichen Rechts, 3. Aufl., Vor § 705 Rn. 21.
67 Raiser, AcP 194 (1994), S. 495 (497).
68 Staudinger/Keßler, 12. Aufl., Vorbem. zu §§ 709-715 Rn. 2; Flume, Die Personengesellschaft, S. 3; ders., ZHR 136, S. 177 (178).
69 Schmidt, Gesellschaftsrecht, 3. Aufl., S. 1699 und 1766.
70 Schmidt, Gutachten, S. 413 (480).
71 Wertenbruch, Die Haftung von Gesellschaften und Gesellschaftsanteilen in der Zwangsvollstreckung, S. 34 ff.; 194 f.
72 Denkschrift zum Entwurf eines Bürgerlichen Gesetzbuches nebst drei Anlagen, S. 86 ff.; Abgedruckt auch bei Mugdan, Materialien zum Bürgerlichen Gesetzbuch, Band II, S. 1259 f.
73 Wertenbruch, Die Haftung von Gesellschaften und Gesellschaftsanteilen in der Zwangsvollstreckung, S. 35.

che wesentlichen Fragen unbeantwortet lässt und somit auslegungs- beziehungsweise ergänzungsbedürftig ist.[74]

§ 3 Zusammenfassung

Dem historischen Gesetzgeber ist es also nicht gelungen, mit dem Prinzip der Gesamthand ein „klares, auch dem Nichtjuristen verständliches [...] Prinzip"[75] für die Gesellschaft bürgerlichen Rechts zu gewinnen. Die Absicht, „einerseits eine Entscheidung der wissenschaftlichen Frage nach dem Wesen der gesammten Hand zu vermeiden, andererseits das Prinzip selbst möglichst deutlich und verständlich hinzustellen"[76], kam der Quadratur des Kreises gleich. Durch die Übernahme dieses Prinzips in das BGB-Gesellschaftsrecht wurde auch die jahrhundertealte Diskussion[77] um die Rechtsträgerschaft und Rechtszuordnung bei der Gesamthand keineswegs beendet. Zahlreiche Grundfragen des Personen- und Vermögensrechts harren der Klärung.[78] Ziel dieser Arbeit ist es die noch offenen Fragen, insbesondere der Frage nach dem Wesen und der Rechtsnatur der BGB-Gesellschaft, zu klären.

---

[74] Wertenbruch, Die Haftung von Gesellschaften und Gesellschaftsanteilen in der Zwangsvollstreckung, S. 34 ff. (37).
[75] Mugdan, Materialien zum Bürgerlichen Gesetzbuch, Band II, S. 991.
[76] Mugdan, Materialien zum Bürgerlichen Gesetzbuch, Band II, S. 992; vgl. auch Jakobs/Schubert, Die Beratung des Bürgerlichen Gesetzbuchs, §§ 652 bis 853, S. 294.
[77] Vgl. Buchda, Geschichte und Kritik der deutschen Gesamthandlehre.
[78] Vgl. Schmidt, JZ 1985, S. 909.

2. Teil
Die Entwicklung zur Rechts-, Parteifähigkeit und Haftungsordnung der BGB-Gesellschaft

§ 1 Die Entwicklung zur Rechtsfähigkeit der BGB-Gesellschaft

I. Problemstellung

Nach der Verabschiedung des BGB waren Rechtswissenschaft und Rechtsprechung aufgefordert, auf zahlreiche noch offene Grundfragen des BGB-Gesellschaftsrechts eine Antwort zu geben. Im Laufe der Zeit entwickelte sich die Theorie der Gesamthand und damit zugleich die Konzeption der BGB-Gesellschaft zu den schwierigsten und umstrittensten Fragen des (Handels-) Gesellschaftsrechts. Als Grundproblem und Auslöser erwies sich das Gesamthandsprinzip, das – nachdem es im zweiten Entwurf zum BGB einer „ausgewogenen Schuldrechtsordnung nachträglich [...] aufgepfropft"[1] wurde – der Gesellschaft bürgerlichen Rechts zugrunde liegt. Aufgrund der grundsätzlichen Unklarheiten und Ungewissheiten im Konzept der §§ 705 ff. BGB wurden selbst einfach gelagerte Fälle zu außerordentlich schwierigen Problemfällen. Dies führte in der Vergangenheit immer wieder dazu, dass der Bundesgerichthof angerufen wurde, nach Ansicht von Schmidt[2] häufig in Fällen[3], die den Aufwand eines Grundsatzprozesses bis zum Bundesgerichtshof nicht rechtfertigen.

Doch nicht nur der BGH, sondern auch unterinstanzliche Gerichte und die Rechtswissenschaft wurden und werden sehr häufig mit Problemen aus dem BGB-Gesellschaftsrecht konfrontiert. Das liegt zum einen daran, dass es sich bei der BGB-Gesellschaft um eine sehr beliebte Gesellschaftsform handelt und sie in ihren vielfältig differenzierten Erscheinungsformen äußerst zahlreich im Rechtsverkehr auftritt und zum anderen daran, dass man

---

[1] Schmidt, JZ 1985, S. 909. Ähnlich auch Wiedemann, Festschrift für Kellermann, S. 529, der davon spricht, dass das Gesamthandsprinzip von den organisatorischen Vorschriften überhaupt nicht aufgegriffen worden sei und diese mit dem Vermögensrecht in mehreren Punkten, insbesondere bei der Vertretung und Haftung nicht ausreichend abgestimmt sei.

[2] Schmidt, Gesellschaftsrecht, 3. Aufl., S. 1698.

[3] Vgl. die Beispielsfälle bei Schmidt, Gesellschaftsrecht, 3. Aufl., S. 1698: BGH, NJW 1991, S. 49; BGH, NJW 1991, S. 1225; BGH, NJW 1983, S. 1905; BGHZ 45, S. 311; BFH, NJW 1990, S. 2086; BGH, NJW 1996, S. 2859. Vgl. darüber hinaus auch: BGH, NJW 2000, S. 2268; BGH, WM 1997, S. 1666; BGH, ZIP 2001, S. 1713.

die BGB-Gesellschaft als den Grundtypus des Personengesellschaftsrechts beziehungsweise aller gesellschaftsrechtlichen Erscheinungsformen überhaupt betrachtet: Das „in sich inhomogene Recht der BGB-Gesellschaft"[4] gilt subsidiär nämlich auch für die offene Handelsgesellschaft (§§ 105 Abs. 2 HGB), für die Kommanditgesellschaft (§§ 105 Abs. 2, 161 Abs. 2 HGB) und für die stille Gesellschaft (§ 230 HGB).

Die hohe rechtstatsächliche Bedeutung der BGB-Gesellschaft und die konzeptionellen Schwierigkeiten im System der §§ 705 ff. BGB haben der Weiterentwicklung der Theorien und der dogmatischen Grundlagen im Recht der Gesellschaft bürgerlichen Rechts in den letzten Jahrzehnten Auftrieb gegeben. Dabei stand die Frage nach der Rechtsfähigkeit im Zentrum der Diskussionen.

II. Begriff und Bedeutung der Rechtsfähigkeit

1. Vorbemerkung und Begriffsbestimmung

Das Privatrecht ist geprägt von der Privatautonomie, die besagt, dass jeder Mensch seine Rechtsverhältnisse zu seinen Mitmenschen eigenverantwortlich nach seinem Willen gestalten kann. Sie ist ein Teil des allgemeinen Prinzips der Selbstbestimmung des Menschen.[5] Wichtigstes Gestaltungsmittel zur Umsetzung des individuellen Willens – zur Verwirklichung der Privatautonomie – ist das Rechtsgeschäft, das auf der Selbstverpflichtung der Parteien beruht.[6] Der subjektive Wille und damit die Befugnis, die Rechtsverhältnisse eigenverantwortlich gestalten zu können, stehen im Mittelpunkt der Privatrechtsordnung. Die Privatautonomie gilt jedoch nicht grenzenlos, denn die Parteien haben sich in den vorgegebenen Rahmen, d. h. in das „Spielfeld" der Gesamtrechtsordnung, einzufügen und gewisse „Spielregeln" zu beachten. Wer als „Mitspieler" auf diesem „Spielfeld" auftreten kann, d. h. wer als Rechtssubjekt (Rechtsträger) am Rechtsverkehr teilnehmen darf, wird durch den spezifisch privatrechtlichen Begriff der „Rechtsfähigkeit" näher bestimmt. Im Gesetz findet sich hierzu keine Definition, denn der Begriff der Rechtsfähigkeit wird vom Gesetz vorausgesetzt. Nach ganz h.M.[7] wird Rechtsfähigkeit heute einhellig definiert als die Fä-

---

[4]   Schmidt, Gesellschaftsrecht, 3. Aufl., S. 1696.
[5]   Palandt/Heinrichs, 60. Aufl., Überbl. v. § 104 Rn. 1; Flume, Das Rechtsgeschäft, S. 1.
[6]   Flume, Das Rechtsgeschäft, S. 7.
[7]   BGH, NJW 2001, S. 1056 (1056 und 1058); Palandt/Heinrichs, 60. Auflage, Überbl. v. § 1 Rn. 1; MünchKomm/BGB/Schmitt, 4. Aufl., § 1 Rn. 6; Staudinger/Habermann/Weick, 13. Aufl., § 1 Rn. 1; Erman/Westermann, 10. Aufl., Vor § 1 Rn. 1; Larenz/Wolf, Allgemeiner Teil des Bürgerlichen Rechts, S. 119; Schmidt, NJW 2001,

higkeit, selbständiger Träger von (subjektiven) Rechten und Pflichten, mithin Rechtssubjekt, sein zu können. Die Rechtsfähigkeit selbst ist kein subjektives Recht, sondern vielmehr eine rechtserhebliche Eigenschaft eines Wesens und somit ein status beziehungsweise Zustand.[8] Rechtsfähigkeit und Rechtssubjektivität sind nämlich Entsprechungen – Rechtsfähigkeit vermittelt zugleich Rechtssubjektivität: „Wer rechtsfähig ist, ist ein Rechtssubjekt"[9], und folglich gilt auch: Wer ein Rechtssubjekt ist, ist rechtsfähig.

Entgegen der h.M. wurde früher vereinzelt die Ansicht vertreten, Rechtsfähigkeit sei juristisches Verhaltensvermögen, d. h. die Fähigkeit eines Zuordnungsobjektes, sich rechtserheblich – sei es auch durch einen Boten, Vertreter oder ein Organ – verhalten zu können.[10] Im Vordergrund stand das verantwortliche Handeln-Können eines Rechtsträgers. Gegen diese Definition wurde von der h.M. vorgebracht, sie verwische die Grenzen zwischen den Begriffen der Rechtsfähigkeit und Handlungsfähigkeit[11], die im positiven Recht verschieden geordnet seien. So ergebe sich bereits aus der Gegenüberstellung von § 1 BGB einerseits und § 104 BGB andererseits die strikte Trennung zwischen den Begriffen der Rechtsfähigkeit und der Handlungsfähigkeit.[12] So beziehe sich erstere auf die Innehabung bestehender Rechte und Pflichten (statisches Moment), letztere dagegen auf die Begründung neuer Rechte und Pflichten (dynamisches Moment).[13] Aufgrund dieser systematischen Schwächen konnte sich die Theorie nicht durchsetzen und hat heute – nachdem sich nun auch Schmitt[14] in der 4. Auflage des Münchener Kommentars dagegen ausgesprochen hat – erheblich an Bedeutung verloren und wird weitgehend nicht mehr vertreten.

S. 993 (997); Timm, NJW 1995, S. 3209 (3210); Berndt/Boin, NJW 1998, S. 2854 (2855).

[8] Kunz, Über die Rechtsnatur der Gemeinschaft zur gesamten Hand, S. 11.

[9] Staudinger/Habermann/Weick, 13. Aufl., § 1 Rn. 1.

[10] Fabricius, Relativität der Rechtsfähigkeit, S. 31 ff.; Sauer, Juristische Methodenlehre, S. 467; Müller-Freienfels, Die Vertretung beim Rechtsgeschäft, S. 155 ff., 176 ff., 182, 185; MüchKomm/BGB/Gitter, 1. – 3. Aufl., § 1 Rn. 5.

[11] Handlungsfähigkeit wird verstanden als die Fähigkeit, durch eigenes verantwortliches Handeln Rechtswirkungen hervorzurufen, insbesondere Rechte zu erwerben und Pflichten zu begründen. Vgl. Palandt/Heinrichs, 60. Auflage, Überbl. v. § 1 Rn. 3; Staudinger/Habermann/Weick, 13. Aufl., § 1 Rn. 2.

[12] Staudinger/Habermann/Weick, 13. Aufl., § 1 Rn. 2; Larenz/Wolf, Allgemeiner Teil des Bürgerlichen Rechts, S. 120.

[13] Kunz, Über die Rechtsnatur der Gemeinschaft zur gesamten Hand, S. 10 f.

[14] In den Auflagen 1 – 3 wurde noch die Mindermeinung vertreten, vgl. MünchKomm/BGB/Gitter, 1. – 3. Aufl., § 1 Rn. 5. Im Einklang mit der h.M. jetzt Schmitt MünchKomm/BGB/Schmitt, 4. Aufl., § 1 Rn. 6 f.

Wie verhält es sich nun aber mit der Rechtsfähigkeit (Rechtsträgerschaft) bei der BGB-Gesellschaft? Sind nur die einzelnen in der Gruppe zusammengeschlossenen Individuen rechtsfähig, oder ist womöglich die BGB-Gesellschaft als Gruppe daselbst rechtsfähig? Diese Frage bildet den Ausgangspunkt für den Theorienstreit um die Rechtsnatur der BGB-Gesellschaft, bei dem sich zwei konträre Auffassungen gegenüberstehen. Während die traditionelle Gesamthandsdoktrin[15] die Rechtssubjektivität der Gesellschaft verneint und nur die Gesellschafter als Rechtssubjekte begreift, geht die neuere „Lehre von der kollektiven Einheit"[16] davon aus, dass auch die Gesellschaft selbst Rechtssubjekt sein kann. Dieser Theorienstreit erweckt gelegentlich den Eindruck, es handele sich hierbei um einen folgenlosen wissenschaftlichen Grundsatzstreit, dem keinerlei praktische Bedeutung zukomme.[17] Doch die Diskussion um die Rechtsfähigkeit der BGB-Gesellschaft ist nicht nur rein theoretischer Natur, sondern hat auch eine ganz praktische Bedeutung. Viele konkrete Rechtsfragen lassen sich erst dann schlüssig und widerspruchsfrei lösen, wenn man sich über die Frage der Rechtsfähigkeit Klarheit verschafft hat. Es ist daher nicht unmittelbar die Theorie selbst, sondern vielmehr die sich aus ihr ergebende Rechtsfolge und Folgewirkung für den konkreten Einzelfall, durch die der Theorienstreit um die Rechtsnatur der BGB-Gesellschaft auch in der Rechtspraxis Aktualität erlangt. Die Entscheidung für die traditionelle Gesamthandsdoktrin oder die moderne Lehre nimmt wesentlichen Einfluss auf die dogmatische Erfassung und auf die angemessene Lösung haftungs-, prozess- sowie vollstreckungsrechtlicher Fragen. Sie liefert den theoretischen Unterbau, ohne den die praktischen Lösungsansätze keine Überzeugungskraft hätten und recht bald in Bedeutungslosigkeit verfielen. Fast das gesamte Recht der BGB-Außengesellschaft hängt von dieser Streitfrage ab.[18] Mit der Frage der Rechtsfähigkeit hängen beispielsweise zusammen die Fragen nach der Parteifähigkeit und der Verkehrsfähigkeit der BGB-Gesellschaft, nach der Haftungsfähigkeit, Haftungsverfassung und Haftungszurechnung, nach den Eigentums- und Besitzverhältnissen, nach der Insolvenzfähigkeit, Erbfähigkeit, Markenrechtsfähigkeit, Wechselfähigkeit, Scheckfähigkeit, Grundbuchfähigkeit, Beteiligungsfähigkeit, Arbeitgeberfähigkeit und der steuerrechtlichen Verantwortlichkeit. Erst durch die Beantwortung der Frage nach

---

[15] Die traditionelle Gesamthandsdoktrin wird häufig auch als individualistische Gesamthandslehre bezeichnet.

[16] Die Lehre von der kollektiven Einheit wird häufig auch als Gruppenlehre beziehungsweise Gruppentheorie bezeichnet.

[17] Vgl. Schmidt, JZ 1985, S. 909; Schmidt, Gesellschaftsrecht, 4. Aufl., S. 197.

[18] Schmidt, JuS 2001, S. 509.

der Rechtsnatur kann man schließlich ein systematisches und stimmiges Konzept der BGB-Gesellschaft entwickeln und die angesprochenen Fragen und Teilaspekte angemessen und systemkonform lösen. Damit wird nicht nur ein theoretisches Gedankengerüst zu einem ganzheitlichen theoretischen Gedankensystem geführt, sondern durch die Beantwortung der Grundsatzfragen gewinnt vor allem die Rechtspraxis Rechtssicherheit und Planungssicherheit, was eine kasuistische Einzelfallrechtsprechung nicht gewährleisten könnte. Das ist ein Gesichtspunkt, der insbesondere in Zeiten globalisierter Märkte mit zunehmendem Wettbewerb ein wichtiger Faktor im Wirtschaftsleben ist. Soll ökonomisches Vertrauen entstehen, braucht man vertrauenswürdige Rahmenbedingungen, durch die sowohl die Vorhersehbarkeit der Entscheidungen als auch die Beständigkeit der durch das Gesetz definierten Rechtsfolgen gewährleistet werden. Insofern sind ökonomisches Vertrauen und die Wahrung der Rechtssicherheit in einem durch Privatautonomie geprägten marktwirtschaftlichen System unverzichtbar.

III. Der Streit um die dogmatische Konstruktion der BGB-Gesellschaft

Zwei wesentliche Auffassungen haben sich, wie soeben dargestellt, beim Streit um die dogmatische Konstruktion der Gesamthandsgesellschaft herauskristallisiert. Es versteht sich von selbst, dass im Verlauf dieses Streites, der eine so lange Geschichte hat und zu den umstrittensten Fragen des (Handels-)Gesellschaftsrechts gehört, außer den zwei genannten Grundauffassungen noch weitere Meinungen auftauchen. Eine detaillierte Darstellung dieser unterschiedlichen Ansichten würde allerdings den Rahmen dieser Arbeit sprengen. Im nachfolgenden Abschnitt werden daher die zwei wesentlichen dogmatischen Fixierungen zur Gesamthand dargestellt und deren Auswirkungen auf das Verständnis der BGB-Gesellschaft erörtert.

1. Die traditionelle Lehre

a. Die gesamthänderisch gebundene Vielheit

Die Vertreter der individualistischen Gesamthandslehre[19] halten an dem traditionellen Verständnis der Gesamthand fest. Danach ist die Gesamthand eine reine Vermögensgemeinschaft, die der gesamthänderischen Bindung eines den Gesamthändern zustehenden Sondervermögens dient.[20] Das Vermögen wird insoweit zu einem zweckgebundenen Sondervermögen verselbständigt. Man spricht von der Gesamthand daher auch als einer „Einrichtung eines mitgliedbezogenen Sondervermögens"[21]. Als bloßes Vermögenszuordnungsprinzip hat die Gesamthand der BGB-Gesellschaft im Vermögensrecht ihren Platz und erschöpft sich im vermögensrechtlichen Bezug, in dem mehreren Personen gesamthänderisch zugeordneten Vermögen.[22] So enthalten auch alle die Gesamthand betreffenden Regeln – insbesondere die §§ 718, 719 und 738 BGB – vermögensrechtliche Aussagen. Und Vermögensrechte können eben nicht nur qualitativ aufgespalten werden – z.B. zwischen Pfandgläubiger und Eigentümer – oder zeitlich aufgeteilt werden – z.B. zwischen anwartschaftsberechtigtem und bisherigem Eigentümer –, sondern können ebenso gut auch – quantitativ – mehreren Personen zustehen.[23] Bei der Gesamthand steht das durch die Beiträge der Gesellschafter erlangte Gesellschaftsvermögen als Sondervermögen allen Gesellschaftern gemeinschaftlich zu, d. h. den Gesellschaftern ist das Sondervermögen in der Weise zugeordnet, dass sie alle Rechte paritätisch und gemeinsam innehaben.[24] Das eigentliche Charakteristikum der Gesamthand

---

[19] Vgl. Larenz, Lehrbuch des Schuldrechts, Bd. 2/BT, 12. Aufl., S. 371 ff; Zöllner, Festschrift für Gernhuber, S. 563 ff.; ders., Festschrift für Kraft, S. 701 ff.; Wiedemann, Gesellschaftsrecht, S. 242 ff.; Schulze-Osterloh, Das Prinzip der gesamthänderischen Bindung, S. 11 ff.; Weber-Grellet, AcP 182 (1982), S. 316 ff.; Buchner, AcP 169 (1969), S. 483 ff.; Alberts, Die Gesellschaft bürgerlichen Rechts im Umbruch, S. 123 ff.; Hueck, Gesellschaftsrecht, 19. Aufl., S. 20 ff.; ders., Festschrift für Zöllner, S. 275 ff.; Beuthien/Ernst, ZHR 156 (1992), S. 227 (231 ff.); Huber, Vermögensanteil, Kapitalanteil und Gesellschaftsanteil an Personengesellschaften des Handelsrechts, S. 61 ff. und 102 ff.

[20] Schmidt, NJW 2001, S. 993 (994); Schmidt, Gesellschaftsrecht, 4. Aufl., S. 199.

[21] Wiedemann, WM 1975, Sonderbeilage Nr. 4, S. 28.

[22] von Thur, Der Allgemeiner Teil des Deutschen Bürgerlichen Rechts, S. 78 ff. und 348 ff.; Huber, Vermögensanteil, Kapitalanteil und Gesellschaftsanteil an Personengesellschaften des Handelsrechts, S. 89 ff.; Ballerstedt, JuS 1963, S. 253 ff.; Wiedemann, WM 1975, Sonderbeilage Nr. 4, S. 27 ff.

[23] Wiedemann, Gesellschaftsrecht, S. 245. Zum Problem der mehrheitlichen Rechtszuständigkeit vgl. Schulze-Osterloh, Das Prinzip der gesamthänderischen Bindung, S. 5 ff.

[24] Larenz, Lehrbuch des Schuldrechts, Bd. 2/BT, 12. Aufl., S. 389.

ist nach traditionellem Verständnis daher nicht die Einheit, sondern die gesamthänderisch gebundene Vielheit.[25]

b. Die ausschließliche Rechtssubjektivität der Gesellschafter

Wenn aber das Gesellschaftsvermögen einer gesamthänderisch gebundenen Vielheit zusteht und nicht einer Einheit, so kann das nur bedeuten, dass Rechtsträger und Rechtssubjekt der zum Gesellschaftsvermögen gehörenden Rechte nicht die Gesellschaft als verselbständigte rechtsfähige Organisationseinheit ist, sondern alle Gesellschafter in ihrer gesamthänderischen Verbundenheit.[26] Zwar erkennt diese Lehre an, dass zwischen den Gesellschaftern nicht nur ein Schuldverhältnis besteht, sondern dass durch die Bildung eines Sondervermögens zugleich eine – von den einzelnen Mitgliedern unterscheidbare – sozialrechtlich verbundene Personengemeinschaft mit einem gewissen eigenständigen Organisationsgrad entsteht.[27] Durch diese über den vertraglichen Zusammenschluss hinausgehende Wirkungseinheit ergeben sich – nach dieser Auffassung – keine rechtlichen Konsequenzen für die Rechtsnatur der BGB-Gesellschaft; insbesondere vermag dieser Umstand nicht die Rechtsfähigkeit der BGB-Gesellschaft zu begründen.[28] Bezugspunkt und Zuordnungssubjekte für Rechte und Pflichten sind immer nur die Gesellschafter in ihrer gesamthänderischen Verbundenheit, nicht die Gesellschaft. Sie selbst hat – als Gesellschaft – nicht die rechtserhebliche Eigenschaft, Trägerin von Rechten und Pflichten zu sein.

Begründet wird die ausschließliche Rechtssubjektivität der Gesellschafter vor allem mit der Entstehungsgeschichte, mit den Motiven des BGB und mit dem Wortlaut des Gesetzes. So seien lediglich das Vermögensprinzip und das Schuldverhältnis der Gesellschafter untereinander als Innenverhältnis der Gesellschaft ausdrücklich in den §§ 705 ff. BGB geregelt.[29] Irgendwelche personen- oder verbandsrechtliche Auswirkungen des Gesamthandsprinzips ergäben sich weder aus dem Gesetzeswortlaut noch aus

---

[25] Schmidt, Gesellschaftsrecht, 4. Aufl., S. 199.

[26] Larenz, Lehrbuch des Schuldrechts, Bd. 2/BT, 12. Aufl., S. 389; Weber-Grellet, AcP 182 (1982), S. 316 (317); Blomeyer, JR 1971, S. 397; Berndt/Boin, NJW 1998, S. 2854 (2855); Schulze-Osterloh, Das Prinzip der gesamthänderischen Bindung, S. 11 f.

[27] Larenz, Lehrbuch des Schuldrechts, Bd. 2/BT, 12. Aufl., S. 376.

[28] Cordes, JZ 1998, S. 545 (546); Schultzky/Weissinger, JA 2001, S. 886 (887).

[29] Wertenbruch, Die Haftung von Gesellschaften und Gesellschaftsanteilen in der Zwangsvollstreckung, S. 37.

den Motiven und Protokollen zum BGB.[30] In einer Reihe von Vorschriften komme die ausschließliche Rechtssubjektivität der Gesellschafter in aller Deutlichkeit zum Ausdruck, und dabei handele es sich sicherlich nicht um eine unbedachte – zufällige – Ausdrucksweise des Gesetzgebers, sondern um sorgfältig ausgewählte Formulierungen.[31] So spricht § 714 BGB von der Vertretung der *Gesellschafter* und nicht der *Gesellschaft*. Die Regelung des § 718 BGB definiert das Gesellschaftsvermögen als Vermögen der *Gesellschafter* und nicht als solches der *Gesellschaft*. Nach § 738 BGB wächst der Anteil des ausscheidenden Gesellschafters den *übrigen Gesellschaftern* und nicht der *Gesellschaft* zu. Dass § 736 ZPO[32] zur Zwangsvollstreckung in das dinglich gebundene Sondervermögen ein gegen alle – namentlich zu bezeichnende – Gesellschafter lautendes Urteil erfordert, sei die Folgerung aus dem individuellen Zusammenhalt der Gesellschafter.[33] Während der Gesetzgeber mit § 124 HGB die rechtliche Selbständigkeit der offenen Handelsgesellschaft und der Kommanditgesellschaft ausdrücklich anerkannt habe, sei § 736 ZPO und das Fehlen einer dem § 124 HGB entsprechenden Norm im BGB-Gesellschaftsrecht schließlich Ausdruck dafür, dass er die rechtliche Verselbständigung der BGB-Gesellschaft abgelehnt habe. Die Regelung des § 124 HGB und der daraus abgeleitete Umkehrschluss seien ein Beleg für die grundsätzlichen Strukturunterschiede zwischen der Gesellschaft bürgerlichen Rechts und den Personengesellschaften des Handelsrechts.[34]

c. *Die eigentumsrechtliche Struktur der Gesamthand*

aa. *Das Gesellschaftsvermögen in seiner Gesamtheit*

So weit, so gut – bis dahin herrscht unter den Anhängern der traditionellen Theorie noch weitgehend Einigkeit. Doch darüber, wie das gemeinsame Eigentum am Gesellschaftsvermögen den Gesellschaftern – als den ausschließlichen Trägern von Rechten und Pflichten – konkret zugeordnet ist, gehen die Meinungen auseinander. Die rechtliche Konstruktion des gemeinsamen Eigentums der Gesellschafter wird von den organisatorischen Vorschriften des BGB-Gesellschaftsrechts nicht aufgegriffen. Auch wenn in § 719 BGB vom *Anteil an dem Gesellschaftsvermögen und an den einzelnen dazu*

---

[30] Wiedemann, Gesellschaftsrecht, S. 246; Wertenbruch, Die Haftung von Gesellschaften und Gesellschaftsanteilen in der Zwangsvollstreckung, S. 37.
[31] Larenz, Lehrbuch des Schuldrechts, Bd. 2/BT, 12. Aufl., S. 396; Cordes, JZ 1998, S. 545 (546).
[32] Zur Entstehungsgeschichte des § 736 ZPO siehe Fn. 50 im 1. Teil.
[33] MünchKomm/ZPO/Heßler, 2. Aufl., § 736 Rn. 1.
[34] Ulmer, Gesellschaft bürgerlichen Rechts, 3. Aufl., Vor § 705 Rn. 11.

gehörenden Gegenständen die Rede ist, so gibt dies über die konkrete Ausgestaltung noch keinen Aufschluss. Im Gegenteil: Die gewählte Formulierung – „*Anteil an dem Gesellschaftsvermögen*" – verleitet vielmehr noch zu der irrigen Annahme, das Vermögen als solches – als der Inbegriff von Sachen und Rechten[35] – sei in seiner Gesamtheit ein möglicher Gegenstand eines subjektiven Rechts. Dies würde allerdings der Systematik des BGB widersprechen, das die Rechtsobjektqualität von Vermögensgesamtheiten verneint. Nach dem im Sachenrecht geltenden Spezialitätsgrundsatz gibt es keine dinglichen Rechte am Vermögensganzen, sondern nur dingliche Rechte an den einzelnen, zu einem Vermögensbegriff gehörenden Gegenständen.[36] Ausgehend von einer systemkonformen Auslegung besagt § 719 BGB nichts aus über die Rechtsnatur der Gesamthandsgesellschaft und der Beteiligung des Gesellschafters, insbesondere über die Existenz von Anteilen der Gesellschafter an dem Gesellschaftsvermögen als solchem.[37] Die Bestimmung ist vielmehr – so eine Mindermeinung[38] – in der Negierung der Verfügungsmöglichkeit zu sehen. Sie erschöpft sich damit ausschließlich im vermögensrechtlichen Bezug oder betrifft – so die h.M.[39] – die Mitgliedschaft, d.h. als solche das Rechtsverhältnis der Zugehörigkeit eines Gesellschafters zur Gemeinschaft und die sich hieraus ergebenden Berechtigungen und Verpflichtungen, wobei auch die Mitberechtigung an den einzelnen Bestandteilen des Gesellschaftsvermögens und die Ansprüche gegen die anderen Gesellschafter miteinbegriffen sind.

bb. Die einzelnen Gegenstände des Gesellschaftsvermögens

Die Auffassung des Gesetzgebers, es gebe kein Eigentum an dem Gesellschaftsvermögen in seiner Gesamtheit, hat damit notwendigerweise zur Konsequenz, dass die einzelnen Gegenstände des Gesellschaftsvermögens einem Rechtssubjekt zugeordnet werden müssen, sofern man nicht zu dem seltsam anmutenden Ergebnis kommen möchte, die zum Gesellschaftsvermögen gehörenden Gegenstände seien subjektlose Rechte beziehungsweise

---

[35] Palandt/Sprau, 61. Aufl., § 718 Rn. 1.
[36] Staudinger/Keßler, 12. Aufl., Vorbem. zu § 705 Rn. 75; Palandt/Sprau, 61. Aufl., § 719 Rn. 1; Schulze-Osterloh, Das Prinzip der gesamthänderischen Bindung, S. 14 ff.; Weber-Grellet, AcP 182 (1982), S. 316 (331).
[37] Wertenbruch, Die Haftung von Gesellschaften und Gesellschaftsanteilen in der Zwangsvollstreckung, S. 190.
[38] Flume, ZHR 136 (1972), S. 177 (196).
[39] RGZ 57, S. 415; Staudinger/Keßler, 12. Aufl., Vorbem. zu § 705 Rn. 75; Palandt/Sprau, 61. Aufl., § 718 Rn. 1; Erman/Westermann, 10. Aufl., § 719 Rn. 2; Weber-Grellet, AcP 182 (1982), S. 316 (331 f.); von Thur, Der Allgemeiner Teil des Deutschen Bürgerlichen Rechts, S. 359.

herrenlose Sachen. Auf dem Boden der traditionellen Lehre kann dies nur bedeuten: Ein rechtlicher 'Spagat' ist zu bewerkstelligen. Die einzelnen Gegenstände des Gesellschaftsvermögens müssen im Wege einer rechtlichen – den gesamthänderischen Eigenheiten entsprechenden – Konstruktion den Gesellschaftern als den ausschließlichen Rechtssubjekten in der Weise zugeordnet werden, dass den Gesamthändern zwar Eigentum an den einzelnen gemeinschaftlichen Gegenständen zusteht, der Einzelne aber nicht über seinen Anteil verfügen kann.

aaa. Theorie der geteilten Mitberechtigung

In Anknüpfung an die eigentumsrechtliche Situation der römischrechtlich geprägten Gesellschaft des ersten BGB-Entwurfs beharren die Anhänger[40] der Theorie der geteilten Mitberechtigung auf der Vorstellung, auch das Gesamthandseigentum sei nichts anderes als Quoteneigentum der Gesellschafter an den einzelnen Vermögensstücken. Nach dem ersten Entwurf zum BGB, der noch keine Gesamthandselemente enthielt und sich noch an der *societas* des römischen Rechts orientierte, stehe jedem Gesellschafter ein fester, nach Quoten bestimmter Anteil an den einzelnen Gegenständen zu.[41] Mit der Annahme des Gesamthandsprinzips im zweiten Entwurf zum BGB entstünde lediglich eine besondere, abgewandelte Art der Bruchteilsgemeinschaft, und zwar in der Weise, dass den Gesellschaftern infolge des Prinzips der gesamten Hand keine verfügbaren Anteile an den Gegenständen des Gesellschaftsvermögens zustünden, sondern nur Wertanteile, sog. „ideelle"[42] oder „intellektuelle"[43] Anteile, in Gestalt eines Auseinandersetzungsguthabens.[44] Die einzelnen ideellen Anteile der Gesellschafter seien im Gegensatz zum ersten Entwurf „nicht [fest] bestimmt, aber doch in jedem Augenblicke bestimmbar"[45], so dass sie sich jederzeit verändern könnten. In Form von rechnerisch bestimmbaren, fiktiven Quotenrechten bestünde somit an den einzelnen Gegenständen eine geteilte Zuständigkeit – eine sog. geteilte beziehungsweise gebundene Mitberechtigung. Gesamt-

---

[40] Schulze-Osterloh, Das Prinzip der gesamthänderischen Bindung, S. 14 ff.; Joerges, ZHR 49 (1900), S. 140 ff.; 51 (1902), S. 47 ff.; Buchda, Geschichte und Kritik der deutschen Gesamthandlehre, S. 202 m.w.N.

[41] Mugdan, Materialien zum Bürgerlichen Gesetzbuch, Band II, S. 335.

[42] Mugdan, Materialien zum Bürgerlichen Gesetzbuch, Band II, S. 990.

[43] Buchda, Geschichte und Kritik der deutschen Gesamthandlehre, S. 202.

[44] Wertenbruch, Die Haftung von Gesellschaften und Gesellschaftsanteilen in der Zwangsvollstreckung, S. 188.

[45] So die Vertreter der Theorie der geteilten Mitberechtigung bei den Verhandlungen der Gesetzeskommission, vgl. Mugdan, Materialien zum Bürgerlichen Gesetzbuch, Band II, S. 990.

handseigentum sei also nichts weiter als gebundenes Miteigentum an den einzelnen Vermögensgegenständen.[46]

bbb. Theorie der ungeteilten Mitberechtigung

Bereits in der 2. BGB-Kommission stand eine Gruppe dieser Auffassung ablehnend gegenüber und wies darauf hin, dass „von Antheilen der Gesellschafter an den einzelnen Vermögensstücken […] bei der gesammten Hand nicht die Rede sein [könne…]"[47]. Aus der Existenz von Vorschriften über die Verteilung des Gewinnes und des Erlöses bei der Auseinandersetzung könne man nicht den Rückschluss ziehen, den Gesellschaftern stehe während des Bestehens einer Rechtsgemeinschaft zur gesamten Hand Anteile an den einzelnen Vermögensgegenständen zu.[48] Die Vertreter[49] dieser Theorie fassen die Gesamthänder einheitlich zusammen und gehen von der ungeteilten Gesamtzuständigkeit dieses Personenverbandes aus.[50] Dadurch werde aber weder ein von den Gesamthändern verschiedenes, künstliches Subjekt nach Art der juristischen Person geschaffen, dem als Rechtsträger die Rechte zustünden. Noch seien die Gesamthänder als Einzelpersonen die Zuordnungssubjekte. Vielmehr seien nach der Lehre von der ungeteilten Gesamthandsberechtigung die Gesamthänder in ihrer Verbundenheit Träger der zum Gesellschaftsvermögen gehörenden Rechte. Das Gesellschaftsvermögen ist den Gesellschaftern in ihrer Verbundenheit zugeordnet, und nur in gemeinsamer Zuständigkeit sind sie dessen Inhaber.[51] Im Gegensatz zur Lehre von der geteilten Mitberechtigung wird also der einzelne Vermögensgegenstand nicht nach rechnerisch bestimmbaren Quoten aufgeteilt, sondern es besteht eine ungeteilte Gesamtzuständigkeit. Mitberechtigt sind demnach mehrere Rechtssubjekte, doch nur die Vielheit der Rechtssubjekte zusammen sind die Rechtsträger.[52] Dabei darf man aber die verwendeten Begrifflichkeiten – „Gesamthänder in ihrer Verbundenheit", „Gesamtzuständigkeit" – nicht dahingehend missverstehen, als bildeten die mehreren Subjekte eine Einheit oder eine Gruppe. Nein, ein neues Gebilde wird nach dieser Auffassung dadurch nicht geschaffen, sondern kennzeich-

---

[46] Buchda, Geschichte und Kritik der deutschen Gesamthandlehre, S. 201.
[47] Mugdan, Materialien zum Bürgerlichen Gesetzbuch, Band II, S. 990.
[48] Mugdan, Materialien zum Bürgerlichen Gesetzbuch, Band II, S. 990.
[49] RGZ 93, S. 294; RGZ 68, S. 417; von Thur, Der Allgemeiner Teil des Deutschen Bürgerlichen Rechts, S. 80 ff.; Larenz/Wolf, Allgemeiner Teil des Bürgerlichen Rechts, S. 185; Bartholomeyczik, Festschrift für Nipperdey, Bd. I, S. 145 (173).
[50] Buchda, Geschichte und Kritik der deutschen Gesamthandlehre, S. 193 ff.
[51] Buchner, AcP 169 (1969), S. 483 (490).
[52] Staudinger/Keßler, 12. Aufl., Vorbem. zu § 705 Rn. 72.

nend bleibt die Vielheit. Larenz[53] stellt dazu fest, „daß es außer der Einheit im Sinne der Einzahl, die allerdings die Mehrzahl ausschließt, auch die Einheit im Sinne der Übereinstimmung, die Einheit in der Vielheit gibt, in der die Vielheit nicht vernichtet, sondern als 'Moment' des Begriffs aufbewahrt ist. [...] Die 'Einheit in der Verbundenheit' der Teilhaber ist nicht die Einzahl, wie die der juristischen Person, sondern Einheit in der Vielheit". Allerdings herrscht unter den Anhängern dieser Theorie keine Einigkeit, denn die Frage, wie die Beziehung des Rechts zu der Vielheit der Subjekte präzise zu gestalten ist, ist umstritten und nicht hinreichend geklärt.[54] Einige betrachten jeden einzelnen Gesamthänder als Vollberechtigten am Gesamthandsgegenstand und sehen ihn nur durch die Berechtigung seiner Mitteilhaber eingeschränkt. Dieser Ansicht liegt die Vorstellung von der Vervielfältigung des Eigentumsrechts und der Rechtszuständigkeit zugrunde.[55] Andere verzichten auf eine detaillierte Festlegung und kommen zu der lapidaren Feststellung: „Einerlei, in welcher Weise die einzelnen Befugnisse unter den Teilhabern aufgeteilt sind, ist zu Verfügungen über das Recht im ganzen doch stets das Zusammenwirken aller erforderlich"[56].

2. Die Gruppenlehre

a. Vorbemerkung

Nach Inkrafttreten des BGB herrschte für ein Dreivierteljahrhundert weitgehend Ruhe. Die traditionelle Theorie hatte in der Diskussion über das Prinzip der Gesamthand und die Rechtsnatur der BGB-Gesellschaft die Oberhand gewonnen. Der jahrhundertealte Streit um die dogmatische Konzeption des Prinzips der Gesamthand schien für über 70 Jahre regelrecht verstummt zu sein.[57] Möglicherweise hing dies auch damit zusammen, dass die BGB-Gesellschaft zunächst noch nicht über eine so hohe rechtstatsächliche Bedeutung wie heute verfügte. Zwar gab es seit jeher eine

---

[53] Larenz/Wolf, Allgemeiner Teil des Bürgerlichen Rechts, S. 186 Fn. 54.

[54] Larenz/Wolf, Allgemeiner Teil des Bürgerlichen Rechts, S. 186; vgl. zu der Fülle von Ansichten Buchda, Geschichte und Kritik der deutschen Gesamthandlehre, S. 193 ff.; zur grundlegenden Kritik an dieser Theorie vgl. Kunz, Über die Rechtsnatur der Gemeinschaft zur gesamten Hand, S. 72 ff.

[55] RGZ 65, S. 235; Huber, Vermögensanteil, Kapitalanteil und Gesellschaftsanteil an Personengesellschaften des Handelsrechts, S. 64; GroßKo/HGB/Fischer, 3. Aufl., § 105 Anm. 34; Düringer-Hachenburg/Geiler, Das Gesellschaftsrecht des bürgerlichen Rechts, Anm. 22; Westermann, Sachenrecht, 5. Aufl., S. 126.

[56] Larenz/Wolf, Allgemeiner Teil des Bürgerlichen Rechts, S. 186; so sind wohl auch von Thur, Der Allgemeiner Teil des Deutschen Bürgerlichen Rechts, S. 358 f. und Hueck, Gesellschaftsrecht, 19. Aufl., S. 21 zu verstehen.

[57] Schmidt, NJW 2001, S. 993 (994).

Fülle von BGB-Gesellschaften in Form von Gelegenheitsgesellschaften, die im Alltagsleben regelmäßig durch konkludentes Verhalten geschlossen werden. Doch erst im Zusammenhang mit dem Wirtschaftsaufschwung im Nachkriegsdeutschland nahm auch die Bedeutung der BGB-Gesellschaft für das Berufs- und Wirtschaftsleben zu. Aufgrund der Offenheit und Elastizität ihrer gesetzlichen Regelungen spielte die BGB-Gesellschaft im Bereich der Organisation wirtschaftlicher Einheiten immer häufiger eine entscheidende Rolle. Der hohe Anteil an dispositiven Regelungen im BGB-Gesellschaftsrecht bietet den Rechtsanwendern eine Fülle von rechtlichen Gestaltungsmöglichkeiten, deren Umsetzung sich vor allem die Unternehmen zu eigen machten, um durch flexiblere rechtliche Strukturen den raschen Veränderungen in der Wirtschaft und den immer komplexer werdenden Anforderungen besser und schneller gerecht werden zu können.[58] Unternehmenstragende BGB-Gesellschaften mit bedeutendem wirtschaftlichen Gewicht, wie etwa große Berufsgemeinschaften von Anwälten, Kooperationsgesellschaften unter Großunternehmen, Poolgesellschaften, umfangreiche Arbeitsgemeinschaften (Arge) zwischen Großunternehmen und hochspezialisierten Unternehmen zur Durchführung von Großprojekten, Bankenkonsortien, Publikums-BGB-Gesellschaften und mitgliedsstarke Immobilienfonds waren bis dahin kaum bekannt.[59] Mit der Zunahme dieser Erscheinungsformen im Berufs- und Wirtschaftsleben traten auch vermehrt die altbekannten Probleme des BGB-Gesellschaftsrechts wieder offen zutage und beschäftigten einmal mehr Rechtsprechung und Rechtswissenschaft. Die althergebrachte Vorstellung von der BGB-Gesellschaft als einer typischen Gelegenheitsgesellschaft[60] und einer auf wenige Mitglieder beschränkten Organisationsform konnte den nun gestellten Anforderungen des modernen Wirtschaftslebens nicht mehr gerecht werden.[61] Für den Bereich der „Mitunternehmer-BGB-Gesellschaft"[62] hat sich das traditionelle Verständnis vom Gesamthandsmodell des BGB-Gesellschaftsrechts als un-

---

[58] Vgl. Steding, NZG 2001, S. 721 (721 f.).
[59] Einen Überblick über die wichtigsten und unterschiedlichsten Erscheinungsformen der BGB-Gesellschaften gibt Schmidt in: Gesellschaftsrecht, 4. Aufl., S. 1701 ff. und Gutachten, S. 413 (450 ff.); siehe auch Palandt/Heinrichs, 61. Aufl., § 705 Rn. 36 ff.
[60] Vgl. Ulmer, Gesellschaft bürgerlichen Rechts, 3. Aufl., Vor § 705 Rn. 11.
[61] Vgl. hierzu Lang/Fraenkel, WM 2002, S. 260; Wiedemann, WM 1994, Sonderbeilage Nr. 4, S. 4 f.
[62] Der Begriff der „Mitunternehmer-BGB-Gesellschaft" wurde von Karsten Schmidt geprägt. Auf Kosten sprachlicher Glätte zieht Schmidt diesen Begriff gegenüber demjenigen der Erwerbsgesellschaft vor. Der Tatbestand der Mitunternehmer-BGB-Gesellschaft wird einerseits durch das Vorhandensein eines Unternehmens und andererseits durch die Unternehmensträgerschaft der Gesellschaft bürgerlichen Rechts gekennzeichnet, Schmidt, Gutachten, S. 413 (449 ff.; 501).

geeignet erwiesen.[63] Der Gesetzgeber hatte bei Erlass der Regelungen für das BGB-Gesellschaftsrecht nicht alle Einsatz- und Verwendungsmöglichkeiten im Blick. Insbesondere hatte er die BGB-Gesellschaft nicht ausreichend unter dem Blickwinkel der wirtschaftlichen Zweckverfolgung betrachtet und sie zweifellos nicht als Rechtsform für wirtschaftliche Tätigkeit konzipiert.[64] Während die unbeantwortete Frage nach der Rechtsträgerschaft, die damit zusammenhängende Frage der Eigentumsverhältnisse, die ungeklärte prozessrechtliche und vollstreckungsrechtliche Stellung[65] und die ungelöste Problematik der Schuld- und Haftungsverfassung[66] bei den Gelegenheitsgesellschaften des alltäglichen Lebens kaum eine Rolle spielten, stand die Beantwortung dieser Fragen bei den wirtschafts- und rechtspolitisch bedeutsamen Mitunternehmer-BGB-Gesellschaften im Mittelpunkt des Interesses. Die Handhabung und der Umgang mit den unter-

---

[63] Schmidt, Gutachten, S. 413 (483).

[64] Vgl. Steding, NZG 2001, S. 721 (721).

[65] Die prozessrechtliche und vollstreckungsrechtliche Stellung der BGB-Gesell-schaft ist seit jeher umstritten. Vgl. zur Rechtsprechung BGHZ 30, S. 195; BGHZ 102, S. 152; BGH, LM Nr. 12 zu § 709 BGB; BGH, ZIP 1990, S. 505; BGH, NJW 1998, S. 2904; BGH, NJW 1986, S. 1991. Auch eine Fülle von wissenschaftlichen Arbeiten widmen sich diesem Themenbereich, vgl. Raster, Die Verselbständigung der Gesellschaft bürgerlichen Rechts im Zivilprozess und in der Zwangsvollstreckung; Schünemann, Grundprobleme der Gesamthandsgesellschaft unter besonderer Berücksichtigung des Vollstreckungsrechts; Heller, Der Zivilprozess der Gesellschaft bürgerlichen Rechts; Göckeler, Die BGB-Gesellschaft im Erkenntnis-, Vollstreckungs- und Konkursverfahren; Reichert, Die BGB-Gesellschaft im Zivilprozess; Wertenbruch, Die Haftung von Gesellschaften und Gesellschaftsanteilen in der Zwangsvollstreckung; ders., NJW 2002, S. 324 ff.; ders., DGVZ 2001, S. 97 ff.; Behr, InVo 2001, S. 357 ff.; Noack, JR 1971, S. 223 ff; ders., MDR 1974, S. 811 ff.; Wieser, MDR 2001, S. 421 ff.; Abel/Eitzert, DZWIR 2001, S. 353 ff.; Armbrüster, GE 2001, S. 821 (828 ff.); Kemke, NJW 2002, S. 2218 f.; Pohlmann, WM 2002, S. 1421 ff.; Schmidt, Gesellschaftsrecht, 4. Aufl., S. 1806 ff.

[66] Schon jahrzehntelang ist die Schuld- und Haftungsverfassung der BGB-Gesellschaft Gegenstand intensiver Diskussionen in Rechtsprechung und Literatur: Vgl. nur RGZ 155, S. 75; BGH, NJW 1999, S. 3483; BGH, NJW 1992, S. 1615; BGHZ 61, S. 338; BGH, NJW 1986, S. 2364; BGH, NJW 1971, S. 1698. Siehe auch die umfangreiche Literatur zur Schuld- und Haftungsverfassung der BGB-Gesellschaft: Aderhold, Das Schuldmodell der BGB-Gesellschaft, S. 17 ff.; Hennecke, Das Sondervermögen der Gesamthand, S. 72 ff.; Ernst, Schuld und Haftung; Fehl, Festschrift für Trinkner, S. 135 ff.; Reiff, Die Haftungsverfassungen nichtrechtsfähiger unternehmenstragender Verbände, S. 220 ff., 302 ff.; Dauner-Lieb, Unternehmen in Sondervermögen, S. 520 ff.; Beuthien, DB 1975, S. 725 ff. und 773 ff.; Altmeppen, NJW 1996, S. 1017 ff.; Timm, NJW 1995, S. 3209 ff.; Gesmann-Nuissl, WM 2001, S. 973 ff.; Habersack, BB 2001, S. 477 ff.; Hadding, ZGR 2001, S. 712 ff.; Wunderlich, WM 2002, S. 271 ff.; Baumann, JZ 2001, S. 895 ff.; Urban, NWB 2001, S. 2656 ff.; Baumann/Rößler, NZG 2002, S. 793 ff.; Lange, NZG 2002, S. 401 ff.; ders., NJW 2002, S. 2002 f.; Walter, MedR 2002, S. 169 ff.; Sieg, WM 2002, S. 1432 ff.; Schmidt, Gesellschaftsrecht, 4. Aufl., S. 1771 ff. und 1787 ff. m.w.N.

nehmenstragenden BGB-Gesellschaften im Rechtsverkehr wurde durch diese rechtspraktischen und rechtspolitischen Probleme erheblich erschwert.

b. Der Wendepunkt

Im Jahre 1972 gelang es Werner Flume, in die scheinbar verstummte Diskussion um das Prinzip der Gesamthand und die Rechtsnatur der BGB-Gesellschaft wieder Bewegung zu bringen. In Anknüpfung an die von Gierke vertretene Gesamthandslehre des 19. Jahrhunderts hat Flume mit seinen Arbeiten[67] den Grundstein für eine Neuorientierung im BGB-Gesellschaftsrecht gelegt und der sog. Gruppenlehre[68] zum Durchbruch verholfen.[69] Die alsbald von Peter Ulmer vorgelegte Kommentierung des BGB-Gesellschaftsrechts[70], das von Karsten Schmidt verfasste Gutachten[71] und sein inzwischen in der vierten Auflage erschienenes Standardwerk zum Gesellschaftsrecht[72] haben den Siegeszug der Gruppenlehre befördert.[73] In relativ kurzer Zeit[74] haben sich Flumes Thesen unter den Gesellschaftsrechtlern weitgehend durchgesetzt[75] und haben die Gesamthandsdiskussion bis

---

[67] Dem grundlegenden Artikel „Gesellschaft und Gesamthand" in ZHR 136 (1972), S. 177 ff. folgte 1977 das umfassende Werk „Die Personengesellschaft".

[68] Vgl. Fn. 16.

[69] Wertenbruch, Die Haftung von Gesellschaften und Gesellschaftsanteilen in der Zwangsvollstreckung, S. 34.

[70] MünchKomm/BGB/Ulmer, 1. Aufl., Vor § 705 ff.; diese erste Auflage des Band 3 (Schuldrecht, Besonderer Teil, Halbband 2, §§ 657-853) des Münchener Kommentars erschien 1980, die zweite Auflage im Jahr 1986 und die dritte und bisher letzte Auflage im Jahr 1997. Die Kommentierung wurde immer auch als Sonderausgabe unter dem Titel „(Die) Gesellschaft bürgerlichen Rechts (und Partnerschaftsgesellschaft)" herausgegeben.

[71] Schmidt, Gesellschaft bürgerlichen Rechts – Welche Änderungen und Ergänzungen sind im Recht der BGB-Gesellschaft geboten?, in: Gutachten und Vorschläge zur Überarbeitung des Schuldrechts, herausgegeben vom Bundesminister der Justiz, Bd. 3, 1983, S. 413 ff.

[72] Schmidt, Gesellschaftsrecht, 1. – 4. Auflage, Köln u.a. 1986, 1991, 1997, 2002, § 8 III.

[73] Schmidt, NJW 2001, S. 993 (995).

[74] Vgl. Ulmer, AcP 198 (1998), S. 113 f.

[75] Zustimmend Schmidt, Gutachten, S. 413 (466 ff.); ders., Gesellschaftsrecht, 1. Aufl., § 8 III; Ulmer, Gesellschaft bürgerlichen Rechts, 1. Aufl., § 705 Rn. 104 ff. (insbes. Rn. 106 ff.); Schünemann, Grundprobleme der Gesamthandsgesellschaft, S. 110 ff. und 148 ff.; Eisenhardt, Gesellschaftsrecht, 10. Aufl., S. 22 ff.; Grunewald, Gesellschaftsrecht, 2. Aufl., S. 50 ff.; Hennecke, Das Sondervermögen der Gesamthand, S. 61 ff.; Aderhold, Das Schuldmodell der BGB-Gesellschaft, S. 259 ff.; Reiff, Die Haftunsverfassung nichtrechtsfähiger unternehmenstragender Verbände, S. 29 ff. und S. 166 ff.; Hüffer, Gesellschaftsrecht, 3. Auflage, S. 41 ff.; Soergel/Hadding, 11. Aufl., Vor § 705 Rn. 20 f. und § 718 Rn. 3; Studienkommentar/Hadding, 1. Aufl., §§ 718-720 Erl. 1; Wertenbruch, Die Haftung von Gesellschaften und Gesellschaftsanteilen in der Zwangsvollstreckung, S. 211 ff.; in diese Richtung wohl auch Er-

in unsere Tage hinein nachhaltig geprägt: Die Gruppenlehre war, „[…] wie sich in den folgenden Jahrzehnten erwies, geeignet, im Zuge der Flexibilisierung unternehmerischer Organisation, im Hinblick auf die zunehmende Komplexität juristischer Rechtsträgerschaft und das sich ausbreitende Bedürfnis, die Vorteile der Rechtssubjektivität ohne die Nachteile der Konstruktion als Personenhandelsgesellschaft oder juristische Person zu realisieren, einen neuen Anlauf zur Verselbständigung zu stützen"[76]. Das Jahr 1972 war somit ein Wendepunkt – „das Jahr der Reformation"[77] – im Streit um das Gesamthandsprinzip und die Konzeption der BGB-Gesellschaft.

c. Die Gesamthänder als Gruppe

In Widerspruch zur traditionellen Theorie, die das eigentliche Charakteristikum der Gesamthand in der gesamthänderisch gebundenen Vielheit sieht, steht die Gruppenlehre beziehungsweise Lehre von der kollektiven Einheit, die – wie es die Terminologie schon nahe legt – die Gesamthänder nicht mehr in ihrer rechtssubjektiven Vereinzelung sehen, sondern die Gesamthand als eine aus mehreren Personen zusammengesetzte soziale Gruppe oder „überindividuelle Wirkungseinheit"[78] begreifen. Die Gesamthand erschöpft sich nicht im vermögensrechtlichen Bezug und ist daher auch nicht unter dem Blickwinkel eines objektivierten, den Gesamthändern zustehenden Sondervermögens zu betrachten, sondern ist vielmehr unter dem Gesichtspunkt der Subjektsqualität zu diskutieren.[79] Für Flume, der als „Wiederentdecker"[80] der Gierkeschen Lehre bezeichnet wird, besagt das Gesamthandsprinzip „[…] nichts anderes, als daß es […] eine Handlungszuständigkeit und eine Rechtszuständigkeit für alle Gesamthänder zusammen, für die Gesamthänder in ihrer Verbundenheit, d. h. für die Gesamthand als Gruppe, gibt"[81]. Er charakterisiert die BGB-Gesellschaft als „'Urfigur' der

---

man/Westermann, 10. Aufl., Vor § 705 Rn. 14 f.; Wiedemann, früher als Vertreter der traditionellen Lehre bekannt (vgl. Fn. 19), neigt inzwischen der Gruppenlehre zu: Wiedemann, Festschrift für Kellermann, S. 529 ff.; ders., WM 1994, Sonderbeilage Nr. 4, S. 6 ff.; Lindacher, JuS 1981, S. 431 (433 ff.); Lutter, ZGR 1990, S. 392 (395 f.); Habersack, JuS 1990, S. 179 ff.; ders. JuS 1993, S. 1 ff.; Teichmann, AcP 179 (1979), S. 475 (480 ff.); differenzierend: Breuninger, Die BGB-Gesellschaft als Rechtssubjekt im Wirtschaftsverkehr, S. 34 ff.; die Vertreter der traditionellen Lehre (vgl. Fn. 19) haben seit 1972 zunehmend Widerspruch erfahren.

[76] Derleder, BB 2001, S. 2485.
[77] Schmidt, NJW 2001, S. 993 (995).
[78] Flume, Die Personengesellschaft, S. 89; Ulmer, AcP 198 (1998), S. 113.
[79] Flume, ZHR 136 (1972), S. 177 (193); vgl. auch Schmidt, NJW 2001, S. 993 (995); Ulmer, AcP 198 (1998), S. 113.
[80] Cordes, JZ 1998, S. 545 (546).
[81] Flume, ZHR 136 (1972), S. 177 (189).

Gesamthand"[82] und ist für ein Ineinssetzen von Gesellschaft und Gesamthand.

Vor diesem Hintergrund löst er das BGB-Gesellschaftsrecht von dem rein schuldrechtlichen Verständnis los und ordnet es dem Personenrecht des Allgemeinen Teils des Bürgerlichen Rechts zu[83], aber nicht in dem Sinn, dass sich das schuldrechtliche und personenrechtliche Element gegenseitig ausschließen oder gar zwei verschiedene Gesellschaftsverträge zur Gründung einer BGB-Gesellschaft notwendig sind, sondern in der Art und Weise, dass die Einheitlichkeit des Gesellschaftsvertrages gewahrt bleibt und beiden Elementen – dem schuldrechtlichen[84] wie dem personenrechtlichen – gebührend Rechnung getragen wird.[85] Mit der Übernahme des Gesamthandsprinzips in das Bürgerliche Gesetzbuch ist der Gesellschaftsvertrag eben nicht mehr nur ein Schuldvertrag, sondern wird zu einem Organisationsvertrag einer Rechtsgemeinschaft; damit gehört er dem Verbandsrecht an.[86] Das bedeutet für ihn nichts anderes, als dass „die Gesellschaft ein 'verbandsrechtliches Gebilde' ist und der Gesellschaftsvertrag ein 'Gemeinschaftsvertrag', ein 'Organisationsvertrag' ist, durch welchen die Gesellschaft als Gesamthand zu einer Organisationseinheit geworden ist, die Beteiligte des Rechtsverkehrs und Bezugspunkt von Rechtsverhältnissen ist"[87].

Auf dem Boden der deutschrechtlichen Gesamthandslehre wird die Prämisse der traditionellen Lehre, der Gesamthandsbegriff sei am Vermögen zu orientieren und das Gesamthandsvermögen als Sondervermögen sei das „logische Prius der Gesamthand"[88], in ihr Gegenteil verkehrt. Nicht das Vermögenszuordnungsprinzip ist das „logische Prius der Gesamthand", sondern die Existenz einer Personengruppe. Die Anerkennung eines Gesamthandsvermögens setzt die Existenz einer Personengruppe voraus.[89] Zuallererst ist die Gesamthand von ihrem personenrechtlichen Charakter her als Personeneinheit der Gesamthänder zu begreifen. Erst in einem zweiten Schritt wird das Gesamthandsvermögen als Sondervermögen der Gruppe der Gesamthänder zugeordnet. Insofern ist die zweckorientierte Vereini-

---

82 Flume, ZHR 136 (1972), S. 177 (179).
83 Demzufolge trägt auch sein Grundlagenwerk über die BGB-Gesellschaft den Titel: Allgemeiner Teil des Bürgerlichen Rechts, Erster Band, erster Teil, Die Personengesellschaft.
84 Vgl. die Einführung bei Flume, ZHR 136 (1972), S. 177: „Insoweit es sich um das Schuldverhältnis der Gesellschafter untereinander handelt, gehört das Gesellschaftsrecht in das Schuldrecht."
85 Ulmer, Gesellschaft bürgerlichen Rechts, 3. Aufl., § 705 Rn. 125.
86 Flume, ZHR 136 (1972), S. 177 (179).
87 Flume, ZHR 136 (1972), S. 177 (179).
88 Dieser Begriff wurde von Flume in ZHR 136 (1972), S. 177 (185) verwandt.
89 Ulmer, Gesellschaft bürgerlichen Rechts, 3. Aufl., § 705 Rn. 129.

gung der Gesamthänder zu einer Personengemeinschaft das „logische Prius der Gesamthand". Die Zuordnung von vorhandenem Vermögen zu der entstandenen Gruppe ist dann lediglich die notwendige Konsequenz. Das Gesamthandsvermögen ist daher nicht der Ausgangspunkt und das Prinzip der Gesamthand, sondern nichts anderes als das in Beziehung gesetzte Vermögen. Und Bezugspunkt hierfür ist die kollektive Einheit beziehungsweise Gruppe der Gesamthänder, die aufgrund des Gesamthandsprinzips als Personenverband und Zuordnungssubjekt am Rechtsverkehr teilnehmen kann und ein der gesamthänderischen Bindung unterworfenes Gesellschaftsvermögen zu bilden vermag.[90] Träger des Gesellschaftsvermögens sind demzufolge nicht die einzelnen Gesamthänder in ihrer gesamthänderisch gebundenen Vielheit, sondern die Gesellschaft als verselbständigte, rechtsfähige Organisationseinheit.

Die Verselbständigung reicht bei der BGB-Gesellschaft aber nicht so weit, dass wir es mit einem von seinen Mitgliedern abgesonderten Rechtsträger zu tun haben. Das heißt, die verselbständigte rechtsfähige Organisationseinheit ist nicht als eine von den verbundenen Personen – den Gesamthändern – losgelöste, unabhängige und verschiedene Verbandsperson mit körperschaftsähnlicher Struktur zu begreifen[91], sondern als ein aus der Gesamtheit der Mitglieder bestehender – als Personenvereinigung strukturierter – Personenverband.[92] Die moderne Gruppenlehre spricht also der BGB-Gesellschaft die rechtserhebliche Eigenschaft zu – als Gesellschaft selbst –, Trägerin von Rechten und Pflichten sein zu können, ohne selbst aber juristische Person zu sein.

3. Fazit

Als Ergebnis ist demzufolge festzuhalten, dass sich zur Frage der Rechtsnatur der BGB-Gesellschaft in der Rechtswissenschaft zwei konträre Auffassungen herausgebildet haben. Während die traditionelle Theorie die von der *societas* des römischen Rechts herrührenden Elemente betont wissen möchte, geht die moderne Gruppenlehre vor allem auch auf die Wesenselemente des deutschrechtlichen Gesamthandsprinzips ein und macht sie zum festen Bestandteil ihres Lösungskonzeptes. Unverkennbar ist, dass die kontrovers geführte Diskussion um die Rechtsnatur der BGB-Gesellschaft von erheblicher praktischer Relevanz ist. Die Entscheidung in dieser Frage hat Auswirkungen auf eine Vielzahl von praxisrelevanten Folgefragen. Das Offenlassen dieser Grundsatzfrage würde im Rechtsverkehr zu zahlreichen

---

[90] Ulmer, Gesellschaft bürgerlichen Rechts, 3. Aufl., § 705 Rn. 128.
[91] von Gierke, Deutsches Privatrecht, Bd. I, S. 682.
[92] Ulmer, Gesellschaft bürgerlichen Rechts, 3. Aufl., § 705 Rn. 130.

Unwägbarkeiten führen. Eine klare dogmatische Fixierung ist daher unbedingt erforderlich, sei es in Richtung der traditionellen Gesamthandsdoktrin oder aber in Richtung der modernen Lehre von der kollektiven Einheit.

IV. Die Gesetzgebung im Wandel

1. Vorbemerkung

Dem Wandel ihrer Zeit unterliegt – außer der Rechtsprechung – auch die Gesetzgebung. Die Zunahme der rechtstatsächlichen Bedeutung der unternehmenstragenden Personengesellschaften und die in der Rechtswissenschaft im Vordringen befindliche Gruppenlehre haben den Gesetzgeber nicht unberührt gelassen. Während die §§ 705 ff. BGB als die zentralen Vorschriften des Personengesellschaftsrechts seit Inkrafttreten des BGB – bis auf wenige Ausnahmen[93] – weitgehend unverändert geblieben sind, hat der Gesetzgeber in zahlreichen Nebengesetzen Änderungen vorgenommen, die auf eine stärkere Verselbständigung der Gesellschaftssphäre hinweisen und damit gelegentlich den Eindruck erwecken, als habe die Legislative der traditionellen Lehre bereits eine Absage erteilt und die moderne Gruppenlehre zum gesetzgeberischen Leitbild erhoben.

2. Die Gesetzesänderungen im UmwG und in der InsO

Besonders deutlich wird dies bei den im Jahr 1994 verabschiedeten Regelungen der §§ 191 Abs. 2 Nr. 1, 202 Abs. 1 Nr. 1 UmwG, wonach nun eine Kapitalgesellschaft im Wege eines identitätswahrenden Formwechsels in eine BGB-Gesellschaft – als Zielgesellschaft des Wechsels – umgewandelt werden kann und dabei zugleich der formwechselnde Rechtsträger in der neuen Rechtsform fortbestehen bleibt. Zu den „Rechtsträgern neuer Rechtsform" zählt § 191 Abs. 2 Nr. 1 UmwG ausdrücklich auch die Gesellschaft bürgerlichen Rechts, womit die rechtliche Einordnung der BGB-Gesellschaft derjenigen der oHG zumindest sehr stark angenähert wurde. Diese vom Gesetzgeber gewählte Formulierung verleitete einige Gesell-

---

[93] Vgl. hierzu die Synopse von Staudinger, BGB Synopse 1896 – 2000, S. 501 ff. Geändert wurden lediglich folgende Vorschriften: § 723 BGB durch das Minderjährigenhaftungsbeschränkungsgesetz (MHbeG) von 1998; §§ 728 und 730 BGB durch das Einführungsgesetz zur Insolvenzordnung (EGInsO) von 1994; § 729 BGB durch das Handelsrechtsreformgesetz (HRefG) von 1998; § 736 Abs. 1 BGB durch das Nachhaftungsbegrenzungsgesetz (NachhBG) von 1994 und Abs. 2 durch das EGInsO.

schaftsrechtler[94] sogar zu der weit reichenden und heftig umstrittenen These, der Gesetzgeber habe damit den jahrhundertealten Streit um die Rechtsnatur der BGB-Gesellschaft entscheiden wollen und der BGB-Gesellschaft umfassende Rechtsfähigkeit und Rechtspersönlichkeit im Sinne einer juristischen Person zuerkannt. Zugegeben, die durch die §§ 226 ff. i.V.m. 190 ff. UmwG geschaffene Möglichkeit des identitätswahrenden Formwechsels in eine BGB-Gesellschaft macht aus der GbR in umwandlungsrechtlicher Hinsicht einen Rechtsträger und stellt sie diesbezüglich auf eine Ebene mit juristischen Personen (vgl. Wortlaut § 191 Abs. 2 Nr. 1 UmwG). Dafür spricht auch, dass der alte Rechtsträger unter Beibehaltung seiner Identität in der neuen Rechtsform weiter besteht und ein Übertragungsakt nun nicht mehr notwendig ist, wie er vor der Neufassung des UmwG im Jahr 1994 für die Umwandlung von Kapital- in Personengesellschaften angesichts der unterschiedlichen Gesellschaftsstrukturen vom Gesetzgeber noch für erforderlich erachtet wurde.[95] Auf den ersten Blick verleitet die Einführung des identitätswahrenden Formwechsels zwischen Gesamthandsgesellschaften und juristischen Personen zur Annahme, es bestünde wirklich kein wesentlicher Unterschied mehr zwischen diesen beiden Arten von Gesellschaften. Doch die Vorstellung, der Gesetzgeber habe im Unwandlungsrecht – sozusagen nebenbei – eine grundlegende Neuorientierung und Neugestaltung des Gesellschaftsrechts vornehmen wollen und eine „Einheitsgesellschaft" zum Leben erweckt, dürfte kaum überzeugen. Identitätswahrender Formwechsel bedeutet nicht, dass die Zielgesellschaft das Rechtskleid der Ausgangsgesellschaft trägt beziehungsweise überstreift und dass dadurch den BGB-Gesellschaften als möglichen Zielrechtsformen umfassende Rechtssubjektqualität im Sinne einer juristischen Person verliehen wird. Vielmehr steht es immer noch im Ermessen des Gesetzgebers, welche Identitätsanforderungen für einen Formwechsel vorausgesetzt werden und welche einem solchen Genüge tun[96], denn auch unter strukturverschiedenen Unternehmensträgern kann ein Formwechsel mög-

---

[94] So vor allem Raiser, AcP 1994 (1994), S. 495 (511); ders., Festschrift für Zöllner, S. 469 (470, 486); Bälz, Festschrift für Zöllner, S. 35 (62); in diese Richtung auch Timm, NJW 1995, S. 3209 ff.; ders., ZGR 1996, S. 247 (251 ff.); im Sinne von Rechtsfähigkeit vgl. Mülbert, AcP 199 (1999), S. 38 (63 ff.); Dauner-Lieb, DStR 1998, S. 2014 (2020); für andere haben die Vorschriften allenfalls Indziwirkung: Ulmer, Gesellschaft bürgerlichen Rechts, 3. Aufl., § 705 Rn. 131; ders., AcP 198 (1998), S. 113 (119 ff.); Seibert, JZ 1996, S. 785; diese Auffassung wird auch bestätigt durch BGH, NJW 2001, S. 1056 (1057); völlig a.A.: Zöllner, Festschrift für Kraft, S. 701 (707); ders., Festschrift für Gernhuber, S. 563 (564 ff.); ders., Festschrift für Claussen, S. 423 (429 ff.); Hueck, Festschrift für Zöllner, S. 275 (279 ff.); Berndt/Boin, NJW 1998, S. 2854 (2857).

[95] Vgl. den Überblick zur Rechtslage nach dem alten und neuen Umwandlungsrecht bei Neye/Limmer, Handbuch der Unternehmensumwandlung, S. 477 ff.

[96] Vgl. Wiedemann, ZGR 1996, S. 286 (289).

lich sein. Der vom Gesetzgeber verwendeten Form des identitätswahrenden Formwechsels dürfte wohl eher ein funktionaler Ansatz zugrunde liegen, wonach die Kontinuität der Außenbeziehungen des formwechselnden Rechtsträgers, d.h. die dinglichen und schuldrechtlichen Rechtsverhältnisse mit Dritten, sichergestellt werden sollen.[97] Mit ihr soll für den Rechtsalltag eine – zur Erlangung dieser Kontinuität – handhabbare Anwendungsform bereitgestellt werden. Abgesehen von dem berechtigten Gegenargument, der Gesetzgeber habe das rechtsdogmatische Grundsatzproblem der Rechtsnatur der BGB-Gesellschaft sicherlich nicht außerhalb der zentralen Vorschriften der §§ 705 ff. BGB einfach durch eine Neuregelung im Umwandlungsrecht lösen wollen,[98] ist die These auch angesichts einer weiteren gesetzlichen Neuregelung äußerst fraglich. Zwar hat der Gesetzgeber im gleichen Jahr (1994), in dem das UmwG verabschiedet wurde, die BGB-Gesellschaft durch § 11 Abs. 2 Nr. 1 InsO für insolvenzfähig erklärt und sie – für den Anwendungsbereich der InsO – der offenen Handelsgesellschaft verfahrensrechtlich und haftungsrechtlich gleichgestellt[99], aber er hat sie zugleich als Gesellschaft ohne Rechtspersönlichkeit legaldefiniert. Von einer einheitlichen rechtlichen Einordnung der BGB-Gesellschaft durch den Gesetzgeber kann daher keine Rede sein.

3. Die Gesetzesänderungen im BGB

a. Die Vorschrift des § 14 Abs. 2 BGB

Ein einheitliches Erscheinungsbild, das entsprechende weit reichende Rückschlüsse zuließe, lässt sich auch nicht aus den anderen gesetzlichen Neuerungen entnehmen. Für den engen Regelungsbereich des Rechts der Dienstbarkeiten hat der Gesetzgeber in § 1059a Abs. 2 BGB die rechtsfähige Personengesellschaft einer juristischen Person gleichgestellt. Auch in die §§ 1059e, 1061 S. 2, 1092 Abs. 2 und 3 und 1098 Abs. 3 BGB hat er den Begriff der „rechtsfähigen Personengesellschaft" eingefügt. In § 14 Abs. 2 BGB, der durch das Fernabsatzgesetz vom 27.06.2000 eingeführt wurde und sich nach h.M.[100] auch auf die BGB-Gesellschaft bezieht, wird dieser Begriff näher definiert: „Eine rechtsfähige Personengesellschaft ist eine Per-

---

[97] So auch Hennrichs, ZIP 1995, S. 794 (796).
[98] Wie hier bereits Berndt/Boin, NJW 1998, S. 2854 (2857); Wiedemann, ZGR 1996, S. 286 (289); Hueck, Festschrift für Zöllner, S. 275 (281); in diese Richtung auch Kindl, NZG 1999, S. 517 (519).
[99] Keller, NotBZ 2001, S. 397 (398).
[100] Palandt/Heinrichs, 61. Aufl., § 14 Rn. 3; Flume, ZIP 2000, S 1427 (1428); Peifer, NZG 2001, S. 296 (299); so nun auch der BGH, NJW 2001, S. 1056 (1058); a.A. Wilhelm, LM H. 5/2001, § 50 ZPO Nr. 52 Bl. 887.

sonengesellschaft, die mit der Fähigkeit ausgestattet ist, Rechte zu erwerben und Verbindlichkeiten einzugehen." Diese Begriffsbestimmung ist aber nicht dahingehend misszuverstehen, als ordnete sie die Rechtsfähigkeit der BGB-Gesellschaft als Personengesellschaft an. Ihr alleiniger Sinn und Zweck ist darin zu sehen, dass sie eine Definition der rechtsfähigen Personengesellschaft liefert. Über die Voraussetzung, welche Personengesellschaft vom Gesetzgeber mit Rechtsfähigkeit ausgestattet wurde, trifft die Vorschrift keine Entscheidung, vielmehr setzt sie selbst eine entsprechende Auslegung der einschlägigen Normen durch die Gerichte oder eine weitere Vorschrift, die ebendies anordnet, voraus.[101] Eine derartige Vorschrift, die diese Voraussetzungen erfüllt, befindet sich z. B. seit neuestem im Recht der Partnerschaftsgesellschaft und der EWIV[102]. Für den Anwendungsbereich der Partnerschaftsgesellschaften, die als Unterfall der BGB-Gesellschaft eingeordnet wurden (vgl. § 1 Abs. 4 PartGG), und der nach deutscher Gesellschaftsrechtsdogmatik als BGB-Gesellschaft konstruierten EWIV von Freiberuflern[103], hat der Gesetzgeber in § 7 Abs. 2 PartGG und in Art. 1 Abs. 2 EWIV-VO[104] i.V.m. § 1 EWIV-AG[105] die Vorschrift des § 124 HGB für anwendbar erklärt beziehungsweise eine dem § 124 HGB vergleichbare Regelung getroffen. Folglich können diese spezifischen BGB-Gesellschaften Rechte erwerben und Verbindlichkeiten eingehen und sind damit rechtsfähige Personengesellschaften i.S.d. § 14 Abs. 2 BGB.

b. Die Vorschrift des § 736 Abs. 2 BGB

Als Annäherung der BGB-Gesellschaft an die oHG und damit als weiteres Argument für die Verselbständigung der GbR werden schließlich noch die Neuregelungen der § 736 Abs. 2 BGB[106] und § 105 Abs. 2 HGB[107] aufgefasst. Nach § 736 Abs. 2 BGB wird das Nachhaftungsmodell der oHG auf die BGB-Gesellschaft übertragen und diese damit der oHG haftungsrechtlich teilweise gleichgestellt. Der durch das am 1.7.1998 in Kraft getretene Handelsrechtsreformgesetz eingefügte § 105 Abs. 2 HGB ermöglicht den ehemals minderkaufmännischen BGB-Gesellschaften und den reinen Vermögensverwaltungsgesellschaften, die früher beide auf das BGB-Gesel-

---

[101] Peifer, NZG 2001, S. 296 (299); Heil, NZG 2001, S. 300 (303); Flume, ZIP 2000, S. 1427 (1428); in diesem Sinn auch der BGH, NJW 2001, S.1056 (1058).

[102] EWIV = Europäische Wirtschaftliche Interessenvereinigung.

[103] Vgl. hierzu Timm, NJW 1995, S. 3209 (3212 f.).

[104] EG-Verordnung Nr. 2137/85 des Rates der EG v. 25.7.1985, ABlEG Nr. L 199 v. 31.7.1985 S. 1 ff = BT-Drucks. 11/352, S. 12 ff.

[105] EWIV-Ausführungsgesetz vom 14.4.1988, BGBl. I 1988, S. 514 ff.

[106] Vgl. Timm, NJW 1995, S. 3209 (3216); Altmeppen, NJW 1996, S. 1017 (1018).

[107] Vgl. Ulmer, AcP 198 (1998), S. 113 (121) Fn. 37; Schmidt, NJW 2001, S. 993 (996).

lschaftsrecht beschränkt waren, sich mit konstitutiver Wirkung in das HRG eintragen zu lassen. Diese scheinbar konsequente Haltung des Gesetzgebers, der BGB-Gesellschaft mehr Selbständigkeit zuzusprechen, wird wiederum durch die amtliche Begründung zum Regierungsentwurf des Markenrechtsreformgesetzes[108] durchkreuzt. Von den in § 7 Nr. 3 MarkenG als markenrechtsfähig anerkannten Personengesellschaften nimmt die amtliche Begründung die BGB-Gesellschaft ausdrücklich aus. Dort heißt es: „Zu den Personengesellschaften [...] gehören insbesondere die offene Handelsgesellschaft und die Kommanditgesellschaft und künftig voraussichtlich auch die Partnerschaft [...]. Demgegenüber können Gesellschaften bürgerlichen Rechts als solche nicht Inhaber von Marken sein"[109].

4. Fazit

Vor dem Hintergrund dieser systematischen Unstimmigkeit und Uneinheitlichkeit in der dogmatischen Einordnung der BGB-Gesellschaft durch den Gesetzgeber hat sich die Rechtswissenschaft mit eindeutigen Schlussfolgerungen schwer getan. Zweifelsohne erkannte man in den gesetzlichen Neuerungen Indizien für einen sich abzeichnenden Wandel, doch bis auf wenige Ausnahmen[110] haben sich die Gesellschaftsrechtler[111] eher zurückhaltend geäußert. Ausgehend von dem „heterogenen Befund"[112] und der Schwäche in der „terminologischen Differenzierung"[113] betrachtete man die jüngsten gesetzgeberischen Neuerungen vorwiegend als Regelungen für den Einzelfall, die im Rechtsalltag eine einfachere Handhabung ermöglichen und den Rechtsanwender in der Praxis von der Frage nach der Rechtsnatur der BGB-Gesellschaft entlasten sollen.[114] Obwohl sich der Gesetzgeber nicht zu einer eindeutigen Gesetzesregelung durchringen konnte, sind die jüngeren Geset-

---

[108] Begr. RegE MarkenG, BT-Drucks. 12/6581 vom 14.01.1994, S. 69 = BlPMZ 1997, Sonderheft S. 63.

[109] Vgl. Fn. 108.

[110] Timm, NJW 1995, S. 3209 ff.; ders., ZGR 1996, S. 247 (251 ff.); Mülbert, AcP 199 (1999), S. 38 ff.; Raiser, AcP 194 (1994), S. 495 ff; Dauner-Lieb, DStR 1998, S. 2014 (2020).

[111] Seibert, JZ 1996, S. 785; Zöllner, Festschrift für Kraft, S. 701 (702) Fn. 8; Hueck, Festschrift für Zöllner, S. 275 (282); Münch, DNotZ 2001, S. 535 (537 f.); Flume, ZIP 2000, S. 1427 (1428); Ulmer, AcP 198 (1998), S. 113 (119 ff.); ders., ZIP 2001, S. 585 (589); Westermann, NZG 2001, S. 289; Cordes, NJW 1998, S. 545 (549 ff.); Berndt/Boin, NJW 1998, S. 2854 (2857 ff.); Peifer, NZG 2001, S. 296 (299); Heil, NZG 2001, S. 300 (303); Scholz, Verselbständigung bürgerrechtlicher Gesellschaften, S. 106 ff.

[112] Ulmer, ZIP 2001, S. 585 (589).

[113] Ulmer, ZIP 2001, S. 585 (589).

[114] Seibert, JZ 1996, S. 785; Berndt/Boin, NJW 1998, S. 2854 (2857); Münch, DNotZ, S. 535 (538).

zesänderungen von großer Bedeutung: Sie sind für Rechtswissenschaft und Rechtsprechung erneut Anlass zum Nachdenken über die Rechtsnatur der BGB-Gesellschaft. Sie sind Anstoß zu einem Diskurs, der notwendig ist.

V. Die Rechtsprechung im Wandel

1. Vorbemerkung

In der höchstrichterlichen Rechtsprechung zur Rechtsnatur der BGB-Gesellschaft hat sich – seit der Wiederentdeckung der Gierkschen Lehre durch Flume und der damit einhergehenden intensiven wissenschaftlichen Auseinandersetzung – ein tiefgreifender Wandel vollzogen. Die veränderten gesellschaftlichen und gesellschaftsrechtlichen Anschauungen haben nicht nur zu einer Weiterentwicklung, sondern zugleich zu einem Richtungswechsel geführt, wodurch eine mehr als 60 Jahre alte und scheinbar gefestigte obergerichtliche Rechtsprechung weitgehend revidiert wurde.

2. Die Rechtsprechung bis in die 70er Jahre des 20. Jahrhunderts

Seit den Tagen des Reichsgerichts galt ein Dogma als gesichert: Die Mitglieder der Gesamthand sind in ihrer Verbundenheit nicht selbständiges Subjekt der zum Gesellschaftsvermögen gehörenden Rechte und Forderungen, sondern als deren Subjekt sind vielmehr die einzelnen Gesellschafter selbst anzusehen.[115] Aufbauend auf den Rechtsprechungsgrundsätzen des Reichsgerichts hat auch der BGH die Rechtsfähigkeit der BGB-Gesellschaft verneint und die Gesamthand als Vermögensgemeinschaft – und nicht als Rechtsgemeinschaft – begriffen, bei der das als Sondervermögen zusammengefasste Gesellschaftsvermögen den einzelnen Gesellschaftern gemeinsam zugeordnet ist. Bereits in dem BGH-Urteil aus dem Jahre 1957[116] kommt dieses dem Gesamthandsprinzip zugrundeliegende Verständnis zum Ausdruck. So heißt es dort: „Als Gesellschaft des bürgerlichen Rechts besaß die „Ar." keine eigene Rechtspersönlichkeit. Sie hatte daher auch kein Gesellschaftsvermögen im eigentlichen Sinne, und ebensowenig hatte sie Gesellschaftsschulden als solche […]"[117]. Ausdrücklich bestätigt wird die traditionelle Gesamthandsdoktrin in einem Grundsatzurteil zur OHG: „Nach einhelliger Auffassung im Schrifttum und Rechtsprechung sind Trä-

---

[115] Vgl. nur RGZ 35, S. 388 (389); RGZ 141, S. 277 (280); RGZ 56, S. 206 (209); RGZ 124, S. 146 (150); RGZ 165, S. 193 (203); RGZ 42, S. 104 (106); RGZ 118, S. 295 (298).

[116] BGH, Urt. v. 14.2.1957, BGHZ 23, S. 307 ff.

[117] BGHZ 23, S. 307 (313).

ger der Rechte und Pflichten die Gesellschafter selbst, allerdings in ihrer Verbundenheit als Gesellschafter. Die Personengesellschaft ist von der Persönlichkeit der Gesellschafter nicht zu trennen"[118].

3. Die Phase der Neuorientierung

An dieser Rechtsprechung hat der BGH bis in die 70er Jahre festgehalten.[119] Alsdann folgte – anknüpfend an die Diskussion in der Rechtswissenschaft – eine Phase der Neuorientierung, wobei der BGH zunächst aber eine ausdrückliche dogmatische Fixierung der Rechtsnatur der BGB-Gesellschaft vermieden hat.[120] Gleichwohl war der Wandel der Rechtsprechung im grundsätzlichen Verständnis von der Konzeption und Systematik der BGB-Gesellschaft unverkennbar. In den Entscheidungen vom 8.11.1978[121] und vom 30.04.1979[122] hat der BGH bereits eine ARGE als Vertragspartnerin bezeichnet, Verbindlichkeiten der Gesellschaft anerkannt und insoweit auch schon vom „Gesellschaftsvermögen" als solchem gesprochen. Die Interpretation, der BGH habe in dieser Entscheidung bereits die BGB-Gesellschaft als ein teilrechtsfähiges, von den Mitgliedern zu unterscheidendes Zuordnungssubjekt von Rechten und Pflichten anerkannt,[123] ist nicht zwingend und eindeutig,[124] aber nahe liegend. Eine richtungsweisende Erscheinung ist zweifellos das Urteil des II. Zivilsenats vom 15.12.1980[125], das durch BGHZ 116, S. 86 ff.; BGHZ 117, S. 168 ff. und BGHZ 118, S. 83 ff.[126] bestätigt wurde. Der II. Zivilsenat des BGH bescheinigt darin der BGB-Gesellschaft rechtliche Selbständigkeit und Handlungsfähigkeit im Rechtsverkehr. Er stellt fest, dass der Bestand des Gesellschaftsvermögens von einem Mitgliederwechsel in der Gesellschaft nicht tangiert werde und die Gesellschafter mit Wirkung für und gegen das Gesamthandsvermögen – d. h. für und gegen die BGB-Gesellschaft – im Rechtsverkehr handeln können[127]. Diese Auffassung bringt er in BGHZ 116, S. 86 ff., in der er die Zulässigkeit einer Beteiligung der BGB-Gesel-

---

[118] BGHZ 34, S. 293 (296).
[119] BGHZ 59, S. 179 (184); BGHZ 80, S. 222 (227).
[120] BGHZ 72, S. 267 ff. = NJW 1979, S. 308 ff.; BGHZ 74, S. 240 ff.; BGHZ 78, S. 311 ff.; BGHZ 79, S. 374 ff.
[121] BGHZ 72, S. 267 ff.
[122] BGHZ 74, S. 240 ff.
[123] Vgl. Ulmer, Gesellschaft bürgerlichen Rechts, 3. Aufl., § 714 Rn. 23.
[124] Vgl. Wertenbruch, Die Haftung von Gesellschaften und Gesellschaftsanteilen in der Zwangsvollstreckung, S. 201 f.
[125] BGHZ 79, S. 374 ff.
[126] Bei diesen drei Entscheidungen handelt es sich jeweils um Urteile des II. Zivilsenats.
[127] BGHZ 79, S. 374 (378 f.).

lschaft an einer Genossenschaft bejaht, nochmals zum Ausdruck: „Als Gesamthandsgemeinschaft ihrer Gesellschafter kann die (Außen-)Gesellschaft bürgerlichen Rechts nach heutiger Auffassung als Teilnehmer am Rechtsverkehr grundsätzlich, d. h. soweit nicht spezielle Gesichtspunkte entgegenstehen, jede Rechtsposition einnehmen [...]"[128]. Ein weiterer Markstein in der Fortsetzung dieser Rechtsprechungslinie ist das Urteil des BGH vom 15.7.1997[129], in dem sich der XI. Zivilsenats zur Scheckfähigkeit der BGB-Gesellschaft bekennt und damit zugleich die Teilnahme dieser Gesellschaft am Rechtsverkehr konkretisiert. Mit dem Urteil vom 27.9.1999[130], in dem der II. Zivilsenat zur Frage der Haftungsbegrenzung bei der Gesellschaft bürgerlichen Rechts Stellung nimmt, hat sich der BGH schließlich noch einmal mit der Lehre von der kollektiven Einheit auseinander gesetzt[131]. Allerdings hat er dabei noch nicht ausdrücklich die grundsätzliche Rechtsfähigkeit der Gesellschaft bürgerlichen Rechts bejaht, sondern zunächst lediglich die neuen dogmatischen Grundlagen der Gesellschafterhaftung angedeutet und insoweit den Weg für das Grundlagenurteil im Jahr 2001 bereitet, in dem er die neuen haftungsrechtlichen Ansätze fortführt.

Der Eindruck, in dieser Rechtsprechung eine einheitliche Linie erkennen zu können, wird durch drei neuere Entscheidungen anderer BGH-Senate getrübt. So hat der V. Zivilsenat[132] im Jahre 1989 der BGB-Gesellschaft die Fähigkeit zur Wohnungsverwaltung abgesprochen. Der XII. Zivilsenat[133] hat in seinem Urteil aus dem Jahre 1998, in dem es um eine als Vermietungsgesellschaft tätige GbR ging, zu den Auswirkungen des Gesellschafterwechsels auf einen Grundstücksmietvertrag Stellung genommen. Dabei ist er aber nicht von der identitätswahrenden Rechtsträgerschaft und der daraus resultierenden Unabhängigkeit der Gesellschaft von einem Wechsel im Mitgliederbestand ausgegangen,[134] sondern hat den Eintritt des neuen Gesellschafters in den Mietvertrag mittels analoger Anwendung von § 571 BGB begründet. Auch der I. Zivilsenat[135] durchkreuzte die Rechtsprechungsgrundsätze des II. Senats und hat noch im Jahre 2000 die Markenrechtsfähigkeit der BGB-Gesellschaft – in Anlehnung an die amtliche Begründung zum Regierungsentwurf[136] – verneint. Von ähnlicher Uneinigkeit

---

128 BGHZ 116, S. 86 (88).
129 BGHZ 136, S. 254 ff.
130 BGHZ 142, S. 315 ff. = NJW 1999, S. 3483 ff.
131 BGH, NJW 1999, S. 3483 (3485).
132 BGHZ 107, S. 268 ff.
133 BGHZ 138, S. 82 ff. = JZ 1998, S. 1010 ff.
134 So aber der II. Zivilsenat in seiner grundlegenden Entscheidung vom 15.12.1980 (BGHZ 79, S. 374 ff.), in der es um die Auswirkungen eines Gesellschafterwechsels auf einen Kaufvertrag ging.
135 BGH, NJW-RR 2001, S. 114 ff.
136 Vgl. Fn. 108.

ist auch die Rechtsprechung der Oberlandesgerichte geprägt. Die bisherige Rechtsprechung des II. Zivilsenats des BGH hat bei weitem noch nicht alle Oberlandesgerichte überzeugt.[137] Von einer grundsätzlichen – obergerichtlichen – Anerkennung der Rechtsfähigkeit der BGB-Gesellschaft kann insofern keine Rede sein.

4. Fazit

Zusammengefasst ergibt sich: In der Rechtsprechung fehlte es – ebenso wie in der Gesetzgebung – bis in die jüngste Vergangenheit noch an einer klaren Linie. Allerdings hat sich der für das Gesellschaftsrecht zuständige II. Senat des BGH unter Aufgabe des traditionellen Gesamthandsverständnisses bereits in den letzten beiden Jahrzehnten immer deutlicher und erkennbarer auf die Gruppenlehre festgelegt und damit den entscheidenden Wandel in der Rechtsprechung eingeleitet.

Diese Entwicklung fand nun ihren vorläufigen Abschluss in dem bahnbrechenden Urteil aus dem Jahr 2001,[138] in dem der II. Senat seine Rechtsprechungsgrundsätze in konsequenter Art und Weise fortgeschrieben hat.

§ 2 Die Entwicklung zur Parteifähigkeit der BGB-Gesellschaft

I. Vorbemerkung

Die Diskussion über die Parteifähigkeit der BGB-Gesellschaft lässt sich mit der langwierigen Auseinandersetzung um die Rechtsfähigkeit derselben nicht vergleichen. Im Jahrzehnte andauernden Streit um die Konzeption und systematische Einordnung der BGB-Gesellschaft stand die Frage nach der Rechtsfähigkeit im Mittelpunkt. Das zivilprozessuale Pendant zur materiellrechtlichen Rechtsfähigkeit – die Parteifähigkeit – spielte aufgrund der Tatsache, dass die zentrale materiellrechtliche Vorfrage von Gesetzgebung und Rechtsprechung nicht klar und eindeutig beantwortet wurde, in der wissenschaftlichen Gesamthandsdiskussion der letzten 30 Jahre eine eher untergeordnete Rolle. Der BGH sorgte daher mit seiner Grundlagenent-

---

[137] Zustimmend BayObLG, BB 2000, S. 2380 ff.; OLG Hamm, NJW-RR 1996, S. 482 ff.; OLG Hamm, WM 1989, S. 1572 ff. = NJW-RR 1990, S. 615 ff.; vgl. auch LAG Bremen, NZA 1998, S. 902 f.; ablehnend dagegen OLG Zweibrücken, OLGZ 1982, S. 157 ff.; OLG Hamm, OLGZ 1983, S. 288 ff.; BayObLG, Rpfleger 1981, S. 58 ff.; BayObLG, NJW-RR 1990, S. 742 ff.; OLG Dresden, NJW-RR 1997, S. 162 ff.; OLG München, NZG 1998, S. 899 ff.; OLG Düsseldorf, NJW 1997, S. 1991 ff.

[138] BGH, NJW 2001, S. 1056 ff.

scheidung aus dem Jahre 2001[139] für einen Paukenschlag im prozessrechtlichem Schrifttum. Denn während sich zur Frage der Rechtsfähigkeit der BGB-Gesellschaft in der Rechtsprechung ein Sinneswandel abzeichnete und eine höchstrichterliche Klärung bereits erwartet wurde, traf die Grundlagenentscheidung das prozessrechtliche Schrifttum fast völlig unvorbereitet. Insofern ist es nicht verwunderlich, dass die Entscheidung des BGH – mit den grundlegenden Aussagen zur Parteifähigkeit der BGB-Gesellschaft, die als „Überraschung"[140], „kleine Sensation"[141], „Aufsehen erregend"[142] und als „revolutionär zu nennender Aufbruch zu neuen Ufern"[143] bewertet werden, – von den Gesellschaftsrechtlern scheinbar wohlwollender aufgenommen wurde als von den Prozessrechtlern.[144]

II. Begriffsbestimmung

Die Parteifähigkeit wird allgemein als das zivilprozessuale Pendant zur materiellrechtlichen Rechtsfähigkeit angesehen.[145] Diese Ansicht beruht auf § 50 Abs. 1 ZPO, wonach sich an die Rechtsfähigkeit die Parteifähigkeit knüpft. Sie bedeutet die Fähigkeit, zulässigerweise in einem Rechtsstreit die rechtliche Stellung einer Partei einnehmen zu können, sei es die des Klägers, Beklagten beziehungsweise Nebenintervenienten im Urteilsverfahren, die des Antragstellers beziehungsweise Antraggegners im Beschlussverfahren oder die des Gläubigers beziehungsweise Schuldners im Vollstreckungsverfahren.[146] Der Parteifähigkeit im Zivilprozess entspricht im Wesentlichen die Beteiligtenfähigkeit in der freiwilligen Gerichtsbarkeit, im Verwaltungs-, Finanz- und Sozialstreitverfahren. Diese ist jedoch unabhängig von der zivilrechtlichen Rechtsfähigkeit, an weniger enge Voraussetzungen geknüpft und weiter gefasst als die Parteifähigkeit, da gegebenenfalls auch Drittbetroffene darunter fallen.[147] Unter Beteiligungsfähigkeit versteht man dort die Fähigkeit, als Subjekt eines Prozessrechtsverhältnisses, d. h. als Klä-

---

139 BGH, NJW 2001, S. 1056 ff.
140 Schmidt, Gesellschaftsrecht, 4. Aufl., S. 1807.
141 Habersack, BB 2001, S. 477; s. auch Pohlmann, ZZP 2002, S. 103 (105).
142 Schmidt, NJW 2001, S. 993.
143 Ulmer, ZIP 2001, S. 585.
144 Vgl. Pohlmann, ZZP 2002, S. 103.
145 Thomas/Putzo, 26. Aufl., § 50 Rn. 1; Zöller/Vollkommer, 23. Aufl., § 50 Rn. 1; Jauernig, Zivilprozeßrecht, 26. Aufl., S. 58.
146 Zöller/Vollkommer, 23. Aufl., § 50 Rn. 1; Thomas/Putzo, 26. Aufl., § 50 Rn. 1; Wieczorek/Schütze/Hausmann, § 50 Rn. 1; Jauernig, Zivilprozeßrecht, 26. Aufl., S. 58.
147 Vgl. zur VwGO: Kopp/Schenke, 12. Aufl., § 61 Rn. 4; Eyermann/Fröhler, 11. Aufl., § 61 Rn. 1; zur FGO: Gräber/von Groll, 4. Aufl., § 57 Rn. 7 f.; zum SGG: Gitter/Schmitt, Sozialrecht, 5. Aufl., S. 246.

ger, Beklagter, Beteiligter, Beigeladener oder als sonstiger Beteiligter (vgl. § 63 VwGO oder § 57 FGO), an einem Verfahren vor einem (Finanz-, Sozial-, Verwaltungs-)Gericht teilnehmen zu können, insbesondere auch ein solches Prozessrechtsverhältnis durch Klage – bei Antragsverfahren – durch einen Antrag begründen zu können. Auch in den verschiedenen Verwaltungsverfahrensgesetzen, die den Begriff der Beteiligtenfähigkeit in funktionell entsprechender Weise verwenden (vgl. §§ 13 VwVfG, 78 AO, 10 SGB X), ist er umfassender gestaltet als der Begriff der Parteifähigkeit im Zivilprozessrecht. Als Prozess- und Prozesshandlungsvoraussetzung kommt der Parteifähigkeit wesentliche zivilprozessuale Bedeutung zu.

III. Die BGB-Gesellschaft und die Frage der Parteifähigkeit

Ausgehend von den zwei gegensätzlichen Auffassungen zur dogmatischen Konstruktion der Gesamthand,[148] könnte man es für selbstverständlich halten, dass sich auch zur Frage der Parteifähigkeit der BGB-Gesellschaft in der Rechtswissenschaft folgendes, klar gegliedertes Meinungsbild ergibt: „Die Gruppenlehre geht von der Parteifähigkeit aus, während die individualistische Theorie diese negiert". Dies trifft jedoch nicht den Sachverhalt. Das breite Meinungsspektrum lässt sich nicht völlig den bereits bekannten Kategorien zuordnen, sondern folgt in der Frage der Parteifähigkeit anderen Vorgaben. Bis zum Grundlagenurteil im Jahre 2001[149] galt nahezu unumstößlich: „Die Gesellschaft bürgerlichen Rechts ist nicht parteifähig". Die ganz h.M.[150] in der Literatur, und zwar nicht nur die Vertreter der individualisitischen Theorie, sondern auch die Mehrzahl der Anhänger der Gruppenlehre, hatte bis dato die Parteifähigkeit also abgelehnt. Nur eine relativ kleine Gruppe der Befürworter der modernen Gesamthandslehre, hatte sich dazu durchringen können, der BGB-Gesellschaft die Parteifähigkeit zuzusprechen.[151] Angesichts des Wortlauts von § 736 ZPO und der individua-

---

[148] Vgl. dazu oben S. 37 ff.

[149] BGHZ 146, S. 341 ff. = NJW 2001, S. 1056 ff.

[150] Zöller/Vollkommer, 22. Aufl., § 50 Rn. 26; Thomas/Putzo, 22. Aufl, § 50 Rn. 9; Ulmer, Gesellschaft bürgerlichen Rechts, 3. Aufl., § 718 Rn. 42 ff.; Jauernig, Zivilprozeßrecht, 26. Aufl., S. 59; Prütting, ZIP 1997, S. 1725 (1727 f.); Lüke, ZGR 1994, S. 266 (278 ff.); Müther, MDR 1998, S. 625 ff.; Berndt/Boin, NJW 1998, S. 2854 (2856); Schmidt, Gutachten, S. 413 (478 f.); Hennecke, Das Sondervermögen der Gesamthand, S. 126 ff.; Winter, KTS 1983, S. 349 (364).

[151] Timm, NJW 1995, S. 3209 (3214); Wiedemann, WM 1994, Sonderbeilage Nr. 4, S. 9; Soergel/Hadding, 11. Aufl., § 714 Rn. 52; Breuninger, Die BGB-Gesellschaft als Rechtssubjekt im Wirtschaftsverkehr, S. 85 ff.; Hüffer, Festschrift für Stimpel, S. 165 (170 ff.); Aderhold, Das Schuldmodell der BGB-Gesellschaft, S. 165 ff. Für Kai-Steffen Scholz (Verselbständigung bürgerrechtlicher Gesellschaften, S. 140) repräsentiert diese Gruppe sogar die Mehrheit unter den Befürwortern der modernen

listisch geprägten Interpretation dieser Norm durch die Rechtsprechung erklärt sich diese Zurückhaltung in der Rechtswissenschaft von selbst. Vor dem Hintergrund der amtlichen Begründung der CPO-Novelle zu § 670b CPO[152], wonach die BGB-Gesellschaft als solche nicht klagen und verklagt werden kann,[153] wie auch im Hinblick auf das lange Zeit vorherrschende individualistische Verständnis der BGB-Gesellschaft, hatte man kaum Zweifel daran, dass Rechte und Verbindlichkeiten der Gesamthand als Streitgegenstand des Prozesses ein Auftreten sämtlicher Gesellschafter – wobei sie regelmäßig durch die Geschäftsführer vertreten wurden – als Kläger oder Beklagter erforderten[154]. Für das Einbeziehen sämtlicher Gesellschafter in ein Verfahren und gegen die Parteifähigkeit zogen insbesondere die Vertreter der individualistischen Theorie die Vorschrift des § 50 Abs. 1 ZPO als weitere, scheinbar stichhaltige Entgegnung heran.[155] Voraussetzung für die Bejahung der Parteifähigkeit sei danach die Rechtsfähigkeit. Im Umkehrschluss bedeute dies: „Wer nicht rechtsfähig ist, kann grundsätzlich auch nicht parteifähig sein". Ganz anders argumentieren die Vertreter der Gruppenlehre. Obwohl sie eben diese (Teil-)Rechtsfähigkeit der BGB-Gesellschaft bejahten, folgerte die Mehrheit daraus nicht die Anerkennung der Parteifähigkeit. Die Parteifähigkeit nach § 50 Abs. 1 ZPO setze volle Rechtsfähigkeit voraus, und daran fehle es bei der BGB-Gesellschaft.[156] Zudem stehe die fehlende Publizität der Parteifähigkeit der BGB-Gesellschaft entgegen.[157] Dieser Begründung liegt die Vorstellung zugrunde, dass ausschließlich öffentlich registrierte Gesellschaften beziehungsweise Vereinigungen parteifähig sein können.

Der Parteifähigkeitslösung trat bislang lediglich eine kleine Gruppe näher.[158] Nur eine Minderheit zog bisher die offensichtlich logische Konsequenz aus § 50 Abs. 1 ZPO und erkannte die BGB-Gesellschaft als parteifä-

---

Doktrin. Diese Sichtweise ist sicherlich zutreffend für die Zeit nach Erlass des Grundlagenurteils im Jahre 2001, doch für die Zeit davor wohl eher nicht. Allerdings muss man zugeben, dass sich diese Auffassung im Vordringen befand, vgl. Schmidt, Gesellschaftsrecht, 3. Aufl., S. 1806; ders., JuS 2001, S. 509 Fn. 9 und 11; Ulmer, ZIP 2001, S, 585 (590); Schemmann, DNotZ 2001, S. 244 Fn. 2.

[152] Die Vorschrift des § 670b CPO entspricht dem heutigen § 736 ZPO; vgl. hierzu auch Fn. 50 im 1. Teil.

[153] Hahn/Mugdan, Die gesammten Materialien zu den Reichs-Justizgesetzen, Bd. VIII, S. 138.

[154] Ulmer, Rechtsfragen der BGB-Gesellschaft, S. 58; ders., Gesellschaft bürgerlichen Rechts, 3. Aufl., § 718 Rn. 42.

[155] Kornblum, BB 1970, S. 1445 (1446 f.) Fn. 16 und 17 m.w.N.

[156] Ulmer, Gesellschaft bürgerlichen Rechts, 1. Aufl., § 718 Rn. 37.

[157] Ulmer, Gesellschaft bürgerlichen Rechts, 3. Aufl., § 718 Rn. 42 ff.

[158] Vgl. Fn. 151.

hige Organisation an.[159] Getragen vom „Dogma der personifizierten Gesamthand"[160] stellte Gierke bereits fest: „Der Rechtsfähigkeit entspricht hier wie überall Parteifähigkeit im Prozeß"[161]. Zum gleichen Ergebnis – aber mit anderer Begründung – gelangten diejenigen Vertreter der modernen Gesamthandslehre, die – ausgehend von rechtspolitischen Erwägungen – die Parteifähigkeit der BGB-Gesellschaft im Wege der Rechtsfortbildung feststellten.[162]

IV. Die Frage der Parteifähigkeit in der Gesetzgebung

In anderen Verfahrensordnungen hat der Gesetzgeber die Beteiligtenfähigkeit von nicht rechtsfähigen Vereinigungen bereits von Anfang an vorgesehen. Zwischenzeitlich nahezu allgemein anerkannt war[163], dass die Vorschriften der §§ 61 Nr. 2 VwGO, 10 Nr. 2 SGB X und 70 Abs. 1 Nr. 2 SGG die Beteiligtenfähigkeit der BGB-Gesellschaft außerhalb des Zivilprozessrechts normieren und damit der GbR die rechtliche Stellung einer Partei in dem jeweiligen Verfahrensrecht verleihen. Der Gesetzgeber ist in Gesetzesänderungen der jüngsten Zeit auch dazu übergegangen, der BGB-Gesellschaft selbst und Sonderformen der Zivilgesellschaft eine eigenständige Verfahrensstellung einzuräumen. Die neue Insolvenzordnung hat in § 11 Abs. 2 Nr. 1 InsO die BGB-Gesellschaft für insolvenzfähig erklärt. Konsequenterweise wird sie deswegen auch für den Bereich des Insolvenzverfahrens, sofern es hier zu einem Rechtsstreit kommen sollte, für parteifähig angesehen.[164] Durch § 7 Abs. 2 PartGG und Art. 1 Abs. 2 EWIV-VO hat er auch den Partnerschaftsgesellschaften und der EWIV als Sonderformen der BGB-Gesellschaft die Parteistellung eingeräumt. Indes darf man aber nicht dem Fehler unterliegen und aufgrund der Tatsache, dass der Gesetzgeber Sonderformen der BGB-Gesellschaft und im Insolvenzverfahren der BGB-Gesellschaft selbst Parteifähigkeit zugesprochen hat, allzu weitreichende Rückschlüsse ziehen. Die Annahme, der Gesetzgeber habe mit diesen gesetzlichen Neuerungen auf eine grundsätzliche Klärung des dogmatischen Grundsatzproblems der prozessrechtlichen Stellung der BGB-Gesellschaft gezielt, geht wohl zu weit und ist so nicht aufrechtzuerhalten.

---

[159] Soergel/Hadding, 11. Aufl., § 714 Rn. 52; Schünemann, Grundprobleme der Gesamthandsgesellschaft, S. 212.; Lindacher, JuS 1982, S. 592 (593).

[160] Schmidt, Gutachten, S. 413 (478).

[161] von Gierke, Deutsches Privatrecht, Bd. I, S. 682.

[162] Hüffer, Festschrift für Stimpel, S. 165 (177 ff.), Wiedemann, WM 1994, Sonderbeilage Nr. 4, S. 10; Breuninger, Die BGB-Gesellschaft als Rechtssubjekt im Wirtschaftsverkehr, S. 86 ff.; Aderhold, Das Schuldmodell der BGB-Gesellschaft, S. 165 ff.

[163] Vgl. hierzu die Nachweise auf S. 64.

[164] Vgl. Prütting, ZIP 1997, S. 1725 (1733).

Derart gravierende Änderungen in der Dogmatik des Zivilprozessrechts und Gesellschaftsrechts hätte er sicherlich nicht in der Insolvenzordnung, im Partnerschaftsgesellschaftsgesetz oder in der EWIV-VO vorgenommen. Der Gesetzgeber hat hier für einzelne Teilbereiche eine Regelung getroffen, um praxisgerechte und pragmatische Lösungen zu ermöglichen, ohne dabei erst die Tiefen der Zivilprozess- und Gesellschaftsrechtsdogmatik bemühen zu müssen.

V. Die Frage der Parteifähigkeit in der Rechtsprechung

1. Vorbemerkung

Uneinheitlich erwies sich seit jeher der Stand der Rechtsprechung zur Frage der Parteifähigkeit beziehungsweise Beteiligtenfähigkeit der Gesellschaft bürgerlichen Rechts. Während die Verwaltungsgerichtsbarkeit[165], Sozialgerichtsbarkeit[166] und Finanzgerichtsbarkeit[167] die BGB-Gesellschaft – aufgrund der andersartigen Rechtslage in den jeweiligen Verfahrensordnungen[168] – bereits bisher schon als beteiligtenfähig angesehen haben, hat der BGH die Parteifähigkeit der BGB-Gesellschaft im Zivilprozess bis in die jüngste Vergangenheit strikt abgelehnt[169], obwohl sogar der Gesetzgeber bestimmten Sonderformen der Zivilgesellschaft inzwischen Parteifähigkeit zugesprochen hat (vgl. § 7 Abs. 2 PartGG, Art. 1 EWIV-AG). So hat der BGH im Jahre 1999 nochmals unmissverständlich klargestellt, „dass eine BGB-Gesellschaft nicht parteifähig ist [...]"[170]. Prozessuale Konsequenz der Verneinung der Parteifähigkeit der BGB-Gesellschaft ist die ausschließliche Parteistellung der Gesellschafter im Prozess der Gesellschaft bürgerlichen Rechts: „Im Prozeß sind vielmehr die Gesellschafter selbst Partei [...]"[171].

---

[165] BVerwG, Urt. v. 24.11.1992, BVerwGE 91, S. 186 ff. = NJW 1993, S. 1151 ff.; VGH BW, VBlBW 1993, S. 177; VGH Kassel, NJW 1997, S. 1938 ff.; VGH Kassel, NJW-RR 1992, S. 1501 ff.

[166] BSG SozR 1500 § 70 SGG Nr. 3; vgl. auch den Wortlaut von § 70 Abs. 1 Nr. 2 SGG.

[167] BFH, NJW 1987, S. 1719 und S. 1720; BFH, BB 1980, S. 823.

[168] Vgl. oben S. 63.

[169] BGHZ 23, S. 307 (313); BGHZ 30, S. 195 ff.; BGH, NJW 1991, S. 101 ff.; BGH, NJW 2000, S. 291 ff.

[170] BGH, Urt. v. 15.10.1999, NJW 2000, S. 291 (292).

[171] BGHZ 80, S. 222 (227).

2. Gesamthands(schuld)klage und Gesamtschuldklage

a. Die Abgrenzung der Klagemöglichkeiten

Der vom II. Senat des BGH[172] vollzogene, tiefgreifende Wandel in der dogmatischen Konzeption des Gesamthandsprinzips, der praktisch zur Anerkennung der (Teil-)Rechtsfähigkeit der BGB-Gesellschaft im materiellen Recht geführt hat, hat sich somit auf die Stellung der BGB-Gesellschaft im Prozess nicht ausgewirkt und das zivilprozessuale Verständnis der BGB-Gesellschaft weitgehend unberührt gelassen. Gleichwohl erkannte aber der BGH – vor dem Hintergrund des sich wandelnden Grundverständnisses in der Gesamthandslehre und der Anerkennung der Gesamthand als selbständiges Verpflichtungssubjekt – die Notwendigkeit an, zwischen den Rechtsbeziehungen der Gesellschaft und denen der Gesellschafter zu unterscheiden und dieser Differenzierung auch im Prozess Ausdruck zu verleihen.[173] Der materiellrechtlich gebotenen Unterscheidung zwischen Gesamtschuld und Gesamthandsschuld – zwischen dem Privatvermögen der Gesellschafter und dem Vermögen der Gesellschaft – wurde im Prozess durch verschiedene Klagemöglichkeiten Rechnung getragen. Abhängig davon, ob nur auf das Gesellschaftsvermögen oder auch auf das Privatvermögen der Gesellschafter zugegriffen werden soll, hat die Rechtsprechung[174] – wie die h.M.[175] in der Literatur – zwischen Gesamthands(schuld)klage und Gesamtschuldklage differenziert.

Bei der Gesamthandsklage beziehungsweise Gesamthandsschuldklage handelt es sich um eine von allen Gesellschaftern gemeinsam erhobene beziehungsweise gegen alle Gesellschafter gemeinsam gerichtete Klage.[176] Diese Art der Klage ist auf Leistung an das Gesellschaftsvermögen beziehungsweise auf Durchsetzung einer aus dem Gesellschaftsvermögen zu erfüllenden Gesamtverbindlichkeit gerichtet.

Eine völlig andere Situation ergibt sich bei der Gesamtschuldklage: Hier werden Forderungen gegen die Gesellschafter persönlich geltend gemacht und das Verfahren ist gegen die Gesellschafter persönlich gerichtet.[177] Es

---

172 Vgl. oben S. 56 ff.

173 BGH, WM 1990, S. 1113 (1114); vgl. auch Eicker, Die Gesellschaft bürgerlichen Rechts im Prozeß und in der Zwangsvollstreckung, S. 26; Ulmer, Gesellschaft bürgerlichen Rechts, 3. Aufl., § 718 Rn 49.

174 BGH, ZIP 1990, S. 715 (716); BGH, NJW 1997, S. 1236; BGH, ZIP 1999, S. 2009 (2010); BGH WM 1990, S. 1113 (1114).

175 Vgl. Fn. 150.

176 Ulmer, Gesellschaft bürgerlichen Rechts, 3. Aufl., § 718 Rn. 45 ff.; Wiedemann, WM 1994, Sonderbeilage Nr. 4, S. 9.

177 Ulmer, Gesellschaft bürgerlichen Rechts, 3. Aufl., § 718 Rn. 47 a.E. und Rn. 53.

handelt sich dabei insbesondere um Forderungen aus ihrer gesamtschuldnerischen Mithaftung für Gesellschaftsverbindlichkeiten, die sich gegen das Privatvermögen der Gesellschafter richten.

b. Die prozessualen Auswirkungen

Die Unterscheidung zwischen Gesamthands(schuld)klage und Gesamtschuldklage hat konsequenterweise auch Auswirkungen auf das prozessrechtliche Verhältnis der Gesellschafter untereinander. Nachdem festgestellt wurde, dass der BGB-Gesellschaft von der Rechtsprechung bislang keine Parteifähigkeit zugesprochen wurde und damit ausschließlich den Gesellschaftern, d.h. mehreren Personen, die Parteistellung im Prozess zukam, musste sich die Rechtsprechung im Zusammenhang mit den vorbezeichneten, unterschiedlichen Klagemöglichkeiten zwangsläufig auch mit dem Institut der Streitgenossenschaft auseinander setzen. Weitgehend Einigkeit zwischen Rechtsprechung und Rechtswissenschaft besteht inzwischen für den Fall der Gesamthandsklage und der Gesamtschuldklage, nicht jedoch bei der Gesamthandsschuldklage.

aa. Die Gesamthandsklage (Aktivprozess der Gesamthand)

Wenn die Gesellschafter im Rahmen einer Gesamthandsklage ein zum Gesamthandsvermögen gehörendes Recht geltend machen wollen (sog. Aktivprozess der Gesamthand), so liegt nach bislang ganz h.M.[178] ein Fall notwendiger Streitgenossenschaft im Sinne von § 62 Abs. 1 ZPO vor. Begründet wird dies mit der ausschließlich gemeinsamen materiellen Berechtigung an dem Streitgegenstand, woraus sich zwingend eine gemeinschaftliche Klage ergebe.

bb. Gesamtschuldklage

Unstreitig ist insoweit auch der Fall der Gesamtschuldklage. Da die Forderung hier gegen die Gesellschafter persönlich gerichtet ist und ihnen gegen-

---

[178] BGHZ 30, S. 195 (197); BGH, WM 1963, S. 728 (729); BGH, NJW 1991, S. 101; vgl. ferner Ulmer, Gesellschaft bürgerlichen Rechts, 3. Aufl., § 718 Rn. 45; Thomas/Putzo, 22. Aufl., § 62 Rn. 13; Zöller/Vollkommer, 22. Aufl., § 62 Rn. 13.; Kornblum, BB 1970, S. 1445 (1447 ff.); Wiedemann, WM 1994, Sonderbeilage Nr. 4, S. 9.

über nicht einheitlich entschieden werden muss, sind sie als Gesamtschuldner nur einfache Streitgenossen (§ 59 ZPO).[179]

cc. Die Gesamthandsschuldklage (Passivprozess der Gesamthand)

Uneinheitlich wird dagegen der Passivprozess der Gesellschafter um Verbindlichkeiten der Gesamthand (sog. Passivprozess der Gesamthand beziehungsweise Gesamthandsschuldprozess) behandelt. Die Rechtsprechung verneint hier grundsätzlich die notwendige Streitgenossenschaft auf der Beklagtenseite und sieht sie nur für den Fall von „echten" Gesamthandsschulden – d.h. solchen Schulden, die ihrer Natur nach nur von allen Gesellschaftern gemeinschaftlich erbracht werden können – als gegeben an.[180] Im übrigen, d.h. im Falle von teilbaren Leistungen wie z.B. Geldleistungen, seien die Gesellschafter lediglich einfache Streitgenossen. Vor dem Hintergrund des tiefgreifenden Wandels im materiell-rechtlichen Verständnis vom Gesamthandsprinzip als teilrechtsfähige Gruppe, hat diese Ansicht in den letzten Jahren aber zunehmend Kritik erfahren, da sie der Unterscheidung zwischen Gesamthandsschuld und Gesamtschuld – entsprechend der obigen[181] Definitionen – im Prozess nicht ausreichend Rechnung trägt. Eine neuere, abweichende Ansicht[182] in der Rechtswissenschaft lehnt die von der Rechtsprechung favorisierte Lösung ab und plädiert daher grundsätzlich dafür, auch im Passivprozess der Gesamthand – d.h. wenn es um die Durchsetzung einer aus dem Gesellschaftsvermögen zu erfüllenden Gesamtverbindlichkeit geht und somit das Gesellschaftsvermögen haften soll – immer von einer notwendigen Streitgenossenschaft im Sinne von § 62 Abs. 1 ZPO auszugehen.

Mit Ulmer[183] lässt sich die grundsätzliche Verneinung einer notwendigen Streitgenossenschaft der Gesellschafter auf der Beklagtenseite nur so erklären, dass letztlich der prozessuale Meinungsstand in dieser Frage die materiell-rechtlichen Ungereimtheiten widerspiegelt, die über das Verhältnis von Gesamthands- und Gesellschafterhaftung bis zum Grundlagenurteil im Jah-

---

[179] OLG Naumburg, NZG 1999, S. 111 (112); Kornblum, BB 1970, S. 1445 (1448 f.; 1450); Ulmer, Gesellschaft bürgerlichen Rechts, 3. Aufl., § 718 Rn. 47 a.E. und Rn. 53.

[180] RGZ 68, S. 221 (223); BGHZ 30, S. 195 (197); BGHZ 131, S. 376 (379); BGH, WM 1963, S. 728 (729); BGH, MDR 1963, S. 666; BGHZ 23, S. 73 (76).

[181] Vgl. hierzu oben S. 65 f.

[182] Kornblum, BB 1970, S. 1445 (1449; 1454); Ulmer, Gesellschaft bürgerlichen Rechts, 3. Aufl., § 718 Rn. 47; Heller, Der Zivilprozess der Gesellschaft bürgerlichen Rechts, S. 76 f.

[183] Ulmer, Gesellschaft bürgerlichen Rechts, 3. Aufl., § 718 Rn. 46 a.E.

re 2001 noch weithin bestanden.[184] Dass die grundsätzlichen dogmatischen Schwierigkeiten sich auch auf die Rechtspraxis ausgewirkt haben und dass die prinzipielle Unterscheidung zwischen einfacher und notwendiger Streitgenossenschaft, zwischen Gesamtschuldklage und Gesamthandsschuldklage, sich im Rechtsalltag als schwierig handhabbar erwiesen hat, hat insbesondere die Rechtssicherheit bei wirtschaftlich tätigen und unternehmenstragenden BGB-Gesellschaften beeinträchtigt.

3. Überblick über die Rechtsprechung

a. Die Rechtsprechung im 19. Jahrhundert

Bei einem historischen Überblick über die Rechtsprechung zur Frage der Parteifähigkeit lässt sich feststellen, dass den Vorläufern der heutigen BGB-Gesellschaft umfassende Parteifähigkeit zugesprochen wurde. Die Rechtsprechung im 19. Jahrhundert hat die nichtkaufmännischen Personengesellschaften – insbesondere die modifizierten Sozietäten des gemeinen Rechts und die preußischen Privatgesellschaften ohne Rechtspersönlichkeit – als parteifähig anerkannt.[185] Dabei haben sich die ehemals höchsten deutschen Gerichte aber nicht auf besondere Gesetzesgrundlagen berufen, sondern haben den nichtkaufmännischen Personengesellschaften ohne Rechtspersönlichkeit „kraft 'notorischen Gewohnheitsrechts'"[186] die Position einer selbständigen Prozesspartei eingeräumt und damit zugleich die Befugnis erteilt, „'im Verkehr wie vor Gericht unter ihrem Gesamtnamen aufzutreten und sich durch Organe vertreten zu lassen'"[187] In einer Reihe von Urteilen haben sich die deutschen Gerichtshöfe mit dieser Problematik auseinander gesetzt und diese Auffassung bestätigt.[188] Gemeinsam ist all diesen Ent-

---

[184] Vgl. dazu unten S. 72 ff.

[185] Vgl. Wertenbruch, Die Haftung von Gesellschaften und Gesellschaftsanteilen in der Zwangsvollstreckung, S. 112 ff.

[186] Wertenbruch, Die Haftung von Gesellschaften und Gesellschaftsanteilen in der Zwangsvollstreckung, S. 113.

[187] So das preußische Obertribunal in seinem Urteil zur Gerichtsstandsfähigkeit der modernen genossenschaftlichen Associationen, in: Seuffert's Archiv 33 (1878) Nr. 1, zitiert nach Wertenbruch, Die Haftung von Gesellschaften und Gesellschaftsanteilen in der Zwangsvollstreckung, S. 116.

[188] Vgl. hierzu das Oberberufungsurteil der Juristenfacultät in Halle zur Parteifähigkeit der zwischen der societas und der juristischen Person stehenden „modernen Associationen", in: Seuffert's Archiv 6 (1853) Nr. 2; das Urteil des preußischen Obertribunals zur Parteifähigkeit der preußischen Privatgesellschaft ohne Rechtspersönlichkeit, in: Striethorst 61 (1861), S. 44; das Urteil der Obergerichts in Wolfenbüttel zur Parteifähigkeit der Cigarettenarbeiter, in: Seuffert's Archiv 25 (1872) Nr. 199; das Urteil des preußischen Obertribunals zur Gerichtsstandsfähigkeit der modernen Associationen, in: Seuffert's Archiv 33 (1878) Nr. 1; die Urteile des Reichsoberhan-

scheidungen der Sachverhalt, dass Personengesellschaften beziehungsweise Vereinigungen ohne Rechtspersönlichkeit zugrunde lagen, die unter einem Gesamtnamen im Rechtsverkehr auftraten und bei denen sich ein Gesellschafterwechsel auf das Außenverhältnis nicht auswirkte. Die damit einhergehenden prozessualen Schwierigkeiten ließen sich nach Auffassung der Gerichte nur im Wege der Anerkennung der Parteifähigkeit einer schlüssigen und zufriedenstellenden Problemlösung zuführen. Die gewohnheitsrechtliche Anerkennung der materiellrechtlichen wie auch prozessrechtlichen Verselbständigung der Privatgesellschaften hat zur faktischen Gleichstellung der Personengesellschaft mit den Personenhandelsgesellschaften geführt und den Umgang mit der Personengesellschaft ohne Rechtspersönlichkeit im Rechtsverkehr erleichtert.[189]

b. Die Rechtsprechung des BGH

Das Reichsgericht und der Bundesgerichtshof haben diese gewohnheitsrechtlich anerkannte Tradition nicht fortgeschrieben, sondern haben der BGB-Gesellschaft – insbesondere in Ansehung der §§ 50 Abs. 1, 736 ZPO – bis in die jüngste Zeit die aktive und passive Parteifähigkeit offensichtlich abgesprochen.[190] Obwohl der BGH die selbständige Parteistellung der BGB-Gesellschaft grundsätzlich negiert hat, gibt es auch BGH-Entscheidungen, die nicht mit der gleichen Klarheit und Ausdrücklichkeit die Parteifähigkeit abgelehnt haben. So hat der II. Senat des BGH auch hier wieder eine gewisse Vorreiterrolle übernommen: Mit dem Urteil vom 12. März 1990[191], in dem sich der BGH mit einer Klage gegen die BGB-Gesellschaft auseinander setzen musste, in deren Rubrum nur der Gesamtname der Gesellschaft in Verbindung mit dem Namen des Geschäftsführers aufgeführt wurden und auf die Namen aller anderen Gesellschafter verzichtet wurde, hat der BGH die „Beklagtenseite" in der Verantwortung gesehen, dem Kläger die vollständige Liste der Gesellschafter mitzuteilen, damit dieser das Rubrum berichtigen könne. Ob der BGH unter dem Begriff der „Beklagtenseite" nur

---

delsgerichts zur Parteifähigkeit der Gesamtheit ohne Nennung der Mitglieder, in: ROHG 4, S. 199 und ROHG 4, S. 208; das Urteil des Reichsgerichts zur Parteifähigkeit der Preußischen Privatgesellschaft nach dem bis 1879 in Hamburg geltenden Prozessrecht, in: RGZ 4 (1881), S. 155; und das Urteil zur Parteifähigkeit der erlaubten preußischen Privatgesellschaft im Sinne des ALR, in: RGZ 27, S. 183; vgl. die ausführlichen Anmerkungen zu diesen Urteilen bei Wertenbruch, Die Haftung von Gesellschaften und Gesellschaftsanteilen in der Zwangsvollstreckung, S. 112 ff.

189 Vgl. Wertenbruch, Die Haftung von Gesellschaften und Gesellschaftsanteilen in der Zwangsvollstreckung, S. 119 f.

190 BGHZ 80, S. 222 (227); BGHZ 23, S. 307 (313); BGHZ 30, S. 195 ff.; BGH, NJW 1991, S. 101 ff.; BGH, NJW 2000, S. 291 ff.

191 BGH, NJW-RR 1990, S. 867 ff.

die bereits im Rubrum erwähnten Gesellschafter verstanden hat oder die BGB-Gesellschaft, geht aus dem Urteil nicht eindeutig hervor. Auch in einer Entscheidung aus dem Jahre 1996[192] geht es um das Problem eines fehlerhaften Rubrums, in dem nicht alle aktuellen Gesellschafter wiedergegeben wurden. Der IX. Zivilsenat des BGH hat darin die Ansicht des II. Zivilsenats aus dem vorangegangenen Urteil bestätigt und die korrekte Einbeziehung aller im Gesellschaftsvertrag stehenden Gesellschafter lediglich als ein Problem der Rubrumsberichtigung verstanden. In konsequenter Fortsetzung seiner bisherigen Rechtsprechung – ausgehend von der ausschließlichen Parteistellung der BGB-Gesellschafter, die im Gesamthands(schuld)prozeß eine notwendige Streitgenossenschaft nach § 62 ZPO bilden[193] – hätte der BGH in beiden Fällen die Klage als unzulässig abweisen müssen. Denn vor dem Hintergrund dieser Rechtsprechung hätte der BGH bei unvollständiger namentlicher Angabe aller Gesellschafter die Aktiv- beziehungsweise Passivlegitimation als auch die Prozessführungsbefugnis verneinen müssen. Nur durch die Annahme einer gewissen prozessualen Verselbständigung der BGB-Gesellschaft konnte der BGH schließlich den Weg über die Rubrumsberichtigung beschreiten.

Der BGH hat seine „strikte" Haltung in dieser Frage nicht durchbrochen, aber auch nicht völlig stringent durchgehalten. In der Entscheidung des II. Zivilsenats aus dem Jahre 1979[194] war der BGH dazu übergegangen, die fehlende Parteifähigkeit der BGB-Gesellschaft durch eine Rechtsscheinlösung zu umgehen. Unter Rechtsscheingesichtspunkten hat er in BGH NJW 1980, S. 784 ff. versucht, eine wirtschaftlich tätige GbR einer Personenhandelsgesellschaft gleichzustellen. Hintergrund dieses Falles war ein durch drei Instanzen hindurch bestätigtes Urteil gegen eine scheinbare Personenhandelsgesellschaft. Erst im Rahmen der Zwangsvollstreckung stellte sich heraus, dass es sich bei der angeblichen Personenhandelsgesellschaft tatsächlich nur um eine parteiunfähige BGB-Gesellschaft handelte. Die Zwangsvollstreckung gegen die nicht existente Personenhandelsgesellschaft schlug daher fehl, doch auch ein Vorgehen gegen die Gesellschafter selbst drohte zu scheitern. Der BGH konnte dem Gläubiger in diesem Fall nur dadurch zur Durchsetzung seines Anspruches verhelfen, indem er die grundsätzlich parteiunfähige BGB-Gesellschaft kraft Rechtsscheins als parteifähig behandelte, um so den im Folgeprozess in Anspruch genommenen Gesellschaftern die Berufung auf die Parteiunfähigkeit der BGB-Gesellschaft abzuschneiden (vgl. § 129 Abs. 1 HGB). Getragen war diese „Scheinlösung"[195]

---

[192] BGH, Urt. v. 10. Oktober 1996, NJW 1997, S. 1236 ff.
[193] Vgl. oben S. 65 ff.
[194] BGH, Urt. v. 26.11.1979 – II ZR 256/78, NJW 1980, S. 784 ff.
[195] Schmidt, Gesellschaftsrecht, 3. Aufl., S. 1811.

aber vordergründig nicht von grundsätzlichen Erwägungen zur prozess-rechtlichen Stellung der BGB-Gesellschaft, sondern lediglich von dem Ziel, den auf den bloßen Schein einer Personenhandelsgesellschaft Vertrauenden bei Aufdeckung dieses Scheins nicht zu benachteiligen. Doch selbst wenn der BGH mit diesem Fall sicherlich keine grundlegende Aussage zur pro-zessrechtlichen Stellung der BGB-Gesellschaft hatte treffen wollen, wird deutlich, dass die Rechtsscheinkonstruktion nur eine „unbefriedigende Not-lösung"[196] darstellt.

Das Urteil des Landesarbeitsgerichts Bremen aus dem Jahre 1997[197] hin-gegen ist eine gänzlich aus der Reihe fallende Entscheidung und als Aus-nahmeentscheidung zu charakterisieren. Das Landesarbeitsgericht hat darin der BGB-Außengesellschaft bereits eine selbständige Parteistellung im Pro-zess eingeräumt und – ohne weitergehende dogmatische Begründung[198] – die aktive und passive Parteifähigkeit der Gesellschaft angenommen. In die-sem Fall ging es dem Landesarbeitsgericht vor allem darum, der Verfü-gungsklägerin, die Zahlungsansprüche aus Gehaltszahlungen im Wege einer einstweiligen Verfügung geltend machte, möglichst rasch und „unbürokra-tisch" zur Durchsetzung ihrer offensichtlich bestehenden Geldansprüche zu verhelfen, da sie sich in einer finanziellen Notlage befand. Dieses Ziel konnte das Gericht bei einer aus über 200 Gesellschaftern bestehenden BGB-Gesellschaft nur dadurch erreichen, indem es von der Parteifähigkeit dieser Gesellschaft ausging und der Gläubigerin den langen Weg über eine – möglicherweise nie korrekt zu führende – Rubrumsberichtigung ersparte. Insofern erklärt sich dieses Urteil aus den zugrunde liegenden Besonderhei-ten des Sachverhaltes.

4. Fazit

Die Gesellschaft bürgerlichen Rechts wurde anders als die Vorläufer der BGB-Gesellschaft im 19. Jahrhundert von der höchstrichterlichen Recht-sprechung des BGH bis zum Grundlagenurteil im Jahre 2001[199] nie aus-drücklich als parteifähige Gesellschaft eingestuft. Allerdings hat der Bun-desgerichtshof mit den beiden Entscheidungen aus dem Jahr 1990[200] und 1996[201] bereits seine bis dahin konsequente Auffassung in Frage gestellt und

---

[196] Schmidt, Gutachten, S. 413 (482).
[197] LAG Bremen, Urt. v. 5.12.1997, NZA 1998, S. 902 f.
[198] So heißt es dort lapidar: "Mit einer verbreiteten und im Vordringen begriffenen An-sicht in der Literatur hält die erkennende Kammer die GbR-Außengesellschaft für aktiv und passiv parteifähig", vgl. LAG, NZA 1998, S. 902.
[199] BGH, NJW 2001, S. 1056 ff.
[200] Vgl. Fn. 191.
[201] Vgl. Fn. 192.

somit der Diskussion über die Parteifähigkeit der BGB-Gesellschaft einen neuen Denkanstoß gegeben, der schließlich im Urteil aus dem Jahre 2001 weiterentwickelt wurde.

§ 3 Die Entwicklung zur Haftung der Gesellschafter für Gesellschaftsverbindlichkeiten der BGB-Gesellschaft

I. Vorbemerkung

In unmittelbarem Zusammenhang mit der Frage nach dem Wesen und der Rechtsnatur der BGB-Gesellschaft steht die Auseinandersetzung um die Schuld- und Haftungsstruktur. Aufgrund der bislang ungelösten Problematik der Rechtsnatur der Gesamthandsgesellschaft hatten sich auch in diesem Bereich sowohl erhebliche rechtspolitische als auch rechtspraktische Streit- und Zweifelsfragen ergeben. Die Frage nach der Schuld- und Haftungsverfassung der BGB-Gesellschaft ist für die Rechtspraxis von überaus erheblicher wirtschaftlicher Tragweite, da von der dogmatischen Einordnung und Klärung dieser Grundsatzfrage die Beantwortung ganz konkreter – für den Einzelfall entscheidende – Rechtsfragen abhängen. Bereits seit Jahrzehnten wird über das Wesen der Gesamthandsgesellschaft und damit verbunden über die hieraus sich ergebenden schuld- und haftungsrechtlichen Fragen gestritten. Sie waren und sind noch immer Gegenstand intensiver Diskussionen in Rechtsprechung und Literatur.[202] Einen neuen Anstoß hat die – von dem ausgeprägten Theorienstreit um die Rechtsnatur bestimmte – Auseinandersetzung durch das Grundlagenurteil des II. Zivilsenats[203] erhalten, in dem der BGH – zusätzlich zur materiellrechtlichen und prozess-

---

[202] Vgl. nur RGZ 155, S. 75; BGH, NJW 1999, S. 3483; BGH, NJW 1992, S. 1615; BGHZ 61, S. 338; BGH, NJW 1986, S. 2364; BGH, NJW 1971, S. 1698. Siehe auch die umfangreiche Literatur zur Schuld- und Haftungsverfassung der BGB-Gesellschaft: Aderhold, Das Schuldmodell der BGB-Gesellschaft; Hennecke, Das Sondervermögen der Gesamthand; Ernst, Schuld und Haftung; Fehl, Festschrift für Trinkner, S. 135 ff.; Reiff, Die Haftungsverfassungen nichtrechtsfähiger unternehmenstragender Verbände; Dauner-Lieb, Unternehmen in Sondervermögen, S. 520 ff.; Beuthien, DB 1975, S. 725 ff. und 773 ff.; Timm, NJW 1995, S. 3209 ff.; Altmeppen, NJW 1996, S. 1017 ff.; ders., ZIP 1999 S. 1758 ff.; Dauner-Lieb, DStR 1999, S. 1992 ff.; Henze, BB 1999, S. 2260 ff.; Ulmer, ZGR 2000, S. 339 ff.; Reiff, NZG 2000, S. 30 ff.; Gesmann-Nuissl, WM 2001, S. 973 ff.; Habersack, BB 2001, S. 477 ff.; Hadding, ZGR 2001, S. 712 ff.; Wunderlich, WM 2002, S. 271 ff.; Baumann, JZ 2001, S. 895 ff.; Urban, NWB 2001, S. 2656 ff.; Baumann/Rößler, NZG 2002, S. 793 ff.; Lange, NZG 2002, S. 401 ff.; ders., NJW 2002, S. 2002 f.; Walter, MedR 2002, S. 169 ff.; Sieg, WM 2002, S. 1432 ff.; Schmidt, Gesellschaftsrecht, 4. Aufl., S. 1771 ff. und 1787 ff. m.w.N.

[203] BGH, NJW 2001, S. 1056 ff.

rechtlichen Einordnung – auch zur Haftungsverfassung der BGB-Gesellschaft Stellung bezogen hat.

II. Begriffsbestimmung

Der Begriff der Haftung wird in unserer Rechtsordnung nicht einheitlich verwendet. Oftmals wird er in einem weiteren Sinn verwendet und bedeutet dann, dass jemand für etwas einstehen muss, z.B. das Einstehenmüssen für eine einem Schuldverhältnis entstammende Schuld. Haftung im engeren Sinn bedeutet dagegen, dass das Vermögen eines Schuldners dem Zugriff des Gläubigers unterliegt, d.h. Haftung ist nichts anderes als der Zugriff auf den geschuldeten Gegenstand im Aktivvermögen des Schuldners.[204] Unter dem Begriff der Schuld hingegen versteht man die aus einer Rechtsbeziehung zwischen mindestens zwei Rechtssubjekten herrührende Verpflichtung des einen Rechtssubjekts – des Schuldners –, dem anderen – dem Gläubiger – etwas zu leisten.[205] Dem Leistensollen des Verpflichteten entspricht das Forderungsrecht des Gläubigers.

Unter Zugrundelegung dieser Definitionen ist Schuldner derjenige, der zu einer Leistung verpflichtet ist. Haftender ist dagegen derjenige, der aus seinem Vermögen eine Schuld zu erfüllen hat und mit seinem Vermögen dem Zugriff des Gläubigers in der Zwangsvollstreckung unterworfen ist. Anknüpfungspunkt der Schuld ist die Person des Schuldners; Anknüpfungspunkt der Haftung sind die zu belastenden Vermögensmassen.

Nach allgemeiner Meinung ist die Haftung Bestandteil der Schuld und kann von ihr nicht getrennt werden. Eine Haftung ohne Schuld ist in unserem Rechtssystem nicht denkbar.[206] Schuld und Haftung sind die zwei Seiten desselben Phänomens: „Wer schuldet, der haftet".[207] Zur Schuld als dem primären Element tritt die Haftung als sekundäres – untrennbares – Element hinzu. Der Rechtsträger des Schuldsubjekts wird damit zugleich zum Haftungssubjekt: Die Verpflichtung des Schuldners zum Leisten fällt daher auch dem Vermögen des Schuldners zur Last, für welches dieses haftet. Nur wer einem Leistensollen ausgesetzt ist, kann mit seinem Vermögen dem Zugriff des Gläubigers in der Zwangsvollstreckung unterworfen sein.[208]

---

[204] Hennecke, Das Sondervermögen der Gesamthand, S. 23; Palandt/Heinrichs, 60. Aufl., Einl. v. § 241 Rn. 13; Lindacher, JuS 1981, S. 431 (433).

[205] Aderhold, Das Schuldmodell der BGB-Gesellschaft, S. 83 f.; Palandt/Heinrichs, 60. Aufl., Einl. v. § 241 Rn. 1.

[206] Larenz, Lehrbuch des Schuldrechts, Bd. 1/AT, 14. Aufl., S. 23 f.; Hennecke, Das Sondervermögen der Gesamthand, S. 22; Aderhold, Das Schuldmodell der BGB-Gesellschaft, S. 90 ff.

[207] Larenz, Lehrbuch des Schuldrechts, Bd. 1/AT, 14. Aufl., S. 23.

[208] Aderhold, Das Schuldmodell der BGB-Gesellschaft, S. 91.

Der Korrespondenz von Schuld und Haftung entspricht der im Zivil- und Handelsrecht geltende Grundsatz der unbeschränkten persönlichen Vermögenshaftung, wonach derjenige, der schuldet, auch mit seinem gesamten Vermögen für die Erfüllung der eingegangenen Verbindlichkeit haftet. Insofern ist die Vermögenshaftung in unserer Rechtsordnung grundsätzlich unbeschränkt ausgestaltet; Haftungsbeschränkungen bedürfen einer besonderen Rechtfertigung.

III. Problemstellung

Ausgangspunkt für die Frage, wie die Schuld- und Haftungsstruktur bei der BGB-Gesellschaft ausgestaltet ist, bilden zunächst die positivrechtlichen Regelungen des BGB-Gesellschaftsrechts und hier insbesondere die §§ 705 ff. BGB. Bezogen auf die vorliegende Problemstellung ergeben sich aus dem Gesetz aber mehr Fragen als klare Antworten. Die Schwierigkeit ist darin begründet, dass das Gesetz zwar von zwei Vermögensmassen bei der BGB-Gesellschaft ausgeht – einerseits das Privatvermögen der Gesellschafter, andererseits das gemeinschaftliche Vermögen der Gesellschafter (Gesellschaftsvermögen, vgl. § 718 Abs. 1 BGB) –, aber kaum Aussagen über Grund und Umfang der persönlichen Haftung der Gesellschafter einer Gesellschaft bürgerlichen Rechts trifft und das Verhältnis zwischen den beiden Vermögensmassen nicht hinreichend eindeutig klärt. Unter welchen Voraussetzungen eine Verbindlichkeit der Gesellschafter mit Haftung des Privatvermögens und / oder eine Haftung des Sondervermögens zu bejahen ist, ist umstritten. In der Rechtswissenschaft haben sich unterschiedliche Theorieansätze zur persönlichen Haftung der Gesellschafter entwickelt, die jeweils Geltungsgrund und Reichweite der Mithaftung für rechtsgeschäftliche und auch sonstige Verbindlichkeiten der Gesellschaft betreffen. Nachfolgend wird dabei auf die verschiedenen Theorien, insbesondere unter dem Blickwinkel der rechtsgeschäftlich begründeten Verpflichtungen, eingegangen.

IV. Unterschiedliche Modelle zur persönlichen Haftung der Gesellschafter

1. Die Haftungsbegründung bei ausschließlicher Rechts-subjektivität der Gesellschafter

Unter Zugrundelegung der traditionellen Theorie, die von der ausschließlichen Rechtssubjektivität der Gesellschafter ausgeht, können nur die Gesellschafter als schuldrechtliche Zuordnungsobjekte der für die Gesellschaft begründeten Verbindlichkeiten in Betracht kommen. Vertreter dieser Theorie[209] verstehen unter dem Begriff der „anderen Gesellschafter" in § 714 BGB die Gesellschafter nur als Einzelpersonen und nicht zugleich auch in ihrer gesamthänderischen Verbundenheit, wie es eine weitergehende Auslegung möglicherweise auch zulassen würde. Demnach handeln alle Gesellschafter beziehungsweise der geschäftsführende Gesellschafter nicht in Vertretung der Gesellschaft, sondern immer nur für sich selbst und für die anderen Gesellschafter in ihrer rechtssubjektiven Vereinzelung.[210] Das aufgrund dieser Sichtweise entwickelte Schuldmodell führt dazu, dass es nur eine einheitliche Verbindlichkeit („'Eigenschuld'"[211]), nämlich die der Gesellschafter, mit mehreren Haftungsobjekten gibt, nämlich dem gesamthänderisch gebundenen Sondervermögen und dem Privatvermögen der einzelnen Gesellschafter[212] – eine „einheitliche Verpflichtung mit doppelter Wirkung"[213]. Die Identität von „Gesellschaftsschuld" und Gesellschafterschuld verleiht diesem Schuld- und Haftungsmodell auch seinen Namen: „Identitätstheorie"[214]. „Gesellschaftsschulden", d.h. gemeinschaftliche Schulden, sind also keine eigenständigen Schulden, sondern betreffen insoweit das Problem der Haftung und beziehen sich nur auf das Gesellschaftsvermögen als Sondervermögen. Sie sind – vor dem Hintergrund dieser sog. Identitätstheorie – unter vollstreckungs- und insolvenzrechtlichem Blickwinkel zu betrachten.[215] Eigentliche „Gesamthands-," beziehungsweise „Gesellschaftsschulden" werden daher von einigen auch konsequent geleugnet.[216] Da die Gesellschafter als Schuldner grundsätzlich mit ihrem gesamten Vermögen einzustehen haben, haften sie sowohl mit ihrem Privatvermögen als auch mit dem gesamthänderisch gebundenen Sondervermögen.[217]

Für selbständige Gesamthands- beziehungsweise Gesellschaftsschulden, die eigenen Regeln unterliegen und sich nur auf die Gesellschaft beziehen, ist bei diesem Schuldmodell selbstverständlich kein Raum. Es gab aber auch innerhalb der individualistischen Theorie Vertreter, die zwischen diesen beiden Schuldarten unterschieden und diese Begrifflichkeiten in dieses

---

[209] Buchner, AcP 169 (1969), S. 483 (489 ff.); Huber, Vermögensanteil, Kapitalanteil und Gesellschaftsanteil an Personengesellschaften des Handelsrechts, S. 86 ff.; Beuthien, DB 1975, S. 725 (727); Müther, MDR 1998, S. 625 (629); Zöllner, Festschrift für Gernhuber, S. 563 (572 f.); Berndt/Boin, NJW 1998, S. 2854 (2858 f.)

[210] Dauner-Lieb, Unternehmen in Sondervermögen, S. 522.

[211] Dauner-Lieb, Unternehmen in Sondervermögen, S. 522.

[212] Lindacher, JuS 1981, S. 431 (431 f.); Ulmer, AcP 198 (1998), S. 113 (137).

[213] Hueck, Festschrift für Zöllner, S. 275 (293).

[214] Lindacher, JuS 1981, S. 431.

[215] Wiedemann, WM 1975, Sonderbeilage Nr. 4, S. 41.

[216] Buchner, AcP 169 (1969), S. 483 (490 ff.); Lindacher, JuS 1981, S. 431 (432).

[217] Lindacher, JuS 1981, S. 431 (432).

Schuldsystem einführten.[218] Die verwendeten Begriffe der „Gesamthandsschuld" beziehungsweise „Gesellschaftsschuld" sind in diesem Zusammenhang jedoch nicht im Sinne einer eigenständigen – neben der Verbindlichkeit der einzelnen Mitglieder bestehenden – Schuld der Gesellschaft zu verstehen. „Gesamthandsschuld" beziehungsweise „Gesellschaftsschuld" sind insoweit vielmehr eigenständig anerkannte, gemeinschaftliche Schulden der Gesellschafter, die den Gesamthändern in ihrer Verbundenheit obliegen und für die sie als Gesellschafter gemeinschaftlich mit dem Gesellschaftsvermögen haften. Es handelt sich dabei um gesellschaftsbezogene Verbindlichkeiten, die durch rechtsgeschäftliches Handeln im Sinne des Gesellschaftszwecks begründet wurden. Daneben existieren die Gesamtschulden, die jeden Gesellschafter als einzelnen treffen und für die er mit seinem Privatvermögen haftet (Gesellschafterindividualschuld).[219] Nach dieser Ansicht wird also zwischen zwei echten und selbständigen Schulden der Gesellschafter unterschieden: Gesellschaftsschulden und Gesellschafter(individual)schulden.

2. Die Haftungsbegründung bei Rechtsfähigkeit der Gesellschaft

Betrachtet man hingegen die BGB-Gesellschaft als verselbständigte (teil-) rechtsfähige Organisationseinheit, die am Rechtsverkehr teilnehmen kann, dann ist sie selbst das Zuordnungssubjekt der für die Gesellschaft begründeten Verbindlichkeiten. Für die Anhänger der Gruppenlehre[220] hat § 714 BGB keinen abschließenden Charakter in der Weise, dass es nur persönliche Schulden der Gesellschafter gibt, sondern für sie schließen Wortlaut und Regelung dieser Vorschrift keineswegs die Existenz von selbständigen Schulden der Gesellschaft aus.[221] Da sie die im Rahmen der gesellschaftlichen Tätigkeit entstehenden Verpflichtungen auf die Gesellschaft selbst beziehen, ergibt sich zunächst nur eine Haftung des Gesellschaftsvermögens.[222] Aus der Anerkennung von Eigenschulden der Gesellschaft resultiert nun die Klärungs- und Begründungsbedürftigkeit der persönlichen Haftung der Gesellschafter. Die dogmatische Herleitung wird innerhalb der Gruppenlehre entweder über die Theorie der Doppelverpflichtung oder die Ak-

---

[218] Blomeyer, JR 1971, S. 397 (401 f.); Kornblum, Die Haftung der Gesellschafter für Verbindlichkeiten von Personengesellschaften, S. 35 ff.; Alberts, Die Gesellschaft bürgerlichen Rechts im Umbruch, S. 136 f.; Beuthien, DB 1975, S. 725 (728); Crezelius, JuS 1986, S. 685 (687).

[219] Larenz, Lehrbuch des Schuldrechts, Bd. 2/BT, 12. Aufl., S. 397 f.

[220] Vgl. Fn. 75.

[221] Wertenbruch, Die Haftung von Gesellschaften und Gesellschaftsanteilen in der Zwangsvollstreckung, S. 178 ff.

[222] Palandt/Sprau, 61. Aufl., § 714 Rn. 11.

zessorietätstheorie vorgenommen. Beide Theorien gehen von verschiedenartigen Ansätzen aus und versuchen die persönliche Haftung der Gesellschafter auf unterschiedliche Art und Weise zu begründen.

a. Rechtsgeschäftliche Begründung

Ansatzpunkt zur Herleitung einer zusätzlichen – neben die Haftung der Gesellschaft tretende – persönlichen Gesellschafterhaftung ist für die Vertreter der Doppelverpflichtungstheorie[223] der Wille der Gesellschafter. Voraussetzung für die Bejahung einer persönlichen Haftung ist eine rechtsgeschäftliche, persönliche Verpflichtung der Gesellschafter, die durch entsprechende, hierauf gerichtete Willenserklärungen von Geschäftsführern und Dritten zustande kommt.[224] Hierfür werden grundsätzlich die Regeln der Stellvertretung angewendet (§§ 164 ff. BGB) und Modifikationen mit Hilfe der Rechtsscheinslehre verwirklicht. Demnach verpflichten die Geschäftsführer der Gesellschaft mit ihren Willenserklärungen nicht nur die Gesellschaft, sondern daneben auch alle anderen Gesellschafter mittels Stellvertretung sowie sich selbst direkt, und zwar persönlich.[225] Den Geschäftsführern einer BGB-Gesellschaft ist im Zweifel neben der organschaftlichen Vertretungsmacht regelmäßig auch die rechtsgeschäftliche Vertretungsmacht eingeräumt, die übrigen Gesellschafter für Verbindlichkeiten der Gesellschaft persönlich zu verpflichten. Falls es – aufgrund von Abweichungen im Gesellschaftsvertrag – an einer entsprechenden Vertretungsmacht gegenüber den Gesellschaftern persönlich fehlen sollte, helfen sich die Anhänger der Doppelverpflichtungstheorie mit einer extensiven Anwendung der Grundsätze über die Duldungs- und Anscheinsvollmacht weiter und begründen mittels Rechtsscheinsgesichtspunkten die fehlende Vollmacht.[226] Hierfür spreche eine schutzwürdige Vermutung und das schutzwürdige Vertrauen des Vertragspartners, der sich nur dann nicht darauf berufen könne, wenn die Vertretungsmacht beschränkt wurde und dies für ihn erkennbar und offenkundig war.[227] Die beim Handeln namens der

---

[223] Ulmer, Gesellschaft bürgerlichen Rechts, 3. Aufl., § 714 Rn. 25 ff. und § 718 Rn. 38 ff.; Kindl, NZG 1999, S. 517 ff.; Thielmann, ZHR 136 (1972); S. 397 (401).; Wiesner, JuS 1981, S. 331 (333 f.); Habersack, BB 1999, S. 61 (62 ff.); Hommelhoff, ZIP 1998, S. 8 ff.; Huber, Festschrift für Lutter, S. 107 (128 ff.); vgl. auch Beuthien, DB 1975, S. 725 (728 ff.); Beuthien/Ernst, ZHR 156 (1992), S. 227 (231 f.).

[224] Ulmer, Gesellschaft bürgerlichen Rechts, 3. Aufl., § 718 Rn. 38; Dauner-Lieb, Unternehmen in Sondervermögen, S. 524 f.

[225] Wunderlich, WM 2002, S. 271 (273).

[226] Ulmer, Gesellschaft bürgerlichen Rechts, 3. Aufl., § 718 Rn. 39; Wunderlich, WM 2002, S. 271 (273).

[227] Ulmer, Gesellschaft bürgerlichen Rechts, 3. Aufl., § 714 Rn. 31 ff.

Gesellschaft entstandenen Verpflichtungen sind aber nicht gleichartig, sondern von unterschiedlichem Charakter und Inhalt geprägt. Es handelt sich jeweils um selbständige Verpflichtungen im Form von Gesamtschulden, die sich außerhalb von §§ 422 – 424 BGB grundsätzlich unterschiedlich entwickeln können. Bei der persönlichen Verpflichtung der Gesellschafter ergibt sich die Besonderheit, dass sie nur als Schuldmitübernahme in Form eines rechtsgeschäftlichen, kumulativen Schuldbeitritts ausgestaltet ist.[228] Sie weicht daher insofern von der Eigenverpflichtung der Gesellschaft ab, da sie den Mitgesellschaftern kein eigenständiges Forderungsrecht einräumt.[229] Hinsichtlich Erfüllung, Leistungsstörung, Verjährung und Abtretung soll sie aber inhaltlich der Gesellschaftsschuld wieder gleich stehen.[230]

b. Akzessorische Begründung

Das Modell der akzessorisch begründeten Haftungsverbindlichkeit der Gesellschafter[231] geht davon aus, dass sich die Verbindlichkeiten der Gesellschafter in ihrer Begründung, Veränderung und Aufhebung an die entsprechende Schuld der Gesellschaft anlehnen.[232] Einen eigenständigen Verpflichtungstatbestand benötigt daher nur die Gesellschaftsschuld, wohingegen die Gesellschafterschulden mit der Gesellschaftsschuld stehen und fallen, d.h. ohne diese weder bestehen noch verändert werden können. Es handelt sich dabei nicht nur um eine bloße Haftung, sondern um eine von der Schuld der Gesellschaft verschiedene, eigene Leistungspflicht des jeweiligen Gesellschafters. Der einzelne Gesellschafter haftet persönlich, unmittelbar, unbeschränkt und primär – d.h. nicht nur bloß nachrangig gegenüber der Gesellschaft – auf die gesamte Leistung. Dies ist Ausdruck der heute allgemein anerkannten Auffassung, dass derjenige, der eine rechtsgeschäftliche Beziehung eingeht – sei es allein oder zusammen mit anderen – im Falle der Nichterfüllung persönlich und unbeschränkt dafür einzustehen hat. Eine Beschränkung dieser Haftung setzt eine gesetzliche Ausnahmere-

---

[228] Ulmer, Gesellschaft bürgerlichen Rechts, 3. Aufl., § 714 Rn. 33; Mülbert, AcP 199 (1999), S. 38 (69 ff.).

[229] Ulmer, Gesellschaft bürgerlichen Rechts, 3. Aufl., § 714 Rn. 33; Habersack, JuS 1993, S. 1 (5).

[230] Wiedemann, WM 1994, Sonderbeilage Nr. 4, S. 17 f.

[231] Zu den Anhängern der Akzessorietätstheorie zählen Mülbert, AcP 199 (1999), S. 38 (67 ff.); Blenske, NJW 2000, S. 3170 ff.; Ulmer, ZIP 1999, S. 554 (559, 564); Flume, Die Personengesellschaft, S. 326; Reiff, ZIP 1999, S. 517 (521 ff.); Dauner-Lieb, DStR 1998, S. 2014 (2018); dies., DStR 1999, S. 1992 (1993 ff.); Schmidt, Gesellschaftsrecht, 3. Aufl., S. 1786 ff.; ders., Gesellschaftsrecht, 4. Aufl., S. 1790 ff.; ders., Festschrift für Fleck, S. 271 (288); Timm, NJW 1995, S. 3209 (3215 ff.).

[232] Aderhold, Das Schuldmodell der BGB-Gesellschaft, S. 163; Ulmer, Gesellschaft bürgerlichen Rechts, 3. Aufl., § 714 Rn. 26; Palandt/Sprau 61. Aufl., § 714 Rn. 11 f.

gelung oder eine ausdrückliche Vereinbarung mit dem Gläubiger voraus. Sie lässt sich nicht einfach dadurch erreichen, dass die Gesellschafter die Vertretungsmacht des Geschäftsführers der GbR auf die Verpflichtung nur des Gesellschaftsvermögens einschränken.[233]

Dieser Konzeption liegen verschiedene Begründungsversuche zugrunde. Ein Großteil der Vertreter der Akzessorietätstheorie geht von einer Regelungslücke im BGB-Gesellschaftsrecht aus und begründet die Erstreckung der Gesamthandshaftung auf die Gesellschafter durch eine Analogie zu den §§ 128 ff. HGB, teilweise aber auch durch eine Gesamtanalogie zu den §§ 128 ff. HGB, 8 Abs. 1 S. 1 PartGG, 2058, 1459 Abs. 2 S. 1; 1437 Abs. 2 S. 1 BGB.[234] Andere hingegen sehen die akzessorisch begründete Haftungsverpflichtung der Gesellschafter als Konsequenz aus dem Wesen der gesellschaftsrechtlichen Gesamthand und leiten die Akzessorietätstheorie aus der Struktur der Gesamthand ab.[235] Sie sehen in den Angelegenheiten der Gesellschaft prinzipiell auch die Angelegenheit eines jeden einzelnen Gesellschafters. Ausgehend von diesem Grundsatz ist es für sie die logische Konsequenz, dass die Verpflichtungen der Gesellschaft auf die Gesellschafter als Mitglieder der Gruppe ausgedehnt werden und somit die Verbindlichkeiten der Gesellschaft zugleich auch Verbindlichkeiten des Gesellschafters in eigener Sache begründen.[236] Trotz der Unterschiedlichkeit der Ansätze führen diese Begründungskonzepte letztendlich immer zum gleichen Ergebnis: Zur akzessorisch begründeten Haftungsverbindlichkeit der Gesellschafter.

V. Die Schuld- und Haftungsmodelle in der bisherigen Rechtsprechung

1. Das Gesamtschuldmodell

Vor dem Hintergrund des zunächst vorherrschenden individualistischen Verständnisses[237] von der gesellschaftsrechtlichen Gesamthand hat das Reichsgericht[238] das Schuld- und Haftungsmodell der BGB-Gesellschaft

---

[233] Grunewald, Gesellschaftsrecht, 5. Aufl., S. 53 ff.

[234] Schmidt, Gesellschaftsrecht, 4. Aufl., S. 1790 ff.; Dauner-Lieb, Unternehmen in Sondervermögen, S. 533 ff., 553 f.; dies., DStR 1999, S. 1992 (1994); Wiedemann, WM 1975, Sonderbeilage Nr. 4, S. 42 f.; ders., WM 1994, Sonderbeilage Nr. 4, S. 12 f.; Grunewald, Gesellschaftsrecht, 5. Aufl., S. 53 ff.; Reiff, Die Haftungsverfassungen nichtrechtsfähiger unternehmenstragender Verbände, S. 345 ff.; Timm, NJW 1995, S. 3209 (3215 ff.)

[235] Flume, Die Personengesellschaft, S. 326 f.

[236] Flume, Die Personengesellschaft, S. 326.

[237] Vgl. RGZ 35, S. 388 (389); RGZ 141, S. 277 (280); RGZ 56, S. 206 (209); RGZ 124, S. 146 (150); RGZ 165, S. 193 (203); RGZ 42, S. 104 (106); RGZ 118, S. 295 (298).

[238] RGZ 85, S. 157 (158 f.); vgl. auch RGZ 49, S. 340 (343); RG JW 1928, S. 2612; zur Identitätstheorie siehe auch oben S. 74 f.

nach den Grundsätzen der sog. Identitätstheorie bestimmt. Eine Unterscheidung zwischen Gesellschafts- und Gesellschafterschulden wurde demnach nicht vorgenommen, da Gesellschaftsschulden – nach dieser Ansicht – nichts anderes waren als gemeinschaftliche Schulden der Gesellschafter. Bei der Frage nach den Wirksamkeitsvoraussetzungen einer Beschränkung der Haftung für rechtsgeschäftliche Verbindlichkeiten auf das gesamthänderische Sondervermögen und des damit einhergehenden Ausschlusses der persönlichen Gesellschafterhaftung hat es das Reichsgericht für ausreichend erachtet und sich damit begnügt, dass sich die Vertretungsmacht der geschäftsführenden Gesellschafter auf eine Verpflichtung des Gesellschaftsvermögens „'in einer Dritten erkennbaren Weise'"[239] beschränkt.[240] Ein Haftungsausschluss oder eine Haftungsbegrenzung war somit durch eine – für den Gläubiger erkennbare – einseitig, konsensunabhängig vorgenommene Beschränkung der Vertretungsmacht im Gesellschaftsvertrag möglich und bedurfte weder der Offenkundigkeit[241] noch einer entsprechend individual-vertraglich getroffenen Vereinbarung mit dem Gläubiger[242].

Dieser individualistisch geprägten Begründung der persönlichen Haftung der BGB-Gesellschafter für rechtsgeschäftliche Verbindlichkeiten durch ein reines Gesamtschuldmodell hat sich der BGH zunächst angeschlossen und verneinte konsequenterweise die Existenz von Gesellschaftsschulden.[243] Die vom bevollmächtigten Geschäftsführer in Vertretung der Gesellschafter geschlossenen Verträge wirken nach §§ 714, 427 BGB für und gegen die Gesellschafter und begründen eine einheitliche Verpflichtung mit doppelter haftungsrechtlicher Auswirkung, zum einen für das Privatvermögen und zum anderen für das gesamthänderisch gebundene Vermögen.[244] Fest

---

[239] RGZ 155, S. 75 (87).

[240] In RGZ 155, S. 75 (87) geht es um die Haftungsbeschränkung bei einer GbR; RGZ 63, S. 62 (65) und RGZ 90, S. 173 (176 f.) betreffen den Haftungsausschluss bei einem nicht rechtsfähigen Verein, dessen rechtliche Beurteilung das Reichsgericht über die Verweisungsvorschrift des § 54 BGB nach den Grundsätzen des BGB-Gesellschaftsrechts (§§ 705 ff. BGB) vorgenommen hat und damit zum gleichen Ergebnis gelangt ist.

[241] Vgl. Würdinger, Gesellschaften, 1. Teil: Recht der Personalgesellschaften, S. 89 f.; so wohl auch früher Schmidt, DB 1973, S. 653 (655 f.); ders. spricht noch in der 3. Auflage seines Lehrbuchs (Gesellschaftsrecht, S. 1792) von der Haftungsbeschränkung als einem reinen Offenkundigkeitsproblem. Jetzt anders in Gesellschaftsrecht, 4. Aufl., S. 1794 ff.

[242] So vor allem die Vertreter der Akzessorietätstheorie: Heckelmann, Festschrift für Quack, S. 243 (246); Altmeppen, ZIP 1999, S. 1758 (1759 f.); Dauner-Lieb, Unternehmen in Sondervermögen, S. 522 ff.

[243] BGHZ 23, S. 307 (313) = NJW 1957, S. 750 (751); BGHZ 5, S. 35 (37 f.); BGHZ 34, S. 293 (297); BGH, WM 1960, S. 840 (841).

[244] BGHZ 23, S. 307 (313); BGH, WM 1960, S. 840 (841).

gehalten hat der BGH auch an der – dogmatisch umstrittenen[245] – Möglichkeit der Begrenzung der persönlichen Gesellschafterhaftung durch bloße Beschränkung der Vertretungsmacht im Gesellschaftsvertrag ohne Wissen des Gläubigers.[246]

2. Die Anerkennung eigenständiger Gesamthandsschulden gegen Ende des 20. Jahrhunderts

Den Wandel hin zur Anerkennung von eigenständigen Gesamthandsschulden leitete der BGH in seinem Urteil vom 8.11.1978[247] ein. In diesem Urteil stellt der BGH fest, dass eine ARGE Vertragspartnerin sein kann und die Gesellschafter für die Verbindlichkeiten der Gesellschaft unmittelbar gesamtschuldnerisch haften.[248] Zwar lässt sich diesem Urteil eine eindeutige Entscheidung zugunsten der BGB-Gesellschaft als einer rechtsfähigen Organisationseinheit nicht entnehmen, aber der BGH erkennt damit zumindest die Gesamthandsschulden als eigenständige Schuldart an, mit der die unmittelbare Vollstreckung in das Gesamthandsvermögen ermöglicht wird.[249] Die Schuldenhaftung bei der BGB-Gesellschaft erweist sich demnach nicht mehr als ein Problem des Nebeneinanders von zwei Vermögensmassen mit einer zugrunde liegenden Verbindlichkeit, sondern vielmehr als eine klar strukturierte Schuld- und Haftungsordnung, bei der die Verbindlichkeiten der Gesamthand und der einzelnen Mitglieder selbständig nebeneinander existieren. Bestätigt und weiterentwickelt wird dieses Schuld- und Haftungsmodell durch die Urteile des BGH vom 30.4.1979[250], vom 15.12.1980[251] und vom 10.02.1992[252], in denen er die Existenz von Gesellschaftsschulden ausdrücklich anerkennt. Die Anerkennung von eigenständigen Gesellschaftsschulden und die Unterscheidung zwischen diesen und den Gesamthandsschulden der Gesellschafter wird vor allem mit dem Aufrechnungsverbot in § 719 Abs. 2 BGB begründet, das denknotwendig die Existenz dieser beiden Schuldarten voraussetzt. Zudem ergebe sich diese Sichtweise bereits aus den Protokollen zum Gesetzesentwurf,

---

[245] Vgl. die Kritik von Aderhold, JA 1980, S. 136 (141); ders., Das Schuldmodell der BGB-Gesellschaft, S. 192 ff.; Flume, Die Personengesellschaft, S. 329; Dauner-Lieb, Unternehmen in Sondervermögen, S. 522 f.; Heckelmann, Festschrift für Quack, S. 243 (245 ff.); Ulmer, ZIP 1999, S. 509 (514).
[246] BGHZ 61, S. 59 (67); BGH, NJW 1971, S. 1698; BGH, WM 1985, S. 56 (57); BGH, WM 1987, S. 689 (690); OLG Hamm, WM 1985, S. 1846.
[247] BGHZ 72, S. 267 ff. = NJW 1979, S. 308 ff.
[248] BGHZ 72, S. 267 (271).
[249] Ulmer, Gesellschaft bürgerlichen Rechts, 3. Aufl., § 718 Rn. 30.
[250] BGHZ 74, S. 240 ff.
[251] BGHZ 79, S. 374 (377).
[252] BGHZ 117, S. 168 (175).

denn dort sei bereits von einem Gesellschaftsvermögen die Rede, das zur Deckung der Lasten und Schulden der Gesellschaft gebunden sein sollte.[253] Inzwischen ist die Existenz und das Nebeneinander von eigenständigen Schulden bei der BGB-Gesellschaft – und zwar Gesamthands- und Gesamtschulden – höchstrichterlich bestätigt und unumstritten.[254]

3. Kehrtwende zur Doppelverpflichtungstheorie

Mit BGHZ 74, S. 240 ff. hat die höchstrichterliche Rechtsprechung zugleich auch die Kehrtwende hin zur Doppelverpflichtungstheorie endgültig vollzogen, die bereits vorher in zwei Entscheidungen[255] angedeutet wurde. Die Erstreckung der Haftung auf die Gesellschafter erfordere einen eigenen Verpflichtungstatbestand. Eine persönliche Haftung der Gesellschafter für Gesellschaftsschulden – so der BGH[256] – komme nur dann in Betracht, wenn der einzelne Gesellschafter bei Vertragsabschluß mitverpflichtet wurde, sei es durch persönliche Mitwirkung am Vertragsabschluss oder aber im Wege der Stellvertretung durch den dazu ermächtigten Geschäftsführer. Der Haftungserstreckung auf die Gesellschafter nach den Grundsätzen der Akzessorietätstheorie, die bei der KG und OHG durch § 128 HGB positivrechtlich geregelt ist, erteilte er in dieser Entscheidung ausdrücklich eine Absage: „Obwohl so eine allgemeine [d.h. akzessorische] Gesellschafterhaftung gewisse Vorteile haben würde, erscheint es doch weder möglich noch sachgerecht, das Haftungsrecht des gesamten Personengesellschaftsrechts in dieser Weise nach den Maßstäben des Handelsrechts zu vereinheitlichen. [...] Zur Vielgestaltigkeit der Erscheinungsformen [der BGB-Gesellschaft] paßt die unterschiedslose Strenge der handelsrechtlichen Haftungsbestimmungen wenig; sie wird den Interessen der beteiligten Gesellschafter häufig nicht gerecht und ist in zahllosen Fällen auch im Rechtsverkehr nicht geboten."[257] Klar und unmissverständlich äußerte er sich in einer späteren Entscheidung[258], in der es um die Auswirkungen eines Gesellschafterwechsels auf eine rechtsgeschäftlich begründete Verbindlichkeit ging, nochmals zur Identitätstheorie. Er lehnt darin die früher vertretene Ansicht, die von der Existenz einer einheitlichen Verbindlichkeit mit zwei Haftungsobjekten

---

[253] Mugdan, Materialien zum Bürgerlichen Gesetzbuch, Band II, S. 429.
[254] BGHZ 78, S. 311 (312); BGHZ 79, S. 374 (377); BGH, NJW 1983, S. 749; BGH, NJW-RR 1990, S. 701 (702); BGH, NJW 1997, S. 1580; OLG Hamm, NJW 1985, S. 1846 f.
[255] BGHZ 56, S. 355 (359 f.); BGHZ 70, S. 247 (249 f.).
[256] BGHZ 74, S. 240 (241).
[257] BGHZ 74, S. 240 (242 f.).
[258] BGHZ 79, S. 374 ff.

ausging, ausdrücklich ab und betont die rechtsgeschäftlich begründete Verpflichtung der Gesellschafter im Sinne der Doppelverpflichtungstheorie.[259]

Die Doppelverpflichtungstheorie dominierte fast drei Jahrzehnte die Rechtsprechung des Bundesgerichtshofs.[260] Unter Geltung der Doppelverpflichtungstheorie hat die Rechtsprechung auch weiterhin an der Möglichkeit der einseitig vorgenommenen Haftungsbeschränkung auf das Gesellschaftsvermögen – im Wege der im Gesellschaftsvertrag vereinbarten Begrenzung der Vertretungsmacht des geschäftsführenden Gesellschafters – festgehalten.[261]

4. Erneute Kehrtwende?

Erste Risse hat die mit der Doppelverpflichtungstheorie gefundene, inzwischen auch gefestigte Schuld- und Haftungsstruktur der BGB-Gesellschaft durch das Urteil des II. Zivilsenats des BGH vom 27.9.1999[262] bekommen. Der BGH hatte sich in dieser Entscheidung mit der Frage zu befassen, ob eine im Gesellschaftsvertrag enthaltene Bestimmung, wonach die Haftung der Gesellschaft nach außen auf das Gesellschaftsvermögen beschränkt sein soll und dementsprechend auch die Vertretungs- und Verpflichtungsbefugnis der geschäftsführenden Gesellschafter sich nur auf das Gesellschaftsvermögen bezieht, in Verbindung mit einem entsprechenden, diese Beschränkung nach außen kenntlich machenden Namenszusatz – „GbR mbH M+B+L"[263] – eine wirksame Haftungsbegrenzung darstellen. Der BGH hat zur Beantwortung dieser Frage die Kritik an der bisher praktizierten Form der Haftungsbeschränkung aufgegriffen[264] und die Wirksamkeit einer derart allgemeinen Haftungsbegrenzung aus rechtssystematischen Gründen verneint.[265] So sollen vor allem die Absicherungen für den Rechtsverkehr wie z.B. Registerpublizität und Mindestkapital, die bei anderen Gesellschafts-

---

[259] BGHZ 97, S. 374 (377 ff.)

[260] BGHZ 56, S. 355 (359 f.); BGHZ 70, S. 247 (249 f.); BGHZ 74, S. 240 (242); BGHZ 79, S. 374 (377); BGH, NJW 1983, S. 749; BGH, NJW-RR 1990, S. 701 (702); BGH, NJW 1991, S. 1225; BGH, WM 1992, S. 1964; BGH, NJW 1992, S. 1615 (1616); siehe auch BFH, NJW-RR 1994, S. 1317 (1318); BVerwG, NJW 1994, S. 602 (603).

[261] BGHZ 74, S. 240 (242); BGH, WM 1992, S. 1964 f.; BGH, NJW-RR 1990, S. 867 ff.; BGH, NJW-RR 1990, S. 701 (702); BGH, NJW 1992, S. 3037 (3039); OLG Hamm, NJW 1985, S. 1846 (1847).

[262] BGHZ 142, S. 315 ff. = NJW 1999, S. 3483 ff.

[263] BGH, NJW 1999, S. 3483 (3484).

[264] BGH, NJW 1999, S. 3483 (3484); vgl. dazu auch Aderhold, JA 1980, S. 136 (141); ders., Das Schuldmodell der BGB-Gesellschaft, S. 192 ff.; Dauner-Lieb, Unternehmen in Sondervermögen, S. 522 f.; Heckelmann, Festschrift für Quack, S. 243 (245 ff.); Ulmer, ZIP 1999, S. 509 (514).

[265] BGH, NJW 1999, S. 3483 (3485).

formen mit beschränkter Haftung von Gesetzes wegen vorgesehen sind, nicht einfach durch die Rechtsform einer gesetzlich nicht geregelten GbR mbH unterlaufen werden können. Zudem widerspreche die Zulässigkeit einer allgemeinen Haftungsbegrenzung in Form des Zusatzes „mbH" dem sowohl im Zivil- als auch Handelsrecht geltenden Rechtsgrundsatz, dass derjenige, der als Einzelner oder in Gemeinschaft mit anderen rechtsgeschäftlich tätig wird, grundsätzlich unbeschränkt haftet, solange das Gesetz hiervon keine Ausnahme zulässt oder mit dem Vertragspartner individualvertraglich nichts anderes vereinbart wurde.[266] Demzufolge setzt eine wirksame Haftungsbeschränkung auf das Gesellschaftsvermögen und der Ausschluss der persönlichen Gesellschafterhaftung die Zustimmung des Vertragspartners voraus. Mit diesem Urteil hat der BGH die Wirksamkeitsvoraussetzungen für eine Haftungsbeschränkung neu geregelt und von der bisher praktizierten Möglichkeit des Haftungsausschlusses durch eine einseitig, konsensunabhängig vorgenommene Beschränkung der Vertretungsmacht Abstand genommen. Umstritten ist, ob sich der BGH in diesem Urteil zu der Frage der Begründung der persönlichen Gesellschafterhaftung festgelegt hat. Zwar verwendet er im amtlichen Leitsatz und in der Begründung die Formulierung von der unbeschränkten, persönlichen Gesellschafterhaftung „kraft Gesetzes"[267], woraus die Schlussfolgerung auf die Anerkennung der Akzessorietätstheorie durch den BGH gezogen werden könnte[268], aber diese Interpretation ist nicht zwingend. Überraschenderweise nimmt der BGH in diesem Urteil nämlich keine Abgrenzung zwischen der Doppelverpflichtungstheorie und der Akzessorietätstheorie vor – wie es eigentlich zu erwarten gewesen wäre –, sondern schwenkt zurück auf die traditionelle Identitätstheorie[269]. Er begründet sein Ergebnis, wonach zur Haftungsbeschränkung auf das Gesellschaftsvermögen eine Individualvereinbarung nötig sei, mit dieser aufgegeben geglaubten Theorie sowie der – neuerdings in der Rechtswissenschaft an Boden gewinnenden – Akzessorietätstheorie, die von der Rechtsprechung bislang aber nicht offiziell übernommenen wurde.[270] Mit der bis dahin in der Rechtsprechung vorherrschenden Doppelverpflichtungstheorie setzt sich der BGH in diesem Kontext erstaunlicherweise überhaupt nicht mehr auseinander, was wohl die nachfolgenden Irritationen und Missverständnisse über die rechtliche Einordnung der Haftungsproblematik durch die Rechtsprechung erklären dürfte. Auch Stimmen in der Literatur, die eine Interpretation zugunsten der Akzessorietätstheorie

---

[266] BGH, NJW 1999, S. 3483 (3484).
[267] BGH, NJW 1999, S. 3483 (3483, 3485).
[268] So Henze, BB 1999, S. 2260 (2261); Ulmer, ZGR 2000, S. 339 (343); Dauner-Lieb, DStR 1999, S. 1992 (1993 f.); dies., DStR 2001, S. 356.
[269] Vgl. dazu oben S. 74 f.
[270] BGH, NJW 1999, S. 3483 (3484 f.).

befürworten, räumen ein, dass der BGH sein angebliches Umschwenken von der Doppelverpflichtungs- zur Akzessorietätstheorie in der Entscheidung allenfalls angedeutet hat und nur eine Vermutung hierfür spreche.[271] Zumindest fehlt es an einem klaren und eindeutigen Bekenntnis zugunsten der Akzessorietätstheorie und an einer unmissverständlichen Abkehr von der Doppelverpflichtungstheorie.[272] Die „'Doppelspurigkeit der Entscheidungsbegründung'"[273] setzt sich bei der Frage nach der Rechtsnatur der BGB-Gesellschaft fort, denn der BGH hat sie in dieser Entscheidung bewusst offen gelassen. Spekulationen und Mutmaßungen, wonach der durch die Rechtsprechung bereits entschieden geglaubte Streit zwischen traditioneller Theorie und moderner Gruppenlehre offenbar wieder neu belebt worden sei, wurden durch dieses Urteil heraufbeschworen. Eine Fülle von Stellungnahmen unterschiedlicher Art war die Folge.[274]

VI. Fazit

Die für die Rechtspraxis so entscheidende Frage nach der Schuld- und Haftungsstruktur der BGB-Gesellschaft ist seit Inkrafttreten des BGB heftig umstritten. Aus der Übernahme des deutschrechtlichen Gesamthandsprinzips in das römisch-rechtlich geprägte BGB-Gesellschaftsrecht hat der Gesetzgeber keine klärenden Konsequenzen gezogen, und er hat zur Schuld- und Haftungsordnung keine grundsätzlichen Regelungen erlassen. Das – von der *societas* herrührende – individualistische Verständnis bestimmte zunächst die Schuldenhaftung bei der BGB-Gesellschaft. Wer glaubte, der BGH habe schließlich in der Doppelverpflichtungstheorie ein adäquates und allzeit gültiges Erklärungsmodell gefunden, wurde durch das Urteil aus dem Jahr 1999[275] eines Besseren belehrt. Ganz gleich, wie man zu diesem zwiespältigen Urteil steht, es lässt sich jedenfalls nicht leugnen, dass dadurch die Frage der Haftungsbegrenzung auf das BGB-Gesellschaftsvermö-

---

[271] Vgl. Ulmer, ZGR 2000, S. 339 (343).

[272] So auch Peifer, NZG 2001, S. 193 (199); vgl. zudem OLG Stuttgart, NZG 2002, S. 84 f., das in einem Urteil vom 9.11.2001 die Rechtsprechungsgrundsätze des BGH übernommen hat und davon ausgeht, dass der BGH in seiner Entscheidung (NJW 1999, S. 3483 ff.) zwar die Doppelverpflichtungstheorie aufgegeben hat – „ohne dies [aber] ausdrücklich zu bekennen".

[273] Dauner-Lieb, DStR 2001, S. 356.

[274] Vgl. Altmeppen, ZIP 1999, S. 1758 ff.; Ulmer, ZGR 2000, S. 339 ff.; Henze, BB 1999, S. 2260 ff.; Goette, DStR 1999, S. 1707 ff.; ders.; DStR 2001, S. 315; Palandt/Sprau, 61. Aufl., § 714 Rn. 18; Erman/Westermann, 10. Aufl., § 714 Rn. 12; Schmidt, NJW 2000, S. 2927 ff.; Dauner-Lieb, DStR 1999, S. 1992 ff.; dies., DStR 2001, S. 356 ff. m.w.N. auf S. 357 Fn. 15.

[275] BGH, NJW 1999, S. 3483 ff.

gen geklärt und in der Diskussion über die Rechtsnatur sowie Haftungsverfassung der BGB-Gesellschaft ein neues Kapitel aufgeschlagen wurde.

§ 4 Zusammenfassung

Die BGB-Gesellschaft hat in der Diskussion der Rechtswissenschaft und in den Entscheidungen der Rechtsprechung seit Inkrafttreten des Bürgerlichen Gesetzbuches einen tiefgreifenden Wandel erfahren, obgleich die gesetzlichen Grundlagen der BGB-Gesellschaft, insbesondere die §§ 705 ff. BGB, in dieser Zeit weitgehend unverändert geblieben sind. Die Väter des BGB haben bei Erlass dieser Vorschriften wesentliche Fragen offen gelassen und somit auslegungs- und ergänzungsbedürftige Normen geschaffen. Einerseits haben sie dadurch aus der BGB-Gesellschaft teilweise ein „unbekanntes Wesen"[276] gemacht und das „Mysterienspiel"[277] um die Gesamthand fortgesetzt. Andererseits haben sie damit der BGB-Gesellschaft die notwendige Offenheit und Elastizität verliehen, die sie für die Organisation wirtschaftlicher Einheiten interessant macht. Zugleich haben sie der Rechtswissenschaft sowie der Rechtsprechung auch den notwendigen Freiraum eingeräumt, durch Auslegung und Interpretation der rechtspositivistischen Regelungen den wirtschaftlichen Gegebenheiten und Anforderungen gerecht zu werden. Dieser Spielraum wurde sowohl von der Rechtswissenschaft als auch von der Rechtsprechung genutzt. Die dogmatischen Grundlagen der BGB-Gesellschaft, die zunächst auf eine aus wenigen Mitgliedern bestehende Organisationsform ausgerichtet waren, wurden gerade in den letzten Jahrzehnten stetig fortentwickelt und dem raschen gesellschaftlichen und wirtschaftlichen Wandel angepasst. Mit zunehmender wirtschaftlicher Bedeutung der BGB-Gesellschaft sah man die Notwendigkeit, die BGB-Gesellschaft auf ein grundlegend neues Fundament zu stellen. Im Hinblick auf das materiellrechtliche Verständnis der Gesamthandsgesellschaft hatte sich bereits in den letzten beiden Jahrzehnten weitgehend die Ansicht durchgesetzt, dass die BGB-Gesellschaft als Wirkungseinheit verselbständigt sei, Trägerin von Rechten und Pflichten sein könne, und somit selbst als Bezugssubjekt am Rechtsverkehr teilnehmen könne. Einhergehend damit hat sich auch das Schuld- und Haftungsmodell geändert, das unverkennbar mit der dogmatischen Konzeption der BGB-Gesellschaft zusammenhängt. Gab es zunächst nur Schulden der Gesellschafter, wurde mit Anerkennung der rechtlichen Selbständigkeit zwischen solchen der Gesellschaft und sol-

---

[276] Vgl. die Überschrift bei Ulmer, AcP 198 (1998) S. 113: „Die Gesamthandsgesellschaft – ein noch immer unbekanntes Wesen?".

[277] Vgl. die Überschrift bei Weber-Grellet, AcP 182 (1982), S. 316: „Die Gesamthand – ein Mysterienspiel?".

chen der Gesellschafter unterschieden. Völlig anders hingegen ist der Stand der Entwicklung zur Frage der zivilprozessualen Parteifähigkeit der BGB-Gesellschaft: Bis zum Jahr 2001 wurde die GbR von der Rechtsprechung und von der bislang herrschenden Lehre als nicht parteifähig angesehen. Obwohl dieser Zustand den Umgang mit der BGB-Gesellschaft im Rechtsverkehr erheblich erschwerte und aufgrund ihrer inzwischen erreichten wirtschaftlichen Bedeutung als unbefriedigend empfunden wurde, wurde die Diskussion über die prozessuale Selbständigkeit noch sehr zaghaft geführt und stand bisher nicht im Mittelpunkt der konzeptionellen Neuausrichtung der BGB-Gesellschaft. Dies hinderte den BGH jedoch nicht, im Jahr 2001 – neben der vorläufig endgültigen Klärung des materiellrechtlichen Verständnisses und grundlegenden Aussagen zur Schuld- und Haftungsstruktur – auch zur Frage der Parteifähigkeit Stellung zu nehmen und den grundlegenden Wandel in der Gesamtqualifikation der BGB-Gesellschaft ausdrücklich zu bestätigen und fortzuführen.

3. Teil
Das Grundlagenurteil des BGH vom 29.01.2001

§1 Vorbemerkung

Mit dem Grundlagenurteil vom 29.01.2001[1] rückt der BGH nun erstmals ausdrücklich und klar erkennbar von seinen langjährigen Rechtsprechungsgrundsätzen im Personengesellschaftsrecht ab und gibt der BGB-Gesellschaft ein völlig neues dogmatisches Gesicht. Dies belegen bereits die drei Leitsätze der Entscheidung, in denen die Kernaussagen des Urteils prägnant zusammengefasst und die neuen, zentralen rechtsdogmatischen Grundsätze wiedergegeben werden. Verkündet wurde folgendes:

„1. Die (Außen-)GbR besitzt Rechtsfähigkeit, soweit sie durch Teilnahme am Rechtsverkehr eigene Rechte und Pflichten begründet.

2. In diesem Rahmen ist sie zugleich im Zivilprozess aktiv und passiv parteifähig.

3. Soweit der Gesellschafter für Verbindlichkeiten der GbR persönlich haftet, entspricht das Verhältnis zwischen der Verbindlichkeit der Gesellschaft und der Haftung des Gesellschafters derjenigen[2] bei der OHG (Akzessorietät) (Fortführung von BGHZ 142, 315 = NJW 1999, 3483 = LM H. 3/2000 § 705 BGB Nr. 74).“[3]

Vor dem Hintergrund der – vorab dargestellten[4] – ungeklärten systematischen Stellung der BGB-Gesellschaft in der deutschen Zivil- und Gesellschaftsrechtsdogmatik und den hieraus entstandenen Unzulänglichkeiten und Unsicherheiten für die Rechtspraxis verwundert es nicht, wenn diese Entscheidung mit ihren eindeutigen Feststellungen bereits jetzt als „Grundlagenurteil"[5], „Markstein"[6], „Meilenstein"[7], „Grundsatzurteil"[8], „Leitentscheidung"[9], Urteil mit historischer Dimension[10], „neues Fundament für die BGB-Gesellschaft"[11], „Jahrhundert-Entscheidung'"[12], „Durchbruch"[13]

---

[1] BGH, Urteil v. 29.01.2001 – II ZR 331/00, BGHZ, 146, S. 341 ff. = NJW 2001, S. 1056 ff.
[2] Sprachlich korrekt müsste es "demjenigen" lauten.
[3] BGH, NJW 2001, S. 1056.
[4] Vgl. oben S. 21 ff., S. 33 ff.
[5] Schmidt, NJW 2001, S. 993.
[6] Ulmer, ZIP 2001, S. 585.
[7] Schmidt, NJW 2001, S. 993 (1003).
[8] Kellermann, Festschrift für Wiedemann, S. 1069.
[9] Ann, JA 2001, S. 441.
[10] Kurzwelly, Gesellschaftsrecht 2001, S. 1 (6).
[11] Dauner-Lieb, DStR 2001, S. 356.
[12] Schmittmann, StuB 2001, S. 519.

oder auch als „Erdrutsch"[14] qualifiziert wird. Die Flut an Publikationen, die diese richtungsweisende Entscheidung nach sich gezogen hat, ist überwältigend[15] und reißt nicht ab[16]. Kaum eine andere Entscheidung des BGH zum

---

[13] Wiedemann, JZ 2001, S. 661.

[14] Prütting, EWiR 2001, S. 341.

[15] Vgl. nur Schmidt, NJW 2001, S. 993 ff.; ders., JuS 2001, S. 509; Ulmer, ZIP 2001, S. 585 ff.; Pohlmann, ZZP 2002, S. 103 ff.; Jauernig, NJW 2001, S. 2231 f.; Jula, StWK 2001, Gruppe 17, S. 227 ff.; Weimar, NWB 2001, Fach 18, Seite 3805 ff; Grote, ZfZ 2001 S. 177 f.; Sieg, ZAP 2001, Fach 15, S. 355 ff.; ders., WM 2002, S. 1432 ff.; Armbrüster, GE 2001, S. 821 ff.; Walter, MedR 2002, S. 169 ff.; Kraemer, WuM 2002, S. 459 ff.; Drasdo, NZM 2001, S. 258 ff.; Westphal, SteuerStud 2002, S. 265 f.; Prütting, Festschrift für Wiedemann, S. 1177 ff.; ders., EWiR 2001, S. 341 f.; Lüke, Festschrift für Ishikawa, S. 253 ff.; Kellermann, Festschrift für Wiedemann, S. 1069 ff.; Kurzwelly, Gesellschaftsrecht 2001, S. 1 (6 ff.); Lang/Fraenkel, WM 2002, S. 260 ff.; Derleder, BB 2001, S. 2485 ff.; Abel/Eitzert, DZWIR 2001, S. 353 ff.; Wertenbruch, WuB II J. § 705 BGB 1.01; ders., DGVZ 2001, S. 97 ff.; ders., NJW 2002, S. 324 ff.; ders., BB 2001, S. 737 ff.; ders., DB 2001, S. 419 ff.; Wilhelm, LM H. 5/2001, § 50 ZPO nr. 52 Bl. 887 (893); Wieser, MDR 2001, S. 421 ff.; Schmittmann, StuB 2001, S. 519 ff.; Heil, NZG 2001, S. 300 ff.; ders., NJW 2002, S. 2158 ff; Schemmann, DNotZ 2001, S. 244 ff.; Kemke, NJW 2002, S. 2218 f.; Pohlmann, WM 2002, S. 1421 ff.; Behr, InVo 2001, S. 357 ff.; Jungbauer, JurBüro 2001, S. 284 ff.; Stuttmann, KStZ 2002, S. 50 ff.; Binnewies, Beratungsakzente 33, S. 43 ff.; Hallerbach, Festschrift für Jakob, S. 101 ff.; Ehlers, AktStR 2001, S. 345 ff.; Eichele, BRAK-Mitt. 2001, S. 156 ff.; Jungk, BRAK-Mitt. 2001, S. 159 ff.; Gladys, Stbg 2001, S. 684 ff.; Münch, DNotZ 2001, S. 535 ff.; Keller, NotBZ 2001, S. 397 ff.; Böhringer, BWNotZ 2002, S. 42 f.; Dümig, Rpfleger 2002, S. 53 ff.; Demuth, BB 2002, S. 1555 ff.; Lautner, MittBayNot 2001, S. 425 ff.; Stöber, MDR 2001, S. 544 ff.; Ulmer/Steffek, NJW 2002, S. 330 ff.; Demharter, Rpfleger 2001, S. 329 ff.; Wunderlich, WM 2002, S. 271 ff.; Hadding, ZGR 2001, S. 712 ff.; Urban, NWB 2001, Meinungen-Stellungnahmen, S. 2656 ff.; Habersack, BB 2001, S. 477 ff.; Scholz, NZG 2002, S. 414 ff.; Baumann, JZ 2001, S. 895 ff.; Gesmann-Nuissl, WM 2001, S. 973 ff.; Baumann/Rößler, NZG 2001, S. 793 ff.; Lange, NZG 2002, S. 401 ff.; ders., NJW 2002, S. 2002 f.; Schultzky/Weissinger, JA 2001, S. 886 ff.; Wiedemann, JZ 2001, S. 661 ff.; Römermann, DB 2001, S. 428 ff.; Westermann, NZG 2001, S. 289 ff.; Peifer, NZG 2001, S. 296 ff.; Ann, MittdtPatA 2001, S. 181 f.; ders., MittBayNot 2003, S. 193 f.; ders., JA 2001, S. 441 ff.; Beuermann, GE 2001, S. 403 ff.; Schmid, GE 2001, S. 753 ff.; Horn, AgrarR 2001, S. 309 f.; Reiff, VersR 2001, S. 515 ff.; Brandani, RNotZ 2001, S. 230 ff.; Müther, MDR 2001, S. 461 f.; Timme/Hülk, JuS 2001, S. 536 ff.; Boin, GmbHR 2001, S. 513 ff.; Dauner-Lieb, DStR 2001, S. 356 ff.; Arlt, NZG 2002, S. 407 ff.; Goette, DStR 2001, S. 315; Bieder, NZI 2001, S. 235 ff.; Senft, Anwalt 2001, S. 26 ff.; Eickmann, ZfIR 2001, S. 433 ff.; Kraemer, NZM 2002, S. 465 ff.; Schwörer, NZM 2002, S. 421 ff.; Schleicher, ZfIR 2002, S. 430 ff; Eberl-Borges, ZEV 2002, S. 125 ff.; Heil, ZEV 2002, S. 296 ff.; Scholz, NZG 2002, S. 153 ff.

[16] Vgl. neuerdings Langenfeld, BWNotZ 2003, S. 1 ff.; Hirte, NJW 2003, S. 1285 ff.; Elsing, BB 2003, S. 909 ff.; Ulmer, ZIP 2003, S. 1113 ff.; Jacoby, NJW 2003, S. 1644 ff.; Diller, NZA 2003, S. 401 ff.; Wertenbruch, DB 2003, S. 1099 ff.; Pache/Knauff, BayVBl 2003, S. 168 ff.; Schmidt, Festschrift für Ulmer, S. 557 ff.; Wertenbruch, WM 2003, S. 1785 ff.; Schöpflin, NZG 2003, S. 117 ff.; ders., DStR 2003, S. 1349 ff.; ders., NZG 2003, S. 606 ff.; Nagel, NJW 2003, S. 1646 ff.; Ott, NJW 2003, S. 1223 ff.; Dümig, FamRZ 2003, S. 1 ff.; Kellermann, JA 2003, S. 648 ff.; Vogt, Rpfleger 2003, S. 491 ff.; Beuthien, JZ 2003, S. 969 ff.; Scherer, ZEV 2003, S. 341 ff.; En-

BGB-Gesellschaftsrecht war wohl derart spektakulär und hat derart viele Stellungnahmen hervorgerufen.

§ 2 Allgemeine Anmerkungen zum Urteil

I.   Ausgangsfall und Prozessverlauf

Konkret ging es in dem entschiedenen Fall darum, dass der Geschäftsführer einer bauwirtschaftlichen Arbeitsgemeinschaft (ARGE), die in der Rechtsform einer Gesellschaft bürgerlichen Rechts geführt wurde und deren Zweck in der Wiederherstellung eines Gebäudes (mit der Bezeichnung „Weißes Roß") bestand, für diese einen Wechsel akzeptiert hatte, der schließlich von der ARGE nicht eingelöst wurde. Daraufhin erhob die Klägerin im Wege eines Wechselprozesses Klage auf Zahlung der Wechselsumme in Höhe von 90.000,- DM nebst Nebenforderung vor dem Landgericht Ansbach. Sie richtete die Klage (a) gegen die ARGE in der Rechtsform einer Gesellschaft bürgerlichen Rechts als Beklagte zu 1), (b) gegen die beiden Gesellschafterinnen der GbR – zwei Gesellschaften mbH – als Beklagte zu 2) und 3), und (c) gegen einen Architekten, der auf dem Briefkopf der GbR mit dem Zusatz „Bauleitung" aufgeführt war, als Beklagten zu 4). Das Landgericht Ansbach hat die Beklagten antragsgemäß gesamtschuldnerisch zur Zahlung der streitigen Wechselsumme nebst Nebenforderung verurteilt und die Haftung des Beklagten zu 4) aus Rechtsscheinsgesichtspunkten hergeleitet. Die von den Beklagten zu 1) und 4) eingelegte Berufung hatte Erfolg und führte zur Abweisung der Klage gegen den Architekten und die Gesellschaft bürgerlichen Rechts. Das Berufungsgericht – OLG Nürnberg – hat an der bisherigen Rechtsprechung, wonach eine Gesellschaft bürgerlichen Rechts nicht parteifähig ist[17], konsequent festgehalten und die Klage, soweit sie gegen die ARGE als Gesellschaft bürgerlichen Rechts gerichtet war, bereits wegen fehlender Parteifähigkeit als unzulässig abgewiesen. Soweit die Klage gegen den Beklagten zu 4) gerichtet war, hat das OLG Nürnberg die Klage abgewiesen, weil die dargelegten Umstände eine Haftung kraft Rechtsscheins nicht begründen könnten. Hiergegen richtete sich die Revision der Klägerin, mit der sie ihre Ansprüche auf Zahlung gegen die Beklagten zu 1) und 4) weiter verfolgte. Sie begehrte mit der Revision zum BGH die Aufhebung des Berufungsurteils und damit zugleich die Wiederherstellung des landgerichtlichen Urteils. Der II. Zivilsenat hat durch sein Urteil vom 29.01.2001, das – wegen des Nichtauftretens des Prozessbevoll-

---

gels, MDR 2003, S. 1028 ff.; Canaris, ZGR 2004, S. 69 ff.; Altmeppen, NJW 2004, S. 1563 ff.

[17] Vgl. hierzu oben S. 69 ff.

mächtigten der Beklagten zu 1) in der mündlichen Verhandlung – in Form eines Versäumnisurteils erging[18], der Revision stattgegeben, soweit sie sich gegen die Abweisung der gegen die Beklagte zu 1) gerichteten Klage wandte. Hinsichtlich der Klage gegen den Beklagten zu 4) hatte die Klägerin mit ihrem Revisionsbegehren keinen Erfolg; die Klageabweisung wurde damit bestätigt. Im Ergebnis wurde mithin die Beklagte zu 1), die ARGE als Gesellschaft bürgerlichen Rechts, durch Versäumnisurteil – neben den Beklagten zu 2) und 3) – gesamtschuldnerisch zur Zahlung der Wechselsumme nebst Nebenforderungen verurteilt. Die Beklagte zu 1) hat gegen dieses Versäumnisurteil vom 29.01.2001 form- und fristgerecht Einspruch eingelegt, dessen Verhandlung am 03.12.2001 stattfand. Erst im Rahmen dieses Einspruchsverfahrens hat der Prozessbevollmächtigte der Beklagten zu 1) dem Senat mitgeteilt, dass seine Mandantin und Beklagte zu 1) – die bauwirtschaftliche ARGE – bereits am 21.08.2002 erloschen sei und somit bei Erlass des Versäumnisurteils am 29.01.2001 nicht mehr existent gewesen sei. Der Grund hierfür lag in der Eröffnung des Insolvenzverfahrens über das Vermögen der Beklagten zu 3) (einer GmbH), das nach dem Gesellschaftsvertrag das Ausscheiden der betreffenden Gesellschafterin aus der ARGE und die Übertragung ihres Gesellschaftsanteils auf die Beklagte zu 2) nach sich zog. Diese wurde nun auch im Rubrum des Urteils vom 29.01.2001, das geändert werden musste, als Beklagte in der Rechtsnachfolge der BGB-Gesellschaft aufgeführt. Infolge des Erlöschens der BGB-Gesellschaft hat der Prozessbevollmächtigte der ARGE den Rechtsstreit, soweit es um die Beklagte zu 1) ging, im Einspruchstermin am 03.12.2001 übereinstimmend mit der Klägerin in der Hauptsache für erledigt erklärt. Damit waren das Urteil vom 29.01.2001 und die Entscheidungen der Vorinstanzen, soweit sie sich gegen die ARGE als Beklagte zu 1) richteten, wirkungslos. Das Gericht hat den – aufgrund der übereinstimmenden und bindenden Erledigungserklärung – notwendigen Beschluss nach § 91a ZPO am 18.02.2002[19] erlassen. Die diesbezüglichen Kosten des Rechtsstreits wurden unter Berücksichtigung des bisherigen Sach- und Streitstandes nach billigem Ermessen der Beklagten zu 2) als Rechtsnachfolgerin der ARGE auferlegt, da die Klage gegen diese aus dem in ihrem Namen akzeptierten Wechsel ursprünglich zulässig und begründet gewesen sei.

---

[18] Vgl. BGH, Urteil v. 29.01.2001 – II ZR 331/00, MDR 2001, S. 459 (460); BGH, Beschluss v. 18.02.2002 – II ZR 331/00, DStR 2002, S. 686; Jauernig, NJW 2001, S. 2231; Prütting, Festschrift für Wiedemann, S. 1177 (1180).

[19] BGH, Beschluss v. 18.02.2002 – II ZR 331/00, DStR 2002, S. 686 f. = DB 2002, S. 837 f. = NZG 2002, S. 322 f.

II. Verfahrensrechtliche Anmerkungen

1. Die übereinstimmende Erledigungserklärung und ihre Folgen

Nachdem die Parteien den Rechtsstreit, soweit er gegen die Beklagte zu 1) gerichtet war, übereinstimmend für erledigt erklärt hatten, war das Gericht gezwungen, nach § 91a ZPO zu verfahren und eine Kostenentscheidung zu treffen. Denn die übereinstimmende Erledigungserklärung führt dazu, dass der Prozess in der Hauptsache beendet wird und nur noch hinsichtlich der Prozesskosten rechtshängig bleibt. Die Wirkungen der übereinstimmenden Erledigungserklärung erschöpfen sich aber nicht nur in der Prozessbeendigung, sondern bestehen auch darin, dass alle bereits vorausgegangenen, noch nicht rechtskräftigen Entscheidungen ex tunc wirkungslos werden. Unter prozessrechtlichem Blickwinkel betrachtet ist das Grundlagenurteil des II. Zivilsenats vom 29.01.2001 damit nicht mehr existent, soweit es die Beklagte zu 1) betrifft. Die berechtigte Frage, ob die inhaltlichen Aussagen dieser Entscheidung weiterhin volle Gültigkeit beanspruchen können und als tragfähige Grundlage für das Recht der BGB-Gesellschaft zukünftig herangezogen werden können, hat der II. Zivilsenat in seinem Beschluss vom 18.02.2002 bejaht, indem er ausdrücklich darauf verweist, dass er an den „[…] Ausführungen in dem in derselben Sache ergangenen Versäumnisurteil vom 29.1.2001 […] auch nach erneuter Überprüfung festhält"[20]. Mit dieser Aussage gibt der II. Zivilsenat zu erkennen, dass die durch das Urteil vom 29.01.2001 geänderte Rechtsprechung, mit der er die BGB-Gesellschaft in der Zivil- und Gesellschaftsrechtsdogmatik grundlegend neu positioniert hat, durch die übereinstimmende Erledigungserklärung und den damit hervorgerufenen Beschluss nicht obsolet geworden ist, sondern weiterhin volle Gültigkeit besitzt und für die Weiterentwicklung des BGB-Gesellschaftsrechts von zentraler Bedeutung ist. Dass nicht nur der II. Zivilsenat des BGH dieses Grundlagenurteil seinen nachfolgenden Entscheidungen zugrunde gelegt hat[21], sondern auch weitere Zivilsenate des BGH diese Rechtsprechungsgrundsätze inzwischen übernommen haben, belegen die aktuellen Entscheidungen des XII.[22], VI.[23] und VIII.[24] Zivilsenats. Darüber

---

20 BGH, DStR 2002, S. 686.
21 Vgl. nur BGH, Beschluss v. 16.07.2001 – II ZB 23/00, ZIP 2001, S. 1713 f.; BGH, Urteil v. 21.01.2002 – II ZR 2/00, JZ 2002, S. 1110 ff.; BGH, Urteil v. 24.02.2003 – II ZR 385/99, ZIP 2003, S. 664 ff.; BGH, Urteil v. 07.04.2003 – II ZR 56/02, BB 2003, S. 1081 ff.
22 BGH, Urteil v. 11.09.2002 – XII ZR 187/00, NJW 2002, S. 3389 ff. = ZMR 2002, S. 907 ff.; BGH, Urteil v. 15.01.2003 – XII ZR 300/99, ZIP 2003, S. 667 ff.
23 BGH, Urteil v. 24.06.2003 – VI ZR 434/01, NJW 2003, S. 2984 ff.
24 BGH, Beschluss v. 18.06.2002 – ZB 6/02, BRAGOreport 2002, S. 134 ff.

hinaus haben sich auch andere Gerichte die geänderte Rechtsprechung zu eigen gemacht und ihren Entscheidungen zugrunde gelegt.[25] Bemerkenswert ist insoweit auch ein Beschluss des Bundesverfassungsgerichts[26] zur Grundrechts- und Parteifähigkeit der BGB-Gesellschaft, in dem es auf die Grundlagenentscheidung des BGH verweist.

2. Verstoß gegen Art. 101 Abs. 1 S. 2 GG

Hingewiesen sei schließlich noch auf die vereinzelt in der Literatur – insbesondere von Prozessrechtlern[27] – aufgekommene Kritik, der Senat hätte bei Erlass der Entscheidung vom 29.01.2001 beziehungsweise des Beschlusses vom 18.02.2002 Vorlagepflichten an den Großen Senat für Zivilsachen beziehungsweise den Gemeinsamen Senat der obersten Gerichtshöfe des Bundes verletzt und dadurch gegen Art. 101 Abs. 1 S. 2 GG verstoßen. Den Anstoß zu dieser Kritik gab der Prozessbevollmächtigte der Beklagten zu 1), der diesen Umstand bereits in seiner Einspruchsschrift gerügt hatte.

Die Kritiker berufen sich zum einen darauf, dass der Senat von der langjährigen Rechtsprechung der anderen Zivilsenate abweicht und somit eine Divergenzvorlage nach § 132 Abs. 3 GVG notwendig gewesen wäre. Diesem Einwand begegnet der II. Zivilsenat in seinem Beschluss vom 18.02.2002 mit dem Hinweis auf die an die übrigen Zivilsenate des BGH gerichtete informelle Anfrage, worauf keiner der anderen Senate erklärt habe, an einer eventuell abweichenden Rechtsauffassung in früheren Entscheidungen festhalten zu wollen.[28] Insofern erübrige sich auch eine Vorlage nach § 132 Abs. 4 GVG, da nicht ersichtlich sei, inwiefern diese zur Fortbildung des Rechts oder zur Sicherung einer einheitlichen Rechtsprechung erforderlich sein könnte.[29] Zum anderen wird vorgebracht, der Senat hätte im Vorfeld der Entscheidung über den Einspruch den Gemeinsamen Senat der obersten Gerichtshöfe des Bundes nach § 2 Abs. 1 RsprEinhG

---

[25] Vgl. nur KG, Urteil v. 18.06.2001 – 8 U 1142/99, GE 2001, S. 1131; OLG Hamm, Urt. v. 22.11.2001 – 28 U 16/01, ZIP 2002, S. 527 ff. = NZG 2002, S. 282 ff.; BayObLG, Beschluss v. 31.10.2002 – 2Z BR 70/02, NJW 2003, S. 70 ff; LG Berlin, Beschluss v. 08.04.2003 – 102 T 6/03, BB 2003, S. 1351 ff; ebenso auch BAG, Urteil v. 1.12.2004 – 5 AZR 597/03, NZA 2005, S. 318 ff.

[26] BVerfG, Beschluss v. 02.09.2002 – 1 BvR 1103/02, NJW 2002, S. 3533.

[27] Vgl. Jauernig, NJW 2001, S. 2231 f.; Prütting, Festschrift für Wiedemann, S. 1177 (1181 ff.); Stürner, JZ 2002, S. 1108 f.

[28] Vgl. hierzu auch die bereits ergangenen Entscheidungen des VIII. und XII. Zivilsenats, in denen die geänderte Rechtsprechung schon zugrunde gelegt wird: BGH, Urteil v. 11.09.2002 – XII ZR 187/00, NJW 2002, S. 3389 ff. = ZMR 2002, S. 907 ff.; BGH, Urteil v. 15.01.2003 – XII ZR 300/99, ZIP 2003, S. 667 ff.; BGH, Beschluss v. 18.06.2002 – ZB 6/02, BRAGOreport 2002, S. 134 ff.

[29] BGH, DStR 2002, S. 686 (687).

anrufen müssen. Nach dieser Vorschrift hat der Gemeinsame Senat der obersten Gerichtshöfe des Bundes zu entscheiden, wenn ein oberster Gerichtshof des Bundes in einer Rechtsfrage von der Entscheidung eines anderen obersten Gerichtshofs abweichen will und die Rechtsfrage nicht nur für den erkennenden Senat in der anhängigen Sache, sondern auch für den divergierenden Senat in der bereits entschiedenen Sache entscheidungserheblich ist.[30] Der II Zivilsenat stellt hierzu fest, dass eine Divergenz in der Frage der Parteifähigkeit der BGB-Gesellschaft im Verhältnis zur Rechtsprechung des BVerwG, des BFH und des BSG überhaupt nicht entstehen konnte. So wie die anderen obersten Gerichthöfe – insbesondere das BVerwG, der BFH und das BSG – nur im Rahmen der für sie maßgeblichen Prozessordnung zur Frage der Beteiligtenfähigkeit der Gesellschaft bürgerlichen Rechts Stellung genommen haben, beschränkt auch der II. Zivilsenat seine Aussagen zur Parteifähigkeit auf den Zivilprozess. Zudem könne keine Rede davon sein, dass das BAG der GbR jemals die Fähigkeit, Partei in einem Prozess zu sein, abgesprochen habe. Auch bei der Frage nach der Rechtsfähigkeit ergibt sich – nach Auffassung des Senats – keine Divergenz zur Rechtsprechung der anderen obersten Gerichtshöfe. Der BGH geht in seinem Beschluss vom 18.02.2002 auf die entsprechende Rechtsprechung des BAG, BSG, BVerwG und BFH ein und begründet im einzelnen, warum mit Rücksicht auf den anderen Sachverhalt eine Abweichung nicht vorliegt.

Sicherlich kann man gegen dieses Verfahren Bedenken geltend machen. Insbesondere wegen der nach Eingang der Einspruchsschrift nachgeholten – an sämtliche Zivilsenate und Präsidenten der anderen obersten Gerichtshöfe des Bundes gerichteten – informellen Anfrage, welche die Voraussetzungen des Anfrageverfahrens nach § 132 Abs. 3 S. 3 GVG nicht erfüllt.[31] Doch selbst wenn man der Überzeugung sein sollte, dass der II. Zivilsenat in dem Verfahren II ZR 331/00 einfaches Recht – insbesondere die § 132 Abs. 3 und 4 GVG, § 2 Abs. 1 RsprEinhG – fehlerhaft angewendet hat, so begründet dies allein noch nicht die gerügte Verletzung von Art. 101 Abs. 1 S. 2 GG. Nach ständiger Rechtsprechung des BVerfG[32] wird zwar das Gebot „Niemand darf seinem gesetzlichen Richter entzogen werden" auch dadurch verletzt, dass ein Gericht der gesetzlichen Verpflichtung zur Vorlage an ein anderes Gericht nicht nachkommt, doch Art. 101 Abs. 1 S. 2 GG gewährt nicht Schutz gegen jegliche fehlerhafte Anwendung einer Prozessordnung, sondern soll den einzelnen nur vor richterlicher Willkür schützen.[33] Willkür ist in diesem Zusammenhang im objektiven Sinn[34] zu ver-

---

[30] BGH, DStR 2002, S. 686 (687).
[31] Vgl. hierzu Prütting, Festschrift für Wiedemann, S. 1177 (1181 ff.).
[32] BVerfGE 3, S. 359 (363); BVerfGE 9, S. 213 (215 f.); BVerfGE 13, S 132 (143).
[33] BVerfGE 6, S. 45 (53); BVerfGE 17, S. 99 (104).

stehen als eine Maßnahme, welche im Verhältnis zu der Situation, der sie Herr werden will, tatsächlich und eindeutig unangemessen ist.[35] Es muss sich demzufolge um eine evident unhaltbare Entscheidung handeln, die auf sachfremde oder offensichtlich unhaltbare Erwägungen gestützt wird. Aus der Entscheidung des BGH vom 18.02.2002, die das Verfahren mit dem Aktenzeichen II ZR 331/00 abschließt, ergibt sich wohl kein Anhaltspunkt für eine derart willkürliche Rechtsanwendung. Die Verneinung der Voraussetzungen der § 132 Abs. 3 und 4 GVG beruht nicht auf sachfremden oder offensichtlich unhaltbaren Erwägungen, sondern wird auf das nach objektiven Kriterien durchgeführte Anfrageverfahren gestützt. Zum anderen hat sich der II. Zivilsenat mit der Rechtsprechung der anderen obersten Gerichte intensiv auseinandergesetzt und mit nachvollziehbaren Begründungen die Voraussetzungen des § 2 Abs. 1 RsprEinhG verneint. Angesichts dieser inhaltlichen Auseinandersetzung mit der Rechtsprechung der anderen obersten Gerichtshöfe und der detaillierten, nachvollziehbaren Begründung, weshalb eine Divergenz sowohl in der Frage der Rechtsfähigkeit als auch der Parteifähigkeit der BGB-Gesellschaft nicht gegeben ist, lässt sich der Vorwurf, die Rechtsanwendung oder das Verfahren sei unter keinem denkbaren Aspekt mehr rechtlich vertretbar und verständlich, wohl kaum aufrechterhalten.

§ 3 Die ausdrückliche Anerkennung der Rechtsfähigkeit der BGB-Gesellschaft

I. „Die (Außen-)GbR besitzt Rechtsfähigkeit, [...]"[36]

Mit seiner Entscheidung vom 29.01.2001 hat sich der II Zivilsenat in dem seit Jahrzehnten andauernden Diskussionsprozess erstmals ausdrücklich zur grundsätzlichen Rechtsfähigkeit der BGB-Gesellschaft bekannt. Auch wenn diese Entscheidung bereits lange erwartet wurde[37] und teilweise auch ausdrücklich herbeigesehnt wurde[38], überrascht es dennoch, dass das Bekenntnis zur Rechtsfähigkeit so ausdrücklich und so grundsätzlich ausgefallen ist. Denn zum einen hat der BGH in seinen bisherigen Entscheidungen stets nur zu Teilaspekten der rechtlichen Einordnung der BGB-Gesellschaft Stellung genommen – wie z.B. zur Beteiligungsfähigkeit an juristischen Perso-

---

[34] BVerfGE 4, S. 1 (7); BVerfGE 11, S. 343 (349); BVerfGE 52, S. 131 (157 f.).
[35] BVerfGE 80, S. 48 (51).
[36] BGH, NJW 2001, S. 1056.
[37] Vgl. die Anmerkungen von Ann, MittBayNot 2001, S. 197; Beuermann, GE 2001, S. 403.
[38] Vgl. Reiff, VersR 2001, S. 515 (516); Ulmer, ZGR 2000, S. 339 (344).

nen[39] oder zur Scheckfähigkeit[40] – und hat sich dabei noch nicht zu einer grundsätzlichen Klärung dieses dogmatischen Grundproblems durchringen können. Im Urteil aus dem Jahre 1997 stellt er sogar ausdrücklich fest, dass es „[...] hier keine Entscheidung darüber [bedarf], ob der Gesellschaft bürgerlichen Rechts umfassende Rechtsfähigkeit [...] zukommt"[41]. Zum anderen hat er sich bisher immer nur auf die allgemein gehaltene und vorsichtige Feststellung beschränkt, „[...] die (Außen-)Gesellschaft bürgerlichen Rechts [könne] nach heutiger Auffassung als Teilnehmer am Rechtsverkehr grundsätzlich, d.h. soweit nicht spezielle Gesichtspunkte entgegenstehen, jede Rechtsposition einnehmen"[42]. Dass diese – auf den ersten Blick – etwas verschwommene und undurchsichtige Formulierung nicht immer nur im Sinne des BGH verstanden wurde, der damit eigentlich der BGB-Gesellschaft den Weg zur rechtlichen Selbständigkeit und Handlungsfähigkeit ebnen wollte, zeigt die Aussage von Alberts[43]. Er interpretiert die in diesem Satz getroffene Feststellung im Lichte der bis dahin gültigen Rechtsprechung. Demzufolge könne die BGB-Gesellschaft grundsätzlich jede Rechtsposition einnehmen, aber Rechtsträger blieben jeweils die einzelnen Gesellschafter in ihrer Verbundenheit. Dass der BGH seine damalige Feststellung aber gerade nicht in diesem Sinn verstanden wissen wollte, erklärt sich bereits vor dem Hintergrund der Aussage Helmut Brandes[44], der als Mitglied des II. Zivilsenats schon 1989 darauf verwiesen hat, dass abweichend von der früheren Rechtsprechung die Gesamthand nicht mehr als Sondervermögen der Gesellschafter, sondern selbst als Rechtsträger angesehen wird. Unmissverständlich geklärt wird dies nun im Grundlagenurteil aus dem Jahr 2001. Denn im Anschluss an die Wiedergabe seiner bisher verwendeten Formulierung aus BGHZ 116, S. 86 (88), auf die der II Zivilsenat in diesem Zusammenhang nochmals ausdrücklich hinweist, schließt er den entscheidenden und klarstellenden Satz an: „Soweit sie in diesem Rahmen eigene Rechte und Pflichten begründet, ist sie [...] rechtsfähig [...]"[45]. Zieht man hierzu dann noch den ersten Leitsatz der Entscheidung heran – „Die (Außen-)GbR besitzt Rechtsfähigkeit [...]" – so wird wohl ausreichend klar und deutlich zu verstehen gegeben, dass der BGH von der Rechtsfähigkeit der BGB-Gesellschaft spricht und nicht von derjenigen der

---

[39] Der BGH bejahte die Zulässigkeit der Beteiligung einer BGB-Gesellschaft an einer GmbH in BGHZ 78, S. 311 ff., an einer AG in BGHZ 118, S. 83 ff. und an einer Genossenschaft in BGHZ 116, S. 86 ff.

[40] BGHZ 136, S. 254 ff.

[41] BGHZ 136, S. 254 (257).

[42] BGHZ 116, S. 86 (88).

[43] Alberts, Die Gesellschaft bürgerlichen Rechts im Umbruch, S. 111 (113).

[44] Brandes, WM 1989, S. 1357 (1359).

[45] BGH, NJW 2001, S. 1056.

einzelnen Gesellschafter. Mit diesem klaren Bekenntnis hat der II. Zivilsenat seine in den letzten beiden Jahrzehnten entwickelten Rechtsprechungsgrundsätze bestätigt und konsequent fortentwickelt. Zugleich hat er damit
der mehr als 70 Jahre gültigen und gefestigten Rechtsprechung, wonach eine Gesellschaft bürgerlichen Rechts keine Rechtsfähigkeit besitze, eine ausdrückliche und eindeutige Absage erteilt.

II. Begründung des BGH zur Anerkennung der Rechtsfähigkeit

Im Vergleich zu anderen Urteilen des BGH zeichnet sich das Grundlagenurteil vom 29.01.2001 durch seine umfangreiche Begründung und Argumentation zur Anerkennung der Rechtsfähigkeit aus. In BGHZ 116, S. 86
ff. hatte sich der II. Zivilsenat noch mit der lapidaren Feststellung begnügt,
die Gesellschaft bürgerlichen Rechts könne grundsätzlich jede Rechtsposition einnehmen. Eine ausführliche und weitergehende Begründung blieb er
aber schuldig. In seinem Grundlagenurteil hat sich der BGH nun auch
nicht mehr nur – wie in vorangegangenen Entscheidungen[46] – mit dem
Verweis auf BGHZ 116, S. 86 ff. zufrieden gegeben. Während der BGH die
Anerkennung der Scheckfähigkeit der BGB-Gesellschaft noch kurz und
bündig mit der in BGHZ 116, S. 86 (88) gebrauchten Formulierung begründet, die BGB-Gesellschaft könne grundsätzlich jede Rechtsposition
einnehmen, geht der II Zivilsenat nun seine Begründung und Argumentation grundsätzlicher an. Er geht weit über die eigentlich zur Entscheidung
stehende Frage der Wechselrechtsfähigkeit der BGB-Gesellschaft hinaus
und setzt mit seiner Begründung systematisch an der Ausgangsproblematik
– der Frage nach der Rechtsnatur der BGB-Gesellschaft – an.

1. Die Konzeption des Gesetzgebers

Ein besonders auffallender Grundzug dieses Urteils ist die stark historisch
geprägte Argumentation des II. Zivilsenats. Schon ein erster flüchtiger Blick
über die Urteilsgründe offenbart die unverkennbar historische Ausrichtung
der Begründung, die sich unter anderem durch regelmäßige Bezugnahme
auf die beiden Entwürfe zum BGB realisiert. Dass die Entwicklungsgeschichte und die Konzeption der Gesetzesregelungen zum BGB-
Gesellschaftsrecht in der Urteilsbegründung des BGH diesmal einen besonderen Stellenwert einnehmen, zeigt sich gleich zu Beginn[47]: Ausgangs-

---

[46] Vgl. hierzu BGHZ 118, S. 83 (99 ff.); BGHZ 136, S. 254 (257); BGH NJW 1998, S.
      376, jeweils mit Verweis auf BGHZ 116, S. 86 ff.
[47] BGH, NJW 2001, S. 1056 f.

punkt seiner Begründung und Argumentation ist nicht – wie in anderen Entscheidungen üblich – eine bestimmte streitentscheidende Norm, die einer höchstrichterlichen Auslegung bedarf, sondern die den Normen des BGB-Gesellschaftsrechts zugrunde liegende Konzeption des historischen Gesetzgebers. Unter Verweis auf die Materialien zum BGB und die Entstehungsgeschichte der Regelungen zum BGB-Gesellschaftsrecht kommt der II. Zivilsenat zum Ergebnis, dass es im Gesetz keine umfassenden und abschließenden Regelungen über die Rechtsnatur gebe. Während man im ersten Entwurf des BGB noch von einem rein schuldrechtlichen Rechtsverhältnis ausgegangen sei, habe die zweite Kommission das Gesellschaftsvermögen der GbR zum Gesamthandsvermögen gemacht. Um konkrete Festlegungen zu vermeiden, habe der Gesetzgeber aber die aus dem Gesamthandsprinzip folgenden Konsequenzen nicht im Einzelnen geregelt. Daher seien die gesetzlichen Regelungen unvollständig und bedürften der weitergehenden Auslegung beziehungsweise Ergänzung.

2. Die Beurteilung der Rechtsnatur

Der Einstieg über die Entstehungsgeschichte der Gesetzesregelungen und die Feststellung von Unstimmigkeiten im System des BGB-Gesellschaftsrechts ermöglichen es dem BGH in dem Streit über die Rechtsnatur der GbR, Farbe zu bekennen und ein grundlegendes Bekenntnis abzugeben. Die Richtungsentscheidung über die zur Verfügung stehenden Theoriemodelle – einerseits traditionelle Theorie, andererseits moderne Gruppenlehre – fällt zugunsten der von Gierke und Flume geprägten Gruppenlehre aus, die nach Ansicht des Gerichts den Vorzug gegenüber der individualistischen Theorie verdient.[48] Die eigentliche Begründung und Argumentation zur Anerkennung der Rechtsfähigkeit erfolgt in zwei Schritten. In einem ersten Schritt widmet sich der BGH der Praktikabilität dieser Auffassung. In einem zweiten geht er auf die §§ 714, 21, 22, 54 BGB ein und legt dar, weswegen der Gesetzeswortlaut dieser Normen und die Gesetzessystematik der Anerkennung der Rechtsfähigkeit nicht entgegenstehe.

---

[48] BGH, NJW 2001, S. 1056 (1057).

a. Praktikabilitätserwägungen

aa. Die Absonderung des Gesellschaftsvermögens

Für den BGH bietet die Gruppenlehre ein „praktikables und weit gehend widerspruchsfreies Modell"[49] für die aus dem Gesamthandsprinzip sich ergebende Unterscheidung zwischen Gesellschaftsverbindlichkeiten und Gesellschafterverbindlichkeiten. Nur auf Grundlage dieses Modells sei die in den §§ 718 – 720 BGB vorgesehene Trennung zwischen diesen beiden Arten von Verbindlichkeiten systemkonform und überzeugend möglich. Das Gesellschaftsvermögen ist danach nicht den Gesellschaftern, sondern der Gesellschaft selbst zugeordnet: Wird die Gesellschaft selbst verpflichtet, so haftet sie mit dem ihr zugeordneten Vermögen; eigenständig zu beurteilen sind die Verbindlichkeiten der Gesellschafter und deren Haftung. Der traditionellen Theorie wirft er in diesem Punkt konzeptionelle Schwächen vor, da sie die Gesellschaftsverbindlichkeiten lediglich als gemeinschaftliche Verbindlichkeiten der Gesellschafter im Sinne von § 427 BGB begreift und den dadurch entstehenden Widerspruch zum Gesamthandsprinzip – insbesondere zum dinglichen Verfügungsverbot in § 719 Abs. 1 BGB – nicht befriedigend zu erklären vermag. Sie versucht diesen Widerspruch aufzulösen, indem sie zwischen Gesellschaftsschulden und Gesellschafterschuld unterscheidet. Da die beiden Vermögensmassen aber nur den Gesellschaftern als ausschließlichen Rechtsträgern zugeordnet werden könnten, müsse sie auf die unserer Rechtsordnung zuwiderlaufende Konstruktion der „einheitlichen Verpflichtung mit doppelter Wirkung"[50] zurückgreifen, die zu einer Vermischung der Begriffe von Schuld und Haftung führe. Er verweist insoweit auf die dem BGB zugrunde liegende Konzeption, wonach eine Schuld immer nur Rechtssubjekte treffen könne, nicht aber Vermögensmassen.

bb. Veränderungen im Gesellschafterbestand

Dass Veränderungen im Gesellschafterbestand keinen Einfluss auf den Fortbestand der mit der Gesellschaft bestehenden Rechtsverhältnisse haben, hebt der BGH als einen für die Rechtspraxis bedeutsamen Vorzug der nach außen bestehenden Rechtssubjektivität der Gesellschaft hervor.[51] Es sei ohne innere Rechtfertigung und beeinträchtige die Handlungsfähigkeit der GbR im Rechtsverkehr erheblich, wenn – in konsequenter Anwendung der traditionellen Theorie – Dauerschuldverhältnisse bei jeder Veränderung im

---

[49] BGH, NJW 2001, S. 1056 (1057).
[50] BGH, NJW 2001, S. 1056 (1057).
[51] BGH, NJW 2001, S. 1056 (1057).

Gesellschafterbestand von den Vertragsparteien jeweils neu abgeschlossen beziehungsweise bestätigt werden müssten. Vor dem Hintergrund des Wechsels im Mitgliederbestand ergeben sich aber weitere Probleme für die traditionelle Theorie: Die damit zusammenhängende Rechtsfrage, ob ein neu in die Gesellschaft eintretender Gesellschafter mit dem Gesellschaftsvermögen auch für Altschulden hafte, könne diese nur über den – dem Verständnis von der GbR als reinem Schuldverhältnis widersprechenden – Ansatz einer irgendwie gearteten Gesamtrechtsnachfolge lösen.

cc. Die Identität der Gesellschaft beim Formwechsel

Für die Rechtsfähigkeit der GbR spricht nach Auffassung des II. Zivilsenats weiterhin, dass sie die identitätswahrende Umwandlung von BGB-Gesellschaften in andere Rechtsformen und aus anderen Rechtsformen besser zu erklären vermag.[52] Als Beispiel nennt er die kraft Gesetzes vorgenommene Umwandlung einer GbR in eine OHG, sobald diese ein Handelsgewerbe beginnt (vgl. §§ 105 Abs 1 i.V.m. 1 Abs. 2 HGB). Die traditionelle Theorie könne den genauen, äußerst praxisrelevanten Zeitpunkt für den bei ihr notwendigen Eigentumsübergang – zunächst Vermögen der BGB-Gesellschafter, dann Vermögen der mit Rechtssubjektivität ausgestatteten OHG selbst – nicht ausmachen, da das den Übergang von der GbR zur OHG bestimmende Kriterium des kaufmännischen Geschäftsbetriebs wertungsabhängig sei und sich daher nicht zeitlich genau bestimmen lasse. Wenn die GbR nicht nach außen rechtsfähig wäre, wäre sowohl in der vorbezeichneten Konstellation als auch im Falle eines Formwechsels nach §§ 190 ff., 226 ff. UmwG in eine GbR (§ 191 Abs. 2 Nr. 1 UmwG) eine identitätswahrende Umwandlung kaum zu erklären. Bei Zugrundelegung der traditionellen Theorie könnte insbesondere die im neuen Umwandlungsrecht vorgesehene Möglichkeit des identitätswahrenden Formwechsels einer Kapitalgesellschaft in eine BGB-Gesellschaft wohl kaum identitätswahrend erfolgen: Der Übergang einer Gesellschaftsschuld einer Körperschaft auf die Gesellschafter einer GbR – als die nach dieser Theorie ausschließlichen Rechtsträger – hätte nämlich nicht die Identität des Rechtsträgers im Außenverhältnis zur Folge, sondern wäre nichts anderes als eine Rechtsnachfolge auf viele Einzelsubjekte.

---

[52] BGH, NJW 2001, S. 1056 (1057).

dd. Die Insolvenzfähigkeit der BGB-Gesellschaft

Als letztes Argument für die Anerkennung der Rechtsfähigkeit nennt der BGH schließlich noch die durch § 11 Abs. 2 Nr. 1 InsO anerkannte Insolvenzfähigkeit der GbR, wonach als Träger der Insolvenzmasse die Gesellschaft selbst angesehen werde.[53] Praktikabel und widerspruchsfrei sei dies demnach nur, wenn man der BGB-Gesellschaft grundsätzlich – und nicht nur im Rahmen des Insolvenzverfahrens – Rechtsfähigkeit zukommen lasse.

b. Vereinbarkeit von Gesetzeswortlaut und Gesetzessystematik

aa. Der Wortlaut des § 714 BGB

Der Wortlaut des § 714 BGB, der nur von der Vertretungsmacht für die Gesellschafter, nicht aber von der für die Gesellschaft spricht, kann nach Ansicht des II. Zivilsenats nicht als Begründung gegen die Bejahung der Rechtsfähigkeit vorgebracht werden.[54] Diesbezüglich greift er wieder auf die Entstehungsgeschichte zurück und begründet seine Ansicht damit, dass die Vorschrift unverändert aus dem ersten Entwurf der ersten Kommission in das BGB-Gesellschaftsrecht übernommen worden sei. Damit habe der Wortlaut bereits festgestanden, als beim zweiten Entwurf das Gesamthandsprinzip Eingang in die Vorschriften zur BGB-Gesellschaft gefunden habe. Der Wortlaut der Vorschrift könne daher nicht für eine Erklärung der Rechtsnatur der BGB-Gesellschaft herangezogen werden; der Gesetzgeber habe jedenfalls die Annahme der Rechtsfähigkeit jedenfalls nicht ausschließen wollen.

bb. Das Verhältnis von Wortlaut und Systematik (§§ 21, 22, 54 BGB)

Mit dem Bekenntnis zur Rechtsfähigkeit der GbR ergibt sich nach Ansicht des II. Zivilsenats auch kein Widerspruch zu den §§ 21, 22, 54 BGB, da in diesen Vorschriften mit dem Begriff der „Rechtsfähigkeit" nur die Rechtsfähigkeit aus eigener Rechtspersönlichkeit geregelt sei – so wie sie z.B. der juristischen Person zukomme.[55] Dass diese Vorschriften aber nicht abschließend seien und damit neben den natürlichen Personen nicht nur juristischen Personen Rechtsfähigkeit zukommen könne, zeige bereits § 14

---

[53] BGH, NJW 2001, S. 1056 (1057).
[54] BGH, NJW 2001, S. 1056 (1057 f.).
[55] BGH, NJW 2001, S. 1056 (1058).

Abs. 2 BGB. Nach der in § 14 Abs. 2 BGB zum Ausdruck gebrachten Überzeugung des Gesetzgebers gebe es auch Personengesellschaften, die mit Rechtsfähigkeit ausgestattet sein können, ohne aber zugleich den Status einer juristischen Person einnehmen zu müssen.

III. Kritische Auseinandersetzung mit dem Urteil des BGH vom 29.01.2001: RECHTSFÄHIGKEIT

Bei der Lektüre der Begründung und Argumentation zur Anerkennung der Rechtsfähigkeit fällt auf, dass der BGH seine neue Rechtsposition im ersten, umfangreicheren Teil seiner Ausführungen im engeren Sinn begründet, während er im zweiten, kürzer gefassten Teil dazu übergeht, sie gegen mögliche Gegenargumente zu verteidigen. Die Begründung ist in erster Linie an den praktischen Bedürfnissen des heutigen Rechtsverkehrs ausgerichtet. Das Ziel, dem Rechtsanwender ein praktikables Konzept für die Rechtspraxis anzubieten, ohne dass er sich dabei zugleich mit dogmatischen Grundfragen des BGB-Gesellschaftsrechts im Rechtsalltag konfrontiert sieht, steht im Mittelpunkt der Entscheidung und der Begründung des BGH. Bedenken, die sich vor allem aus dem Wortlaut der §§ 714, 718 BGB ergeben, treten in den Hintergrund und werden lediglich im Rahmen der Verteidigung als mögliche Gegenargumente zurückgewiesen. Es drängt sich damit die Frage auf, ob der BGH bei der Entscheidungsfindung die gesetzgeberischen Grundentscheidungen ausreichend respektiert hat und ob er den anerkannten Methoden der Gesetzesauslegung beziehungsweise Rechtsfortbildung überhaupt gefolgt ist. Wie sich das vom BGH gefundene Ergebnis und dessen Begründung unter rechtsmethodischen und rechtspolitischen Gesichtspunkten darstellen, soll im Folgenden daher näher erörtert werden.

1. Rechtsmethodische Aspekte

Vor dem Hintergrund der allgemeinen und in wissenschaftlichen Arbeiten immer wieder zu lesenden These „Die Feststellung des Problems bestimmt über das Mittel zu seiner Lösung"[56] bedarf das Urteil des II. Zivilsenats einer rechtsmethodischen Aufarbeitung und Überprüfung. Das Problem ist, dass die zentralen Vorschriften des BGB-Gesellschaftsrechts keine klaren Aussagen zur Rechtsnatur der BGB-Gesellschaft treffen, so dass von auslegungs- beziehungsweise ergänzungsbedürftigen Regelungen ausgegangen werden muss.[57] Dieser – auch dem BGH-Urteil zugrunde gelegter – Befund

---

[56] Vgl. nur bei Grashoff, Die Nachfolge von Miterben, S. 93.
[57] Vgl. hierzu schon oben Fn. 28 ff.

ist allgemeine Meinung in der Rechtswissenschaft.[58] Damit ist das Problem erkannt, aber noch längst nichts über die Methoden zu seiner Lösung ausgesagt, obwohl es sehr schwierig ist, Mittel zur Lösung des Problems zu bestimmen. Das zeigt sich bereits daran, dass aus den Entscheidungsgründen des II. Zivilsenats zur Anerkennung der Rechtsfähigkeit auf den ersten Blick nicht ganz deutlich wird, ob das Gericht mehr zu einer Rechtsfortbildung im Bereich des BGB-Gesellschaftsrechts neigt, oder ob es davon ausgeht, seine Ansicht aus dem geltenden Recht herleiten zu können. Oberflächlich betrachtet, scheint Letzteres der Fall zu sein, aber in den Kommentaren und Anmerkungen[59] zu diesem Urteil ist regelmäßig von Rechtsfortbildung die Rede. Die Frage, ob es sich um Auslegung des geltenden Rechts oder Rechtsfortbildung handelt, ist jedoch nicht unerheblich, da die Formen der Rechtsanwendung – zum einen Auslegung, zum anderen Rechtsfortbildung – an unterschiedliche Voraussetzungen und Kriterien geknüpft sind.

a.   *Aspekte der Auslegung*

aa.   *Die grammatikalische Auslegung*

aaa.   *Vorbemerkung*

Ausgangspunkt für alle rechtsmethodische Überlegungen und Ansatzpunkt für alle Formen der Rechtsanwendung – sei es Auslegung oder Rechtsfortbildung – ist stets der Wortlaut der einschlägigen Normen, da der Gesetzgeber seine Verhaltensregeln in Form des Gesetzes in Worte gefasst hat. Das Wort als Medium zur Übermittlung des objektivierten Willens des Gesetzgebers steht im Mittelpunkt. Maßgebend ist dabei der im konkreten

---

[58] Vgl. hierzu Knoke, Das Recht der Gesellschaft nach dem Bürgerlichen Gesetzbuch für das Deutsche Reich, S. 2 ff.; Flume, Die Personengesellschaft, S. 2 ff.; ders., ZHR 136 (1972), S. 177 ff.; Wiedemann, WM 1975, Sonderbeilage Nr. 4, S. 27; ders., Festschrift für Kellermann, S. 529 ff.; Staudinger/Keßler, 12. Aufl., Vorbem. zu § 705 Rn. 3 ff.; Schmidt, Gutachten, S. 413 (471 ff.); ders., JZ 1985, S. 909 f.; ders., Gesellschaftsrecht, 4. Aufl., S. 203 ff.; Wertenbruch, Die Haftung von Gesellschaften und Gesellschaftsanteilen in der Zwangsvollstreckung, S. 34 (37 f.); Dauner-Lieb, Die BGB-Gesellschaft im System der Personengesellschaften, S 95 (101); Hueck, Festschrift für Zöllner, S. 275 (278, 289).

[59] Vgl. nur Schmidt, NJW 2001, S. 993 (1003); Kellermann, Festschrift für Wiedemann, S. 1069 (1074); Prütting, Festschrift für Wiedemann, S. 1177 (1192); Wiedemann, JZ 2001, S. 661 (664); Kurzwelly, Gesellschaftsrecht 2001, S. 1 (6); Peifer, NZG 2001, S. 296 (300); Westermann NZG 2001, S. 289 (290); Ulmer, ZIP 2001, S. 585 (599) Derleder BB 2001, S. 2485 (2493); Baumann, JZ 2001, S. 895 (899 f.; 904); Dauner-Lieb, Festschrift für Ulmer, S. 73; Pohlmann, ZZP 2002, S. 103 (109); Stürner, JZ 2002, S. 1108.

Rechtsgebiet übliche Sprachgebrauch oder der allgemeine Sprachgebrauch.[60]

bbb. Die Ansicht des BGH

Fest steht, dass der BGH das von ihm gefundene Ergebnis – die Rechtsfähigkeit der (Außen-)GbR – nicht unmittelbar aus dem Gesetzeswortlaut ableiten konnte, da eine dem § 124 Abs. 1 HGB, § 1 Abs. 1 AktG, § 13 Abs. 1 GmbHG entsprechende klare und eindeutige Norm im BGB-Gesellschaftsrecht fehlt. Doch auch der Wortlaut des vom BGH genannten § 714 BGB, der von der Vertretungsmacht für die „Gesellschafter", nicht von derjenigen für die „Gesellschaft" spricht, legt die Annahme der Rechtsfähigkeit der BGB-Gesellschaft nicht nahe, sondern spricht eigentlich eher dagegen. Der Wortlaut der Norm zeige, „dass bei der Formulierung der Norm an eine Verselbständigung der GbR zu einer verpflichtungsfähigen Organisation nicht gedacht worden ist"[61]. Mit dieser Feststellung erübrigt sich für den BGH auch ein Eingehen auf die von einzelnen Anhängern der Gruppenlehre[62] vertretene – weitergehende – Auslegung, unter dem Begriff „andere Gesellschafter" könnten auch die Gesellschafter in ihrer Verbundenheit verstanden werden. Weitere Normen des BGB-Gesellschaftsrechts werden vom BGH erst gar nicht erörtert. Insbesondere verzichtet er auf eine Interpretation der §§ 718, 719 BGB. Die Norm des § 718 BGB hätte ihm auch keine Begründung für sein Ergebnis liefern können, da der Wortlaut der Norm („gemeinschaftliches Vermögen der Gesellschafter") wiederum eher auf die Rechtszuständigkeit der Gesellschafter als auf diejenige der Gesellschaft selbst hinweist. Ebenso verhält es sich mit § 719 BGB als Ausdruck der gesamthänderischen Bindung des Gesellschaftsvermögens. Der Wortlaut dieser Norm lässt sich eher auch als Argument gegen die Rechtsfähigkeit der BGB-Gesellschaft anführen, wenn die Rede davon ist, dass ein Gesellschafter nicht über seinen Anteil an dem Gesellschaftsvermögen und an den einzelnen, dazu gehörenden Gegenständen verfügen kann.

Zusammenfassend darf daher festgehalten werden, dass sich der BGH zur Begründung seines Ergebnisses nicht auf den Wortlaut der Normen des BGB-Gesellschaftsrechts (§§ 705 ff. BGB) berufen hat. Bei der expliziten Erörterung des § 714 BGB streift er diese Thematik nur am Rande und gibt

---

60 Vgl. hierzu Geiss, Rechtsfortbildung durch Richterrecht, II. 1. a.
61 BGH, NJW 2001, S. 1056 (1057).
62 Vgl. Wertenbruch, Die Haftung von Gesellschaften und Gesellschaftsanteilen in der Zwangsvollstreckung, S. 178; Ulmer, Gesellschaft bürgerlichen Rechts, 3. Aufl., § 714 Rn. 7 f.; in diese Richtung auch Wiedemann, Festschrift für Kellermann, S. 529 (540).

zu erkennen, dass er den Wortlautargumenten in diesem Kontext wenig Bedeutung beimisst, sein Ergebnis also auch nicht im Wege der grammatikalischen Interpretation herleitet.

bb.   Teleologisch–genetische Auslegung

aaa.   Vorbemerkung

Weshalb die Normen des BGB-Gesellschaftsrechts zur Erforschung der Rechtsnatur der BGB-Gesellschaft nur bedingt weiterhelfen, zeigt der BGH anhand der teleologisch–genetischen Interpretation. Die teleologische Methode, die den Sinn und Zweck des Gesetzes in seiner Gesamtheit zu erfassen versucht, hat gegenüber den anderen Auslegungsmethoden ein Primat.[63] Hilfsmittel der logischen Interpretation ist die genetische Methode, die sich zur Ermittlung des Gesetzeszwecks auf die Entstehungsgeschichte der gesetzlichen Regelungen stützt.[64] Zur Erforschung des Sinns und Zwecks der Vorschriften werden dabei insbesondere die Materialien zum Gesetzgebungsverfahren herangezogen. Anhand der Gesetzesmaterialien ist im Wege der historisch–genetischen Interpretation zu hinterfragen, ob die semantisch nahe liegende Interpretation des Gesetzes den wirklichen Willen logisch zutreffend wiedergibt.[65] Selbst wenn der Wortlaut auf den ersten Blick eindeutig zu sein scheint, ist allein der dem Gesetz zugrunde gelegte Sinn und Zweck maßgebend: „Bei der Auslegung von Gesetzen ist nach dem Rechtsgedanken aus § 133 BGB nicht am buchstäblichen Ausdruck zu haften, sondern auf den Sinn der Norm abzustellen"[66]. Obwohl Ansichten oder Stellungnahmen der Gesetzesverfasser für die Auslegung von Normen nicht unbedingt bindend sind, so sind sie jedoch insoweit zu beachten, als sie den Gesetzeszweck verdeutlichen und ihnen in der Regel vernünftige Erwägungen zugrunde gelegt worden sind.[67]

---

[63]   Geiss, Rechtsfortbildung durch Richterrecht, II. 1. c.; Palandt/Heinrichs, 60. Aufl., Einleitung Rn. 38.
[64]   Palandt/Heinrichs, 61. Aufl., Einleitung Rn. 37.
[65]   MünchKomm/BGB/Säcker, 4. Aufl., Einleitung Rn. 123.
[66]   LG Ellwangen, Urt. vom 27.8.1999 - 2 KfH O 5/99, JurPC Web-Dok., 198/1999, Abs. 16 = Computer und Recht 2000, S. 188.
[67]   Vgl. Larenz/Canaris, Methodenlehre der Rechtswissenschaft, S. 207; Palandt/Heinrichs, 61. Aufl., Einleitung Rn. 37.

bbb. Die Ansicht des BGH

Nichts anderes macht der BGH, wenn er sich im Rahmen der teleologisch-genetischen Interpretation auf die Motive und Protokolle zum Gesetzgebungsverfahren der §§ 705 ff. BGB bezieht. Mit Hilfe der Protokolle und der darin enthaltenen Schilderung, dass sich die Mitglieder der Kommission über das Wesen und die Rechtsnatur der Gesamthand nicht einig waren und diese wissenschaftliche Streitfrage auch nicht lösen wollten, kommt er zur Feststellung, dass der Gesetzgeber mit den §§ 705 ff. BGB nicht die Festlegung der Rechtsnatur der BGB-Gesellschaft bezweckte, sondern lediglich den sachlich vorzugswürdigen Bestimmungen den Vorrang einräumte. Als zentrales Zwischenergebnis ist damit festzuhalten: Mit den gesetzlichen Regelungen der §§ 705 ff. BGB wollte der Gesetzgeber in erster Linie praktische Probleme lösen und keinesfalls zur dogmatischen Einordnung des Gesamthandsprinzips Stellung beziehen. Sinn und Zweck der §§ 705 ff. BGB bestehen keinesfalls darin, die Rechtsnatur der BGB-Gesellschaft zu bestimmen. Folglich sind die gesetzlichen Regelungen unvollständig. Die semantisch nahe liegende Interpretation des Gesetzestextes gibt die ratio legis nicht zutreffend wieder und übersieht den in den Vorschriften der §§ 705 ff. BGB zugrunde gelegten eigentlichen, maßgeblichen Sinn und Zweck.

ccc. Kritik vonseiten der Vertreter der individualistischen Theorie

Das vom BGH gefundene Zwischenergebnis wird von den Vertretern der individualistischen Theorie[68] kritisiert. Sie werfen dem BGH vor, dass er sich bereits mit diesem Zwischenschritt unverkennbar von den gesetzlichen Grundlagen des BGB-Gesellschaftsrechts (§§ 705 ff. BGB) entfernt habe. Er habe dem Wortlaut der §§ 705 ff. BGB nicht die erforderliche Beachtung geschenkt, um womöglich einem vom Gesetzestext losgelösten, den praktischen Bedürfnissen des Wirtschaftsverkehrs angepassten Ergebnis den Weg zu bereiten. Vom Standpunkt der traditionellen Theorie betrachtet, ist diese Kritik verständlich. Ein Kennzeichen dieser Lehre ist vor allem deren sehr enge Bindung an den Wortlaut der §§ 705 ff. BGB. Die Anhänger dieser Theorie sehen in den unbestreitbaren Schwächen des BGB-Gesellschaftsrechts kein regelungsbedürftiges Rechtsproblem, das im Wege einer

---

[68] Vgl. Heil, NZG 2001, S. 300 (301 ff.); Peifer, NZG 2001, S. 296 (297); Boin, GmbHR, 2001, S. 513; Stürner, JZ 2002, S. 1108 (1109); bereits vor Erlass des Urteils, aber in die gleiche Richtung weisend: Zöllner, Festschrift für Kraft, S. 701 f.; Hueck, Festschrift für Zöllner, S. 275 (288); Beuthien/Ernst, ZHR 156 (1992), S. 227 (231 f.); Berndt/Boin, NJW 1998, S. 2854 (2855); Cordes, JZ 1998, S. 545 (546 f.).

Rechtsfortbildung gelöst werden sollte. Nach den allgemeinen Grundsätzen der juristischen Methodenlehre kommen sie bereits im Wege der logisch-grammatikalischen Auslegung zu einem für sie eindeutigen und letztlich auch bindenden Ergebnis. Bei diesem Vorgehen bleibt für eine Ergänzung des BGB-Gesellschaftsrechts auf dem Wege der Rechtsfortbildung kein Raum mehr. Jede Rechtsfortbildung scheitert dann bereits daran, dass eine gesetzliche Unvollständigkeit in Form einer Regelungslücke, die das Einfallstor für eine dem Richter erlaubte Rechtsfortbildung bilden kann – bei diesem Vorgehen – nicht anerkannt wird. Zur Begründung ihres Vorgehens verweisen die Vertreter der traditionellen Theorie vor allem auf den Wortlaut der §§ 714, 715 BGB, die sich mit der Vertretung der Gesellschafter und nicht der Gesellschaft befassen.[69] Der Gesetzgeber habe mit dem Vertreten nur der „anderen" Mitgesellschafter das Eigenhandeln des geschäftsführenden Gesellschafters in seinem Namen und damit die individualistische Sichtweise vorausgesetzt.[70] Das Verständnis von der Gesamthand beschränke sich auf die vermögensrechtlichen Aspekte, die insbesondere durch die §§ 718 Abs. 1, 719, 738 Abs. 1 und 706 Abs. 2 BGB zum Ausdruck gebracht würden. Aus diesen Normen gehe hervor, dass der Gesetzgeber von der Vorstellung ausgegangen sei, die Gesamthand sei nichts anderes als ein bloßes Vermögenszuordnungsprinzip, wonach die Vermögensinhaberschaft eben mehreren Personen zugeordnet sei. Indem der Gesetzgeber in diesen Normen das Gesellschaftsvermögen als gemeinschaftliches Vermögen beziehungsweise Eigentum der Gesellschafter ansehe, habe er zu erkennen gegeben, dass dem BGB-Gesellschaftsrecht das Verständnis der traditionellen Theorie von der alleinigen Rechtszuständigkeit der BGB-Gesellschafter zugrunde gelegt worden sei.[71]

cc. *Kritische Würdigung*

aaa. *Der Wortlaut der §§ 705 ff. BGB*

Versucht man eine Gesamtwürdigung dieser unterschiedlichen Auslegungen, so muss man den kritischen Stimmen, die nach Erlass des BGH-Urteils laut wurden, insoweit Recht geben, als dass der dem BGB-Gesellschaftsrecht zugrunde liegende Gesetzestext und Wortlaut der §§ 705 ff. BGB im aktuellen Grundlagenurteil des BGH in der Tat vernachlässigt wird. Wegen des weitgehenden Schweigens des II. Zivilsenats zum Gesetzeswortlaut der §§ 705 ff. BGB entsteht gelegentlich der Eindruck, als sei das vom BGH

---

[69] Vgl. Heil, NZG 2001, S. 300 (302); Zöllner, Festschrift für Kraft, S. 701 (702).
[70] Heil, NZG 2001, S. 300 (302).
[71] Vgl. Hueck, Festschrift für Zöllner, S. 275 (287).

durch Auslegung gefundene Zwischenergebnis offenkundig und geradezu mit Händen zu greifen. Dass dem aber nicht so ist, zeigt bereits der Blick auf die jahrzehntelange Rechtspraxis des Reichsgerichts und des Bundesgerichtshofs, die unter Verweis auf den Gesetzeswortlaut zunächst von einem ganz herrschenden entgegengesetzten Verständnis der §§ 705 ff. BGB ausgingen.[72] Man hatte keinen Zweifel daran, dass der Gesetzgeber beim Erlass der Vorschriften die traditionelle Sichtweise zugrunde gelegt hatte und die entsprechende Wortwahl bewusst getroffen hatte. Von einer „Unvollständigkeit der gesetzlichen Regelungen"[73] war in diesem Zusammenhang niemals die Rede.[74] Insofern wirkt es auf den ersten Blick befremdlich, dass sich der BGH jetzt umso leichtfertiger über den Wortlaut der entsprechenden Normen hinwegsetzt. Auf den zweiten Blick und vor dem Hintergrund der oben dargestellten Entwicklung[75] wird das Vorgehen des BGH jedoch verständlich. Der II. Zivilsenat versteht sein Urteil als vorläufigen Abschluss und Höhepunkt einer drei Jahrzehnte andauernden Entwicklung, die sich insbesondere auch mit den gesetzlichen Grundlagen der §§ 705 ff. BGB und den dazugehörenden Gesetzesmaterialien auseinander gesetzt hat.[76] Selbstverständlich hätte man bei einem derartigen Grundlagenurteil ein vertieftes Eingehen auf den Wortlaut der §§ 705 ff. BGB erwartet und sich auch gewünscht. Dennoch ist das vom II. Zivilsenat gefundene Zwischenergebnis – insbesondere auch unter rechtsmethodischen Gesichtspunkten – insgesamt überzeugend, wenn auch die hierfür gegebene Begründung äußerst knapp und kurz ausfällt. Bei näherer Betrachtung zeigt sich nämlich, dass sich der Wortlaut der §§ 705 ff. BGB nur vor dem Hintergrund der Entstehungsgeschichte verstehen und richtig einordnen lässt. Und dies hat nichts mit „konstruktiver Chuzpe"[77] und „nonchalanter Einstellung gegen-

---

[72] Vgl. hierzu bereits oben S. 38 ff. und 56 ff.

[73] BGH, NJW 2001, S. 1056 (1057).

[74] Vgl. nur RGZ 90, S. 173 ff.; BGHZ 23, S. 307 ff.; hierzu auch Ulmer, Richterrechtliche Entwicklungen im Gesellschaftsrecht, S. 28 ff.; in diese Richtung auch heute noch die Vertreter der traditionellen Theorie, vgl. nur Heil, NZG 2001, S. 300 (302); Zöllner, Festschrift für Kraft, S. 701 (702 f.); Berndt/Boin, NJW 1998, S. 2854 ff.; vorsichtiger formuliert bei Hueck, Festschrift für Zöllner, S. 275 (289).

[75] Vgl. hierzu oben S. 33 ff. und insbesondere S. 56 ff.

[76] Vgl. nur die in dem Urteil des BGH enthaltenen Verweise und Bezugnahmen (BGH, NJW 2001, S. 1056 (1057)) auf die wissenschaftlichen Aufarbeitungen der historischen Entwicklung des BGB-Gesellschaftsrechts bei Flume, ZHR 136 (1972), S. 177 ff.; Ulmer, Festschrift für Fischer, S. 785 ff.; Wertenbruch, Die Haftung von Gesellschaften und Gesellschaftsanteilen in der Zwangsvollstreckung; Huber, Festschrift für Lutter, S. 107 ff.; Dauner-Lieb, Die Reform des Handelsstandes und der Personengesellschaften, S. 95 ff.; Schmidt, Gesellschaftsrecht, 4. Aufl., S. 203 ff. i.V.m. seinem Gutachten, auf das in Fn. 98 auf S. 203 hingewiesen wird.

[77] So aber Zöllner, Festschrift für Kraft, S. 701 (702).

über dem Gesetzestext"[78] zu tun, sondern mit Gesetzesauslegung nach rechtsmethodisch allgemein anerkannten Prinzipien. Das Festhalten an rein begrifflichen Argumenten ist für eine sinnvolle Gesetzesauslegung wenig nutzbringend.[79] Zu Recht weist Huber[80] darauf hin, dass es bei der Gesetzesauslegung eben nicht auf den buchstäblichen Sinn des Ausdrucks, sondern vielmehr auf den wirklichen Willen des Gesetzes ankommt, und dass dieser wirkliche Wille angesichts der Gesetzesmaterialien und der Entstehungsgeschichte nicht zweifelhaft sein kann.[81]

Wie bereits oben[82] ausgeführt, hat der Gesetzgeber in den Normen des BGB-Gesellschaftsrechts zwei unterschiedliche Gesellschaftsprinzipien zusammengeführt. Grundlage und Ausgangspunkt des Normenkonvoluts der §§ 705 ff. BGB bildete die im gemeinen Recht rezipierte *societas* des römischen Rechts, die zweifelsohne rein schuldrechtlicher Natur war und von der individualistischen Doktrin geprägt war.[83] Die Normen des ersten Gesetzentwurfs waren insoweit von äußerster Konsequenz, da sie allesamt Ausdruck des individualistischen Gesellschaftsverständnisses waren. Mit Abschluss dieses ersten Entwurfs stand zugleich auch der größte Teil der später ins BGB übernommenen Normen – insbesondere auch § 714[84] BGB – bereits fest. Daher ist es nur verständlich, dass der Wortlaut der meisten Normen des BGB-Gesellschaftsrechts auf ein individualistisches Verständnis hinweist und eine dementsprechende grammatikalische Auslegung nahe legt. Bedenkt man zudem, dass nur sehr wenige Normen[85] im Verlauf der Übernahme des Gesamthandsprinzips im zweiten Entwurf durch die Gesetzgebungskommission eine Änderung beziehungsweise Ergänzung erfahren haben und dass diese, vom Wortlaut her betrachtet, größtenteils auf die individualistische Theorie schließen lassen[86], so wird damit dieser Eindruck verstärkt.

Nun könnte man jegliche Zweifel ignorieren und sich mit dieser grammatikalischen Auslegung zufrieden geben. Damit würde man jedoch dem

---

[78] Zöllner, Festschrift für Kraft, S. 701 (702).

[79] BGH, NJW 1981, S. 682 (683).

[80] Huber, Festschrift für Lutter, S. 107 (119 f.).

[81] Vgl. hierzu auch BGHZ 2, S. 176 (184); BGHZ 13, S. 28 ff.; BGHZ 112, S. 122 ff..

[82] Vgl. oben S. 25 ff.

[83] Vgl. oben S. 21 f.

[84] Sieht man von der unbedeutenden Änderung des Wortlauts von „bevollmächtigt" (Entwurf I.) in „ermächtigt" (Entwurf II.) einmal ab; vgl. hierzu die Synopse bei Reatz, Die zweite Lesung des Entwurfs eines Bürgerlichen Gesetzbuchs für das Deutsche Reich, S. 328 zu § 640 Abs. 1 (Entwurf I.) und § 654 (Entwurf II.); siehe auch Anmerkung von Schmidt, NJW 2001, S. 993 (996 Fn. 62).

[85] Vgl. hierzu oben S. 26 ff.

[86] Vgl. nur den Wortlaut von § 718 Abs. 1 BGB: „gemeinschaftliches Vermögen der Gesellschafter".

Umstand, dass die Gesetzgebungskommission im zweiten Entwurf[87] das Gesamthandsprinzip in das Normengefüge des ersten Entwurfs mitaufgenommen hat, nicht gerecht. Vor dem Hintergrund der Übernahme dieses – von römisch-rechtlichen Kategorien abweichenden – Gesellschaftsprinzips verlieren der unter starkem römisch-rechtlichen Einfluss zustande gekommene Wortlaut der §§ 705 ff. BGB und die daraus abgeleiteten Argumente erheblich an Bedeutung. Dies zeigt sich insbesondere an dem von den Vertretern der traditionellen Theorie immer wieder strapazierten § 718 Abs. 1 BGB. In dieser Norm wird nicht nur vom „gemeinschaftlichen Vermögen der Gesellschafter" gesprochen, sondern dieses Vermögen wird eben auch als „Gesellschaftsvermögen" legaldefiniert: Dieser erst mit der Übernahme des Gesamthandsprinzips eingeführte Begriff,[88] auf den die Verfasser des ersten Entwurfs noch bewusst verzichteten und stattdessen den Begriff der „gemeinschaftlich gewordenen Gegenstände" verwendeten,[89] spricht m. E. gegen die von den Kritikern vorgenommene grammatikalische Auslegung und deutet vielmehr auf eine Verselbständigungstendenz im Sinne einer Rechtszuständigkeit der Gesellschaft hin.[90] Aufgrund dieser Widersprüchlichkeiten im Systemgefüge und im Wortlaut der §§ 705 ff. BGB kann und darf man den Wortlautargumenten in diesem Zusammenhang nicht zuviel Bedeutung beimessen und keine voreiligen Schlüsse – sowohl in die eine als auch andere Richtung – ziehen. Hinzu kommt, dass die Vorschriften der §§ 705 ff. BGB vorwiegend nur das Innenverhältnis der BGB-Gesellschaft betreffen. Regeln über das Außenverhältnis oder über das Wesen und die Rechtsnatur der BGB-Gesellschaft beziehungsweise der Gesamthand fehlen völlig. Gerade vor dem Hintergrund der Entstehungsgeschichte der Normen sind erhebliche und berechtigte Zweifel angebracht, ob man aus dem Wortlaut der das Innenverhältnis betreffenden Normen überhaupt Rückschlüsse auf das Außenverhältnis, das Wesen und die Rechtsnatur der BGB-Gesellschaft ziehen kann.[91]

Da die Ausdrucksweise des Gesetzes mithin doch nicht ganz so eindeutig und klar ist, wie die Vertreter der traditionellen Theorie glauben machen wollen, und da durch die Einführung des Gesamthandsprinzips die gedankliche Stringenz und das stimmige Konzept des ersten Entwurfes durch-

---

87 Vgl. oben S. 26 ff.
88 Der Begriff des „Gesellschaftsvermögens" findet sich auch in §§ 716 Abs. 1, 719, 720, 725 Abs. 1, 730, 733, 735, 738, 739 BGB.
89 Vgl. hierzu die Synopse bei Reatz, Die zweite Lesung des Entwurfs eines Bürgerlichen Gesetzbuchs für das Deutsche Reich, S. 325 ff. (328 ff.).
90 Vgl. hierzu auch die von der Gesetzgebungskommission vorgebrachten Gründe für die Einführung des Prinzips der gesamten Hand bei Mugdan, Materialien zum Bürgerlichen Gesetzbuch, Band II, S. 990 f.
91 In diese Richtung auch Wertenbruch, Die Haftung von Gesellschaften und Gesellschaftsanteilen in der Zwangsvollstreckung, S. 165.

kreuzt wurden, bedarf es zur Klärung dieser Ungereimtheiten eines Blickes in die Gesetzesmaterialien. Bekanntlich ist es nicht nur der Wortlaut der Normen, sondern auch die Bedeutung des Textes, die den Inhalt des konkreten Gesetzes ausmacht.[92] Folglich erschließt sich die Bedeutung eines Textes erst dann in einem umfänglichen Sinn, wenn man ihn interpretiert, d.h. die zugrunde gelegten Absichten des Textverfassers in die interpretatorischen Überlegungen mit einbezieht.[93]

bbb. Die Gesetzesmaterialien

Zu Recht weist der BGH in diesem Zusammenhang daher auch auf die Gesetzesmaterialien hin, die in der Tat ein Stück weit Licht in das Dunkel bringen und die bloße Wortlautargumentation desavouieren. In den Gesetzesmaterialien heißt es bezüglich des Gesellschaftssystems der gesamten Hand: „Die Kom. war der Ansicht, daß eine Stellungnahme zu der wissenschaftlichen Streitfrage über das Wesen der gesammten Hand zu vermeiden sei. Es handle sich vielmehr darum, zu entscheiden, welche Bestimmungen sachlich den Vorzug verdienen"[94]. Der BGH versteht diese Bemerkung in dem oben[95] aufgezeigten umfassenden Sinn und leitet hieraus seine Legitimation für die Rechtsfortbildung ab. Heil[96] bezweifelt diese Interpretationsabsicht und relativiert diese Bemerkung in zweierlei Hinsicht. Zum einen ist er der Ansicht, dass sie sich nach dem Textzusammenhang nur auf das Verhältnis der Gesamthänder zu den einzelnen „Vermögensstücken" und zu einem etwaigen Anteil daran bezieht. Zum anderen möchte er glauben machen, dass der historische Gesetzgeber, indem er die geschaffenen, sachlich vorzugswürdigen Normen als solche bezeichnet habe, letztlich die Richtung – und zwar die individualistische Sichtweise – vorgegeben habe, wie er die wissenschaftliche Streitfrage entschieden wissen wollte.

Hierzu gibt es Folgendes anzumerken: Bereits aus formalen Gründen erscheint der von Heil behauptete Textzusammenhang mehr als fraglich. Bei Mugdan wurde diese oben zitierte Bemerkung nämlich durch einen Gedankenstrich von dem vorhergehenden Text, der sich auf das Rechtsverhältnis der Gesamthänder zu den einzelnen Vermögensstücken bezieht, ge-

---

[92] Dorndorf, Grundriss der Methodenlehre, C. 4.

[93] Vgl. hierzu auch BGH, NJW 1997, S. 1695 (1696).

[94] Mugdan, Materialien zum Bürgerlichen Gesetzbuch, Band II, S. 990.; vgl. in diesem Zusammenhang auch noch die bezeichnende Anmerkung bei Jakobs/Schubert, Die Beratung des Bürgerlichen Gesetzbuchs, §§ 652 bis 853, S. 294: „Man ging davon aus, daß die Anhänger dieses Prinzips die Ausgestaltung desselben im Einzelnen nicht als präjudiziell für die Annahme oder Ablehnung ansehen würden".

[95] Vgl. hierzu oben S. 107.

[96] Heil, NZG 2001, S. 300 (303).

trennt.[97] Bekanntlich kann ein Gedankenstrich zwischen zwei Sätzen „den Wechsel des Themas oder des Sprechers" anzeigen. Er hat in diesem Zusammenhang dann dieselbe Funktion wie ein neuer Absatz.[98] Auch hier spricht vieles dafür, dass bei Mugdan der Gedankenstrich in diesem Sinn verwendet wurde und man die zentrale Aussage zur wissenschaftlichen Streitfrage über das Wesen der Gesamthand von der vorangegangenen Protokollierung abgesetzt wissen wollte. Die vorangegangene Protokollierung betraf m. E. nur einen Teilaspekt des eigentlich zu lösenden, umfassenderen Problems, das man dann in der nachfolgenden Bemerkung mit dem inhaltlich alles einschließend zu verstehenden Begriff des „Wesens der gesammten Hand" angesprochen hat. Damit sind inhaltlich zwei verschiedene Themenkomplexe tangiert. Insofern ergibt die Verwendung des Gedankenstrichs auch aus inhaltlichen Gründen einen Sinn: Er kündigt den Abbruch des einen Themenbereichs an, der womöglich nur verkürzt protokolliert beziehungsweise wiedergegeben wurde, und zeigt zugleich den inhaltlichen Einschnitt an, um zum neuen Thema – der eigentlich im Raum stehenden Frage nach dem Wesen und der Rechtsnatur der Gesamthand – überzuleiten.

Dass die bei Mugdan verwendete Bemerkung nicht in einem eingeschränkten, sondern in einem umfassenden Sinn zu verstehen ist, ergibt sich noch aus weiteren Gründen. Die Gesetzgebungskommission hat sich nach Auskunft der Protokolle zwar vorrangig mit der Frage nach dem Unterschied zwischen Miteigentum und Gesamthandseigentum auseinander gesetzt.[99] Doch kann daraus nicht zugleich gefolgert werden, dass den Mitgliedern der Kommission die im Zuge der zunehmenden wissenschaftlichen Aufarbeitung des deutschrechtlichen Gesamthandsprinzips im 19. Jahrhundert herausgearbeiteten unterschiedlichen Meinungen und Ansichten, die zum Wesen und zur Rechtsnatur der Gesamthand vertreten wurden, völlig unbekannt waren und sie sich damit nicht gedanklich auseinander gesetzt haben. Insbesondere waren ihnen wohl die von Georg Beseler und Otto von Gierke[100] vertretenen Ansichten zur Gesamthand geläufig. Denn Beseler, vor allem aber Otto von Gierke, gehörten im späten 19. Jahrhundert zu den bedeutendsten (germanistischen) Rechtsdenkern in der Tradition der Historischen Rechtsschule. Sie haben mit ihren bekannten wissenschaftlichen Werken[101], die größtenteils bereits lange vor Beginn der Arbei-

---

[97] Mugdan, Materialien zum Bürgerlichen Gesetzbuch, Band II, S. 990.
[98] Duden, Die deutsche Rechtschreibung, 21. Aufl., S. 33; vgl. hierzu auch § 83 der amtlichen Regelung der deutschen Rechtschreibung, in: Duden, Die deutsche Rechtschreibung, 21. Aufl., S. 902 f.
[99] Mugdan, Materialien zum Bürgerlichen Gesetzbuch, Band II, S. 990.
[100] Vgl. hierzu bereits oben S. 23 ff.
[101] Vgl. hierzu Fn. 27 und 29 im 1. Teil.

ten zum ersten Entwurf des Bürgerlichen Gesetzbuches vorlagen und der Wissenschaft zur Verfügung standen, die Rechtslehre ihrer Zeit entscheidend mitgeprägt. Der wichtigste Impuls kam aber von Otto von Gierke, der mit seiner Kritik am ersten Entwurf erreichte, dass im zweiten Entwurf auch deutschrechtliche Traditionen berücksichtigt wurden, womit er dem Gesamthandsprinzip zum Durchbruch verhalf.[102] Des Weiteren weisen auch die Gesetzesmaterialien darauf hin, dass der Kommission weitergehende Überlegungen zu den unterschiedlichen Gesamthandskonstruktionen nicht fremd waren. So hatten sie sich unter anderem mit einem – von Gustav Struckmann eingereichten – sehr weitreichenden Antrag des Reichsjustizamtes (Antrag Nr. 4 zu § 645, 631 Abs. 4)[103] auseinander zu setzen, der die ausdrückliche Anerkennung eines eigenständigen Gesellschaftsvermögens und eigener Gesellschaftsverbindlichkeiten vorsah. Zudem beschäftigte sich die Kommission mit den von einer Gruppierung als charakteristisch bezeichneten Merkmalen der Gesamthand, wonach „die gesammte Hand ein gewisses *persönliches* Verhältnis zwischen den einzelnen Gesellschaftern mit sich bringe, weil man nur gemeinschaftlich handeln könne"[104]. Zu Recht wird im Zusammenhang mit dieser Formulierung („persönliches Verhältnis") darauf verwiesen, dass der Kommission die über die bloße Vermögensgemeinschaft hinausgehende personenrechtliche Dimension der Gesamthand bereits in Ansätzen bewusst war.[105] Auch die in den Protokollen angeführte kritische Bemerkung „Die gesammte Hand erfordere eigentlich eine Ergänzung durch eine öffentliche Organisation der Gemeinschaft oder durch Eintragung in ein öff. Register"[106] zeigt deutlich, dass man weitergehende – nicht bloß den Unterschied zwischen Miteigentum und Gesamthandseigentum betreffende – Überlegungen angestellt hatte.

Zwei Folgerungen lassen sich aus dieser Bemerkung ableiten: Zum einen war man sich über das Wesen und die Rechtsnatur der Gesamthand nicht abschließend einig; man erkannte sehr wohl den grundsätzlich noch anstehenden Diskussionsbedarf. Zum anderen bekräftigte diese Bemerkung zum Registerzwang die vorangegangene Annahme vom Wissen der Kommission um die über rein vermögensrechtliche Aspekte hinausgehende personenrechtliche Dimension der Gesamthand. Denn die Einführung eines einheitlichen Registerzwangs ergäbe für rein schuldrechtlich ausgestaltete Gesel-

---

[102] Vgl. hierzu bereits oben S. 26 f.

[103] Vgl. Mugdan, Materialien zum Bürgerlichen Gesetzbuch, Band II, S. 988 f.

[104] Mugdan, Materialien zum Bürgerlichen Gesetzbuch, Band II, S. 990.

[105] In diese Richtung auch Scholz, Verselbständigung bürgerrechtlicher Gesellschaften, S. 30.

[106] Mugdan, Materialien zum Bürgerlichen Gesetzbuch, Band II, S. 992.

lschaftsverhältnisse ohne Außenwirkung und eigene Identität keinen Sinn.[107]

Dass sich die Gesetzgebungskommission zum Wesen und zur Rechtsnatur der Gesamthand noch nicht endgültig und abschließend äußern wollte, liegt einerseits darin begründet, dass sie mangels gefestigter dogmengeschichtlicher und theoretischer Entwicklung des deutschrechtlichen Prinzips der Gesamthand noch nicht auf eine allgemein anerkannte Dogmatik zurückgreifen konnte.[108] Zwar waren die grundlegenden wissenschaftlichen Arbeiten von Beseler und Gierke über die Aufarbeitung der deutschrechtlichen Gesamthand bekannt, aber sie hatten sich noch lange nicht als allgemein gültig durchgesetzt, denn die Wiederentdeckung der Gesamthand und die Rückbesinnung auf dieses alte germanische Rechtsprinzip setzte erst Mitte bis Ende des 19. Jahrhunderts ein[109], und zwar in einer Zeit, in der man sich – wie die Gesetzesmaterialien zum BGB[110] und auch das BGB selbst erkennen lassen – mit der Übernahme nicht-römisch-rechtlicher Rechtsprinzipien schwer tat, da das durch die Rezeption des römischen Rechts geprägte gemeine Recht sowohl in der Rechtswissenschaft als auch in der Rechtsprechung eine beherrschende Rolle eingenommen hatte. Auch die Verfasser des BGB standen noch fest in dieser pandektenwissenschaftlichen Tradition des 19. Jahrhunderts. Ihr Rechtsverständnis war wesentlich geprägt von der wissenschaftlichen Arbeitsmethode und dem wissenschaftlichen System der Pandektenwissenschaft.[111]

Andererseits hängt die unklare Rechtslage auch damit zusammen, dass sich die Gesetzgebungskommission in die dogmatische Diskussion ohnehin nicht einmischen wollte, da es ihr bei Erlass der §§ 705 ff. BGB vor allem darum ging, mit den gesellschaftsrechtlichen Normen für den Rechtsalltag eine einfache Form der Handhabung zu finden. Die Anmerkung, „es handle sich vielmehr darum, zu entscheiden, welche Bestimmungen sachlich den Vorzug verdienen"[112], steht nämlich in unmittelbarem Textzusammenhang[113] mit der oben[114] angeführten Bemerkung über die Enthaltung der Kommission zur dogmatischen Fixierung des Gesamthandsprinzips.

---

107 So auch Scholz, Verselbständigung bürgerrechtlicher Gesellschaften, S. 31.
108 Vgl. Aderhold, JA 1980, S. 136 (138); Schmidt, Gesellschaftsrecht, 4. Aufl., S. 1713.
109 Vgl. hierzu bereits oben S. 23 ff.
110 Vgl. hierzu nur Mugdan, Materialien zum Bürgerlichen Gesetzbuch, Band I – V; vgl. hiezu auch von Gierke, Der Entwurf eines Bürgerlichen Gesetzbuchs und das Deutsche Recht.
111 Vgl. MünchKomm/BGB/Säcker, 1. Aufl., Einleitung Rn. 18.
112 Mugdan, Materialien zum Bürgerlichen Gesetzbuch, Band II, S. 990; vgl. in diesem Zusammenhang auch die in Fn. 94 aufgeführte Anmerkung.
113 Dieser eindeutige und offenkundige Textzusammenhang wird von Heil, NZG 2001, S. 300 (301 ff.), nicht erwähnt.
114 Vgl. oben S. 112.

Aufgrund dieses Kontextes kann diese Formulierung wohl nur dahin gehend verstanden werden, dass bei der Gestaltung der gesellschaftsrechtlichen Normen im BGB vor allem die Regelung praktischer Probleme und Konsequenzen im Vordergrund stand, nicht dagegen die dogmatische Aufarbeitung des Gesamthandsprinzips.[115]

Aus alledem folgt, dass der Gesetzgeber mit den §§ 705 ff. BGB nicht das Wesen und die Rechtsnatur der BGB-Gesellschaft festlegen wollte. Vielmehr hat er die ungeklärte Frage nach der Rechtsnatur und dem Wesen der BGB-Gesellschaft offen gelassen. Mangels vertiefter dogmengeschichtlicher und theoretischer Aufarbeitung des „unbekannten" Gesamthandsprinzips hat der BGH es vermieden, die konzeptionelle Grundstruktur der BGB-Gesellschaft vorschnell festzulegen. Aufgrund dieses erhobenen Befundes geht es – worauf Lindacher[116] zu Recht hinweist – rechtsmethodisch keinesfalls an, aus den im Gesetzestext gewählten Formulierungen, wie zum Beispiel „gemeinschaftliches Vermögen der Gesellschafter" oder „gemeinschaftliche Schulden der Gesellschafter", einfach den Rückschluss auf eine rein individualistisch geprägte Rechts- und Pflichtenzuordnung zu ziehen.

ccc. Fazit

Insgesamt darf festgehalten werden, dass es dem BGH gelungen ist, sein Zwischenergebnis unter rechtsmethodisch logischen Gesichtspunkten zu entwickeln und in gedanklich nachvollziehbarer Weise zu begründen: Die den §§ 705 ff. BGB zugrunde liegende Zwecksetzung ergibt sich auf dem Wege der historisch-teleologischen Auslegung. Folglich können die von den Kritikern vorgebrachten methodischen Bedenken nicht überzeugen.

b. Aspekte der Rechtsfortbildung

aa. Vorbemerkung

Die bisherigen Ausführungen haben gezeigt, dass der BGH sein Endergebnis – die Rechtsfähigkeit der (Außen-)GbR – nicht mit den klassischen Methoden der Gesetzesauslegung erzielen konnte, da der Gesetzgeber die Frage nach der Rechtsnatur und dem Wesen der BGB-Gesellschaft nicht in den §§ 705 ff. BGB hatte geregelt wissen wollen. Insoweit bleibt dem BGH zur Begründung seines Ergebnisses nur der Weg über die richterliche

---

[115] Von dieser Interpretation geht wohl auch Huber, Festschrift für Lutter, S. 107 (120), aus.

[116] Lindacher, JuS 1981, S. 431 (434).

Rechtsfortbildung. Die Äußerungen des BGH zur Rechtsfähigkeit der (Außen-)GbR werden daher vor dem dargelegten Hintergrund auch zutreffend als ein Akt richterlicher Rechtsfortbildung angesehen.[117]

Seit der Abwendung von der Begriffsjurisprudenz ist die richterliche Rechtsfortbildung im Grunde heute anerkannt.[118] Die Gerichte sind, wenn sie ihrer Aufgabe – Recht zu sprechen – gerecht werden wollen, dazu verpflichtet, Unklarheiten im Gesetz durch Auslegung zu beseitigen sowie Lücken im Gesetz durch richterliche Rechtsfortbildung zu schließen (vgl. § 132 Abs. 4 GVG).[119] Richterliche Rechtsfortbildung ist von der Auslegung nicht grundsätzlich wesensverschieden, sondern beide Methoden sind voneinander zu unterscheidende Stufen desselben gedanklichen Verfahrens.[120] Rechtsfortbildung baut auf der Gesetzesauslegung auf, da diese dem Rechtsanwender nicht nur die Bedeutung der Norm, sondern regelmäßig auch deren Lücken erschließt. Die Unvollständigkeit des Gesetzes als unabdingbare Voraussetzung zur Rechtsfortbildung lässt sich grundsätzlich erst dann bejahen, wenn sich durch Gesetzesauslegung feststellen lässt, dass ein Rechtsproblem vom Gesetzgeber nicht geregelt wurde, obwohl man es eigentlich erwartet hätte. Richterliche Rechtsfortbildung ist sozusagen die Fortsetzung der Auslegung.

---

[117] Vgl. nur Schmidt, NJW 2001, S. 993 (1003); Kellermann, Festschrift für Wiedemann, S. 1069 (1074); Wiedemann, JZ 2001, S. 661 (664); Kurzwelly, Gesellschaftsrecht 2001, S. 1 (6); Peifer, NZG 2001, S. 296 (300); Westermann NZG 2001, S. 289 (290); Ulmer, ZIP 2001, S. 585 (599) Derleder BB 2001, S. 2485 (2493); Baumann, JZ 2001, S. 895 (899 f.; 904); Dauner-Lieb, Festschrift für Ulmer, S. 73; Pohlmann, ZZP 2002, S. 103 (109); Stürner, JZ 2002, S. 1108; Jacoby, NJW 2003, S. 1644 f.; unverständlich äußert sich insoweit Prütting, der die Aussagen des BGH zur Rechtsfähigkeit – ohne Nennung von Gründen – anscheinend nicht als Akt richterlicher Rechtsfortbildung versteht (vgl. Prütting, Festschrift für Wiedemann, S. 1177 (1192)).

[118] BVerfGE 34, S. 269 ff. = NJW 1973, S. 1221 ff.; BVerfGE 95, S. 48 ff.; BGHZ 4, S. 152 ff.; BGHZ 42, S. 210 ff.; vgl. auch Geiss, Rechtsfortbildung durch Richterrecht, I.; Larenz/Canaris, Methodenlehre der Rechtswissenschaft, S. 187 ff.

[119] Das BVerfG (BVerfGE 34, S. 269 [287 f.]) hat hierzu ausgeführt: „Richterliche Tätigkeit besteht nicht nur im Erkennen und Aussprechen von Entscheidungen des Gesetzgebers. Die Aufgabe der Rechtsprechung kann insbesondere erfordern, Wertvorstellungen, die der verfassungsmäßigen Rechtsordnung immanent, aber in den Texten der geschriebenen Gesetze nicht oder nur unvollkommen zum Ausdruck gelangt sind, ans Licht zu bringen und in Entscheidungen zu realisieren. [...] Diese Aufgabe und Befugnis zu 'schöpferischer Rechtsfindung' ist dem Richter - jedenfalls unter der Geltung des Grundgesetzes - im Grundsatz nie bestritten worden. [...] Die obersten Gerichtshöfe haben sie von Anfang an in Anspruch genommen. [...] Das BVerfG hat sie stets anerkannt". Vgl. auch Larenz/Canaris, Methodenlehre der Rechtswissenschaft, S. 188; Geiss, Rechtsfortbildung durch Richterrecht, I.

[120] Larenz/Canaris, Methodenlehre der Rechtswissenschaft, S. 187.

bb.   Methoden der Rechtsfortbildung

aaa.   Die gesetzesimmanente Rechtsfortbildung

Nach den allgemein anerkannten Grundsätzen der juristischen Methodenlehre ist zwischen gesetzesimmanenter und gesetzesübersteigender Rechtsfortbildung zu unterscheiden.[121] Die gesetzesimmanente Rechtsfortbildung betrifft die Ausfüllung von Lücken in gesetzlichen Bestimmungen. Eine notwendige Bedingung für diese Form der Rechtsfortbildung ist das Vorhandensein einer planwidrigen Unvollständigkeit des Gesetzes. Sie ist dort zu finden, wo das Gesetz schweigt und, gemessen an der ihm zugrunde liegenden Regelungsabsicht, unvollständig ist.[122] Bezugspunkt hierfür ist immer das Gesetz im Ganzen und die ihm eigentümliche Zwecksetzung. Das bedeutet: „Ein Gesetz ist 'lückenhaft' oder unvollständig immer nur im Hinblick auf die von ihm erstrebte, sachlich umfassende und in diesem Sinne 'vollständige' sowie sachgerechte Regelung".[123] Die Ausfüllung der Gesetzeslücke erfolgt in der Regel durch Analogie, durch teleologische Reduktion beziehungsweise Restriktion oder durch Ausbildung neuer Rechtsgrundsätze.[124] Daneben besteht die Möglichkeit eine derartige Lücke auch durch die Bezugnahme auf ein im Gesetz angelegtes Prinzip zu füllen, oder die Rechtsfortbildung an der Natur der Sache – an dem Bedürfnis des Rechtsverkehrs und an der Forderung nach Praktikabilität der Rechtsnormen – auszurichten.[125]

bbb.   Die gesetzesübersteigende Rechtsfortbildung

Die hiervon zu unterscheidende „gesetzesübersteigende" Art der Rechtsfortbildung ist anderen Maßstäben und Voraussetzungen unterworfen. Es handelt sich daher um eine Rechtsfortbildung über den Plan des Gesetzes hinaus, wenn das Gesetz ohne den Nachweis einer Regelungslücke ausdifferenziert und ergänzt wird.[126] Voraussetzung hierfür ist, dass eine konkrete Rechtsfrage, die sich weder im Wege der einfachen Gesetzesauslegung noch im Rahmen einer gesetzesimmanenten Rechtsfortbildung lösen lässt, ein über das Gesetz hinausgehendes Rechtsprinzip eine Rechtsfortbildung in

---

[121] Vgl. Larenz/Canaris, Methodenlehre der Rechtswissenschaft, S. 189.
[122] Vgl. Larenz/Canaris, Methodenlehre der Rechtswissenschaft, S. 193 ff.; Bydlinski, Juristische Methodenlehre und Rechtsbegriff, S. 473.
[123] Larenz/Canaris, Methodenlehre der Rechtswissenschaft, S. 196.
[124] Palandt/Heinrichs, 61. Aufl., Einleitung Rn. 48.
[125] Vgl. Larenz/Canaris, Methodenlehre der Rechtswissenschaft, S. 202, 245.
[126] Vgl. Geiss, Rechtsfortbildung durch Richterrecht, III. 3.; Larenz/Canaris, Methodenlehre der Rechtswissenschaft, S. 232 f.

einem bestimmten Sinn nahe legt beziehungsweise geradezu fordert.[127] In einem solchen Fall greifen nicht mehr die gesetzlichen Regelungen, sondern man bezieht sich auf die Rechtsordnung im Ganzen und auf die Wertentscheidungen der Verfassung. Derartiges Richterrecht befindet sich im Spannungsfeld zwischen dem Verfassungsprinzip umfassender Justizgewährung und dem Demokratie- beziehungsweise Gewaltenteilungsprinzip. Die Gesetzgebungsprärogative verpflichtet den Richter in solchen Fällen allerdings zur Zurückhaltung, weil der Richter im Grunde kein Gesetzgeber ist.[128] Dementsprechend werden an diese Art der Rechtsfortbildung wesentlich höhere Anforderungen gestellt: Gegeben sein muss die Unabwendbarkeit des Bedürfnisses nach Rechtsfortbildung, ein dringendes Erfordernis des Rechtsverkehrs, die Natur der Sache oder allgemeine Prinzipien der Rechtsordnung.[129] Die unabdingbare Erforderlichkeit der Rechtsfortbildung muss also mit spezifisch juristischen Argumenten und nicht bloß mit rechtspolitischen Zweckmäßigkeitserwägungen begründet werden.[130]

ccc. Fazit

Wie oben[131] festgestellt, hat sich das vom BGH gefundene Zwischenergebnis, die Unvollständigkeit der gesetzlichen Regelungen (§§ 705 ff BGB), als zutreffend erwiesen. Diese Unvollständigkeit stellt in der Tat eine Regelungslücke dar, da zum einen die Vorschriften des BGB-Gesellschaftsrechts als Regelung im Ganzen, d.h. für einen innerlich zusammenhängender Komplex von Einzelnormen, unvollständig sind und da zum anderen nach dem Gesamtzusammenhang und Grundgedanken des Gesetzes eine sachlich umfassende und sachgerechte Regelung der BGB-Gesellschaft, insbesondere unter Einbeziehung der Frage nach der Rechtsnatur derselben, erwartet werden kann. Dass die Frage nach der Rechtsnatur zum Zeitpunkt des Erlasses der gesetzlichen Regelungen noch nicht abschließend geklärt werden konnte, war dem Gesetzgeber bewusst. Aufgrund der fundamentalen Unsicherheiten in der dogmatischen Einordnung hat die Kommission – unter Verzicht auf eine grundsätzliche Diskussion über diese Frage – eine voreilige und nicht ausgereifte Festlegung vermieden[132], um einer vertieften dogmengeschichtlichen und theoretischen Aufarbeitung des Gesamthandsprinzips durch Rechtsprechung und Rechtswissenschaft nicht im

---

[127] Vgl. Larenz/Canaris, Methodenlehre der Rechtswissenschaft, S. 245 f.
[128] Vgl. Larenz/Canaris, Methodenlehre der Rechtswissenschaft, S. 246 f.
[129] Vgl. Larenz/Canaris, Methodenlehre der Rechtswissenschaft, S. 245 ff.
[130] Larenz/Canaris, Methodenlehre der Rechtswissenschaft, S. 247.
[131] Vgl. oben S. 108 ff.
[132] Vgl. hierzu bereits oben S. 28 ff.

Wege zu stehen. Durch die bewusste Tolerierung dieser Gesetzeslücke hat der Gesetzgeber die Aufgabe, Wesen und Rechtsnatur der BGB-Gesellschaft und des ihr zugrunde liegenden Gesamthandsprinzips zu ergründen, an Rechtsprechung und Rechtswissenschaft delegiert. Diesen Instanzen obliegt damit letztlich die Aufgabe, die konzeptionelle Grundstruktur der BGB-Gesellschaft zu entwickeln.

Der BGH hat deshalb in seinem Grundlagenurteil die festgestellte Lücke ausgefüllt und im Wege der Rechtsfortbildung die Rechtsfähigkeit der (Außen-)GbR bejaht. Von gesetzesübersteigender Rechtsfortbildung kann aber keine Rede sein, da die Rechtsfortbildung des BGH zum einen auf einer ausfüllungsbedürftigen Regelungslücke basiert und nicht auf einem über das Gesetz hinausgreifenden Rechtsgedanken, und da sie zum anderen dem zugrunde gelegten Sinn und Zweck der gesetzlichen Regelungen und der Zwecksetzung des Gesetzgebers nicht zuwiderläuft. Aus dem unbestreitbaren Umstand, dass die Gesetzgebungskommission die kollektive Rechtsfähigkeit der BGB-Gesellschaft im Zusammenhang mit dem Gesamthandsprinzip weder ausdrücklich diskutiert noch in sonstiger Weise ausdrücklich berücksichtigt hat[133], und aus der Tatsache, dass die Rechtsnatur der BGB-Gesellschaft bei Erlass des Bürgerlichen Gesetzbuches sicherlich nicht im Sinne einer rechtsfähigen Organisationseinheit aufgefasst wurde, lässt sich nichts Gegenteiliges ableiten.[134] Die Teleologie der gesetzlichen Regelungen spricht nicht gegen die Annahme der Rechtsfähigkeit, da der Gesetzgeber – wie bereits oben[135] festgestellt – mit den §§ 705 ff. BGB nicht das Wesen und die Rechtsnatur der BGB-Gesellschaft bestimmen wollte, sondern Raum für eine dogmengeschichtliche und theoretische Aufarbeitung des Gesamthandsprinzips gelassen hat.

---

[133] Diskutiert wurde zwar auch über eine in beiden Entwürfen zum BGB zunächst vorgesehene und später verworfene Norm (§ 659 des 1. Entwurfs und § 675 des 2. Entwurfs; vgl. hierzu Reatz, Die zweite Lesung des Entwurfs eines Bürgerlichen Gesetzbuchs für das Deutsche Reich, S. 341 f.), wonach Erwerbsgesellschaften, die in der Rechtsform einer BGB-Gesellschaft organisiert sind, fakultativ den Regeln über Handels-Personengesellschaften unterstellt und somit die Möglichkeit der Rechtsfähigkeit eröffnet werden konnte. Allerdings stand diese Diskussion in keinerlei Zusammenhang mit dem Gesamthandsprinzip, da sie auch schon zum ersten Entwurf, also bereits vor der Einführung dieses Prinzips, geführt wurde. Auch die Streichung dieser geplanten Norm erfolgte nicht im Hinblick auf das Gesamthandsprinzip, sondern wurde mit der Ausdehnung, die der Kaufmannsbegriff im Entwurf des revidierten Handelsgesetzbuches erfahren hat (§ 2 HGB a.F.), begründet. Insofern lässt sich aus alledem kein Rückschluss auf das Wesen und die Rechtsnatur des im zweiten Entwurf eingeführten Gesamthandsprinzips entnehmen (vgl. hierzu auch Schmidt, Gutachten, S. 413 (498 ff.)).

[134] In diese Richtung, aber mit anderem Begründungsansatz, bereits auch Lindacher, JuS 1981, S. 431 (434).

[135] Vgl. oben S. 108 ff.

cc. *Diskussion zur Ausfüllung der festgestellten Gesetzeslücke*

aaa. *Zulässigkeit*

Bei der Ausfüllung der festgestellten Gesetzeslücke orientiert sich der BGH insbesondere an der sachlichen Struktur der BGB-Gesellschaft als einer genuinen Gesellschaft. Die Begründung der Rechtsfortbildung, die zur Anerkennung der Rechtsfähigkeit der Außen-BGB-Gesellschaft führt, ist bestimmt von den praktischen Bedürfnissen der Verwirklichung des Gesamthandsprinzips und vom Ziel einer vernünftigen Sachregelung. Vor dem Hintergrund der Praktikabilität und Widerspruchsfreiheit der gesetzlichen Regelungen erkennt der BGH in der sachlichen Struktur der BGB-Gesellschaft ein rechtsfortbildendes Phänomen, das den Sachzwang zur Weiterentwicklung des Rechts in Richtung auf die Rechtsfähigkeit der Außen-BGB-Gesellschaft begründet. Bezieht man sich auf die praktischen Unterschiede zwischen der Anerkennung der Rechtsfähigkeit der BGB-Gesellschaft und der ausschließlichen Rechtssubjektivität der Gesellschafter, so ist die Vorzugswürdigkeit der Gruppenlehre nicht zu leugnen, da der Umgang mit der BGB-Gesellschaft im Rechtsverkehr erleichtert wird. Dies wird auch von Vertretern der traditionellen Theorie nicht gänzlich in Abrede gestellt.[136] Aber unabhängig von der Frage, ob die vom BGH hier angeführten Gründe – a) Absonderung des Gesellschaftsvermögens[137], b) Veränderungen im Gesellschafterbestand[138], c) Identität der Gesellschaft beim Formwechsel[139] und d) Insolvenzfähigkeit der BGB-Gesellschaft[140] – im Einzelnen hinreichend überzeugungskräftige Argumente sind, die letztlich die konkrete Rechtsfortbildung in Richtung Rechtsfähigkeit der Außen-BGB-Gesellschaft in allgemein befriedigender Art und Weise zu legitimieren vermögen, sind derartige Gründe unter rechtsmethodischen Gesichtspunkten grundsätzlich geeignet, eine Rechtsfortbildung zu begründen. Nach den allgemein anerkannten Grundsätzen der Rechtsmethodik kann sich die Rechtsprechung beim Schließen von Regelungslücken im Wege der gesetzesimmanenten Rechtsfortbildung nämlich auch auf Gründe berufen, die sich an den Bedürfnissen des Rechtsverkehrs, an der Praktikabilität der

---

[136] Vgl. nur Alberts, Die Gesellschaft bürgerlichen Rechts im Umbruch, S. 146 f., 157 f.; Peifer, NZG 2001, S. 296 (298 f.); Heil, NZG 2001, S. 300 (304); selbst Zöllner, der als einer der entschiedensten Verfechter der traditionellen Theorie gilt, gesteht sogar „geringfügige Vorteile" zu (Zöllner, Festschrift für Kraft, S. 701 (718)).

[137] Vgl. hierzu oben S. 100.

[138] Vgl. hierzu oben S. 100 f.

[139] Vgl. hierzu oben S. 101.

[140] Vgl. hierzu oben S. 102.

Rechtsnormen, an Sachzwängen, an der Natur der Sache[141] und an Aspekten der Sachgerechtigkeit orientieren.[142] Da das Ergebnis der richterlichen Rechtsfortbildung – die Rechtsfähigkeit der (Außen-)GbR – auch dem zugrunde gelegten Sinn und Zweck der gesetzlichen Regelungen und der Zwecksetzung des Gesetzgebers nicht widerspricht, wird die Grundlagenentscheidung des BGH den methodologischen Vorgaben der allgemeinen Rechtsmethodik grundsätzlich gerecht.

Das vom BGH gefundene Ergebnis und die Erwägungen, mit denen er seine Rechtsfortbildung begründet, stehen ferner nicht in Widerspruch zu den Vorgaben des Bundesverfassungsgerichts. Nach der ständigen Rechtsprechung des Bundesverfassungsgerichts[143] findet die Schließung einer festgestellten Gesetzeslücke ihre Rechtfertigung unter anderem darin, dass Gesetze altern und dass sie in einem veränderlichen Umfeld sozialer Verhältnisse, gesellschaftspolitischer Anschauungen und rechtlicher Rahmenbedingungen stehen, was Auswirkungen auf ihr Verständnis haben kann. Dass dies in besonderem Maße auch für die Vorschriften der §§ 705 ff. BGB gilt, die seit Schaffung des BGB weitgehend unverändert geblieben sind, hatte der BGH bereits frühzeitig erkannt. Die zunehmende Bedeutung der BGB-Gesellschaft für das immer komplizierter werdende Berufs- und Wirtschaftsleben und die damit einhergehende, vermehrte wissenschaftliche Auseinandersetzung mit dem Wesen und der Rechtsnatur der Gesamthand[144] haben das materiellrechtliche Verständnis dieser Vorschriften bereits in den letzten Jahrzehnten grundlegend verändert. Rechtswissenschaft und Rechtsprechung haben für die Ausbildung des heutigen BGB-Gesellschaftsrechts und für dessen Anpassung an die sich wandelnden Verhältnisse eine überragende Bedeutung eingenommen und der im Grundlagenurteil nun stattgefundenen Rechtsfortbildung hin zur Rechtsfähigkeit konsequent den Weg bereitet.[145] Dass dabei die gesellschaftspolitischen Anschauungen, die sozialen Verhältnisse und die rechtlichen Rahmenbedingungen in besonderem Maße das Verständnis von den §§ 705 ff. BGB geprägt haben, hängt vor allem mit zwei Faktoren zusammen. Zum einen geben diese gesellschaftsrechtlichen Normen nur den sachlich notwendigen Rahmen vor – wie eine Art von Rahmengesetzgebung im un-

---

[141] Diesen Aspekt betont vor allem Schmidt, Gesellschaftsrecht, 4. Aufl., S. 181: „Es entspricht auf der anderen Seite der Natur der Sache, daß eine Verbandsorganisation zur rechtlichen Verselbständigung drängt".

[142] Vgl. Larenz/Canaris, Methodenlehre der Rechtswissenschaft, S. 202, 245; vgl. zur Berufung auf „Sachzwänge" auch Assmann, Festschrift der juristischen Fakultät Heidelberg, S. 306.

[143] BVerfGE 98, S. 49 (59 f.) = NJW 1998, S. 2269 (2270); BVerfGE 82, S. 6 (11 f.); BVerfGE 34, S. 269 (288 f.).

[144] Vgl. hierzu bereits oben S. 44 ff.

[145] Vgl. hierzu bereits oben S. 44 ff. und 56 ff.

technischen Sinne – und sind ansonsten von Offenheit und Elastizität geprägt, und zum anderen war das der BGB-Gesellschaft zugrunde gelegte Gesamthandsprinzip bei Erlass der gesetzlichen Vorschriften noch nicht ausgereift und zu Ende gedacht.[146] Vor dem Hintergrund dieser Ausgangssituation ergibt sich – wie bereits oben festgestellt[147] – für die Rechtswissenschaft und die Rechtsprechung eine besondere Verpflichtung, nämlich die dem Gesetz zugrunde gelegten Rechtsprinzipien dogmatisch zu ergründen und zu fundieren sowie fortzuentwickeln[148], andererseits ermöglicht dieser Freiheitsspielraum – im Gegensatz zu anderen Rechtsgebieten – in diesem Zusammenhang auch eine verstärkte Berücksichtigung gesellschaftspolitischer Anschauungen, sozialer Verhältnisse und rechtlicher Rahmenbedingungen. Nunmehr kann wohl, besonders nach den referierten Vorgaben des Bundesverfassungsgerichts, nicht bestritten werden, dass im Rahmen einer Rechtsfortbildung diese Kriterien mit einfließen dürfen und – um von einer „geglückten richterlichen Rechtsfortbildung"[149] reden zu können – sogar auch einfließen müssen. In seinem Grundlagenurteil berücksichtigt der BGH diese Aspekte und stützt seine Rechtsfortbildung auf diesen Wandel. Mit Recht verweist der BGH auf das geänderte Umfeld, das die BGB-Gesellschaft in den letzten beiden Jahrzehnten in einem völlig anderen Licht hat erscheinen lassen. Seit der Wiederentdeckung der deutschrechtlichen Gesamthandslehre durch Flume haben sich in der Tat die Thesen der Gruppenlehre weitgehend durchgesetzt und das Verständnis von der BGB-Gesellschaft nachhaltig verändert und geprägt.[150] Die Rechtsprechung[151] ist – aufgrund der Anregung und Kritik seitens der Wissenschaft – seit BGHZ 72, S. 267 ff. mehr und mehr dazu übergegangen, die Regelungsdefizite und Unstimmigkeiten im Recht der BGB-Gesellschaft zu beheben, und zwar durch konsequente Weiterentwicklung des Rechts hin zur Rechtsfähigkeit. Die Gesetzgebung[152] hat ebenso ihren Teil dazu beigetragen und mit den gesetzlichen Neuregelungen in §§ 736 Abs. 2 BGB, 14 Abs. 2 BGB,

---

[146] Vgl. hierzu bereits oben S. 112 ff.

[147] Vgl. oben S. 118 ff.

[148] Nach Caemmerer, in: Pehle/Stimpel, Richterliche Rechtsfortbildung, S. 30, kommt der Rechtsprechung und der Rechtswissenschaft in einem solchen Fall die Aufgabe zu, „die Unstimmigkeiten und Brüche, die sich daraus ergeben, daß ein Institut dogmatisch noch nicht bewältigt war und nach der Situation der Zeit auch noch nicht bewältigt sein konnte" zu überwinden.

[149] Dieser Ausdruck stammt von Karl Larenz. Er wurde durch seinen Vortrag mit dem gleichnamigen Titel „Kennzeichen geglückter richterlicher Rechtsfortbildung" geprägt, abgedruckt in: Schriftenreihe der Juristischen Studiengesellschaft Karlsruhe, Heft 64, Karlsruhe 1965.

[150] Vgl. hierzu oben S. 47 ff.

[151] Vgl. hierzu oben S. 56 ff.

[152] Vgl. hierzu oben S. 51 ff.

191 Abs. 2 Nr. 1 UmwG, 11 Abs. 2 Nr. 1 InsO, 1059 a Abs. 2 BGB, 1059e BGB, 1061 S. 2 BGB, 1092 Abs. 2 und 3 BGB und 1098 Abs. 3 BGB das gesetzliche Umfeld grundlegend verändert. Wie bereits oben[153] aufgezeigt, weisen diese gesetzlichen Neuerungen auf eine stärkere Verselbständigung der Gesellschaftssphäre der BGB-Gesellschaft hin. Zwar kann man aus diesen Vorschriften nicht eindeutig auf die Rechtsfähigkeit der BGB-Gesellschaft schließen, aber sie enthalten zumindest entsprechende Indizien für einen sich abzeichnenden Wandel in der Gesetzgebung. Insbesondere die §§ 191 Abs. 2 Nr. 1 UmwG, 11 Abs. 2 Nr. 1 InsO und 14 Abs. 2 BGB lassen sich – so auch die Ansicht des BGH – wohl am überzeugendsten unter der Annahme der Rechtsfähigkeit der BGB-Gesellschaft deuten.[154] In Anbetracht des geänderten Umfelds hat der BGH die vielfältigen Entwicklungsansätze in Richtung auf die Rechtsfähigkeit der BGB-Gesellschaft in seinem Grundlagenurteil aufgegriffen und in rechtsmethodisch überzeugender Art und Weise fortentwickelt.

bbb. „Geglückte" Rechtsfortbildung

Auch wenn das Ergebnis der Rechtsfortbildung sicherlich vernünftig ist und die dabei vorgebrachten Erwägungen und Gründe sich im Einklang mit der Rechtsmethodik befinden, bleibt die Frage, ob es sich hierbei zugleich um eine „geglückte" richterliche Rechtsfortbildung handelt. Als wesentliches Kennzeichen einer geglückten richterlichen Rechtsfortbildung gilt, dass sie sich in das gegebene Ganze der Rechtsordnung bruchlos und stimmig einfügen lassen muss und die innere Übereinstimmung der Rechtsordnung dabei gewahrt bleiben muss.[155] Der BGH geht im überwiegenden Teil seiner Begründung zwar auf die Widerspruchsfreiheit und Übereinstimmung seiner Rechtsfortbildung mit den neuen Regelungen des Gesetzgebers ein, denn er sichert sein gefundenes Ergebnis systematisch gegenüber den Regelungen des Vereinsrechts (§§ 21,22,54 BGB) ab, aber es erstaunt, dass der II. Zivilsenat auf § 124 HGB, der die Personengesellschaften des Handelsrechts als rechtlich selbständige Träger von Rechten und Pflichten gesetzlich anerkennt, nicht näher eingeht und diesen Paragraphen nicht in seine systematische Abstimmung integriert, ja nicht einmal ausdrücklich erwähnt.[156] Bekanntlich ist aber die Einordnung des § 124 HGB

---

[153] Vgl. oben S. 51 ff.
[154] So auch Baumann, JZ 2001, S. 895 (899); Schmidt, NJW 2001, S. 993 (996); Ulmer, ZIP 2001, S. 585 (589); Mülbert, AcP 199 (1999), S. 38 (63 ff.).
[155] Larenz, Kennzeichen geglückter richterlicher Rechtsfortbildung, S. 7 und 13.
[156] Zitiert wird er nur einmal am Rande bei der Erklärung zur identitätswahrenden Umwandlung (vgl. BGH, NJW 2001, S. 1056 (1057)).

in das Recht der Gesamthandsgemeinschaften aus der Perspektive des BGB-Gesellschaftsrechts von zentraler Bedeutung.[157] Einerseits wird vertreten, die Regelung des § 124 HGB habe konstitutiven Charakter, und zwar in der Weise, dass sie – ohne ein eigenständiges, neues Rechtssubjekt zum Leben zu erwecken – der an sich unselbständigen Gesamthandsgesellschaft in Form einer OHG/KG erst die Rechtsträgerschaft verleihe, so dass die Gesellschafter in ihrer Gesamtheit unter ihrer Identitätsbezeichnung im Rechtsverkehr auftreten und Zurechnungsendpunkt von Rechten und Pflichten sein können,[158] andererseits wird behauptet, diese Regelung sei nur von deklaratorischer Natur und stelle lediglich das allgemeingültige Prinzip klar, wonach allen Gesamthandsgesellschaften – und damit auch der BGB-Gesellschaft – die Fähigkeit der selbständigen Rechtsträgerschaft im vorbezeichneten Sinn zukomme.[159] Obwohl sich der BGH der Gruppenlehre angeschlossen hat und somit vermutlich das Letztere vertritt, wäre seine Entscheidung wesentlich überzeugender gewesen, wenn er sich nicht nur mit einem Verweis auf die entsprechenden wissenschaftlichen Stellungnahmen begnügt hätte[160], sondern sich auch inhaltlich mit der zentralen Regelung des § 124 HGB auseinandergesetzt und sie in die Entscheidung integriert hätte. Im wissenschaftlichen Schrifttum wurden entsprechende dogmatische Konzepte, die auch die Vorschrift des § 124 HGB angemessen in das Recht der Gesamthandsgesellschaften integriert, bereits frühzeitig entwickelt.[161] Auch vor dem Hintergrund, dass sich einige der neueren Regelungen des Gesetzgebers am Wortlaut des § 124 HGB orientieren[162], andere hingegen nicht[163], wäre eine begrifflich-dogmatische Klärung sicherlich wünschenswert gewesen.

Aufgrund des systematischen Zusammenhangs zwischen dem Vereinsrecht und dem Recht der BGB-Gesellschaft durch die Verweisungsnorm des § 54 S. 1 BGB hätte auch die Abgrenzung und die „Ausstrahlungswirkung

---

[157] Vgl. Schmidt, Gutachten, S. 413 (470).

[158] So vor allem die Vertreter der traditionellen Theorie: Heil, NZG 2001, S. 300 (302); Peifer, NZG 2001, S. 296 (297); Soergel/Hadding, 11. Aufl., Vor § 705 Rn. 21; Berndt/Boin, NJW 1998, S. 2854 (2855); Weber-Grellet, AcP 182 (1982), S. 316 (328 ff.); Buchner, AcP 169 (1969), S. 483 (487).

[159] So vor allem die Vertreter der Gruppentheorie: Flume, ZHR 136 (1972), S. 177 (194); ders., Die Personengesellschaft, S. 69; Ulmer, AcP 198 (1998), S. 113 (114); Baumbach/Hopt, HGB, 31. Aufl., § 124 Rn. 1.

[160] Vgl. BGH, NJW 2001, S. 1056 (1057).

[161] Vgl. nur Dauner-Lieb, Die BGB-Gesellschaft im System der Personengesellschaften, S 95 (99 ff.); frühzeitig bereits auch Schmidt, Gesellschaftsrecht, 1. Aufl., S. 156 und 1002 ff.; Breuninger, Die BGB-Gesellschaft als Rechtssubjekt im Wirtschaftsverkehr, S. 124 f.; vgl. auch bei Müller-Gugenberger, NJW 1989, S. 1449 (1456).

[162] Vgl. nur §§ 14 Abs. 2 BGB, 1059 a Abs. 2 BGB, 1059e BGB, 1061 S. 2 BGB, 1092 Abs. 2 und 3 BGB und 1098 Abs. 3 BGB.

[163] Vgl. nur 191 Abs. 2 Nr. 1 UmwG, 11 Abs. 2 Nr. 1 InsO.

auf das Vereinsrecht"[164] aus rechtssystematischen Gründen in dem Urteil größere Aufmerksamkeit verdienen müssen. Zwar ist der BGH auf den Begriff der „Rechtsfähigkeit" in den Normen der §§ 21, 22, 54 BGB kurz eingegangen, aber es ist als ein der rechtsmethodischen Überzeugungskraft dieser Entscheidung abträglicher Umstand zu werten, dass der BGH die unverkennbar bestehenden systematischen „Grenzprobleme von Vereinsrecht und Gesellschaftsrecht"[165] nicht ausführlicher in seine Ausführungen mit aufgenommen hat. Auf den ersten Blick scheint nämlich die interpretatorische Bedeutung der Verweisungsvorschrift des § 54 S. 1 BGB aus systematischen Gründen der vom BGH vorgenommenen Rechtsfortbildung zur Rechtsfähigkeit der BGB-Gesellschaft im Wege zu stehen, da Vereine, die eigentlich nicht rechtsfähig sind, aufgrund dieser Verweisung – in scheinbar widersprüchlicher Weise – nun dennoch Rechtsfähigkeit erlangen.[166] In diesem Kontext hätte der BGH eindeutiger Stellung beziehen sollen, warum diese scheinbare Widersprüchlichkeit der Rechtsfortbildung aus systematischen Gründen nicht entgegensteht. Dass sich aus der rechtspolitisch fragwürdigen Norm des § 54 S. 1 BGB bei Annahme der Rechtsfähigkeit der BGB-Gesellschaft nicht zwingend eine sprachlich widersprüchliche Situation ergibt, sondern sich gegebenenfalls auch die sprachliche Vereinbarkeit zwischen Vereins- und BGB-Gesellschaftsrecht rechtsmethodisch überzeugend nachweisen lässt, wurde bereits in der Rechtswissenschaft[167] dargelegt und vom BGH in seinem Urteil entsprechend gewürdigt.

Das Urteil des II. Zivilsenats wäre überzeugender ausgefallen, wenn er seine Begründung nicht nur auf Gründe der Sachgerechtigkeit und Praktikabilität gestützt hätte, sondern auch dem rechtshistorischen Kontext des deutschrechtlichen Gesamthandsprinzips mehr Beachtung geschenkt hätte.[168] Wie schon erwähnt, standen sich mit der *societas* des römischen Rechts und dem deutschrechtlichen Gesamthandsprinzip zwei gegensätzliche Systeme gegenüber. Die Beurteilung der Gesamthandsstruktur und die Lösung der gesamthandsrechtlichen Probleme hätte der BGH folglich in Bezug auf die Dogmengeschichte dieses germanischen Rechtsprinzips erörtern müssen, um sein Ergebnis rechtsdogmatisch besser abzusichern und die Gruppenlehre auf ein solideres Fundament zu stellen.[169] Zu Recht wird

---

164 Schmidt, Gutachten, S. 413 (431).

165 Breuninger, Die BGB-Gesellschaft als Rechtssubjekt im Wirtschaftsverkehr, S. 126.

166 Vgl. auch die Kritik bei Schmidt, NJW 2001, S. 993 (1003).

167 Vgl. zu den Erklärungsmodellen Huber, Festschrift für Lutter, S. 107 (108 ff.); Soergel/Hadding, 12. Aufl., Vor § 21 Rn. 3; § 54 Rn. 1 und 16.; vgl. auch Hadding, ZGR 2001, S. 712 (727 ff.).

168 Vgl. hierzu oben S. 22 ff.

169 Vgl. nur die dogmatischen Begründungsvorschläge bei Habersack, JuS 1990, S. 179 (181 ff.), der insbesondere auf systematische Erwägungen abstellt; Breuninger, Die

daher die mangelnde dogmatische Begründung kritisiert.[170] Indem der Senat nur auf den weiten Interpretationsspielraum verweist und eine hinreichend umfassende, dogmatische Begründung nicht vorträgt, lässt er wiederum Raum für andere – vom BGH nicht gewollte – Interpretationsmöglichkeiten. Er liefert damit auch zugleich den Gegnern der Gruppenlehre – auf indirekte Art und Weise – Argumentationshilfen und Ansatzpunkte zu berechtigter Kritik, so dass sie sich womöglich in ihrer Meinung bestätigt fühlen könnten.

ccc. Fazit

Die Rechtsfortbildung des BGH zur Rechtsfähigkeit der BGB-Gesellschaft verdient im Ergebnis – und überwiegend auch in der rechtsmethodischen Begründung – Zustimmung. Den methodologischen Vorgaben der allgemeinen Rechtsmethodik wird das Grundlagenurteil gerecht; es berücksichtigt die vom Bundesverfassungsgericht entwickelte Praxis der Rechtsfortbildung. Die mitunter enthaltenen Unzulänglichkeiten in der Begründung schmälern zwar die Überzeugungskraft dieses Urteils, sind aber nicht so schwer wiegend, dass man von einer missglückten richterlichen Rechtsfortbildung sprechen müsste.

2. Rechtspolitische Aspekte

a. Vorbemerkung

Unter rechtspolitischen Gesichtspunkten sind die Aussagen zur Rechtsfähigkeit der BGB-Gesellschaft im Grundlagenurteil des II. Zivilsenats weithin begrüßt worden. Ausgangspunkt für eine derartige rechtspolitische Bewertung und die Rechtspolitik als solche, welche die Zielrichtung für die Weiterentwicklung des Rechts bestimmt, sind insbesondere die Realitäten und konkreten Aufgaben des Rechtslebens. Die Rechtspolitik geht also von dem Vorhandenen und Greifbaren aus und bestimmt anschließend das Anzustrebende und Wünschenswerte. Ihre Aufgabe ist das Beschreiben dessen, was ist und was sein soll.[171] In diesem Zusammenhang ist zunächst zu fragen, ob eine abstrakte Ordnung noch den Aufgaben des Rechtslebens

---

BGB-Gesellschaft als Rechtssubjekt im Wirtschaftsverkehr, S. 17 ff., im Anschluss an die Personifikationslehre von Uwe John; Schmidt, Gesellschaftsrecht, 3. Aufl., S. 203 ff.; Ulmer, Gesellschaft bürgerlichen Rechts, 3. Aufl., § 705 Rn. 127 ff.; ders., Ulmer, AcP 198 (1998), S. 113 (115; 149 ff.)

[170] Vgl. Gesmann-Nuissl, WM 2001, S. 973 (975).
[171] Vgl. hierzu Fromme, Rechtspolitik und Medien, S. 1.

und der Rechtswirklichkeit gerecht wird. Unter Beachtung der Regelungs-
bedürfnisse muss sie vor allem Spiegelbild des geübten Rechts bleiben und
darf keinesfalls zum Zerrbild der Rechtsrealitäten werden.[172]

b. Rechtspolitischer Handlungsbedarf

Es liegt auf der Hand, dass die sozialen und ökonomischen Bedürfnisse
und die damit zusammenhängenden Anschauungen und Wertvorstellungen im heutigen Wirtschaftsleben andere sind als zum Zeitpunkt der Entstehung des BGB. Erst recht weichen sie von den Vorstellungen im alten
Rom oder im deutschen Mittelalter ab, in denen die beiden im BGB-
Gesellschaftsrecht zusammengeführten Gesellschaftssysteme – einerseits die
societas und andererseits das Gesamthandsprinzip – ihren Ursprung haben.
Dass zudem noch die inhomogenen Vorschriften zur Gesellschaft des bürgerlichen Rechts (§§ 705 ff. BGB) erhebliche Unstimmigkeiten, Brüche und
Geburtsfehler aufweisen,[173] ist unbestreitbar und wird weder von den Vertretern der traditionellen Theorie noch von den Anhängern der Gruppenlehre negiert.[174] Dieser unbefriedigende Zustand hat sich auf die Rechtspraxis – insbesondere für den Bereich der unternehmenstragenden BGB-
Gesellschaften – in hohem Maße negativ ausgewirkt und konnte den Anforderungen des modernen Wirtschaftslebens nur noch bedingt gerecht
werden.[175] Entsprechend groß sind die Regelungsdefizite, vor allem im Bereich der Haftung.[176] Frühzeitig hat bereits Schmidt[177] die Diskrepanz zwischen dem geschriebenen Recht und den (Rechts-)Realitäten des gesellschaftlichen und wirtschaftlichen Lebens in der Gegenwart beklagt. Er hat
darauf verwiesen, dass eine Reihe von Vorschriften – namentlich die
§§ 708, 719 Abs. 1 BGB – das geltende Recht überhaupt nicht mehr adäquat widerspiegeln und andere – namentlich die §§ 709, 714 BGB – als
Regelanordnung mehr als fragwürdig geworden sind. Inzwischen haben
nicht nur die Vertreter der Gruppenlehre, sondern auch die Anhänger der
traditionellen Theorie die rechtspolitischen Bedürfnisse im Bereich des
BGB-Gesellschaftsrechts erkannt und offen angesprochen. Als regelungsbe-
dürftig wurde von ihnen vor allem die mangelnde Rechtsfähigkeit der BGB-
Gesellschaft angesehen, die insbesondere mit der wirtschaftlichen Einheit
einer unternehmenstragenden BGB-Gesellschaft in der gegenwärtigen

---

[172] Vgl. Schmidt, Gutachten, S. 413 (426).
[173] Vgl. hierzu oben S. 28 ff.
[174] Vgl. hierzu oben S. 28 ff. und Fn. 58.
[175] Vgl. hierzu bereits oben S. 44 ff.
[176] Hüffer, AcP 184 (1981), S. 584 (589).
[177] Schmidt, Gutachten, S. 413 (428).

Rechtspraxis nicht korreliert, was Alberts[178] folgendermaßen beschrieben hat:

„Es liegt auf der Hand, daß das Recht dem Befund der wirtschaftlichen Einheit des Unternehmens am besten dann Rechnung trägt, wenn als Anknüpfungspunkt für alle Rechte und Pflichten eine rechtssubjektiv verselbständigte Einheit anerkannt wird. [...] Für den Bereich der unternehmenstragenden Gesellschaften bürgerlichen Rechts läßt sich feststellen, daß die derzeitige Rechtslage dem Befund der wirtschaftlichen Einheit des Unternehmens nicht angemessen Rechnung trägt, da als Unternehmensträger nur sinnvoll fungieren kann, wer auch im Rechts- und Prozessrechtsverkehr als Rechtssubjekt auftreten kann."

Im Anschluss an das Grundlagenurteil des II. Zivilsenats konnte man in den Äußerungen der eher der traditionellen Theorie anhängenden Rezensenten gleichlautende rechtspolitische Überlegungen antreffen. Das Ergebnis der Entscheidung wird von ihnen als „sicherlich vernünftig"[179], „rechtspolitisch sinnvoll"[180] und anerkennenswert charakterisiert[181], auch wenn die vom BGH angewandte Methode der Ergebnisfindung nicht ganz ihre Zustimmung findet.

c. Kritische Würdigung

Als Resultat der vorstehenden Ausführungen ist festzuhalten, dass aufgrund des Spannungsverhältnisses von Recht und Rechtswirklichkeit – namentlich für den Bereich der unternehmenstragenden BGB-Gesellschaften – das vom BGH gefundene Ergebnis der Rechtsfähigkeit der (Außen-)GbR aus rechtspolitischen Erwägungen weit über die Grenzen der Gruppenlehre hinaus Zustimmung gefunden hat. Als rechtspolitisch relevant kann das Ergebnis angesehen werden, dass – insbesondere für den Bereich der unternehmenstragenden BGB-Gesellschaften – das Merkmal der Rechtsfähigkeit für den Anschluss an die Realitäten des wirtschaftlichen und gesellschaftlichen Lebens in der Gegenwart eine zentrale Rolle spielt. Erst die Anerkennung der Rechtsfähigkeit macht „den Verband im Rechtsverkehr, namentlich in der Wirtschaft, als selbständige Einheit handlungsfähig"[182].

---

[178] Alberts, Die Gesellschaft bürgerlichen Rechts im Umbruch, S. 133 f.
[179] Prütting, EWiR 2001, S. 341 (342).
[180] Prütting, Festschrift für Wiedemann, S. 1177 (1195).
[181] Vgl. insoweit auch Pohlmann, ZZP 2002, S. 103 (109); Derleder, BB 2001, S. 2485 (2493); Peifer, NZG 2001, S. 296 (298 f.).
[182] Raiser, AcP 194 (1994), S. 495 (510).

Die obigen Ausführungen zur Rechtspolitik dürfen aber nicht zu dem falschen Schluss führen, der BGH hätte das Ergebnis der Rechtsfähigkeit der (Außen-)GbR nicht im Einklang mit der Rechtsmethodik und Rechtsdogmatik gefunden. Auch wenn man sich – insbesondere in Bezug auf die eigentliche Rechtsfortbildung – in mancher Hinsicht eine fundiertere dogmatische Begründung gewünscht hätte und bei einem derartigen Grundlagenurteil auch hätte erwarten dürfen, so ist der Vorwurf, der BGH habe dieses Ergebnis contra legem erzielt und habe sich mit dieser Entscheidung einen originär der Legislative zustehenden Aufgabenbereich, welcher der gesetzgebenden Gewalt im Rahmen der Gewaltenteilung zugewiesen ist, angemaßt, angesichts der vorstehenden Hinweise zur Legitimation der Rechtsfortbildung verfehlt.[183] Der II. Zivilsenat hat die Rechtsfähigkeit der (Außen-)GbR „ohne Rückgriff auf spekulative Metaphysik durch klassische juristische Dogmatik"[184] abgeleitet und damit – entsprechend der Lehre von der Rechtsdogmatik – das geltende BGB-Gesellschaftsrecht widerspruchsfrei und mit rationaler Überzeugungskraft als ein homogenes Wertungssystem zu erklären versucht.[185] Dass der BGH hierbei zugleich ein Stück weit rechtspolitisch tätig geworden ist, lässt sich nicht leugnen. Die Rechtsdogmatik und die Formulierung rechtsdogmatischer Aussagen stehen wegen ihrer Abhängigkeit von der Normsetzung – als mittelbare Produkte der Rechtspolitik[186] – indirekt mit dieser in Beziehung und können nicht eindeutig von ihr abgegrenzt werden, da es eine wert- und weltanschauungsfreie Dogmatik nicht geben kann: „Sie beruht nie allein auf formaler Logik, sondern sie zielt immer auf die Verfestigung bestimmter materieller Werturteile und Regelungsziele"[187].

---

[183] Mit gleichem Ergebnis, aber anderer Begründung auch Wilhelm, LM H. 5/2001, § 50 ZPO Nr. 52 Bl. 887 (893).
[184] Mülbert, AcP 199 (1999), S. 38 (101).
[185] Vgl. hierzu Rüthers, Rechtsdogmatik und Rechtspolitik, S. 30 f.
[186] So die Formulierung von Rüthers, in Rechtsdogmatik und Rechtspolitik, S. 31: „Dogmatik ist bei genauem Hinsehen wegen ihrer Abhängigkeit von der Normsetzung mindestens mittelbar ein Produkt der Rechtspolitik".
[187] Rüthers, Rechtsdogmatik und Rechtspolitik, S. 31.

§ 4 Die ausdrückliche Anerkennung der Parteifähigkeit der BGB-Gesellschaft

I. „[…] im Zivilprozess aktiv und passiv parteifähig."[188]

Konnte man von dem ausdrücklichen Bekenntnis des BGH zur Rechtsfähigkeit der (Außen-)GbR noch behaupten, diese Rechtsfortbildung sei bereits in mannigfacher Weise – sowohl in der Rechtswissenschaft[189] als auch in der Rechtsprechung[190] – vorgezeichnet gewesen, so trifft diese Aussage keinesfalls auch für den zweiten Leitsatz der Entscheidung zu, mit dem sich der BGH erstmals ausdrücklich zur grundsätzlichen aktiven und passiven Parteifähigkeit der BGB-Gesellschaft bekannt hat: „In diesem Rahmen ist sie zugleich im Zivilprozess aktiv und passiv parteifähig"[191]. Dieses kurze und prägnante Bekenntnis hat die Rechtswissenschaft und die Rechtspraxis unvorbereitet getroffen und überrascht. Gegenüber dem Bekenntnis zur Rechtsfähigkeit der BGB-Gesellschaft ist dies der weitaus „größere Schritt"[192] und „kommt einer kleinen Sensation gleich"[193]. Der „abrupte Sinneswandel"[194] in dieser Frage ist vor allem deshalb so spektakulär, weil der BGH damit nicht nur eine – über ein Jahrhundert andauernde – Rechtsprechung aufgegeben hat, sondern sich zugleich auch gegen die bis dahin wohl weit überwiegende Mehrheit in der Literatur durchgesetzt hat.[195]

II. Die Begründung des BGH zur Anerkennung der Parteifähigkeit

Die Begründungs- und Argumentationsstruktur zur Anerkennung der Parteifähigkeit orientiert sich an dem vorstehenden Argumentationsduktus zur Anerkennung der Rechtsfähigkeit der BGB-Gesellschaft. Im ersten Teil seiner Ausführungen zur Parteifähigkeit begründet er seine neue Rechtsposition im engeren Sinne und verweist auf die vorzugswürdige Praktikabilität dieses Modells. Im zweiten Teil geht er wieder dazu über, das gefundene Ergebnis gegen mögliche Gegenargumente zu verteidigen, wobei er hierbei insbesondere auf § 736 ZPO und die fehlende Registerpublizität der GbR

---

[188] BGH, NJW 2001, S. 1056.
[189] Vgl. hierzu bereits oben unter S. 44 ff.
[190] Vgl. hierzu bereits oben unter S. 56 ff.
[191] BGH, NJW 2001, S. 1056.
[192] Pohlmann, ZZP 2002, S. 103 (105).
[193] Habersack, BB 2001, S. 477.
[194] Schmidt, NJW 2001, S. 993 (994).
[195] Siehe hierzu bereits oben S. 59 ff.; vgl. hierzu auch Schemmann, DNotZ 2001, S. 244 f.; Lüke, Festschrift für Ishikawa, S. 253 ff.; Wiedemann, JZ 2001, S. 661 (662).

eingeht. Ausgangspunkt seiner Darlegungen zur Parteifähigkeit bildet für den Senat nicht eine bestimmte streitentscheidende Norm, die einer höchstrichterlichen Auslegung bedarf, sondern das materiell-rechtliche Verständnis der Gesamthandsgesellschaft, weswegen er seine Ausführungen auch mit dem Hinweis auf die Anerkennung der Rechtsfähigkeit beginnt.

1. Prozessrechtliche Konsequenz der Rechtsfähigkeit

Die Anerkennung der Rechtsfähigkeit hat nach Ansicht des BGH die Anerkennung der Parteifähigkeit zur Folge, da die umfassende Parteifähigkeit die notwendige prozessrechtliche Konsequenz der Rechtsfähigkeit darstellt.[196] Im Zusammenhang mit dem Gleichlauf zwischen Rechts- und Parteifähigkeit verweist der BGH auf die Sachbefugnis, die grundsätzlich der Prozessführungsbefugnis entspreche. Die Sachbefugnis beantwortet die Frage nach der richtigen Partei im Zivilprozess: Demnach ist Partei, wer Inhaber oder Verpflichteter des geltend gemachten Rechts ist. Da nach den bisherigen Feststellungen des Senats die Gesellschaft materiell Rechtsinhaberin beziehungsweise Verpflichtete ist, müsse diese als richtige Partei eines Rechtsstreits insoweit auch parteifähig und prozessführungsbefugt sein.

2. Praktikabilitätserwägungen

a. Die Einheitlichkeit der Prozessführung

Für den BGH bietet die Anerkennung der Parteifähigkeit ein praktikables und vorzugswürdiges Modell, das aus den gesellschaftsrechtlichen Gesamthandsregeln die angemessenen prozessualen Konsequenzen zieht und zwar in der Weise, dass es das Gesamthandsprinzip auch auf prozessualer Ebene adäquat widerspiegelt.[197] Zwar gewährleiste das bisher praktizierte Modell der notwendigen Streitgenossenschaft den Erlass eines einheitlichen Urteils, könne aber keine den materiell-rechtlichen Verhältnissen adäquate Prozessführung sicherstellen. Bei der notwendigen Streitgenossenschaft gebe es keine Verpflichtung der Gesellschafter, Prozesshandlungen nur gemeinschaftlich vorzunehmen, mit der Konsequenz, dass jeder Streitgenosse seinen eigenen Prozess betreibe. Der Umstand, dass jeder Streitgenosse gesondert Prozesshandlungen vornehmen könne, einen eigenen Prozessbevollmächtigten bestellen könne und unabhängig von den anderen Rechtsmittel einlegen könne mit der Folge, dass ein Urteil gegenüber den anderen

---

[196] BGH, NJW 2001, S. 1056 (1058).
[197] BGH, NJW 2001, S. 1056 (1058 f.)

Gesellschaftern nicht in Rechtskraft erwachse, weise grundsätzliche Unterschiede zur materiell-rechtlichen Vertretungs- und Verfügungsbefugnis der Gesellschaft auf. Ein solcher Widerspruch zwischen materiell-rechtlicher und prozessualer Ebene ergebe sich insbesondere dann, wenn nur ein einziger Gesellschafter geschäftsführungsbefugt sei und die anderen Gesellschafter für die Gesellschaft materiell-rechtlich nicht wirksam handeln könnten, oder wenn zwei geschäftsführungsbefugte Gesellschafter zwei sich widersprechende materiell-rechtliche Erklärungen abgäben. In diesen Fällen könnten die materiell-rechtlich nicht befugten Gesellschafter dennoch Prozesshandlungen vornehmen. Nur mit Hilfe der Parteifähigkeitslösung lasse sich ein wirklicher Gleichlauf zwischen der materiell-rechtlichen Vertretungsbefugnis und der Prozessführungsbefugnis erreichen. Alle anderen Lösungswege auf Grundlage der Streitgenossenschaftstheorie – insbesondere die Übertragung der materiell-rechtlichen Vertretungsbefugnis auf die Prozessführungsbefugnis der Gesellschafter – stellten einen Verstoß gegen die Grundprinzipien der notwendigen Streitgenossenschaft dar.

b. Vorteil der einfacheren und konsequenteren Lösung

Dass nun nicht mehr sämtliche gegenwärtige Mitglieder der Gesellschaft verklagt werden beziehungsweise klagen müssen, hebt der BGH als einen für die Rechtspraxis bedeutsamen Vorzug der Parteifähigkeitslösung hervor.[198] Das bisher praktizierte Modell, wonach im Aktiv- als auch im Passivprozess alle Gesellschafter klagen oder verklagt werden mussten, habe die Handlungsfähigkeit der GbR im Rechtsverkehr erheblich beeinträchtigt und bei größeren Gesellschaften regelmäßig zu gravierenden Problemen geführt. In Anbetracht dieser Schwierigkeiten habe die Rechtsprechung[199] – um der Praktikabilität willen – die strikte Anwendung des bislang praktizierten Modells bereits früher durchbrochen und sich in Fällen, in denen fälschlicherweise nicht alle Gesellschafter in die Klageschrift einbezogen wurden oder die Mitgliedschaft einzelner Gesellschafter unklar oder streitig war, mit einer – systemwidrigen und kaum überzeugenden – einfachen Rubrumsberichtigung als „Hilfskonstruktion"[200] beholfen, eine Hilfskonstruktion, die insbesondere im Falle der Zwangsvollstreckung, in der dem Gerichtsvollzieher die Überprüfung von Zweifelsfällen nicht möglich ist, versagt und zu einer weiteren Verkomplizierung der Situation führt.

---

[198] BGH, NJW 2001, S. 1056 (1058).
[199] Der BGH verweist in diesem Zusammenhang auf BGH, NJW-RR 1990, S. 867 ff. und BGH, NJW 1997, S. 1236 ff., auf die bereits oben unter S. 69 ff. eingegangen wurde.
[200] BGH, NJW 2001, S. 1056 (1059).

c. Veränderungen im Gesellschafterbestand

Ein für die Rechtspraxis bedeutsamer Vorzug der Parteifähigkeitslösung besteht – so der Senat[201] – darin, dass ein Wechsel im Mitgliederbestand der Gesellschaft zum Zeitpunkt des Erkenntnis- oder Zwangsvollstreckungsverfahrens die Rechtsdurchsetzung in keiner Weise mehr berührt beziehungsweise behindert. Der bislang praktizierte Lösungsvorschlag über § 727 ZPO analog könne die bei strikter Anwendung der Streitgenossenschaftslösung entstehenden Probleme nicht befriedigend lösen. Insbesondere versage er vollends, wenn der Gläubiger die Rechtsnachfolge nicht in der nach § 727 ZPO erforderlichen Form nachweisen könne oder die unerkannt gebliebene Veränderung im Gesellschafterbestand vor Rechtshängigkeit der Klage erfolgt sei, da § 727 ZPO auf Rechtsänderungen, die zeitlich vor diesem Zeitpunkt eintreten, nicht anwendbar sei. In praktischer Hinsicht unbefriedigend sei zudem, dass bei Bekanntwerden einer Veränderung im Gesellschafterbestand das Zwangsvollstreckungsverfahren eingestellt werden müsse. Diesen Umstand könnte sich eine Gesellschaft zunutze machen und durch ständige Veränderungen im Gesellschafterbestand Zwangsvollstreckungsmaßnahmen nahezu gänzlich vereiteln.

3. Vereinbarkeit von Gesetzeswortlaut und Gesetzessystematik

a. § 736 ZPO

Die Vorschrift des § 736 ZPO, wonach zur Zwangsvollstreckung in das Vermögen der GbR ein gegen alle Gesellschafter ergangenes Urteil erforderlich ist, kann nach Ansicht des BGH nicht als Argument gegen die Bejahung der Parteifähigkeit vorgebracht werden.[202] Bereits der Wortlaut der Norm spreche nicht gegen die Annahme der Parteifähigkeit. Denn verstehe man die Bestimmung in der Weise, dass ein gegen die Gesamtheit der gesamthänderisch verbundenen Gesellschafter als Partei ergangenes Urteil ein Urteil „gegen alle Gesellschafter" ist, so ist die bisherige Deutung, die Vorschrift verlange – zur Zwangsvollstreckung in das Gesellschaftsvermögen – ein Urteil gegen jeden einzelnen Gesellschafter, nicht mehr zwingend. Zur Begründung seiner Ansicht verweist der BGH zudem auf die Entstehungsgeschichte und das damalige Verständnis der Norm, womit er dem auffälligen Charakterzug dieses Urteils – der stark historisch geprägten Argumentationsweise – wieder Rechnung trägt. Ähnlich der Argumentation zur

---

[201] BGH, NJW 2001, S. 1056 (1058 f.).
[202] BGH, NJW 2001, S. 1056 (1059).

Rechtsfähigkeit geht er zunächst auf die Konzeption des ersten Entwurfes des BGB ein, wonach die Gesellschaft noch als römisch-rechtliche Bruchteilsgemeinschaft ausgestaltet war und sich die Gesellschafter nur mit einem Verfügungsverbot schuldrechtlicher Art konfrontiert sahen, so dass es Privatgläubigern einzelner Gesellschafter im Zwangsvollstreckungsverfahren grundsätzlich möglich gewesen wäre, auf deren Anteile am Gesellschaftsvermögen zurückzugreifen. In der Sorge um die Zerschlagung des Gesellschaftsvermögens und die Vereitelung der gesellschaftlichen Zweckerreichung durch derartige Vollstreckungsmaßnahmen habe die zweite Kommission, insbesondere auch für den Fall der Beibehaltung der römisch-rechtlichen Bruchteilsgemeinschaft als Grundkonzeption, versucht, die sich bei strikter Anwendung dieses Modells ergebenden Konsequenzen mit einer – dem gesamthänderischen Gedankengut entspringenden – vollstreckungsrechtlichen Vorschrift (§ 645a) abzumildern. Die zunächst beschlossene Vorschrift sollte nach ihrem eindeutigen Wortlaut verhindern, dass Gläubiger einzelner Gesellschafter in das Gesellschaftsvermögen vollstreckten. Nachdem sich die zweite Kommission dann aber zur Übernahme des Gesamthandsprinzips durchgerungen hatte, hat sie den in § 645a zum Ausdruck gekommenen Gedanken als Absatz 3 an § 658 E II, der dem heutigen § 719 BGB entspricht, angehängt und in dieser Weise – ohne weitere Erörterung – letztlich auch beibehalten. Erst nachträglich wurde der Absatz 3 des § 658 E II gestrichen und ersatzweise dafür der inhaltsgleiche und nahezu wortgleiche § 671 (beziehungsweise 670b) in die Civilprozessordnung eingestellt, der dem heutigen § 736 ZPO entspricht. Vor dem Hintergrund dieser Entwicklungsgeschichte sieht der BGH in § 736 ZPO eine Ausprägung des Prinzips der gesamthänderischen Bindung. Die Vorschrift des § 736 ZPO sei daher nichts anderes als das prozessuale Spiegelbild des § 719 BGB und werde daher zu Recht auch als § 719 BGB bezeichnet. Mit der Einführung dieser Vorschrift habe der Gesetzgeber nur die Vollstreckung in das Gesellschaftsvermögen durch Gläubiger einzelner Gesellschafter ausschließen, nicht jedoch eine abschließende Regelung über die Partei(un)fähigkeit der BGB-Gesellschaft treffen wollen. Im Ergebnis habe der Gesetzgeber die Annahme der Parteifähigkeit jedenfalls nicht ausschließen wollen. Zur Absicherung seines Ergebnisses verweist der II. Zivilsenat zum einen auf die Kommentierung von Gottlieb Planck[203], wonach die Regelungen der §§ 736, 859 ZPO lediglich Ausdruck der gesamthänderischen Bindung seien und die Parteifähigkeit der Gesellschaft nicht berühren. Zum anderen greift er auf die amtliche Begründung der CPO-Novelle zu § 670b

---

[203] Planck`s Kommentar zum BGB, 1. Aufl., Vor § 705 Anm. II. 2 (S. 453).

CPO[204] zurück, der kein durchgreifendes Argument gegen die Anerkennung der Parteifähigkeit entnommen werden könne. Die darin enthaltene Formulierung, die Gesellschaft könne als solche nicht klagen oder verklagt werden, kann nach Ansicht des BGH nicht als Argument gegen die Bejahung der Parteifähigkeit vorgebracht werden, da der Begriff „Gesellschaft als solche" – wie sich aus zahlreichen Textstellen ergebe[205] – seinerzeit als Synonym für eine juristische Person verwendet wurde. Was die künftige Bedeutung von § 736 ZPO betrifft, greift der Senat auf das neue Verständnis von der Norm zurück und führt aus: Die Anerkennung der Parteifähigkeit mache die Vorschrift des § 736 ZPO nicht überflüssig und führe sie nicht in die Bedeutungslosigkeit, denn eine Vollstreckung in das Gesellschaftsvermögen sei eben nicht nur mit einem Titel gegen die Gesellschaft als Partei möglich, sondern auch dann, wenn nur ein Gesamtschuldtitel gegen jeden einzelnen Gesellschafter aufgrund dessen persönlicher Mithaftung vorliege. Dies mache auch den Unterschied zur OHG beziehungsweise KG aus: Entgegen der Rechtslage bei § 124 Abs. 2 HGB könne also auch dann in das Gesellschaftsvermögen vollstreckt werden, wenn der Titel gegen alle einzelnen Gesellschafter gerichtet sei und eigentlich nur reine Privatverbindlichkeiten der Gesellschafter betreffe.

b. Aspekt der fehlenden Registerpublizität

Die fehlende Registerpublizität stellt für den Senat kein Hindernis auf dem Weg zur Anerkennung der Parteifähigkeit der BGB-Gesellschaft dar. Er erkennt zwar an, dass sich – aufgrund dieses Umstandes – die konkrete Identifizierung einer BGB-Gesellschaft im Prozess und Vollstreckungsverfahren als schwierig erweisen könnte und sich oft nur mit erheblicher Mühe feststellen lasse, ob eine Vereinigung mehrerer bereits eine (Außen-)GbR oder nur ein flüchtiges Gebilde darstelle. Allerdings erachtet der BGH diese Schwierigkeiten für nicht so schwerwiegend, als dass sie die Parteifähigkeit der (Außen-)GbR bereits logisch ausschlössen. Insoweit ist es dem oder den Geschäftsführern, welche die BGB-Gesellschaft im Aktivprozess vertreten, auch ohne weiteres zumutbar, diese möglichst genau zu individualisieren und konkretisieren. Die Frage der Prozesskostentragungspflicht sei auch bei Scheingesellschaften unproblematisch: Die für eine vermeintlich existierende BGB-Gesellschaft handelnden Personen müssten, im Falle der Nichtexistenz dieser Gesellschaft, letztlich auch die Kosten für einen derartigen

---

[204] Hahn/Mugdan, Die gesammten Materialien zu den Reichs-Justizgesetzen, Bd. VIII, S. 138.

[205] Vgl. hierzu die Bezugnahme auf die entsprechenden Textstellen beziehungsweise Kommentierungen, BGH, NJW 2001, S. 1056 (1060).

Prozess tragen. Im Rahmen eines Passivprozesses ergäben sich bei Anerkennung der Parteifähigkeit für Gesellschaftsgläubiger keine nachteiligen Konsequenzen. Sie könnten neben der nun bestehenden Klagemöglichkeit gegen die Gesellschaft auch weiterhin – wie bisher – alle Gesellschafter verklagen. Dies sei sogar ratsam, da die Gläubiger dann nicht Gefahr liefen, im Falle der Nichtexistenz der Gesellschaft oder dem Fehlen von Gesellschaftsvermögen den Prozess faktisch zu verlieren und leer auszugehen. Ähnlich der Rechtslage bei der OHG beziehungsweise KG blieben dem Gläubiger bei dieser Vorgehensweise nämlich immer noch die Titel gegen die einzelnen Gesellschafter persönlich, um dann in deren Privatvermögen zu vollstrecken. Durch die Anerkennung der Parteifähigkeit werde die Klage gegen die BGB-Gesellschaft auch nicht verpflichtend und als unabdingbare Voraussetzung für eine Klage gegen die einzelnen Gesellschafter persönlich postuliert, denn – wie bisher – könnten die Gläubiger auch ausschließlich gegen die Gesellschafter vorgehen.

III. Kritische Auseinandersetzung mit dem Urteil des BGH vom 29.01.2001: *PARTEIFÄHIGKEIT*

Ähnlich der Begründung und Argumentation zur Anerkennung der Rechtsfähigkeit sind auch die Ausführungen zur Parteifähigkeit an den praktischen Bedürfnissen des heutigen Rechtsverkehrs ausgerichtet. Auch hier steht offenbar die Zielsetzung im Vordergrund, dem Rechtsanwender mit der Parteifähigkeitslösung ein möglichst widerspruchsfreies und praktikables Konzept für die Rechtspraxis anzubieten, um ihn im Rechtsalltag von den dogmatischen Grundfragen des BGB-Gesellschaftsrechts zu entlasten.

In den nachfolgenden Darlegungen soll die Entscheidung des BGH zur Anerkennung der Parteifähigkeit unter rechtsmethodischen und rechtspolitischen Aspekten betrachtet werden. Den Grundfragen des Methodenverständnisses schließt sich eine zusammenfassende Beurteilung an.

1. Rechtsmethodische Aspekte

Dass nicht nur die vom BGH vorgenommene Anerkennung der Rechtsfähigkeit Grundfragen des juristischen Methodenverständnisses aufwirft, sondern insbesondere auch die Anerkennung der Parteifähigkeit, offenbart sich bereits bei einer ersten, flüchtigen Lektüre der entsprechenden Begründung zur Anerkennung der Parteifähigkeit. Dem Leser erschließt sich nicht sofort die methodologische Vorgehensweise des BGH. Vor diesem Hintergrund stellt sich ihm die berechtigte Frage: Gelangt der BGH zu seinem Ergebnis – der vollumfänglichen Parteifähigkeit der (Außen-)GbR – im Wege der

Rechtsauslegung oder der Rechtsfortbildung? Im Folgenden soll dieser Frage nachgegangen werden.

a. Aspekte der Auslegung

aa. Die grammatikalische Auslegung

Im Mittelpunkt der Begründung zur Anerkennung der Parteifähigkeit der BGB-Gesellschaft steht die Vorschrift des § 736 ZPO.[206] Allerdings weist der Normwortlaut des § 736 ZPO, wonach zur Zwangsvollstreckung in das Gesellschaftsvermögen einer nach §§ 705 ff. BGB eingegangenen Gesellschaft ein gegen alle Gesellschafter vollstreckbares Urteil erforderlich ist, eher in die Gegenrichtung als in Richtung auf die Parteifähigkeit der BGB-Gesellschaft. Der BGH zieht diese Vorschrift in seinen Ausführungen daher auch keineswegs als die sein Ergebnis positiv begründende Norm heran, von der sich die Parteifähigkeit direkt herleiten lasse, sondern geht auf diese erst im Rahmen der Verteidigung seines Ergebnisses ein. Insoweit befindet sich der BGH auch noch im Einklang mit der nahezu allgemeinen Meinung in der Rechtswissenschaft: Die Parteifähigkeit der BGB-Gesellschaft lässt sich nicht mit einer Wortlautinterpretation des § 736 ZPO erklären und positiv begründen. Zusammenfassend darf daher festgestellt werden, dass der BGH sein Ergebnis – die Parteifähigkeit der (Außen-)GbR – nicht dem Gesetzeswortlaut, und hier insbesondere dem § 736 ZPO, entnommen hat.

bb. Die teleologisch-genetische Auslegung

aaa. Die Ansicht des BGH

Zu Ermittlung des eigentlichen, hinter dem § 736 ZPO stehenden Gesetzeszwecks befasst sich der BGH eingehend mit der Entstehungs- und Entwicklungsgeschichte dieser Vorschrift.[207] Anhand der Protokolle und amtlichen Begründungen zum Gesetzgebungsverfahren kommt er zu dem Schluss, dass der Gesetzgeber mit § 736 ZPO die BGB-Gesellschaft nicht parteiunfähig machen und keineswegs die Annahme der Parteifähigkeit ausschließen wollte, sondern vielmehr die Vollstreckungshandlungen einzelner Gläubiger in das Gesellschaftsvermögen zu verhindern versuchte. Insgesamt

---

[206] Grundsätzliche, systematische und methodologische Überlegungen zur grammatikalischen Auslegung siehe oben unter S. 104 f.

[207] Zur Einordnung der teleologisch-genetischen Interpretation vgl. bereits oben S. 106 f.

ergibt sich für den BGH folgendes Zwischenergebnis: Der Gesetzgeber hat die Parteifähigkeit der BGB-Gesellschaft nicht abschließend geregelt und eine konkrete Festlegung in dieser Frage vermieden. Die Norm des § 736 ZPO hat jedenfalls nicht den Zweck, die Parteifähigkeit der BGB-Gesellschaft im Zivilprozess zu verhindern. Die semantisch nahe liegende Auslegung des § 736 ZPO gibt die ratio legis nicht zutreffend wieder und übersieht den eigentlich zugrunde gelegten Sinn und Zweck der Vorschrift.

bbb. Kritik vonseiten der zivilprozessualen Literatur

Dass dieses vom BGH gefundene Zwischenergebnis in der zivilprozessualen Literatur nicht allseits auf ungeteilte Zustimmung stößt, ist angesichts der fast hundertjährigen, gegenteiligen Rechtsprechung[208] nicht überraschend. Als einer der schärfsten Kritiker dieser Entscheidung hat sich Hanns Prütting[209] erwiesen, der das Urteil des BGH sogar als contra legem einstuft. Die kritischen Stimmen[210] in der Rechtswissenschaft sehen in der Anerkennung der Parteifähigkeit vor allem einen Widerspruch zum Gesetzeswortlaut und zur Gesetzessystematik der §§ 50 und 736 ZPO. Während die Kritiker die Ablehnung der Parteifähigkeit früher auch auf die Vorschrift des § 50 ZPO stützten,[211] konzentriert man sich neuerdings – aufgrund der zwischenzeitlich aufgetretenen Zweifel über die Reichweite dieser Norm – wohl vor allem auf die Bedeutung des § 736 ZPO und verlagert den Schwerpunkt des Streites im Hinblick auf die Parteifähigkeit auf den Regelungsbereich dieser vollstreckungsrechtlichen Norm. Ansatzpunkt ihrer Kritik ist das – nach ihrer Ansicht – leichtfertige Hinwegsetzen des II. Zivilsenats über den vermeintlich klaren Wortlaut des § 736 ZPO, der sich aus einer Zusammenschau mit der Nachbarvorschrift (§ 735 ZPO) erst vollumfänglich erschließe. Aus dem Umstand, dass § 736 ZPO dem Wortlaut nach ein Urteil gegen alle Gesellschafter verlangt, um eine Zwangsvollstreckung in das Gesellschaftsvermögen zu betreiben, deduzieren sie die Parteiunfähigkeit der BGB-Gesellschaft. Abgesichert wird diese Schlussfolgerung mit einem Verweis auf die Vorschrift des § 124 Abs. 1 HGB, mit welcher der Gesetzgeber die Parteifähigkeit der OHG und KG konstitutiv verliehen und auch vorbehalten habe. Dies verdeutliche, dass sich der Gesetzgeber bewusst für eine unterschiedliche prozessuale Behandlung von OHG und BGB-Gesellschaft entschieden habe und eine Gleichsetzung dieser Gesellschaften

---

[208] Vgl. hierzu bereits oben S. 64 ff.

[209] Prütting, Festschrift für Wiedemann, S. 1177 ff.; ders., EWiR 2001, S. 341 f.

[210] Neben Prütting (Fn. 209) vgl. auch Heil, NZG 2001, S. 300 ff.; Peifer, NZG 2001, S. 296 (299 f.); Schemmann, DNotZ 2001, S. 244 (247).

[211] Vgl. Prütting, Festschrift für Wiedemann, S. 1177 (1187).

wohlweislich vermeiden wollte. Der historische Gesetzgeber sei niemals von der Parteifähigkeit der BGB-Gesellschaft ausgegangen. Wenn der Gesetzgeber auch der BGB-Gesellschaft die Fähigkeit, Partei in einem Zivilprozess zu sein, hätte verleihen wollen, dann hätte er eine dem § 124 Abs. 1 HGB entsprechende Vorschrift in das Recht der BGB-Gesellschaft aufnehmen müssen und die Vorschrift des § 736 ZPO ergänzen beziehungsweise auf diese vollständig verzichten müssen. Für die Vertreter der Parteiunfähigkeitslösung stellt dieser sich nach den Grundsätzen der logisch-grammatikalischen Interpretation ergebende eindeutige Wortsinn ein bindendes Ergebnis dar, das eine weitergehende Auslegung oder gar Rechtsfortbildung über den Wortlaut hinaus verbietet.

cc. *Kritische Würdigung*

aaa. *Der Wortlaut des § 736 ZPO*

Der zweite Leitsatz des Grundlagenurteils und die dazugehörige Begründung und Argumentation des II. Zivilsenats begegnet – im Hinblick auf den Wortlaut der Normen des BGB-Gesellschaftsrechts – weitaus intensiverer Kritik als die Rechtsprechung zur Rechtsfähigkeit. Dies ist zunächst verständlich, denn während der Gesetzeswortlaut des § 718 Abs. 1 BGB durch die Benutzung des legaldefinierten Begriffes des „Gesellschaftsvermögens" wenigstens noch einen – zugegebenermaßen – bescheidenen Ansatzpunkt und ein schwaches Argument für die Bejahung der Rechtsfähigkeit lieferte[212], hat der BGH im Hinblick auf die Frage der Parteifähigkeit nahezu keinerlei Wortlautargumente für sein Ergebnis anführen können. Im Gegenteil, der Wortlaut der einschlägigen Normen des BGB-Gesellschaftsrechts, und hier insbesondere der des § 736 ZPO, spricht – insoweit ist den kritischen Stimmen in der Rechtswissenschaft zuzustimmen – wohl auf den ersten Blick eher gegen die Annahme der Parteifähigkeitslösung. Zwar sagt der Wortlaut unmittelbar nichts über die prozessrechtliche Stellung der BGB-Gesellschaft aus, doch mittelbar scheint der Wortlaut des § 736 ZPO („alle Gesellschafter") einen angeblich „klaren und eindeutigen" Hinweis auf die Parteiunfähigkeit der BGB-Gesellschaft zu geben. Dies hat zumindest die bislang h.L.[213] so gesehen. Allerdings ist diese Auslegung – auf den

---

[212] Vgl. hierzu bereits oben S. 111.
[213] Berndt/Boin, NJW 1998, S. 2854 (2856, 2858); Cordes, JZ 1998, S. 545 (549); Peifer, NZG 2001, S. 296 (299 f.); Müther, MDR 1998, S. 625 (627);Schmidt, Gutachten, S. 413 (478); Zöllner, Festschrift für Kraft, S. 701 (702, 705); Mümmler, JurBüro 1982, S. 1607 (1608); Lüke, ZGR 1994, S. 266 (278 ff.); Zöller/Vollkommer, 22. Aufl., § 50 Rn. 26; Thomas/Putzo, 22. Aufl., § 50 Rn. 9; Heller, Der Zivilprozess der Gesell-

zweiten Blick – nicht zwingend, denn Lothar Seuffert[214] hat schon im Jahre 1899 darauf hingewiesen, dass im Rahmen des § 736 ZPO „ein gegen die Gesellschaft ergangenes Urteil genügt; denn ein solches Urteil ist auch gegen alle Gesellschafter ergangen". Aus rechtsmethodischen Gründen war der BGH daher gut beraten, seinen Argumentationsduktus nicht nur auf die unterschiedlichen Auslegungsmöglichkeiten und den buchstäblichen Sinn des § 736 ZPO zu stützen, sondern vielmehr auch die Gesetzesmaterialien heranzuziehen, um den wirklichen Sinn und Zweck des Gesetzes zu ermitteln. Einmal mehr zeigt sich die Unzulänglichkeit einer ausschließlich am Wortlaut orientierten Auslegung. Gerade im BGB-Gesellschaftsrecht, das zwei unterschiedliche Gesellschaftsprinzipien in sich vereinigt hat, greift das Festhalten am buchstäblichen Sinn der Normen zu kurz und verstellt den Blick auf den eigentlichen Willen des Gesetzes.[215] Der dem § 736 ZPO zugrunde gelegte Sinn und Zweck kann nur dann möglichst zweifelsfrei ermittelt werden, wenn die Entstehungsgeschichte und die entsprechenden Gesetzesmaterialien im Rahmen dieser Ermittlung nicht ausgeblendet werden.

bbb. Die Gesetzesmaterialien

Das Zwischenergebnis des BGH verdient Anerkennung, da es dem BGH damit gelungen ist, den § 736 ZPO aus seiner historisch bedingten Beengtheit und Befangenheit zu befreien. Freilich, der Gesetzgeber hat beim Erlass dieser Vorschrift mitnichten an die Parteifähigkeit der BGB-Gesellschaft gedacht. Allerdings lässt sich aus diesem Umstand kein zwingendes Argument gegen die Parteifähigkeit der BGB-Gesellschaft entnehmen. Denn bei näherer Betrachtung zeigt sich nämlich, dass sich der Wortlaut des § 736 ZPO nur vor dem Hintergrund der Entwicklungsgeschichte und dem der Vorschrift zugrunde gelegten Sinn und Zweck verstehen und richtig einordnen lässt. Zu Recht verweist der BGH daher auf die Gesetzesmaterialien, die in überzeugender Art und Weise belegen, dass der alleinige Zweck der Vorschrift des § 736 ZPO darin besteht, das Gesellschaftsvermögen gegen den Zugriff der Gläubiger nur einzelner Gesellschafter abzuschirmen. Besonders klar und sprachlich eindeutig tritt dies in dem der zweiten Kommission vorgelegten Absatz 1 des Antrages 2 (§ 645a) zutage, der im Gegensatz zum letztlich beschlossenen § 736 ZPO einen zusätzlichen, zweiten Satz umfasste: „[...] Auf der Grund eines nur gegen einen Gesellschafter vollstreckba-

---

schaft bürgerlichen Rechts, S. 52 ff.; Prütting, ZIP 1997, S. 1725 (1727). Vgl. hierzu bereits auch Fn. 150 im 2. Teil.

[214] Seuffert, DJZ 1899, S. 50.

[215] Vgl. hierzu bereits oben S.109 f.

ren Schuldtitels findet die Zwangsvollstreckung nur in dasjenige statt, was dem Gesellschafter als Gewinnantheil oder bei der Auseinandersetzung zukommt."[216] Damit sollten die beim Bruchteilseigentum bestehenden uneingeschränkten Vollstreckungsmöglichkeiten beschränkt werden: Möglich sollte demnach nur eine Pfändung des Wertanteils am Gesellschaftsvermögen in Form des Auseinandersetzungsguthabens sein, nicht aber die Vollstreckung in die einzelnen Gegenstände des Gesellschaftsvermögens. Mit dieser ursprünglichen Formulierung der Vorschrift, die für den Fall vorgesehen war, dass man sich grundsätzlich auf die strikt individualistische, d.h. römisch-rechtliche, Konzeption der BGB-Gesellschaft einigen würde, wollte der Gesetzgeber einzig und allein der Zersplitterung des Gesellschaftsvermögens und der Vereitelung des mit der Gesellschaft verfolgten Zwecks entgegentreten. Dass einer entsprechenden vollstreckungsrechtlichen Bestimmung auch bei Einführung des Gesamthandsprinzips keine andere Bedeutung zukommen sollte, ergibt sich auch aus einem Eventualantrag Gottlieb Plancks, der für den Fall der Verständigung auf das Gesamthandsprinzip vorgesehen war. Dort heißt es in § c des Antrages 5: „Die Zwangsvollstreckung der Privatgläubiger eines Gesellschafters in das Gesellschaftsvermögen ist ausgeschlossen, sie findet nur in den Anspruch auf dasjenige statt, was dem Gesellschafter als Gewinnantheil oder bei der Auseinandersetzung zukommt".[217] Zwar reicht diese Norm des Eventualantrags inhaltlich noch weiter, da sie die Zwangsvollstreckung in das Gesellschaftsvermögen wegen anderer als Gesellschaftsschulden für gänzlich unzulässig erklärt, was hingegen nach dem § d des Antrages 4 grundsätzlich noch möglich sein sollte[218]. Dennoch verdeutlicht sie unmissverständlich die Zweckrichtung, die hinter diesen Regelungen steht: dem Schutz der gesamthänderischen Vermögensbindung noch besser Rechnung zu tragen. Nichts anderes hat die zweite Kommission mit dem – dann endgültig beschlossenen – § 736 ZPO zum Ausdruck bringen wollen. Der mit der Vorschrift des § 736 ZPO verfolgte Sinn und Zweck lässt sich daher weder als Argument gegen die Anerkennung der Parteifähigkeit noch als Argument dafür anführen. Dass die Vorschrift von Anfang an – entgegen ihrer eigentlichen Zwecksetzung – immer wieder als Beleg für die Parteiunfähigkeit der BGB-Gesellschaft herangezogen wurde, dürfte damit zusammenhängen, dass sie einem individualistisch geprägten Umfeld entspringt und dieses individualistische Grundverständnis auch auf die prozessuale Ebene übertragen wurde, eine Sichtweise, die durch die Rechtsprechung, die über 100 Jahre

---

[216] Mugdan, Materialien zum Bürgerlichen Gesetzbuch, Band II, S. 988.
[217] Mugdan, Materialien zum Bürgerlichen Gesetzbuch, Band II, S. 989.
[218] Vgl. Mugdan, Materialien zum Bürgerlichen Gesetzbuch, Band II, S. 993; Materialien zu den Reichs-Justizgesetznovellen, Band I, S. 210 f.

diesem vorherrschenden individualistischen Verständnis stillschweigend gefolgt ist, vertieft und immer wieder neu bestätigt wurde, so dass lange Zeit jegliche Zweifel an der Auslegung der Norm im Keim erstickt wurden. Dass § 736 ZPO die Parteiunfähigkeit der BGB-Gesellschaft bestätigt, war ein unumstößliches Dogma, das Generationen von Juristen eingeprägt wurde. Außerdem dürfte auch die sprachliche Überarbeitung und das Weglassen des zunächst vorgesehenen – oben zitierten[219] – zweiten Satzes in der letztlich beschlossenen Endfassung, die bis heute unverändert geblieben ist, zu dieser einseitigen Sichtweise erheblich beigetragen haben.

Für die teleologische Neuinterpretation des § 736 ZPO als prozessualem Pendant zu § 719 BGB und wertneutralen Bestimmung im Hinblick auf die Frage der Parteifähigkeit der BGB-Gesellschaft spricht eine weitere, vom BGH nicht explizit angesprochene Überlegung. Wie bereits oben[220] festgestellt, war die Gesetzgebungskommission der Ansicht, zu der wissenschaftlichen Streitfrage über das Wesen der gesamten Hand nicht Stellung nehmen zu müssen, um so einer vertieften dogmengeschichtlichen und theoretischen Aufarbeitung des Gesamthandsprinzips durch Rechtsprechung und Rechtswissenschaft nicht vorwegzugreifen. Es spricht vieles dafür, dass die Kommission nicht nur die Frage der Rechtsfähigkeit, sondern auch die der Parteifähigkeit der BGB-Gesellschaft nicht abschließend regeln wollte. Unabhängig davon, dass die in den Gesetzesmaterialien gebrauchte Formulierung „Wesen der gesammten Hand" im Hinblick auf die Frage der Rechtsfähigkeit in einem inhaltlich umfassenden Sinn zu verstehen ist[221], dürfte sich der Begriff des „Wesens" angesichts seiner semantischen Bedeutung wohl auch auf die Frage der Parteifähigkeit beziehen, denn unter diesem Begriff werden allgemein die „Grundeigenschaften, der innere Kern und das Wesentliche" zusammengefasst.[222] Und zu den Grundeigenschaften und zu den Wesensmerkmalen einer Gesellschaft, d.h. den rechtserheblichen Grundeigenschaften, die eine Gesellschaft ausmachen, gehört neben der Frage nach der Rechtspersönlichkeit und -fähigkeit auch die Frage nach der Parteifähigkeit als einer der verkehrswesentlichen Eigenschaften. Die Bestimmung der Rechtsnatur einer Gesellschaft lässt sich nur dann umfassend beantworten, wenn im Rahmen der juristischen Qualifikation auch die prozessrechtliche Stellung der betreffenden Gesellschaft berücksichtigt wird. Dass die bei Mugdan verwendete Bemerkung in den Protokollen gemäß der vorstehenden Interpretation in einem inhaltlich umfassenden Sinn zu verstehen ist und auch die Frage nach der prozessrechtlichen Stellung mit ein-

---

[219] Vgl. hierzu auf S.141 f.
[220] Vgl. hierzu oben S. 112 ff.
[221] Vgl. hierzu bereits oben S. 112 ff.
[222] Wahrig, Deutsches Wörterbuch, siehe zum Begriff „Wesen", S. 1429.

schließt, kann auch aus einem formalen Argument gefolgert werden. Die Protokolle belegen, dass der heutige § 736 ZPO zunächst noch als § d des Antrages 4 zu § 645 E I beziehungsweise als Absatz 3 des § 658 E II geführt und erst später in die ZPO eingestellt wurde.[223] Diese Norm hängt unmittelbar mit der komplizierten Einführung des Gesamthandsprinzips zusammen: Bei den Beratungen war die Bestimmung des § 736 ZPO eine der brisanten Fragen; aber immer nur im Hinblick auf die Rechtsnatur des Gesamthandsprinzips.[224] Die diesbezügliche Bemerkung in den Protokollen lautet: „Die Kom. war der Ansicht, daß eine Stellungnahme zu der wissenschaftlichen Streitfrage über das Wesen der gesammten Hand zu vermeiden sei"[225]. Diese Bemerkung bezieht sich also auch auf die Norm des § d des Antrages 4 zu § 645 E I, der dann von der zweiten Kommission als Absatz 3 des § 658 E II beschlossen wurde und – nachträglich – als § 736 ZPO in die Zivilprozessordnung eingestellt wurde.

Folglich erstreckt sich die brisante Frage, welche die zweite Kommission nicht entscheiden wollte, nicht nur auf die Frage der Rechtsfähigkeit, sondern auch auf die der prozessrechtlichen Stellung. Es wäre in der Tat widersprüchlich, wenn der Gesetzgeber einerseits die wissenschaftliche Streitfrage über das Wesen der Gesamthand – d.h. über verkehrswesentliche Eigenschaften des Gesamthandsprinzips – unbeantwortet ließe, andererseits aber mit der Vorschrift des § 736 ZPO (§ 658 Abs. 3 E II) der Parteiunfähigkeit der BGB-Gesellschaft Rechnung tragen wollte. Offensichtlich ist es der Kommission nicht gelungen, mit § 736 ZPO eine Formulierung zu finden, die – entsprechend der teleologischen Konzeption – mit beiden Gesamthandskonzepten, d.h. sowohl mit dem individualistischen als auch mit dem kollektiven, vereinbar ist und trotzdem eine klare Aussage zu dem sachlich zu regelnden Problem enthält. Angesichts dieses Dilemmas erscheint die Behauptung der Kritiker, der Gesetzgeber habe mit § 736 ZPO die Parteiunfähigkeit der BGB-Gesellschaft abschließend geregelt, mehr als fraglich.

Der BGH hat es leider versäumt, das Argument der Gegenseite – der Gesetzgeber habe mit § 735 ZPO eine Titelwahl ermöglicht, nicht aber mit § 736 ZPO[226] – das sie aus dem Wortlautvergleich zwischen § 735 ZPO („genügt") und § 736 ZPO („erforderlich") ableitet, im Voraus zu entkräften. Aufgrund der dargestellten Entwicklungsgeschichte der Norm, wonach der

---

[223] Vgl. oben Fn. 50 im 1. Teil.

[224] Wertenbruch, Die Haftung von Gesellschaften und Gesellschaftsanteilen in der Zwangsvollstreckung, S. 13.

[225] Mugdan, Materialien zum Bürgerlichen Gesetzbuch, Band II, S. 990; vgl. hierzu auch noch die Anmerkung in Fn. 94.

[226] Vgl. Prütting, Festschrift für Wiedemann, S. 1177 (1189); Heil, NZG 2001, S. 300 (303); Stein/Jonas/Münzberg, 22. Aufl., § 736 Rn. 1, Fn. 7.

heutige § 736 ZPO zunächst als Absatz 3 des § 658 E II (719 BGB) geführt wurde und erst später in die ZPO eingestellt wurde, sind an dem behaupteten „offenkundigen Zusammenhang"[227] zwischen § 735 ZPO und § 736 ZPO erhebliche Zweifel angebracht. Die Bestimmung des § 736 ZPO wurde in einem gänzlich anderem Kontext als § 735 ZPO diskutiert und abgehandelt. Wie sich gezeigt hat, wurde § 736 ZPO mit der Einführung des Gesamthandsprinzips in das BGB-Gesellschaftsrecht als Pendant zur materiellrechtlichen Regelung des § 719 BGB konzipiert und sollte ursprünglich in das BGB aufgenommen werden.[228] Ein direkter Wortlautvergleich zwischen § 735 ZPO und § 736 ZPO ist bereits deswegen nicht schlüssig, weil § 736 ZPO keine originär prozessrechtliche Regelung ist. Der angestellte Vergleich hinkt, weil er den eigentlichen Gesetzeskontext, in dem die Norm zur Entstehung gelangt ist, missachtet: § 736 ZPO ist nicht das Pendant zu § 735 ZPO, sondern zu § 719 BGB. Wer § 736 ZPO nur mit § 735 ZPO isoliert betrachtet, vernachlässigt den entwicklungsgeschichtlichem und teleologischen Zusammenhang. Ein Vergleich mit den – zu § 736 ZPO – inhaltsgleichen Parallelvorschriften in den anderen Anträgen, die der zweiten Kommission ebenfalls zum Entwurf des BGB vorgelegt wurden, zeigt, welche teleologische Zwecksetzung mit dieser Vorschrift verbunden war und dass die Wortwahl sich erst vor diesem Hintergrund vollumfänglich erschließt. Ein bloßes Festhalten am buchstäblichen Sinn des Ausdrucks erscheint angesichts der mannigfachen Ungereimtheiten im Recht der BGB-Gesellschaft – und dazu zählt auch § 736 ZPO – nicht sinnvoll.

Es überrascht daher nicht, dass die Kritiker[229] der Entscheidung sich vor allem durch den Hinweis in der amtlichen Begründung zur CPO-Novelle, wonach die „Gesellschaft als solche" nicht verklagt werden könne, in ihrer Ansicht bestätigt fühlen. Dagegen ist einzuwenden, dass sie die in den Gesetzesmaterialien verwendete Formulierung aus ihrem entwicklungshistorischen Zusammenhang reißen und leichtfertig über den zugrunde liegenden ursprünglichen Sinn und Zweck, auf den der BGH[230] im Anschluss an die umfangreiche wissenschaftliche Aufarbeitung durch Wertenbruch[231] hinweist, hinweg gehen. Jener Hinweis in den Gesetzesmaterialien ist historisch zu verstehen, als Ausdruck der Rechtsüberzeugung des ausgehenden 19. Jahrhunderts und des überwiegende Teils des 20. Jahrhunderts, einer Zeit, die geprägt war von einer „Monopolisierung der Rechtsfähigkeit auf natür-

---

227 Prütting, Festschrift für Wiedemann, S. 1177 (1189).
228 Vgl. oben Fn. 50 im 1. Teil.
229 Vgl. hierzu insbesondere Heil, NZG 2001, S. 300 (303).
230 BGH, NJW 2001, S. 1056 (1060).
231 Wertenbruch, Die Haftung von Gesellschaften und Gesellschaftsanteilen in der Zwangsvollstreckung, S. 131 ff.

liche und juristische Personen"[232]. Gemäß dem römisch-rechtlichen Verständnis von einem „strikten Dualismus"[233] wurde nur natürlichen und juristischen Personen Rechtsfähigkeit sowie Parteifähigkeit zuerkannt. Alle anderen Rechtsgemeinschaften wurden in die Gruppe der nicht rechts- und parteifähigen Vereinigungen eingeordnet;[234] neben den natürlichen und juristischen Personen wurde kein weiterer, „dritter" Fall der Rechts- und Parteifähigkeit anerkannt. Auf der Basis diese Verständnisses bereitete die rechtliche Qualifizierung der Personengesellschaften erhebliche Schwierigkeiten, da diesen das – dem römischen Recht unbekannte – deutschrechtliche Prinzip der gesamten Hand zugrunde lag. Die Schwierigkeiten bestanden darin, dass das Gesamthandsprinzip nicht den römisch-rechtlichen Strukturbildungen entsprach und sich daher nur sehr schwer in ein vom römischen Recht geprägtes Privatrecht einordnen ließ: „Die Unsicherheit in der Würdigung der Personengesellschaften ist charakteristisch für die europäische [...] Gesetzgebung des 19. Jahrhunderts".[235] Wie bereits oben[236] festgestellt, bestanden diese Unsicherheiten insbesondere auch bei der Beratung des Rechts der BGB-Gesellschaft. Ob die BGB-Gesellschaft einen weiteren, dritten Fall der Rechts- und Parteifähigkeit darstellt, wollte die Gesetzgebungskommission nicht abschließend beantworten.[237] Da der Gesetzgeber die BGB-Gesellschaft aber nicht als Personenmehrheit mit eigener Rechtspersönlichkeit ausstattete und auf eine den § 1 Abs. 1 S. 1 AktG, § 13 Abs. 1 GmbHG beziehungsweise § 17 Abs. 1 GenG entsprechende Regelung verzichtete, geht die ganz h.M.[238] davon aus, dass er sie zumindest nicht in die Kategorie der juristischen Personen eingeordnet wissen wollte. Zutreffend stellt Huber[239] daher fest, dass sich die zweite Kommission mit der Einsicht zufrieden gab, die Gesamthand sei auf keinen Fall eine juristische Person, sondern im Gegensatz dazu vielmehr mit der Gesamtheit ihrer Mitglieder identisch. Da die BGB-Gesellschaft jedenfalls nicht als juristische Person rechts- und parteifähig sein sollte und die Frage, ob es außer den natürlichen und juristischen Personen noch eine dritte Kategorie der Rechts- und Parteifähigkeit gibt, ungeklärt bleiben sollte, spricht vieles da-

---

[232] Aderhold, JA 1980, S. 136 (142).
[233] Hueck, Festschrift für Zöllner, S. 275 (287).
[234] Vgl. Fabricius, Relativität der Rechtsfähigkeit, S. 1 ff.
[235] Wiedemann, WM 1994, Sonderbeilage Nr. 4, S. 4.
[236] Vgl. hierzu oben S. 25 ff.; vgl. auch auf S. 108 ff. und S. 140 ff.
[237] Vgl. hierzu oben S. 116 und S. 143 ff.
[238] Schulze-Osterloh, Das Prinzip der gesamthänderischen Bindung, S. 8 und 11; Flume, Die Personengesellschaft, S. 87 ff.; ders., ZHR 136 (1972), S. 177 ff.; Ulmer, AcP 198 (1998), S. 113 (122 ff.); Palandt/Heinrichs, 60. Aufl., Einf. v. § 21 Rn 1 f. und § 705 Rn. 4; Berndt/Boin, NJW 1998, S. 2854 (2855); Knoke, Das Recht der Gesellschaft nach dem Bürgerlichen Gesetzbuch für das Deutsche Reich, S. 11 ff.
[239] Huber, Festschrift für Lutter, S. 107 (120 f.).

für, die Begründung des ZPO-Gesetzgebers, die „Gesellschaft als solche" könne nicht verklagt werden, als klare Abgrenzung zur juristischen Person aufzufassen und entsprechend der nachvollziehbaren Interpretation des BGH auszulegen. Es wäre in der Tat widersinnig, wenn der Gesetzgeber zwar einerseits die Frage nach der Rechtsnatur der BGB-Gesellschaft nicht entscheiden wollte, um so einer vertieften dogmengeschichtlichen und theoretischen Aufarbeitung des Gesamthandsprinzips durch Rechtsprechung und Rechtswissenschaft nicht vorwegzugreifen, aber andererseits die Frage nach der Parteifähigkeit dieses Phänomens beantwortet hätte.

Für die teleologische Neuinterpretation des § 736 ZPO spricht zudem noch eine weitere Kommentierung in der amtlichen Begründung der CPO-Novelle zu § 670b CPO (dem späteren § 738 ZPO), über welche die Kritiker der BGH-Entscheidung geflissentlich hinweggehen. Im Anschluss an die oben dargelegte Bemerkung, die Gesellschaft könne „als solche" nicht verklagt werden, heißt es weiter unten in der Begründung: „Zur Beschaffung eines gegen alle Gesellschafter vollstreckbaren Titels wird übrigens in der Regel die Klage gegen den geschäftsführenden Gesellschafter ausreichen (BGB § 714)".[240] Daraus, dass hier von einer Klage gegen den Geschäftsführer die Rede ist, lässt sich sicherlich nicht die Parteifähigkeit der BGB-Gesellschaft konstitutiv ableiten. Es spricht aber wohl einiges dafür, dass mit der Klage gegen den Geschäftsführer nichts anderes als die Klage gegen die Gesellschaft gemeint ist. Davon ging wohl auch die zweite Kommission zum BGB-Gesetzgebungsverfahren aus, wie die Protokolle zum BGB nahe legen.[241] Allerdings lässt sich dies nicht mit an Sicherheit grenzender Wahrscheinlichkeit nachweisen, denn dafür ist die Bemerkung in ihrem Textzusammenhang nicht hinreichend klar und eindeutig. Zumindest aber wird durch diese Bemerkung das Argument der Gegenseite, mit der Vorschrift des § 736 ZPO habe der Gesetzgeber die fehlende Parteifähigkeit der BGB-Gesellschaft „klar und eindeutig" festlegen wollen, erschüttert. Die Anmerkung ist ein weiteres Indiz dafür, dass der Gesetzgeber mit § 736 BGB keineswegs die Parteiunfähigkeit der BGB-Gesellschaft festschreiben wollte, sondern vielmehr im Planck'schen[242] Sinne die prozessrechtliche Stellung der BGB-Gesellschaft nicht berühren wollte.

---

[240] Hahn/Mugdan, Die gesammten Materialien zu den Reichs-Justizgesetzen, Bd. VIII, S. 138.

[241] Mugdan, Materialien zum Bürgerlichen Gesetzbuch, Band II, S. 994.

[242] Vgl. die vom BGH zitierte Kommentierung von Planck in: Planck's Kommentar zum BGB, 1. Aufl., Vor § 705 Anm. II. 2 (S. 453).

ccc. Fazit

Nach alledem ist das vom BGH im Wege der teleologisch-genetischen Interpretation gefundene Zwischenergebnis unter rechtsmethodischen Gesichtspunkten nicht zu beanstanden. Angesichts der vorstehend aufgeführten Gründe, insbesondere der dem § 736 ZPO zugrunde liegenden teleologischen Konzeption, und dem Umstand, dass der Gesetzgeber das Außenverhältnis und die Rechtsnatur der BGB-Gesellschaft nahezu ungeregelt gelassen hat, ergibt sich aus dem geltenden Recht weder ein Argument für
noch ein Argument gegen die Parteifähigkeit der BGB-Gesellschaft. Zu
Recht stellt daher der BGH fest, dass sich aus den Vorschriften des BGB-
Gesellschaftsrechts, insbesondere dem § 736 ZPO, kein zwingender Rückschluss auf die prozessrechtliche Stellung der BGB-Gesellschaft ziehen lasse: Der Gesetzgeber hat sich über diese Frage vielmehr keine abschließenden Gedanken gemacht. Die Argumentation der Kritiker hat sich als nicht
überzeugend erwiesen. Sowohl die Vorstellung, die Vorschrift des § 736
ZPO stelle eine gegen die Parteifähigkeit der BGB-Gesellschaft gerichtete
Regelung dar, als auch die Annahme, mit § 736 ZPO habe der Gesetzgeber
die Parteiunfähigkeit der BGB-Gesellschaft festgeschrieben, sind nicht zutreffend. Die Frage der Parteifähigkeit der BGB-Gesellschaft war nicht Gegenstand der in dem Grundsatz der gesamten Hand begründeten Vorschrift
des § 736 ZPO. Die von Kritikern vertretene Ansicht stößt in rechtsmetho-
dologischer Hinsicht auf erheblichen Bedenken, denn sie missachtet die –
in der Rechtsmethodik stets Vorrang genießende – teleologische Interpretation der Norm, indem sie aus § 736 ZPO den zwingenden Rückschluss auf
die Parteiunfähigkeit der BGB-Gesellschaft zieht.

b.   Aspekte der Rechtsfortbildung

aa.   Vorbemerkung

Ebenso wenig wie sich die Rechtsfähigkeit der (Außen-)GbR im Wege der
einfachen Gesetzesauslegung hat feststellen lassen, hat der BGH sein zwei-
tes Resultat – die Parteifähigkeit der BGB-Gesellschaft – mit den klassischen
Methoden der Gesetzesauslegung gefunden. Nach dem erhobenen Befund[243] kann weder die Parteifähigkeit noch die Parteiunfähigkeit der BGB-
Gesellschaft aus dem geltenden Recht abgeleitet werden. Die Behauptung
Prüttings[244], der BGH habe die Bejahung der Parteifähigkeit durch eine his-

---

[243] Vgl. hierzu oben S. 140 ff.
[244] Prütting, Festschrift für Wiedemann, S. 1177 (1187 ff; 1196).

torische Interpretation zu begründen versucht, trifft aus zwei Gründen nicht zu. Zum einen übersieht Prütting, dass sich der BGH nicht nur auf eine historische Interpretation beschränkt, sondern auf eine teleologisch-genetische Interpretation abstellt, und zum anderen verkennt er, dass der BGH im Rahmen dieser teleologisch-genetischen Interpretation nicht sein Endergebnis – die Parteifähigkeit der BGB-Gesellschaft – zu begründen versucht, sondern zunächst nur ein Zwischenergebnis[245] gefunden hat: Der Gesetzgeber hat das Wesen und die Rechtsnatur der BGB-Gesellschaft nicht in den §§ 705 ff. BGB normiert; durch § 736 ZPO wollte er nicht die Frage der Parteifähigkeit durch § 736 ZPO geregelt wissen. Unter rechtsmethodisch-logischen Gesichtspunkten bleibt dem BGH damit nur die Möglichkeit, mittels richterlicher Rechtsfortbildung[246] sein zentrales Endergebnis – die Parteifähigkeit der (Außen-)GbR – zu erzielen. Vor dem Hintergrund dieser Überlegungen werden die Äußerungen des BGH daher zu Recht als ein Akt richterlicher Rechtsfortbildung kategorisiert.[247]

bb. Gesetzesimmanente Methode der Rechtsfortbildung

Die wohl ganz h.L.[248] hat bis zum Grundlagenurteil im Jahre 2001 in § 736 ZPO ein absolutes „Rechtsfortbildungshindernis"[249] gesehen und jegliche Art der Rechtsfortbildung verneint. Für sie bedeutete eine Rechtsfortbildung mit dem Ziel der Parteifähigkeit der BGB-Gesellschaft nichts anderes als eine Rechtsfortbildung contra legem und war daher abzulehnen. Kein absolutes Rechtsfortbildungshindernis stellte § 736 ZPO für diejenigen dar, welche die Parteifähigkeit der BGB-Gesellschaft im Wege der gesetzesüber-

---

[245] Vgl. oben S. 148.

[246] Vgl. zur Zulässigkeit richterlicher Rechtsfortbildung bereits oben S. 116 ff.

[247] Vgl. Pohlmann, ZZP 2002, S. 103 (106 ff.); Kellermann, Festschrift für Wiedemann, S. 1069 (1077 f.); Wiedemann, JZ 2001, S. 661 ff.; Derleder, BB 2001, S. 2485 (2493); Westermann, NZG 2001, S. 289 (290); Lüke, Festschrift für Ishikawa, S. 253 ff.; Ulmer, ZIP 2001, S. 585 (599); Schemmann, DNotZ 2001, S. 244 (245); Elsing, BB 2003, S. 909 (915); Stürner, JZ 2002, S. 1108 ff.; anders ist insoweit wohl Wertenbruch in seiner Habilitationsschrift zu verstehen, der die Anerkennung der Parteifähigkeit der BGB-Gesellschaft nicht als einen Akt richterlicher Rechtsfortbildung begreift, sondern sie wohl bereits aus dem geltenden (Gewohnheits-)Recht ableiten möchte (vgl. Wertenbruch, Die Haftung von Gesellschaften und Gesellschaftsanteilen in der Zwangsvollstreckung, S. 122 ff.; 130).

[248] Göckeler, Die BGB-Gesellschaft im Erkenntnis-, Vollstreckungs- und Konkursverfahren, S. 85, 87; Lüke, ZGR 1994, S. 266 (280); Prütting, ZIP 1997, S. 1725 (1728); Heller, Der Zivilprozess der Gesellschaft bürgerlichen Rechts, S. 102 ff.; weiterhin auch Prütting, EWiR 2001, S. 341 (342); ders., Festschrift für Wiedemann, S. 1177 (1192); Heil, NZG 2001, S. 300 ff.; vgl. hierzu auch Fn. 150 im 2. Teil.

[249] Göckeler, Die BGB-Gesellschaft im Erkenntnis-, Vollstreckungs- und Konkursverfahren, S. 85, 87.

steigenden Rechtsfortbildung[250] anerkannten.[251] Nach Ansicht von Hüffer[252] und Reichert[253] enthält § 736 ZPO demnach nur das „prozessrechtliche Spiegelbild der unausgereiften materiell-rechtlichen Gesamthandskonzeption des 19. Jahrhunderts und darf deshalb so wenig wie diese als Fortbildungsschranke interpretiert werden"[254]. Dass § 736 ZPO aber weder ein absolutes noch ein relatives Rechtsfortbildungshindernis im vorbezeichneten Sinn darstellt, folgt aus der oben[255] dargestellten teleologischen Neuinterpretation des § 736 ZPO. Wie in diesem Zusammenhang bereits festgestellt,[256] hat sich das vom BGH gewonnene Zwischenergebnis, wonach der Gesetzgeber die prozessrechtliche Stellung der BGB-Gesellschaft im BGB-Gesellschaftsrecht, insbesondere in § 736 ZPO nicht abschließend geregelt hat, als methodisch schlüssig und zutreffend erwiesen. Unter rechtsmethodischen Gesichtspunkten hat der BGH damit die Unvollständigkeit des BGB-Gesellschaftsrechts in Bezug auf die prozessrechtliche Stellung der BGB-Gesellschaft überzeugend dargetan. Damit ist ihm die Möglichkeit der gesetzesimmanenten Rechtsfortbildung eröffnet, wie Pohlmann[257] zutreffend feststellt: Methodisch kann das wohl nur so aufgefasst werden, dass damit eine – die gesetzesimmanente Rechtsfortbildung erlaubende Lücke – nachgewiesen sein soll. Um eine die Rechtsfortbildung erlaubende Regelungslücke handelt es sich eben deshalb, weil nach dem Grundgedanken und dem inneren Zweck des BGB-Gesellschaftsrechts auch die Regelung der prozessrechtlichen Stellung dieser Gesellschaft erwartet werden muss. Eine sachlich umfassende und sachgerechte Regelung des BGB-Gesellschaftsrechts hätte die grundlegenden Fragen, zu denen auch diese nach der prozessrechtlichen Stellung der BGB-Gesellschaft gehört, nicht dem rechtsfreien Raum überlassen. Das Zivilprozessrecht wird damit nicht erst durch die neuere Rechtsentwicklung im materiellen Recht, die zur Rechtsfähigkeit der BGB-Gesellschaft geführt hat,[258] in Form einer nach-

---

[250] Zur Abgrenzung zwischen gesetzesübersteigender und gesetzesimmanenter Rechtsfortbildung vgl. bereits oben S. 118 ff.

[251] Vgl. Hüffer, Festschrift für Stimpel, S. 165 (177 f.); ders., ZHR 151 (1987), S. 396 (400); Lindacher, JuS 1982; S. 592 (593); Breuninger, Die BGB-Gesellschaft als Rechtssubjekt im Wirtschaftsverkehr, S. 85 ff.; in diese Richtung bislang wohl auch Schmidt, Gesellschaftsrecht, 3. Aufl., S. 1805 ff.; nicht ganz klar insoweit Ulmer, Gesellschaft bürgerlichen Rechts, 3. Aufl., § 718 Rn. 42.

[252] Hüffer, Festschrift für Stimpel, S. 165 ff.

[253] Reichert, Die BGB-Gesellschaft im Zivilprozess, S. 111 und 139.

[254] Hüffer, Festschrift für Stimpel, S. 165 (177 a.E.).

[255] Vgl. oben S. 140 ff.

[256] Vgl. oben S. 148.

[257] Pohlmann, ZZP 2002, S. 103 (106).

[258] Vgl. zur neueren Rechtsentwicklung im materiellen Recht oben S. 44 ff.

träglichen Lücke planwidrig unvollständig,[259] sondern bereits der Umstand, dass der Gesetzgeber mit § 736 ZPO die prozessrechtliche Stellung der BGB-Gesellschaft überhaupt nicht berühren wollte und die wissenschaftliche Streitfrage über das Wesen der Gesamthand nicht abschließend regeln wollte, führt zu einer von Anfang an bestehenden Lückenhaftigkeit der gesetzlichen Regelungen. Insoweit ist auch kein Rückgriff mehr auf die von einer Minderheit[260] bisher vertretene gesetzesübersteigende Rechtsfortbildung nötig; dieser Rückgriff verbietet sich sogar nach den Grundsätzen der Rechtsmethodik, wenn eine Rechtsfrage bereits im Wege einfacher Gesetzesauslegung oder gesetzesimmanenter Rechtsfortbildung so gelöst werden kann, wie es sich aus einem unabweisbaren Bedürfnis des Rechtsverkehrs, der Forderung nach Praktikabilität der Rechtsnormen, der Natur der Sache und den ethischen Rechtsprinzipien ergibt.[261] Ein Rückgriff auf eine gesetzesübersteigende Rechtsfortbildung ist auch aufgrund des unbestreitbaren Umstandes, dass die Gesetzgebungskommission die Parteifähigkeit der BGB-Gesellschaft weder ausdrücklich diskutiert hat noch stillschweigend von einer parteifähigen BGB-Gesellschaft ausgegangen ist, nicht geboten. Nach dem oben erhobenen teleologisch-genetischen Befund[262] sind die gesetzlichen Regelungen des BGB-Gesellschaftsrechts, insbesondere die §§ 705 ff BGB und § 736 ZPO, in Bezug auf das Wesen der BGB-Gesellschaft, unter Einbeziehung der Frage nach der prozessrechtlichen Stellung derselben, als nicht vollständig und abschließend zu betrachten. Der Sinn und Zweck dieser gesetzlichen Regelungen und die Zwecksetzung des Gesetzgebers stehen der vom BGH vorgenommenen Rechtsfortbildung damit nicht entgegen, da sie gerade Raum für eine Weiterentwicklung gelassen haben.

cc. Diskussion zur Ausfüllung der festgestellten Gesetzeslücke

aaa. Zulässigkeit

In Anlehnung an die Begründung und Argumentation zur Rechtsfortbildung im materiellen Recht, die zur Rechtsfähigkeit der BGB-Gesellschaft geführt hat, orientiert sich der BGH beim Schließen der angenommenen prozessrechtlichen Lücke insbesondere an praktischen Bedürfnissen und an der Praktikabilität der neuen Rechtsprechung. Getragen ist die Weiterbildung des Rechts vom Ziel einer vernünftigen Sachregelung, welche vor al-

---

[259] So noch die inzwischen überholte Argumentation von Reichert, Die BGB-Gesellschaft im Zivilprozess, S. 109.
[260] Vgl. Fn. 251.
[261] Larenz/Canaris, Methodenlehre der Rechtswissenschaft, S. 245.
[262] Vgl. oben S. 108 ff. und S. 140 ff.

lem die Bedürfnisse und Schwierigkeiten der Praxis berücksichtigt. Die vom BGH angeführten Argumente, die sich auf die Einheitlichkeit der Prozessführung[263], die Parteifähigkeitslösung als einfachere und konsequentere Lösung[264], und die Veränderungen im Gesellschafterbestand[265] erstrecken, spiegeln die Sorge um die praktische Rechtsanwendung wider. Ohne hier auf die Argumente im Detail einzugehen, die in dieser umfangreichen Diskussion vorgebracht werden, sei nur kurz angemerkt, dass in diesem Punkt die vom BGH vertretene Ansicht klar überlegen ist, da sie den Rechtsalltag der – insbesondere mitgliedsstarken – BGB-Gesellschaften durch die gewonnene prozessuale Verkehrstauglichkeit erheblich erleichtert. Der Rückgriff auf das unzulängliche und unbefriedigende Modell der Streitgenossenschaftslösung[266], das der Unterscheidung zwischen den Rechtsbeziehungen der Gesamthand und denen der Gesellschafter im Prozess nur bedingt gerecht wird und den Rechtssuchenden im Rahmen der Klageerhebung mit hochkomplexen zivilprozessualen Problemen konfrontiert, erübrigt sich damit. Selbst die Kritiker[267] dieser Entscheidung sehen die praktischen Vorzüge der Parteifähigkeitslösung, die „in mancher Hinsicht sicherlich eine Erleichterung"[268] mit sich bringen wird. Dass sich die Rechtsprechung bei der Ausfüllung von Regelungslücken im Wege der gesetzesimmanenten Rechtsfortbildung auch an praktischen Bedürfnissen des Rechtsverkehrs, an Sachzwängen und Aspekten der Sachgerechtigkeit orientieren darf, wurde bereits erwähnt.[269] Insoweit sind die vom BGH überwiegend vorgebrachten – funktionalen und praktischen – Argumente nach den Grundsätzen der Rechtsmethodik grundsätzlich geeignet, um die konkrete Rechtsfortbildung hin zur Parteifähigkeit der BGB-Gesellschaft zu begründen.

bbb. „Geglückte" Rechtsfortbildung

Allerdings hat sich der BGH in diesem Zusammenhang mit einer rein auf praxisorientierten Gründen beruhenden Weiterbildung des Rechts nicht zufrieden gegeben. Er hat vielmehr bewusst angestrebt, die praktischen Be-

---

263 Vgl. hierzu oben S. 132 f.
264 Vgl. hierzu oben S. 133 f.
265 Vgl. hierzu oben S. 134.
266 Vgl. hierzu oben. S. 66 ff.
267 Vgl. nur Prütting, EWiR 2001, S. 341 a.E.; ders., Prütting, Festschrift für Wiedemann, S. 1177 (1195): für die Anerkennung der Parteifähigkeit lassen sich „gute Gründe" nennen; Derleder, BB 2001, S. 2485 (2492); als Vertreter der traditionellen Theorie bereits vor der Grundlagenentscheidung auch Alberts, Die Gesellschaft bürgerlichen Rechts im Umbruch, S. 148.
268 Prütting, EWiR 2001, S. 341 a.E.
269 Vgl. hierzu oben S. 122.

dürfnisse des Rechtsverkehrs mit rechtsdogmatischen Überlegungen in Einklang zu bringen, indem er gleich zu Beginn seiner Ausführungen zur Parteifähigkeit auf den in § 50 Abs. 1 ZPO offensichtlich angelegten Gleichlauf zwischen Rechts- und Parteifähigkeit hinweist und die Parteifähigkeit gewissermaßen aus der Rechtsfähigkeit ableitet. Auf den ersten Blick erscheint diese Schlussfolgerung logisch stringent und konsequent, da § 50 Abs. 1 ZPO eine solche Interpretation nahe legt und die materielle Rechtsfähigkeit einer Verbandsorganisation auf eine rechtliche Entsprechung im Prozessrecht drängt. Auf den zweiten Blick begegnet diese unmittelbare Ableitung aus § 50 Abs. 1 ZPO aber rechtsmethodischen Bedenken. Zum einen ist es der Überzeugungskraft dieses Urteils bereits abträglich, dass der BGH in diesem Zusammenhang überhaupt nicht näher auf § 50 Abs. 1 ZPO und die dieser Norm zugrunde liegenden Konzeption eingeht, und zum anderen steht einer unmittelbaren Anwendung die – im Wege einer teleologisch-genetischen Interpretation gewonnene – Teleologie dieser Norm entgegen. Zu Recht wird insoweit auf die Gesetzesmaterialien verwiesen, aus denen sich die der Norm zugrunde liegende Konzeption ergibt.[270] Aus der amtlichen Begründung zu § 49a[271] der CPO-Novelle (dem heutigen § 50 ZPO) lässt sich nämlich unzweideutig entnehmen, dass sich der in dieser Norm angelegte Gleichlauf zwischen Rechtsfähigkeit und Parteifähigkeit nur auf natürliche und juristische Personen bezieht. Beizupflichten ist dem Senat zwar insofern noch in seiner unausgesprochenen, offensichtlichen Annahme, dass § 50 Abs. 1 ZPO de facto keine abschließende Regelung der Parteifähigkeit enthält und die Parteifähigkeit nicht nur auf natürliche und juristische Personen beschränkt ist. Einerseits ergibt sich bereits aus § 50 Abs. 2 ZPO und § 124 Abs. 1 HGB, dass die Parteifähigkeit nicht nur natürlichen und juristischen Personen vorbehalten ist, sondern auch anderen Rechtsgebilden zukommen kann, und andererseits wollte die Gesetzgebungskommission die Frage, ob darüber hinaus weiteren Personenvereinigungen ohne besondere Gesetzesvorschriften Rechtsfähigkeit und Parteifähigkeit zukommen sollten, bewusst nicht abschließend regeln, da sie sich über diese Angelegenheit noch keine abschließende Meinung gebildet hatte.[272] Zudem ergibt sich wohl auch bereits aus dem rein rechtsdogmatischen Charakter der Denkform "Parteifähigkeit", dass es hierzu einer ausdrücklichen gesetzlichen Anordnung nicht bedarf. Nicht beizupflichten ist dem Senat allerdings in seiner Ansicht, § 50 Abs. 1 ZPO sei unmittelbar auch

---

[270] So bereits Hüffer, Festschrift für Stimpel, S. 165 (176); Schemmann, DNotZ 2001, S. 244 (245); Ulmer, Gesellschaft bürgerlichen Rechts, 3. Aufl., § 718 Rn. 42; Reichert, Die BGB-Gesellschaft im Zivilprozess, S. 107.

[271] Hahn/Mugdan, Die gesammten Materialien zu den Reichs-Justizgesetzen, Bd. VIII, S. 84.

[272] Vgl. oben S. 116 und S. 148 f.

auf die Rechtslage bei der BGB-Gesellschaft anzuwenden. Die Konzeption des § 50 Abs. 1 ZPO, wonach nur natürliche Personen und juristische Personenvereinigungen erfasst werden, verbietet es, diese auch auf andere – d.h. nicht-juristische – Personenvereinigungen direkt anzuwenden. Die Norm ist demzufolge zwar nicht als abschließend zu verstehen, doch unmittelbar ist sie nur auf natürliche und juristische Personen anzuwenden. Methodisch überzeugender wäre der Hinweis auf § 50 Abs. 1 ZPO daher ausgefallen, wenn der BGH auf die hinter der Vorschrift stehende „dynamische Verweisung"[273] im Wege einer Analogie zurückgegriffen hätte. Rechtsmethodisch vorzugswürdigere Vorschläge hat es hierzu bereits früher gegeben. So hat schon Reichert[274] darauf verwiesen, dass der in § 50 Abs. 1 ZPO enthaltene allgemeine Rechtsgedanke, die prozessuale Zuständigkeit des materiellen Rechtsträgers herbeizuführen, wonach parteifähig ist, wer Träger von Rechten und Pflichten ist, auf die rechtsfähige BGB-Gesellschaft in gleichem Maße zutrifft wie auf die juristische Personenvereinigung, auf die sich § 50 Abs. 1 ZPO unmittelbar erstreckt. Es liegt in der Natur der Sache, dass beide Arten von Personenvereinigungen, d.h. sowohl juristische als auch gesamthänderisch verbundene, zur rechtlichen Verselbständigung auf materiell-rechtlicher als auch prozessualer Ebene drängen. Da bei beiden eine Rechtszuständigkeit und Handlungszuständigkeit besteht, und da auch bei der BGB-Gesellschaft die Handlungen, die ihre Organe im Rechtsverkehr und Prozess vornehmen, ihr selbst und nicht ihren Mitgliedern zugerechnet werden[275], ergibt sich kein Unterschied zwischen dien Formen von Personenvereinigungen.

Als weitaus schlüssiger erweisen sich allerdings die systematischen Überlegungen zur fehlenden Registerpublizität der BGB-Gesellschaft. Der BGH stimmt den Gegnern der Parteifähigkeitslösung zwar insoweit zu, dass aus der fehlenden Registerpublizität gewisse Identifikations- und Individualisierungsschwierigkeiten erwachsen können, aber er erkennt mit Rech an, dass diese Argumente kein unüberwindbares Hindernis auf dem Weg zur Anerkennung der Parteifähigkeit der BGB-Gesellschaft darstellen. Denn bereits aus dem Gesetz selbst lässt sich die Wertung entnehmen, dass den vorbezeichneten Schwierigkeiten grundsätzlich nicht der Rang eines absoluten Hindernisses eingeräumt wird. So hat nämlich der Gesetzgeber in § 50 Abs. 2 ZPO auch dem nicht rechtsfähigen Verein die passive Parteifähigkeit verliehen, obwohl er in keinem Register angemeldet ist. Zudem ist in diesem Kontext darauf zu verweisen, dass es allgemein anerkannt ist, der nicht ein-

---

273 Pohlmann, ZZP 2002, S. 103 (105).
274 Vgl. Reichert, Die BGB-Gesellschaft im Zivilprozess, S. 112.
275 Vgl. insoweit auch Reichert, Die BGB-Gesellschaft im Zivilprozess, S. 107.

getragenen Personenhandelsgesellschaft (vgl. nur § 123 Abs. 2 HGB)[276] und den Vor-Kapitalgesellschaften die Parteifähigkeit zuzuerkennen. In diesen Fällen ist die Individualisierung und Identifizierung nicht minder schwierig als im Fall der Gesellschaft bürgerlichen Rechts. So kann z.B. bei einer nicht eingetragenen OHG die Frage, ob wirklich die Istkaufmannseigenschaft im Sinne von § 1 HGB oder nur die Kannkaufmannseigenschaft im Sinne von § 2 HGB anzunehmen ist, nicht ohne eingehende Sachverhaltsaufklärung beantwortet werden. Und selbst dann können immer noch Zweifel bestehen, die eine abschließende und definitive rechtliche Bewertung für einen außenstehenden Dritten unter Umständen kaum möglich erscheinen lassen. Vor diesem Hintergrund würde es befremdlich wirken, bei der BGB-Gesellschaft nun andere Maßstäbe anzusetzen. Wenn man ferner bedenkt, dass die Identifikation einer BGB-Gesellschaft vermutlich einfacher ist als die korrekte und umfassende Bezeichnung aller Gesellschafter einer mitgliedsstarken BGB-Gesellschaft[277], dann können die vorgebrachten Zweifel nicht verfangen. Insofern ist die Registerpublizität keineswegs als entscheidendes Kriterium für die Anerkennung der Parteifähigkeit anzusehen. Im Übrigen lässt sich auch aus § 50 Abs. 1 und 2 ZPO nicht der zwingende Schluss entnehmen, nur Vereinigungen mit Publizität seien als parteifähige Gebilde anzuerkennen. Wie bereits oben[278] festgestellt, ist insbesondere § 50 Abs. 1 ZPO als nicht abschließend zu verstehen. Und schließlich weisen die Gesetzesmaterialien[279] auch nur auf die Möglichkeit hin, durch besondere gesetzliche Regelungen bestimmte Arten von Personenvereinigungen mit Parteifähigkeit auszustatten, und zwar selbst dann, wenn ihnen die Rechtsfähigkeit im Allgemeinen fehlt, d.h. wenn sie nicht als allgemein rechtsfähige Gebilde anerkannt sind. Mit Pohlmann[280] lassen sich die Materialien daher nur in der Weise überzeugend erklären, dass diese den Rückschluss auf die Registerpublizität als zwingende Voraussetzung der Parteifähigkeit nicht zulassen, sondern allenfalls die Deduktion erlauben, wonach für Fälle fehlender allgemeiner Rechtsfähigkeit die Parteifähigkeit gesetzlich normiert sein müsste.

Als ein der Überzeugungskraft dieser Entscheidung abträglicher Umstand erweist sich einmal mehr der Verzicht des BGH, die Norm des § 124 Abs. 1 HGB in seine Ausführungen zur Parteifähigkeit der BGB-Gesellschaft ein-

---

[276] Vgl. hierzu MünchHdbGesR/Bd. I/Gummert, § 9 Rn. 47 und § 12 Rn. 56.

[277] So auch Peters, Die Gesellschaft bürgerlichen Rechts und das System der Personengesellschaften, S. 288.

[278] Vgl. oben S. 153.

[279] Vgl. Hahn/Mugdan, Die gesammten Materialien zu den Reichs-Justizgesetzen, Bd. VIII, S. 84.

[280] Pohlmann, ZZP 2002, S. 103 (106).

zufügen.[281] Die Argumentation des BGH wäre dadurch überzeugender ausgefallen und er hätte es sich mit § 124 Abs. 1 HGB in diesem Zusammenhang auch nicht so schwer machen müssen, wenn er sich schon zuvor – d.h. im Rahmen seiner Ausführungen zur Rechtsfähigkeit – mit dem grundlegenden Verständnis und der Reichweite dieser Norm auseinandergesetzt hätte. Er hätte hierbei lediglich auf entsprechende dogmatische Konzepte, die in der Rechtwissenschaft schon frühzeitig diskutiert wurden[282], zurückgreifen müssen, um so auch seine Entscheidung zur Parteifähigkeit rechtsmethodisch und dogmatisch besser abzusichern.

ccc. Fazit

Trotz gewisser rechtsmethodischer Bedenken ist die Rechtsfortbildung zur Parteifähigkeit der BGB-Gesellschaft als „geglückt" zu bezeichnen, weil sie sich weitgehend stimmig und bruchlos in das BGB-Gesellschaftsrecht einfügt: Auf die Anerkennung der Rechtssubjektivität folgt logisch die Anerkennung der Parteifähigkeit. Beides garantiert die notwendige Systemtreue zwischen materiell-rechtlicher und prozess-rechtlicher Ebene.

2. Rechtspolitische Aspekte

Betrachtet man das im Wege der Rechtsfortbildung gefundene Ergebnis – die Parteifähigkeit der BGB-Gesellschaft – unter rechtspolitischen Gesichtpunkten[283], so ist festzustellen, dass dieses Resultat sowohl unter den Gegnern als auch unter den Befürwortern der Parteifähigkeitslösung uneingeschränkt Zustimmung gefunden hat.[284] Diese Zustimmung spiegelt das rechtspolitische Bedürfnis wider, das insbesondere aus der unverkennbaren Diskrepanz zwischen dem bislang praktizierten Recht und den Rechtsrealitäten des gesellschaftlichen und wirtschaftlichen Lebens resultiert. Als rechtspolitisch relevant kann daher das Ergebnis anerkannt werden, dass neben der Rechtsfähigkeit auch die Parteifähigkeit für den Anschluss an die Realitäten des wirtschaftlichen und gesellschaftlichen Lebens in der Ge-

---

[281] Vgl. bereits die gleichlautende Kritik im Rahmen der Rechtsfortbildung zur Rechtsfähigkeit S. 124 ff.

[282] Vgl. hierzu oben Fn. 161.; vgl. auch Prütting, Festschrift für Wiedemann, S. 1177 (1195), der insoweit den Vorschlag einer Analogie zu § 124 Abs. 1 HGB wieder aufgreift.

[283] Vgl. zur rechtpolitischen Bewertung im Allgemeinen bereits oben S. 127 f.

[284] Vgl. nur Prütting, EWiR 2001, S. 341 (342); ders., Festschrift für Wiedemann, S. 1177 (1195); Pohlmann, ZZP 2002, S. 103 (109); vgl. bereits früher Wiedemann, Festschrift für Kellermann, S. 529 (545 f.); Schmidt, Gutachten, S. 413 (482); Alberts, Die Gesellschaft bürgerlichen Rechts im Umbruch, S. 148.

genwart von entscheidender Bedeutung ist. Denn die wirtschaftliche Einheit eines Unternehmens drängt gerade dazu, auch im Prozess als einheitliche Partei auftreten zu können, da das Unternehmen nur auf diese Weise den an es gestellten Erwartungen gerecht werden kann.[285]

3. Fazit

Die Feststellung des BGH, dass nach den gesetzlichen Vorschriften des BGB-Gesellschaftsrechts die Anerkennung der Parteifähigkeit der BGB-Gesellschaft möglich ist, ist nicht lediglich aus rechtspolitischen Gründen zu begrüßen, sondern nach dem oben erhobenen Befund auch aus rechtsmethodischen Gründen zu vertreten. Der BGH hat sein Ergebnis nach den Grundsätzen der klassischen juristischen Rechtsmethodik gefunden. Während man den Ausführungen des BGH zu § 736 ZPO und dem damit einhergehenden Nachweis einer die Rechtsfortbildung erlaubenden Lücke – sowohl aufgrund der Entstehungsgeschichte als auch der zugrundeliegenden Konzeption und ratio legis dieser Norm – uneingeschränkt zustimmen kann, hätte man im Rahmen der eigentlichen Rechtsfortbildung zur Parteifähigkeit weitergehende sowie dogmatisch und methodisch stringentere Überlegungen erwarten dürfen. Dennoch rechtfertigt diese Kritik und der Umstand, dass der BGH mit dieser Entscheidung in mancher Hinsicht auch rechtspolitische Belange berührt, keineswegs die Behauptung, das Gericht habe die Entscheidung contra legem erzielt.

§ 5 Die ausdrückliche Anerkennung der Akzessorietätstheorie

I. „[...] im Sinne einer akzessorischen Haftung der Gesellschafter [...]"[286]

Im Zusammenhang mit der Rechtsfortbildung zur Rechts- und Parteifähigkeit der BGB-Gesellschaft hat der BGH die Gelegenheit genutzt, um – sozusagen nebenbei – auch zur Frage der Haftungsverfassung dieser Gesellschaft, die – wie bereits oben[287] festgestellt – in unmittelbaren Kontext mit der Frage nach dem Wesen und der Rechtsnatur der BGB-Gesellschaft steht, Stellung zu beziehen. Während der BGH in der dem Grundlagenurteil vorausgehenden Entscheidung[288] zur Frage der Haftungsverfassung die Begründung der persönlichen Gesellschafterhaftung, d.h. das „Ob" und das

---

[285] Vgl. Alberts, Die Gesellschaft bürgerlichen Rechts im Umbruch, S. 148.
[286] BGH, NJW 2001, S. 1056 (1061).
[287] Vgl. hierzu oben S. 72 f.
[288] BGH, NJW 1999, S. 3483 ff.

„Wie" der Haftung der Gesellschafter für Verbindlichkeiten der BGB-Gesellschaft, noch nicht abschließend beantwortet hatte,[289] hat er sich nun zu einem klaren Bekenntnis durchringen können: „Soweit der Gesellschafter für Verbindlichkeiten der GbR persönlich haftet, entspricht das Verhältnis zwischen der Verbindlichkeit der Gesellschaft und der Haftung des Gesellschafters derjenigen bei der OHG (Akzessorietät) (Fortführung von BGHZ 142, 315 = NJW 1999, 3483 = LM H. 3/2000 § 705 BGB Nr. 74)."[290] Mit diesem dritten Leitsatz hat der BGH der BGB-Gesellschaft ein „neues haftungsrechtliches Fundament"[291] verliehen und damit sowohl der Identitätstheorie[292] als auch der in den letzten Jahrzehnten vorherrschenden Doppelverpflichtungstheorie[293] eine klare Absage erteilt. Das neue Kapitel in der Diskussion über die Haftungsverfassung der BGB-Gesellschaft, das der BGH mit dem Urteil aus dem Jahre 1999 aufgeschlagen hat,[294] wurde mit der Grundlagenentscheidung aus dem Jahre 2001 fortgeführt und um einen weiteren, klärenden Abschnitt ergänzt.

II. Die Begründung des BGH zur Anerkennung der Akzessorietät der Gesellschafterhaftung

Nur die beiden ersten zentralen Aussagen des Grundlagenurteils – zum einen die Feststellung der Rechtsfähigkeit und zum anderen die Anerkennung der Parteifähigkeit der BGB-Gesellschaft – waren von einer umfangreichen und vor allem historisch weit gespannten Argumentations- und Begründungsstruktur geprägt; auf die dritte und letzte Feststellung des BGH-Senats trifft dies nicht mehr zu. Die Anerkennung der Akzessorietätstheorie als die maßgebliche Konzeption zur Begründung der Gesellschafterhaftung und die damit zusammenhängenden inhaltlichen Ausführungen des BGH fallen in dem Grundlagenurteil ungewöhnlich knapp aus, obgleich es sich bei der Problematik der Haftungsbegründung doch um eine für die Rechtspraxis äußerst relevante und rechtspraktisch bedeutsame Frage handelt.

Nach den grundsätzlichen und allgemein gehaltenen dogmatischen Ausführungen zur Rechts- und Parteifähigkeit der BGB-Gesellschaft, die eher einer wissenschaftlichen Grundlagenarbeit als einer gewöhnlichen Urteilsbegründung gleichen, wendet sich der BGH unter dem Punkt „B." des

---

[289] Vgl. hierzu bereits oben S. 83 ff.
[290] BGH, NJW 2001, S. 1056.
[291] Scholz, NZG 2002, S. 414.
[292] Vgl. hierzu oben S. 74 ff.
[293] Vgl. hierzu oben S. 77 f.
[294] Vgl. oben S. 85 f.

Grundlagenurteils[295] erstmals wieder der Beurteilung des konkreten Sachverhaltes in der Angelegenheit ARGE „Weißes Roß" zu, die bis dahin völlig in den Hintergrund zurückgetreten ist. Dabei stellt er zunächst fest, dass die Klage gegen die ARGE „Weißes Roß" begründet ist. In diesem Zusammenhang nimmt er auch erstmals zu der eigentlich in diesem Fall zur Entscheidung stehenden Frage der Wechselrechtsfähigkeit einer BGB-Gesellschaft Stellung – es geht ja gerade um die Inanspruchnahme der ARGE aus einem Wechsel –, und bejaht diese in Anlehnung an die Entscheidung und Begründung der Scheckfähigkeit der BGB-Gesellschaft[296] sozusagen nebenbei in zwei kurzen Sätzen. Ausgehend von diesem Ergebnis hat sich der BGH nun auch konsequenterweise mit der Haftung der beiden Gesellschafterinnen befasst, die als Beklagte zu 2) und 3) neben der ARGE ebenfalls verklagt waren. Im Gegensatz zu dem Urteil aus dem Jahre 1999[297], in dem er zur Frage der rechtlichen Einordnung der Gesellschafterhaftung keine abschließende Stellungnahme getroffen hatte, sondern mehr Fragen aufgeworfen als Antworten gegeben hatte[298], entscheidet der BGH nunmehr – ohne vertiefte Begründung, lediglich mit dem Hinweis auf die sich angeblich aus der Anerkennung der Rechtsfähigkeit ergebende haftungsrechtliche Konsequenz („in Konsequenz der Anerkennung der beschränkten Rechtsfähigkeit"[299]) – im Sinne einer akzessorischen Gesellschafterhaftung für die Gesellschaftsverbindlichkeiten. Zur Klarstellung heißt es dann weiter, das Verhältnis zwischen Gesellschafts- und Gesellschafterhaftung entspreche damit der Rechtslage in den Fällen der akzessorischen Gesellschafterhaftung gem. §§ 128 f. HGB bei der oHG. Eine unmittelbare und grundsätzliche Anwendung der Gesamtschuldregeln (§§ 420 ff. BGB) im Verhältnis zwischen Gesellschaftsschuld und Gesellschafterhaftung scheide demzufolge aus; vielmehr sei in jedem Einzelfall zu prüfen, inwieweit der Rechtsgedanke der §§ 420 ff. BGB Anwendung finden könne oder nicht.

III. Kritische Auseinandersetzung mit dem Urteil des BGH vom 29.01.2001:
AKZESSORIETÄTSTHEORIE

Was die Frage der Haftungsbegründung anlangt, beendet der Senat mit der Anerkennung der akzessorischen Gesellschafterhaftung nun die seit 1999 andauernde Ungewissheit über den höchstrichterlichen Standpunkt in die-

---

[295] BGH, NJW 2001, S. 1056 (1061).
[296] Vgl. BGHZ 136, S. 254 ff.
[297] BGH, NJW 1999, S. 3483 ff.
[298] Vgl. hierzu bereits oben S. 83 ff.
[299] BGH, NJW 2001, S. 1056 (1061).

ser Frage. Das Ergebnis ist „im Übrigen klar und bestimmt"[300]. Ob der BGH dabei, d.h. im Rahmen seiner Entscheidungsfindung, aber auch die gesetzgeberischen Grundentscheidungen ausreichend berücksichtigt hat und den anerkannten Methoden der Auslegung beziehungsweise Rechtsfortbildung gefolgt ist, bedarf einer näheren Betrachtung.

1. Rechtsmethodische Aspekte

a. Aspekte der Auslegung

Fest steht, dass der BGH sein haftungsrechtliches Ergebnis – die Akzessorietät der Gesellschafterhaftung – nicht im Wege der einfachen Gesetzesauslegung erzielen konnte, da eine dem § 128 HGB vergleichbare Norm in den §§ 705 ff. BGB fehlt und auch alle anderen Normen des BGB-Gesellschaftsrechts eine derartige Auslegung keinesfalls nahe legen.[301] Ein derartiger, an der Auslegung der §§ 705 ff. BGB orientierter Begründungsansatz wird auch – soweit ersichtlich – von den Anhängern der Akzessorietätstheorie in der Rechtswissenschaft nicht vertreten.[302]

b. Methodendiskussion

aa. Ungeschriebenes Rechtsprinzip?

Auf den ersten Blick scheint es, als hätte der BGH sein Ergebnis – die akzessorisch begründete Mithaftung der Gesellschafter – methodisch auf ein ungeschriebenes allgemeines Rechtsprinzip gestützt.[303] Der Verweis auf BGHZ 142, S. 315 [318] ist als ausdrückliche Bezugnahme auf das allgemeine Prinzip der unbeschränkten Vermögenshaftung zu verstehen, das er in jenem Urteil aus dem Jahr 1999[304] erstmals im Zusammenhang mit der Gesellschafterhaftung in der BGB-Gesellschaft erwähnt.[305] Wenn der BGH sowohl im Grundlagenurteil vom 29.01.2001 als auch im vorausgehenden Urteil aus dem Jahr 1999 aber die Ableitung und weitere Begründung dieses scheinbar ungeschriebenen Grundsatzes und die entsprechende Anwen-

---

[300] Gesmann-Nuissl, WM 2001, S. 973 (979).

[301] Vgl. hierzu bereits oben S. 74 f.

[302] Wertenbruch verfolgt insoweit einen gewohnheitsrechtlichen und nicht einen an der Auslegung einer bestimmten Norm orientierten Begründungsansatz, vgl. Wertenbruch, Die Haftung von Gesellschaften und Gesellschaftsanteilen in der Zwangsvollstreckung, S. 180 f.

[303] So zutreffend auch Casper, JZ 2002, S. 1112; Ulmer, ZIP 2003, S. 1113 (1114).

[304] BGHZ 142, S. 315 ff. = BGH, NJW 1999, S. 3483 ff.

[305] Vgl. hierzu noch unten S.162.

dung auf die Haftungsverfassung der BGB-Gesellschaft für entbehrlich hält, so kann dies angesichts der bis zum Jahr 1998[306] von ihm vertretenen – entgegengesetzten – Auffassung, die einen solchen Grundsatz offenbar noch nicht einmal im Ansatz kannte, kaum überzeugen. Auf den zweiten Blick wird aber deutlich, dass der BGH seine neue haftungsrechtliche Ausrichtung bereits auf eine analoge Anwendung des § 128 HGB stützt.[307] Hierfür sprechen vor allem die Ausführungen des Senats. Wenn er von einer Entsprechung der Rechtslagen bei der oHG und der GbR ausgeht und in diesem Zusammenhang die §§ 128 f. HGB ausdrücklich erwähnt, so darf man dies – auch ohne ausdrückliche Erwähnung des Begriffes „Analogie zu §§ 128 f. HGB" – wohl dennoch als analoge Anwendung dieser Vorschriften auf das BGB-Gesellschaftsrecht verstehen.[308] In diesem Sinn stellt auch Wulf Goette[309], der als Richter im II. Zivilsenat des BGH an der Entscheidungsfindung in Bezug auf das Grundlagenurteil mitgewirkt hat, zutreffend fest: „Danach ist es nur folgerichtig [...], dass für die BGB-Außengesellschaft die OHG-rechtlichen Haftungsregeln entsprechend gelten". Mit dieser Argumentationsform der einfachen Gesetzesanalogie öffnet sich zugleich auch das Tor zur Rechtsfortbildung speziell durch Richterrecht.[310] Angesichts dieser rechtsmethodischen Feststellungen sind die Ausführungen des BGH zur Haftungsverfassung bei der BGB-Gesellschaft daher zutreffend auch als Akt richterlicher Rechtsfortbildung zu verstehen.[311]

bb. Rechtsfortbildung: Gesetzeslücke?

Der Begründungsansatz des BGH – aus der Anerkennung der beschränkten Rechtsfähigkeit der GbR folge sozusagen zwingend die akzessorische Haf-

---

[306] Vgl. hierzu unten S. 166. und Fn. 339.

[307] So auch Ulmer, ZIP 2003, S. 1113 (1114); ähnlich Casper, JZ 2002, S. 1112 f.; in diese Richtung auch Canaris, ZGR 2004, S. 69 ff.

[308] In diese Richtung auch Hadding, ZGR 2001, S. 712 (735 ff.); Baumann, JZ 2001, S. 895 (900 ff.); Schmidt, NJW 2001, S. 993 (998 f.); ders., NJW 2003, S. 1897 (1898); ders., Gesellschaftsrecht, 4. Aufl., S. 1790 f.; Armbrüster, GE 2001, S. 821 (823); Sieg, ZAP 2001, Fach 15, S. 355 (357); Jula, StWK 2001, Gruppe 17, S. 227 (231); Brandani, RNotZ 2001, S. 230 (232); Wunderlich, WM 2002, S. 271 (276 f.); Gesmann-Nuissl, WM 2001, S. 973 (977 f.); Wiedemann, JZ 2001, S. 661 (663); Habersack, BB 2001, S. 477 (481 f.); Dauner-Lieb, Gesellschaftsrecht in der Diskussion 2001, S. 117 (124 f.); Römermann, BB 2003, S. 1084; Ehlers, AktStR 2001, S. 345 (350); Canaris, ZGR 2004, S. 69 ff.; Grunewald, Gesellschaftsrecht, 5. Aufl., S. 53.; Boin, GmbHR 2001, S. 513 (514).

[309] Goette, DStR 2001, S. 315.

[310] Geiss, Rechtsfortbildung durch Richterrecht, III. 2.

[311] Vgl. nur Hadding, ZGR 2001, S. 712 (735 ff.); Baumann, JZ 2001, S. 895 (900 ff.); Schmidt, NJW 2001, S. 993 (998 f.); ders., NJW 2003, S. 1897 (1898); Ulmer, ZIP 2003, S. 1113 (1114); Beuthien, JZ 2003, S. 969 (971 f.).

tung der Gesellschafter – vermag unter rechtsmethodischen Gesichtspunkten nicht vollends und hinreichend zu überzeugen. Auch das seiner Argumentationskette offensichtlich zugrunde gelegte Prinzip – wonach im bürgerlichen Recht und im Handelsrecht der allgemeine Grundsatz gelte, „dass derjenige, der als Einzelperson oder in Gemeinschaft mit anderen Geschäfte betreibt, für die daraus entstehenden Verpflichtungen mit seinem gesamten Vermögen haftet, solange sich aus dem Gesetz nichts anderes ergibt oder mit dem Vertragspartner keine Haftungsbeschränkung vereinbart wird"[312] –, auf das der BGH in seinem Grundlagenurteil mit Verweis auf BGHZ 142, S. 315 [318 ff.] ausdrücklich Bezug nimmt[313], kann letztlich auch nicht das beweisen, was es rechtsmethodisch zu beweisen gilt. Eine persönliche und umfängliche Haftung der Gesellschafter für rechtsgeschäftliche Verbindlichkeiten lässt sich nämlich ebenso gut mit der Doppelverpflichtungstheorie und den Grundsätzen der Stellvertretung gem. §§ 164 ff. BGB erklären, ohne dass es der Annahme einer Regelungslücke oder einer Analogie bedürfte.

Zumindest hat der BGH mit diesen Begründungsansätzen wohl keine ausreichende und rechtsmethodisch überzeugende Begründung für eine die Rechtsfortbildung in Form der einfachen Gesetzesanalogie erlaubende Regelungslücke in den §§ 705 ff. BGB gegeben. Auf eine derartige Begründung hätte der BGH aus rechtsmethodischen Gründen aber nicht einfach verzichten dürfen, denn eine entsprechende haftungsrechtliche Regelungslücke, die das Einfallstor für eine dem Richter erlaubte Rechtsfortbildung bildet, ist im BGB-Gesellschaftsrecht keineswegs offensichtlich. In Anlehnung an seine rechtsmethodisch überzeugenden Begründungen zur Existenz einer Regelungslücke in Bezug auf die materiellrechtliche[314] und prozessrechtliche[315] Verfasstheit der BGB-Gesellschaft hätte sich der BGH in diesem Zusammenhang zuerst mit den Regeln des BGB-Gesellschaftsrechts

---

[312] BGHZ 142, S. 315 (318 f.) = BGH, NJW 1999, S. 3483 (3484); in Form eines obiter dictum hat er bereits in BGHZ 134, S. 333 (335) auf diesen Grundsatz hingewiesen: "Nach allgemeinen Grundsätzen des bürgerlichen Rechts und des Handelsrechts haftet derjenige, der als Einzelperson oder in Gemeinschaft mit anderen Geschäfte betreibt, für die daraus entstehenden Verpflichtungen. Dieser Grundsatz gilt solange, wie er nicht durch das Gesetz abgeändert wird – das hat sich in der Regelung zur Haftung der Kommanditisten (§§ 171 ff. HGB) und er Gesellschafter in Gesellschaften mit beschränktem Haftungsfonds niedergeschlagen – oder die Gesellschafter mit dem Vertragspartner keine vertragliche Beschränkung der Haftung herbeiführen." Auf die Frage nach der dogmatischen Ableitung dieses Grundsatzes, dessen Existenz von Zöllner, in: Brandani, Gesellschaftsrecht in der Diskussion 2001, S. 189 (193), und Ulmer, ZIP 1999, S. 554 (555 f.), bestritten wird, ist der BGH bislang eine Antwort schuldig geblieben.

[313] Vgl. BGH, NJW 2001, S. 1056 (1061).

[314] Vgl. hierzu oben S. 108 ff.

[315] Vgl. hierzu oben S. 140 ff.

und mit den dazugehörigen Gesetzesmaterialien auseinander setzen müssen.

Ausgangspunkt für jegliche rechtsmethodischen Überlegungen bilden stets die einschlägigen gesetzlichen Regelungen. Für die Frage nach der Schuld- und Haftungsstruktur bei der BGB-Gesellschaft sind dies insbesondere die §§ 705 ff. BGB. Wie bereits oben[316] angedeutet, ergeben sich in Bezug auf die vorliegende Problemstellung aber nur sehr dürftige Anhaltspunkte aus dem Gesetz: Die Vorschrift des § 708 BGB regelt lediglich den haftungsrechtlichen Sorgfaltsmaßstab. Aus § 709 BGB, der die gemeinschaftliche Geschäftsführung als Regelfall anordnet, lässt sich nicht ohne weiteres die Haftung ableiten. Er besagt nichts darüber aus, ob bei gemeinschaftlichem Handeln nur das Sondervermögen haftet und / oder auch die Gesellschafter mit ihrem Privatvermögen haften.[317] Auch das Verhältnis von Gesamthandsverbindlichkeiten und Gesellschafterhaftung wird nicht durch § 718 BGB erklärt, der lediglich das Zustandekommen des Gesellschaftsvermögens regelt, ohne aber die Struktur der gemeinschaftlichen Berechtigung der Gesellschafter näher zu bestimmen.[318] Wenig hilfreich ist auch § 733 Abs. 1 BGB, der von gemeinschaftlichen Schulden spricht. Die Verwendung dieses Begriffs sagt nichts darüber aus, ob diese Schulden nur Gesamtschulden der einzelnen Gesellschafter oder ungeteilte Schulden der Gesellschafter in ihrer Verbundenheit sind.[319] Letztlich nicht zweifelsfrei klären lässt sich die Frage, ob sich ein konkretes Haftungskonzept (unmittelbar) aus § 714 BGB ergibt, wonach der zur Geschäftsführung berechtigte Gesellschafter regelmäßig auch die anderen Gesellschafter gegenüber Dritten vertritt. Der Wortlaut der Norm spricht allerdings eher für eine rechtsgeschäftlich begründete Mitverpflichtung der Gesellschafter und damit wohl eher für die Doppelverpflichtungstheorie. Eine derartige rechtsgeschäftliche Verpflichtungsweise der Gesellschafter hatten wohl auch die Gesetzesverfasser im Sinn, die – ausgehend vom traditionellen Gesamthandsverständnis – aus dem Wesen und Zwecke des Gesellschaftsverhältnisses folgerten, dass durch ein Rechtsgeschäft, das ein zur Vertretung bevollmächtigter Gesellschafter mit einem Dritten schließt, die Gesellschafter berechtigt und verpflichtet werden.[320] Mit der Streichung des § 642 des ersten Entwurfes und der Einführung des § 320 Abs. 2 im zweiten Entwurf[321] ha-

---

[316] Vgl. bereits oben S. 74.
[317] Wertenbruch, Die Haftung von Gesellschaften und Gesellschaftsanteilen in der Zwangsvollstreckung, S. 178.
[318] Erman/Westermann, 10. Aufl., § 718 Rn. 1.
[319] Vgl. Wertenbruch, Die Haftung von Gesellschaften und Gesellschaftsanteilen in der Zwangsvollstreckung, S. 174.
[320] BGH, NJW 1999, S. 3483 (3484).
[321] Vgl. hierzu bereits oben S. 28 f.

ben sie sich dann auch für eine gesamtschuldnerisch ausgestaltete Außenhaftung der BGB-Gesellschafter ausgesprochen. Doch dabei darf nicht außer Acht gelassen werden, dass die Vorschrift des § 714 BGB bereits im ersten Entwurf zum BGB enthalten war und sich daher gar nicht auf die Gesamthandsgesellschaft beziehen konnte.[322] Zudem wurde sie als bloße Auslegungsregel konzipiert, aus der nicht klar und eindeutig hervorgeht, ob neben der persönlichen Schuld eines Gesellschafters nicht auch eine Verbindlichkeit der Gesellschafter in ihrer Verbundenheit entsteht. „Andere Gesellschafter" kann nämlich zweierlei bedeuten: Es können die Gesellschafter sowohl persönlich als auch in ihrer Verbundenheit gemeint sein.[323] Außerdem kann man angesichts des Wortlautes des § 714 BGB berechtigterweise die Frage stellen, inwieweit sich aus dieser Norm, die inhaltlich unmittelbar nur die Vertretungsregelung betrifft, überhaupt überzeugende Rückschlüsse auf das zugrunde gelegte Haftungsmodell der BGB-Gesellschaft ziehen lassen.[324]

Ob die spätere – im Jahr 1994 vorgenommene – Einführung des § 736 Abs. 2 BGB[325] in das BGB-Gesellschaftsrecht, durch den eine teilweise Anwendung der HGB-Regeln über die Begrenzung der Nachhaftung (§ 160 HGB) auf die GbR für anwendbar erklärt wurden, einen entsprechenden haftungsrechtlichen Rückschluss zulässt, und zwar in der Weise, dass der Gesetzgeber insoweit bewusst auf eine umfassende Angleichung der Haftungsverfassungen zwischen OHG und BGB-Gesellschaft verzichtet hat und daher die §§ 128 f. HGB wohlweislich nicht für anwendbar erklärt wissen wollte, lässt sich mit Wunderlich[326] nur behaupten, nicht aber stichhaltig belegen.[327]

Fest steht aber auch, dass die Gesetzesverfasser die kollektive Rechtsfähigkeit der BGB-Gesellschaft im Zusammenhang mit der Einführung des Gesamthandsprinzips überhaupt nicht angesprochen haben[328] und infolge dessen auch die – erst unter Annahme der Rechtsfähigkeit auftretende und begründungsbedürftige – Problemstellung der Mitverpflichtung und Mithaftung der einzelnen Gesellschafter für Schulden der Gesellschaft über-

---

[322] Vgl. Altmeppen, NJW 2004, S. 1563 f.; dieser Aspekt ist für Canaris, ZGR 2004, S. 69 (93) ohne Belang.

[323] So insbesondere auch Wertenbruch, Die Haftung von Gesellschaften und Gesellschaftsanteilen in der Zwangsvollstreckung, S. 178; Beuthien, JZ 969 (971); vgl. auch Ulmer, Gesellschaft bürgerlichen Rechts, 3. Aufl., § 714 Rn. 25 ff.

[324] In diese Richtung wohl auch Reiff, Die Haftungsverfassungen nichtrechtsfähiger unternehmenstragender Verbände, S. 289 ff.

[325] § 736 Abs. 2 BGB wurde durch das Nachhaftungsbegrenzungsgesetz vom 18.03.1994 in das BGB-Gesellschaftsrecht eingefügt.

[326] Wunderlich, WM 2002, S. 271 (272 f.).

[327] Vgl. insoweit auch BT-Drs. 12/6569, S. 13.

[328] Vgl. hierzu bereits oben S. 120.

haupt nicht gesehen und bedacht haben. Wie bereits oben[329] festgestellt, ging es der Gesetzgebungskommission vor allem darum, die wissenschaftliche Frage zum Wesen und der Rechtsnatur des dogmatisch noch nicht bewältigten Gesamthandsprinzips offen zu halten und nicht vorschnell zu beantworten. Für Mülbert[330] entsteht daher spätestens mit der – für ihn eindeutigen – Zuerkennung der Rechtsträgerschaft im neuen Umwandlungsrecht[331] eine nachträgliche haftungsrechtliche Regelungslücke im BGB-Gesellschaftsrecht, da der Gesetzgeber das Verhältnis von Gesellschafts- und Gesellschafterhaftung ungeregelt gelassen hat.

Inwiefern sich aufgrund der vorstehenden Überlegungen eine haftungsrechtliche (nachträgliche) Regelungslücke im BGB-Gesellschaftsrecht überzeugend darlegen lässt, ist letztlich einer wertenden Beurteilung überlassen, die das Grundlagenurteil jedenfalls vollkommen vermissen lässt.[332] [333]

cc. Rechtsfortbildung: Vergleichbarkeit der Interessenlage?

Unabhängig von der Frage nach der Existenz einer haftungsrechtlichen Regelungslücke im BGB-Gesellschaftsrecht hätte der BGH für die Annahme der Analogie zu § 128 f. HGB aber auch die Vergleichbarkeit der Interessenlage bei der OHG und der BGB-Gesellschaft positiv begründen müssen. Voraussetzung einer analogen Rechtsanwendung ist nämlich nicht nur das Vorliegen einer gesetzlichen Regelungslücke, sondern auch das Vorhandensein einer im wesentlichen gleichartig zu beurteilenden Interessenlage.[334] Denn die Übertragung einer für einen bestimmten Tatbestand getroffenen gesetzlichen Regelung auf einen vom Gesetz nicht geregelten rechtsähnlichen Tatbestand gründet sich doch insbesondere darauf, dass aufgrund der Gleichartigkeit in den für die gesetzliche Bewertung entscheidenden Um-

---

[329] Vgl. hierzu bereits oben S. 112 ff.

[330] Mülbert, AcP 199 (1999), S. 38 (86 f.).

[331] Vgl. hierzu bereits oben S. 51 ff.

[332] Bejahend insoweit Reiff, ZP 1999, S. 517 (525); Dauner-Lieb, DStR 1998, S. 2014 (2018); dies., DStR 1999, S. 1992 (1993 f.); dies., Die BGB-Gesellschaft im System der Personengesellschaften, S 95 (114 f.); kritisch dagegen Habersack, BB 1999, S. 61 (62); Hommelhoff, ZIP 1998, S. 8 (15); Heil, NZG 300 (304); Zöllner, Festschrift für Gernhuber, S. 563 (573); Ulmer, Gesellschaft bürgerlichen Rechts, 3. Aufl., § 714 Rn. 29.; Wunderlich, WM 2002, S. 271 (272, 276 f.); Canaris, ZGR 2004, S. 69 ff.

[333] Nicht aufgegriffen werden in diesem Zusammenhang die in der Rechtswissenschaft kontrovers diskutierten verfassungsrechtlichen Aspekte der vom BGH vorgenommenen Rechtsfortbildung, vgl. hierzu nur: Baumann, JZ 2001, S. 895 (896 ff.); Canaris, ZGR 2004, S. 69 (116 ff.); Altmeppen, NJW 2004, S. 1563 ff.

[334] Bydlinski, Juristische Methodenlehre und Rechtsbegriff, S. 475 ff.; Geiss, Rechtsfortbildung durch Richterrecht, III. 2.; Larenz/Canaris, Methodenlehre der Rechtswissenschaft, S. 202 ff.

ständen beide Tatbestände gleich zu beurteilen sind.[335] Eine derartige Gleichheit der Interessenlage und der maßgeblichen Hinsichten, infolge dessen die BGB-Gesellschaft in haftungsrechtlicher Hinsicht gleich der OHG behandelt werden müsste, kann sich bei einem Vergleich zwischen der BGB-Gesellschaft und den handelsrechtlichen Personengesellschaften nicht selbstverständlich angenommen werden. Auch bis vor kurzem war diese – nun scheinbare – Selbstverständlichkeit für den zweiten Zivilsenat des BGH mitnichten so klar, wie sie es jetzt offensichtlich ist. Im Gegenteil, erst im Jahre 1979 hat er, obwohl er bereits dazu übergegangen war, der BGB-Gesellschaft die Rechtsfähigkeit zuzuerkennen[336], die Übertragung der strengen akzessorischen Gesellschafterhaftung des Handelsrechts auf die BGB-Gesellschaft – aufgrund der fehlenden Vergleichbarkeit – noch ausdrücklich abgelehnt.[337] An dieser unzweideutigen Rechtsprechungslinie hat er zumindest auch bis zu seinem Urteil vom 27.9.1999[338] konsequent festgehalten und diese sogar 1998[339] nochmals ausdrücklich bestätigt. Wie be-

---

[335] Larenz/Canaris, Methodenlehre der Rechtswissenschaft, S. 202.

[336] Vgl. hierzu bereits oben S. 57 f.

[337] Der BGH, Urt. v. 30.04.1979 – II ZR 137/78, NJW 1979, S. 1821, führt hierzu aus: „Obwohl eine so allgemeine („akzessorische") Gesellschafterhaftung gewisse Vorteile haben würde, erscheint es jedoch weder möglich noch sachgerecht, das Haftungsrecht des gesamten Personengesellschaftsrechts in dieser Weise nach den Maßstäben des Handelsrechts zu vereinheitlichen. […] Selbst wenn man aber eine Regelungslücke annehmen könnte, wäre bei ihrer Ausfüllung dieser rechtsgeschäftlichen Haftungsbegründung der Vorzug zu geben. Gegenüber der Auffassung, die in den §§ 128 ff. HGB festgelegten Grundsätze seien eine allgemein für das Personengesellschaftsrecht und die Gesamthand angemessene Regelung, ist insbesondere einzuwenden, daß das Recht der bürgerrechtlichen Gesellschaft für eine Vielzahl von Personenverbindungen bereitgestellt ist, die von klein- und nichtkaufmännischen Erwerbsgesellschaften bis hin zu Gelegenheitsgesellschaften reichen und sich nach Art, Größe, Personenkreis, Organisation, Zwecken, ideeller und wirtschaftlicher Bedeutung in hohem Grade voneinander unterscheiden können. Zur Vielgestaltigkeit der Erscheinungsformen paßt die unterschiedslose Strenge der handelsrechtlichen Haftungsbestimmungen wenig; sie wird dem Interesse der beteiligten Gesellschafter häufig nicht gerecht und ist in zahllosen Fällen auch im Rechtsverkehr nicht geboten. […]"; bereits in einem früheren Urteil, BGH, Urt. v. 15.10.1973 - II ZR 149/71, BGHZ 61, S. 338 (343), stellte der zweite Zivilsenat des BGH lapidar fest: „Eine dem § 128 HGB ähnliche Vorschrift, nach der bei der offenen Handelsgesellschaft die Gesellschafter für alle Arten von Gesellschaftsschulden voll haften, fehlt."

[338] BGH, Urt. v. 27.09.1999 – II ZR 371/98, BGHZ 142, S. 315 ff. = NJW 1999, S. 3483 ff.

[339] Vgl. nur das Urteil aus dem Jahre 1998, BGH, Urt. v. 18.05.1998 – II ZR 380/96, NJW 1998, S. 2904 f.: „Nach der Rechtsprechung des Senats kommt eine entsprechende Anwendung der §§ 128 ff. HGB auf die Gesellschafter einer Gesellschaft bürgerlichen Rechts jedoch grundsätzlich nicht in Betracht. Die unterschiedliche Ausgestaltung der Gesellschafterhaftung in der Gesellschaft bürgerlichen Rechts und in der Personenhandelsgesellschaft findet ihrer Rechtfertigung darin, daß die Rechtsform der Gesellschaft bürgerlichen Rechts einer Vielzahl recht unterschiedlicher Personenverbindungen zur Verfügung steht, die unterschiedslose Strenge der

reits oben[340] festgestellt, hat er in dem Urteil aus dem Jahr 1999 seinen scheinbaren Wechsel zur Akzessorietätstheorie lediglich angedeutet, aber nicht überzeugend – im Sinne einer rechtsmethodisch tragfähigen Begründung – dargelegt. Die Frage der Vergleichbarkeit hat er dabei überhaupt nicht angesprochen.

Wieso dies nun plötzlich völlig anders zu beurteilen ist, wird auch für den Leser des Grundlagenurteils nicht hinreichend ersichtlich. Um der Überzeugungskraft willen und vor dem Hintergrund seiner bis vor kurzem vertretenen – entgegengesetzten – Auffassung hätte sich der BGH im Grundlagenurteil mit der Frage der Vergleichbarkeit der Interessenlagen befassen und seinen „Paradigmenwechsel"[341] unter rechtsmethodischen Gesichtspunkten näher begründen müssen. Der BGH hätte auf die Bedenken[342], die gegen eine unterschiedslose analoge Anwendung der §§ 128 f. HGB auf die BGB-Gesellschaft sprechen, eingehen und diese (gegebenenfalls) ausräumen müssen. Die früheren Äußerungen des BGH – vom Jahr 1979 und 1998[343] – zeigen, dass die handelsrechtlichen Wertungen, die in den §§ 128 f. HGB zum Ausdruck kommen, wohl offenbar nur auf BGB-Gesellschaften passen, die ein Unternehmen betreiben. Die Anwendung auf alle anderen BGB-Gesellschaften, insbesondere auf die Gelegenheitsgesellschaften des täglichen Lebens, lässt sich angesichts der Verschiedenheiten und Ungleichheiten in der grundsätzlichen Interessenlage und der Schutzbedürftigkeit der Gläubiger nur mit erheblichem Begründungsaufwand rechtfertigen[344], was aber das Grundlagenurteil nicht leistet. Nicht von ungefähr kommt daher der Vorwurf, die unterschiedslose analoge Anwendung der Akzessorietätstheorie auf die BGB-Gesellschaft verwische in systemver-

---

handelsrechtlichen Haftungsvorschriften zur Vielgestaltigkeit dieser Erscheinungsform wenig passend erscheinen, dem Interesse der Beteiligten häufig nicht gerecht wird und im Rechtsverkehr in vielen Fällen nicht geboten erscheint."

[340] Vgl. hierzu bereits oben S. 83 ff.

[341] Ulmer, ZIP 2003, S. 1113 (1114).

[342] Die entsprechenden Bedenken gegen die Akzessorietätstheorie waren bereits im Anschluss an das Urteil aus dem Jahre 1999 Gegenstand wissenschaftlicher Auseinandersetzungen und sollen daher an dieser Stelle nicht nochmals ausführlich dargestellt werden, vgl. hierzu nur Hommelhoff, ZIP 1998, S. 8 ff; Habersack, BB 1999, S. 61 ff.; Ulmer, ZIP 1999, S. 554 ff.; Kindl, NZG 1999, S. 517 ff.; bereits früher: Schmidt, Festschrift für Fleck, S. 271 ff.; ders., Gesellschaftsrecht, 3. Aufl., S. 1794 f.; Westermann, ZGR 1977, S. 552 (562 f.);Roth, ZHR 155 (1991), S. 24 (38 ff.); Thielmann, ZHR 136 (1972); S. 397; Ulmer, Gesellschaft bürgerlichen Rechts, 3. Aufl., § 714 Rn. 25 ff. und § 718 Rn. 38 ff.; vgl. neuerdings: Baumann, JZ 2001, S. 895 (900 ff.); Beuthien, JZ 2003, S. 969 ff.

[343] Vgl. oben Fn. 337 und 339.

[344] So auch Dauner-Lieb, DStR 1998, S. 2014 (2019).

gessener Weise die Wertungsgrenzen zwischen dem Bürgerlichen Recht und dem Handelsrecht.[345]

Allein der Verweis auf einen im bürgerlichen Recht und Handelsrecht vermeintlich allgemein gültigen Haftungsgrundsatz[346] entpflichtet den BGH nicht von der bestehenden Begründungspflicht. Auf die Frage, ob sich diesem Grundsatz – in Anlehnung an Dauner-Lieb[347] – zugleich eine Art der wissenschaftlichen Beweislastumkehr in der Begründungspflicht entnehmen lässt, und zwar in der Weise, dass nun der Ansatz der Doppelverpflichtungstheorie besonders begründungsbedürftig erscheint, soll hier nicht näher eingegangen werden. Zumindest wäre es – unter Zugrundelegung dieser Hypothese – rechtsmethodisch sinnlos, ohne eigenes rechtsmethodisches Konzept ein mehr oder weniger überzeugendes Ergebnis nur mit den – im Grundlagenurteil unausgesprochenen – Schwächen und mit der Begründungsbedürftigkeit der Gegenauffassung rechtfertigen zu wollen. Eine schlüssige Entscheidung zugunsten der akzessorischen Gesellschafterhaftung analog § 128 f. HGB, die insbesondere für die Fälle der gesetzlich begründeten Verpflichtungen ein – im Vergleich zur Doppelverpflichtungstheorie – praktikableres und weitgehend widerspruchsfreies Haftungsmodell bereit hält, lässt sich jedenfalls allein hierauf nicht stützen. Es ist allerdings bekannt, dass weitgehendere rechtsdogmatische Konzepte, die auch für die Integration der Akzessorietätstheorie in das BGB-Gesellschaftsrecht und der damit einhergehenden Analogie zu § 128 f. HGB eine überzeugende Begründung liefern, bereits existieren.[348]

dd. Fazit

Unter rechtsmethodischen Gesichtspunkten kann die Rechtsfortbildung zur akzessorischen Haftung der Gesellschafter nicht vollends überzeugen: Zum einen fehlen Feststellung und wertende Beurteilung der haftungsrechtlichen Regelungslücke, zum anderen mangelt es an der Begründung der uneinge-

---

[345] Beuthien, JZ 2003, S. 969 (973).
[346] Vgl. insoweit Fn. 312.
[347] Dauner-Lieb, DStR 1999, S. 1992 (1994); dies., DStR 1998, S. 2014 (2018); dies., Die Reform des Handelsstandes und der Personengesellschaften, S. 95 (114).
[348] Vgl. nur Reiff, Die Haftungsverfassungen nichtrechtsfähiger unternehmenstragender Verbände, S. 191 ff., 302 ff.; ders., ZIP 1999, S. 517 ff.; Wiedemann, WM 1975, Sonderbeilage Nr. 4, S. 42 f.; ders., Gesellschaftsrecht, S. 283 f.; Ulmer, ZIP 1999; S. 554 (563 ff.); Timm, NJW 1995, S. 3209 (3215 ff.); Schmidt, Gesellschaftsrecht, 3. Aufl., S. 1786 ff.; Roth, ZHR 155 (1991), S. 24 (38 ff.); Mülbert, AcP 199 (1999), S. 38 (67 ff.); vgl. insoweit auch Dauner-Lieb, Unternehmen in Sondervermögen, S. 55 ff., 520 ff., 544 ff.; Aderhold, Das Schuldmodell der BGB-Gesellschaft, S. 192 ff.

schränkten Vergleichbarkeit der Interessenlage zwischen oHG und BGB-Gesellschaft.

2. Rechtspolitische Aspekte

Ein rechtspolitisches Bedürfnis, alle unterschiedlichen Erscheinungsformen der BGB-Gesellschaften der strengen Haftungsverfassung der Personenhandelsgesellschaften zu unterwerfen, wird nur vereinzelt angenommen, obwohl schon früh ein derartiges rechtspolitisches Bedürfnis für unternehmenstragende BGB-Gesellschaften gesehen und bejaht wurde.[349] Dieses rechtspolitische Bedürfnis beruhte vor allem darauf, dass nach dem alten – bis 1998 geltenden – Handelsrecht die handelsrechtlichen Vorschriften mit ihrem strengeren Haftungsmaßstab nach § 128 ff. HGB auf viele Erwerbsgesellschaften in Form der BGB-Gesellschaft, die kein Grundhandelsgewerbe betrieben, aber dennoch in wirtschaftlich vergleichbarem Maßstab tätig waren, nicht direkt angewandt werden konnten. Dieses – durch den engen Kaufmannsbegriff des alten Handelsrechts bedingte – unbefriedigende Ergebnis wurde durch die Neuregelung des Kaufmanns- und Firmenrechts im Jahre 1998[350] weitgehend beseitigt: Über die Möglichkeit der Rechtsformwahl nach § 105 Abs. 2 HGB ist es seitdem möglich, die ehemals nicht dem HGB unterfallenden Gesellschaften, insbesondere die kleingewerblichen und minderkaufmännischen wie auch die vermögensverwaltenden BGB-Gesellschaften, interessengerecht den handelsrechtlichen Bestimmungen zu unterwerfen und die haftungsrechtlich strengeren Vorschriften auf sie anzuwenden. Infolge dessen wird teilweise die Ansicht vertreten, ein rechtspolitisches Bedürfnis, die strengere Haftungsverfassung der OHG analog auf die BGB-Gesellschaft anzuwenden, sei damit weggefallen.[351]

Dieser Einwand greift aber zu kurz: Nach § 105 Abs. 2 HGB steht den Gesellschaftern lediglich ein Rechtsform-Wahlrecht zu, wonach sie eine gewerbetreibende Gesellschaft, deren Gewerbebetrieb nicht schon nach § 1 Abs. 2 HGB Handelsgewerbe ist und damit bereits automatisch OHG ist, in das Handelsregister eintragen lassen können, aber nicht müssen (Eintragungsoption)[352]. Erst mit der konstitutiven Eintragung wird die BGB-

---

[349] Vgl. nur Schmidt, Gutachten, S. 413 (475 ff., 496 ff.); ders., Gesellschaftsrecht, 1. Aufl., S. 1343 ff.; Wiedemann, WM 1994, Sonderbeilage Nr. 4, S. 17 ff.; Wiedemann, WM 1975, Sonderbeilage Nr. 4, S. 42 f.; Aderhold, Das Schuldmodell der BGB-Gesellschaft, S. 258.

[350] HRefG vom 22.06.1998, BGBl S. 1474 ff.

[351] Vgl. Dauner-Lieb, DStR 1998, S. 2014 (2019); Habersack, BB 1999, S. 61 (62); Hommelhoff, ZIP 1998, S. 8 (14 f.).

[352] Baumbach/Hopt, HGB, 31. Aufl., § 105 Rn. 14; Begr. RegE HRefG, BT-Drucks. 13/8444, S. 63.

Gesellschaft zur OHG des Handelsrechts und unterliegt dann der strengeren Haftungsverfassung dieser Personenhandelsgesellschaft. Dann hat man aber den Fall, dass die Gesellschafter einer unternehmenstragenden – kleingewerblichen – BGB-Gesellschaft über die Haftungsstruktur ihrer Gesellschaft entscheiden können, wenn man davon ausgeht, dass der BGB-Gesellschaft grundsätzlich eine andere Haftungsstruktur als der OHG zugrunde liegt. Dies ist aber nicht interessengerecht, denn die Haftungsverfassungen von unternehmenstragenden Gesellschaften unterscheiden sich in diesem Fall dann danach, ob eine vollkaufmännische oder eine kleingewerbliche Gesellschaft vorliegt und wie die Gesellschafter bei Letzterer das Wahlrecht ausüben. Für eine unterschiedliche Ausgestaltung der Haftungsverfassungen von unternehmenstragenden Gesellschaften nach den vorbezeichneten Kriterien lassen sich aber keine überzeugenden und sachgerechten Gründe anführen. Insbesondere sind die Haftungsrisiken, die aus dem Betrieb eines musskaufmännischen Unternehmens hervorgehen können, in vielen Fällen nicht größer als die aus der Unternehmenstätigkeit in Form der BGB-Gesellschaft resultierenden Risiken.[353] Reiff[354] stellt daher zu Recht fest, dass das Erfordernis eines kaufmännischen Geschäftsbetriebs – als das einzige materielle Unterscheidungskriterium zwischen kleingewerblicher BGB-Gesellschaft und OHG – eine unterschiedliche Haftungsverfassung nicht zu begründen vermag. Der Gesetzgeber hat daher bereits selbst festgestellt, dass die Restriktion, die unbeschränkte und unbeschränkbare persönliche Haftung nach § 128 HGB nur auf voll- beziehungsweise musskaufmännische, unternehmenstragende Gesellschaften zu beschränken, heute in dieser Allgemeinheit nicht mehr zeitgemäß ist.[355]

Ungeachtet dessen ist auch im Interesse der Rechtssicherheit ein derartiges rechtspolitisches Bedürfnis anzunehmen. Bereits in der Begründung zum Gesetzesentwurf der Bundesregierung zum Handelsrechtsreformgesetz[356] wurde darauf hingewiesen, dass es auf Grund des automatisch erfolgenden identitätswahrenden Rechtsformwechsels zwischen BGB-Gesellschaft und OHG einerseits und OHG und BGB-Gesellschaft andererseits bei Erwerb beziehungsweise Fortfall der voll- beziehungsweise musskaufmännischen Unternehmensqualität nicht immer ohne weiteres erkennbar ist, in welcher Gesellschaftsform das Unternehmen jeweils agiert. Unter Zugrundelegung unterschiedlicher Haftungsverfassungen wären insoweit Nachteile für die Rechtssicherheit und die Verlässlichkeit des Geschäftsverkehrs zu befürchten, da die praxisrelevante Frage, ob und in welchem Um-

---

[353] Begr. RegE HRefG, BT-Drucks. 13/8444, S. 40.
[354] Reiff, ZIP 1999, S. 517 (527).
[355] Begr. RegE HRefG, BT-Drucks. 13/8444, S. 39 f.
[356] Begr. RegE HRefG, BT-Drucks. 13/8444, S. 39.

fang die Gesellschafter nun für eine Verbindlichkeit der Gesellschaft haften würden, von den Gläubigern einer solchen Gesellschaft – im Zeitpunkt der Aufnahme geschäftlichen Kontakts – kaum beantwortet werden könnte, da sich der exakte Zeitpunkt des automatischen Rechtsformwechsels zwischen BGB-Gesellschaft und OHG in der Rechtspraxis nur sehr schwer und oftmals gar nicht feststellen lässt.[357] Dem Bedürfnis nach Rechtssicherheit und Rechtsklarheit, das bei der Neuregelung der handelsrechtlichen Bestimmungen vom Gesetzgeber besonders betont wurde,[358] kann in diesem Zusammenhang doch nur dann hinreichend Rechnung getragen werden, wenn auch die Gesellschafter unternehmenstragender BGB-Gesellschaften analog § 128 HGB haften, da sich dann die Frage nach dem Zeitpunkt des automatischen Rechtsformwechsels zwischen BGB-Gesellschaft und OHG in haftungsrechtlicher Sicht überhaupt nicht mehr stellen würde.

Durch das Handelsrechtsreformgesetz ist das rechtspolitische Bedürfnis, die Haftung der Gesellschafter einer BGB-Gesellschaft über eine analoge Anwendung des § 128 HGB zu begründen, keineswegs entfallen.

3. Fazit

Mit dem Grundlagenurteil hat der BGH, im Ergebnis mehr als in der Methode überzeugend, die Haftungsstruktur der BGB-Gesellschaft vollkommen neu ausgerichtet. Ungeachtet der vorgenannten rechtsmethodischen Bedenken hat der BGH mit der ausdrücklichen Anerkennung der akzessorischen Gesellschafterhaftung für die Rechtspraxis zumindest insoweit Rechtsklarheit geschaffen, als dass er offensichtlich entstandene Unklarheiten und Ungereimtheiten beseitigt hat. Der BGH hat die – im vorangegangenen Urteil aus dem Jahre 1999 – praktizierte Doppelspurigkeit seiner Entscheidungsbegründung endgültig aufgegeben und die seitdem bestehende Ungewissheit über den Standpunkt der höchstrichterlichen Rechtsprechung in der Frage der Begründung der persönlichen Gesellschafterhaftung beendet. Inwieweit er mit seinem neuen Haftungsmodell auch darüber hinaus zu grundlegend mehr Rechtssicherheit und Rechtsklarheit im BGB-Gesellschaftsrecht beitragen wird, wird sich in der alltäglichen Rechtspraxis erweisen.

---

[357] So auch Reiff, ZIP 1999, S. 517 (528)
[358] Vgl. den auffallend häufigen Bezug auf die Rechtssicherheit und Rechtsklarheit in Begr. RegE HRefG, BT-Drucks. 13/8444, S. 26, 29, 32, 39, 41, 43, 48, 63, 72, 98.

Der Bundesgerichtshof hat mit seinem Urteil zur BGB-Gesellschaft vom 29.01.2001 wieder einmal Rechtsgeschichte geschrieben. In der jahrhundertealten Diskussion über das Wesen der Gesamthand und in der mehr als hundertjährigen Geschichte des BGB-Gesellschaftsrechts stellt das Urteil des BGH vom 29.01.2001 einen vorläufigen Höhepunkt dar. Weder das Reichsgericht noch der Bundesgerichtshof haben sich bisher zu derart weitreichenden, unmissverständlichen und abschließenden Lösungen in Bezug auf die noch offenen Grundsatzfragen des BGB-Gesellschaftsrechts durchringen können. In der dogmatischen Diskussion hatte sich die Rechtsprechung bis dahin zurückgehalten, doch im Urteil aus dem Jahr 2001 für Klarheit gesorgt: Der II. Zivilsenat des BGH erledigte den ihm vorgelegten Fall nicht einfach unter Beibehaltung seiner bisherigen Rechtsprechungsgrundsätze durch Nichtannahme der Revision, sondern nutzte den konkreten Fall, um – in bisher beispielloser Art und Weise – zu dogmatischen Grundsatzfragen des BGB-Gesellschaftsrechts ausdrücklich Stellung zu nehmen. Das Gericht hat die BGB-Gesellschaft damit im Wege der Rechtsfortbildung auf ein völlig neues Fundament gestellt. Während die Ausführungen des BGH zur Rechts- und Parteifähigkeit auch unter rechtsmethodischen Gesichtspunkten weitestgehend stimmig sind, hätte insbesondere die haftungsrechtliche Neuausrichtung des BGB-Gesellschaftsrechts einer rechtsmethodisch überzeugenderen Begründung bedurft.

Als Ergebnis dieses Urteils bleibt jedenfalls festzuhalten, dass in der Rechtspraxis von nun an von einer rechts- und parteifähigen BGB-Gesellschaft auszugehen ist, deren Gesellschafterhaftung akzessorisch ausgestaltet ist. Die Rechtswissenschaft wird – bei aller berechtigten und unberechtigten Kritik an diesem Urteil – nicht umhin können, die zentralen Aussagen dieses Urteils ihren zukünftigen wissenschaftlichen Überlegungen zum Personengesellschaftsrecht zugrunde zu legen, wenn sie ihrer Aufgabe – die Tragweite von Urteilen zu analysieren und ihre präjudizielle Bedeutung für andere Fälle zu beurteilen – weiterhin gerecht werden will. Habmeier[359] stellt daher zu Recht fest, dass unabhängig von der Frage, ob die Rechtsprechung mit dieser Entscheidung insgesamt richtig liegt, das Urteil nicht nur die gegenwärtige und zukünftige juristische Praxis prägen, sondern auch die wissenschaftliche Diskussion nachhaltig beeinflussen wird. Die Beurteilung und Bezeichnung dieses Urteils als „Grundlagenurteil"[360], „Markstein"[361],

---

[359] Staudinger/Habmeier, 13. Aufl., Vorbem. zu § 705 Rn. 7.
[360] Schmidt, NJW 2001, S. 993.
[361] Ulmer, ZIP 2001, S. 585.

„Meilenstein"[362], „Grundsatzurteil"[363], „Leitentscheidung"[364], Urteil mit historischer Dimension[365], „neues Fundament für die BGB-Gesellschaft"[366], „'Jahrhundert-Entscheidung'"[367], und „Durchbruch"[368] im Personengesellschaftsrecht ist demnach gerechtfertigt.

---

[362] Schmidt, NJW 2001, S. 993 (1003).
[363] Kellermann, Festschrift für Wiedemann, S. 1069.
[364] Ann, JA 2001, S. 441.
[365] Kurzwelly, Gesellschaftsrecht 2001, S. 1 (6).
[366] Dauner-Lieb, DStR 2001, S. 356.
[367] Schmittmann, StuB 2001, S. 519.
[368] Wiedemann, JZ 2001, S. 661.

4. Teil
Die Konsequenzen aus dem Grundlagenurteil des BGH vom 29.01.2001

§ 1 Vorbemerkung

Jenseits vereinzelter rechtsmethodischer Bedenken wirft eine solch grundlegende Entscheidung wie diejenige des II. Zivilsenats naturgemäß auch weiterführende und praxisrelevante Rechtsfolgefragen auf, die im Interesse der Rechtssicherheit einer Antwort im Rechtsalltag bedürfen. Über die Tragweite und die unmittelbaren sowie mittelbaren Folgewirkungen dieses Grundlagenurteils wollte und konnte der BGH in dieser Entscheidung noch keine abschließende Aussage machen. Dennoch hat das Grundlagenurteil sehr schnell Eingang in die Rechtspraxis gefunden,[1] was wohl damit zusammenhängen dürfte, dass fast das gesamte Recht der BGB-Außengesellschaft von der Beantwortung der Frage nach der Rechtsnatur der BGB-Gesellschaft abhängt,[2] die der BGH nun im Sinne der Rechts- und Parteifähigkeit der (Außen-)GbR konkretisiert hat. Vor diesem Hintergrund tauchen vermehrt Fragen auf, die mittelbar oder unmittelbar mit der Rechtsnatur der BGB-Gesellschaft zusammenhängen, zum Beispiel Fragen nach der Haftungszurechnung, der Erbfähigkeit, der Grundbuchfähigkeit, der Arbeitgeberfähigkeit und der Beteiligungsfähigkeit der BGB-Gesellschaft. Neben diesen – unmittelbar die BGB-Gesellschaft betreffenden Aspekten – erhebt sich auch die Frage nach der Übertragbarkeit der neuen Rechtsprechungsgrundsätze auf andere Gesamthandsgesellschaften – wie zum Beispiel die Erbengemeinschaft – und auf den nicht rechtsfähigen Verein (vgl. § 54 S. 1 BGB). In den nachfolgenden Darlegungen sollen insbesondere die sich aus dem Grundlagenurteil ergebenden – mittelbaren und unmittelbaren – zivilrechtlichen Auswirkungen und Konsequenzen für die Rechtspraxis erörtert werden. Da die Fülle der praxisrelevanten Fragen und deren Folgeprobleme den Umfang dieser Arbeit sprengen würden, beschränken sich die nachstehenden Ausführungen auf die wichtigsten Auswirkungen des Grundlagenurteils für das BGB-Gesellschaftsrecht und die Erbengemeinschaft. Dabei wird auf die Reichweite des Grundlagenurteils eingegangen; die Konse-

---

[1]   Müther, MDR 2002, S. 987.
[2]   Vgl. hierzu bereits oben S. 36 ff.

quenzen des Grundlagenurteils für die nicht rechtsfähigen Vereine werden nicht erörtert.[3]

§ 2 Der Kernbereich des Grundlagenurteils

I.   „[…] soweit sie durch Teilnahme am Rechtsverkehr eigene Rechte und Pflichten begründet."[4]

Für ein Typisieren der rechts- und parteifähigen BGB-Gesellschaften lassen sich im Rahmen einer wissenschaftlichen Analyse im Grundlagenurteil nur sehr wenige Anhaltspunkte finden. Im ersten Leitsatz begegnet man lediglich dem Hinweis auf die „(Außen-)GbR". Das ist für den Rechtsanwender zunächst einmal ein klarer Hinweis auf die dem Grundlagenurteil zugrunde liegende Typologie. Allerdings verliert diese vermeintlich eindeutige Abgrenzung durch die scheinbar überflüssige Häufung sinngleicher beziehungsweise sinnähnlicher Ausdrücke im anschließenden Restriktivsatz, der im Wege einer subordinierenden (modalen) Konjunktion die Aussagen des vorstehenden Satzgliedes restringiert, wiederum an Schärfe und Klarheit. Diese verschwommene Formulierung, die zu Recht als pleonastisch[5] und tautologisch[6] qualifiziert wird, begegnet dem Rechtsanwender in vergleichbarer Form in § 14 Abs. 2 BGB wieder.[7] Dort heißt es: „Eine rechtsfähige Personengesellschaft ist eine Personengesellschaft, die mit der Fähigkeit ausgestattet ist, Rechte zu erwerben und Verbindlichkeiten einzugehen." Während aber der alleinige Sinn und Zweck dieser in § 14 Abs. 2 BGB verwendeten Formulierung, die in Form eines Relativsatzes in attributiver Funktion eine nähere Bestimmung zu dem Substantiv „Personengesellschaft" gibt, in der Definition der rechtsfähigen Personengesellschaft liegt,[8] erschließt sich einem Leser des Grundlagenurteils auf den ersten Blick noch nicht, was der BGH mit diesem Zirkelschluss[9] im ersten Leitsatz wohl gemeint haben könnte.

Geht man von einer eher kausal beziehungsweise konditional ausgerichteten Interpretation dieser Formulierung aus, so mag sich die Frage stellen, ob das im Konjunktionalsatz beschriebene Geschehen nicht auch als

---

[3]   Vgl. hierzu nur Kempfler, NZG 2002, S. 411 ff.; Schmidt, NJW 2001, S. 993 (1002 f.); Hadding, ZGR 2001, S. 712 (727 ff.); Schöpflin, Der nichtrechtsfähige Verein.
[4]   BGH, NJW 2001, S. 1056.
[5]   Beuermann, GE 2001, S. 403.
[6]   Kraemer, NZM 2002, S. 465 (466).
[7]   Vgl. auch Kraemer, NZM 2002, S. 465 (466).
[8]   Vgl. hierzu bereits oben S. 53 f.
[9]   Peifer, NZG 2001, S. 296 weist zutreffend darauf hin, dass die Begründung in einen Zirkel führt.

Grund zum Vorhergesagten, und zwar insbesondere in Bezug auf das Substantiv „Rechtsfähigkeit", verstanden werden könnte.[10] Unter Zugrundelegung dieser Interpretation wäre der Erwerb beziehungsweise die Begründung eigener Rechte und Pflichten im Rechtsverkehr die Voraussetzung für die Bejahung der Rechtsfähigkeit der (Außen-)GbR. In diesem Fall könnte man die Konjunktion „soweit" auch durch die dann synonyme Konjunktion „wenn" ersetzen: „Die (Außen-)GbR besitzt Rechtsfähigkeit, *wenn* sie durch Teilnahme am Rechtsverkehr eigene Rechte und Pflichten begründet."

Bereits jetzt heben aber gewichtige Stimmen in der Rechtswissenschaft[11] hervor, dass die vom BGH im Gliedsatz des ersten Leitsatzes verwendete Formulierung wohl eher in einer Art attributiven Funktion in Bezug auf das Substantiv „(Außen-)GbR" zu verstehen ist und hinsichtlich dieses Nomens eine nähere Definition und Erklärung seines Inhaltes festlegt. In diesem Sinne wandelt Lüke[12] daher den Gliedsatz in einen Relativsatz ab und spricht insoweit von der „'(Außen-) Gesellschaft bürgerlichen Rechts, die durch Teilnahme am Rechtsverkehr eigene Rechte und Pflichten...' begründe". Auch Westermann[13] hat sich dieser Sichtweise angeschlossen und möchte den Gliedsatz so verstanden wissen, dass nur Außengesellschaften, die sich eben durch die Teilnahme am Rechtsverkehr auszeichnen, als rechtsfähig eingestuft werden sollen.

Zuzugeben ist den aufgezeigten Interpretationsmöglichkeiten, dass sie aufgrund des vom BGH gewählten Wortlautes und der Satzbausystematik grundsätzlich beide als denkbar und erwägenswert erscheinen. Unter inhaltlichen Gesichtspunkten sprechen aber die besseren Argumente für die letztgenannte Auffassung, welche die konjunktionale Restriktion auf die (Außen-)GbR bezieht. Wie bereits oben[14] festgestellt, wird Rechtsfähigkeit heute nach ganz h.M. definiert als die Fähigkeit, selbständiger Träger von (subjektiven) Rechten und Pflichten zu sein. Die Rechtsfähigkeit selbst ist aber eben gerade kein subjektives Recht, sondern vielmehr eine rechtserhebliche Eigenschaft und ein Zustand. Damit ist sie das – denknotwendig vorausgehende – logische Prius zur Begründung und zum Erwerb (subjektiver) Rechte. Die Begründung eigener Rechte und Pflichten ist dann lediglich die Konsequenz.[15] Auf dem Boden der kausalen beziehungsweise konditionalen Interpretationsmöglichkeit würde dieses Verhältnis in das Gegenteil

---

10   In diese Richtung auch Westermann, NZG 2001, S. 289 (290).
11   Vgl. nur Westermann, NZG 2001, S. 289 (290); Kraemer, NZM 2002, S. 465 (466); Beuermann, GE 2001, S. 403; Armbrüster, GE 2001, S. 821 (823).
12   Lüke, Festschrift für Ishikawa, S. 253 (260).
13   Westermann, NZG 2001, S. 289 (290).
14   Vgl. hierzu oben S. 34 f.
15   So auch Westermann, NZG 2001, S. 289 (290).

verkehrt werden. Die Begründung (subjektiver) Rechte und Pflichten ist aber nicht der Ausgangspunkt und Grund für die Rechtsfähigkeit, sondern nichts anderes als die in Beziehung gesetzten Rechte und Pflichten zu einer rechtsfähigen Person oder Einheit. Dass der BGH den vorbezeichneten Gliedsatz in restriktiver Weise auf die (Außen-)GbR bezogen wissen wollte, bestätigt sich auch durch die Auffassung von Kraemer[16], der als Richter im II. Zivilsenat des BGH an der Entscheidungsfindung in Bezug auf das Grundlagenurteil mitgewirkt hat. Für ihn steht insoweit fest, dass der BGH damit die BGB-Außengesellschaft charakterisiert hat, und zwar in der Weise, dass sie – nach dem Willen ihrer Gesellschafter – als GbR am Rechtsverkehr teilnimmt und dabei Rechtsbeziehungen zu außenstehenden Dritten begründen soll.

II. Die Kategorie der rechts- und parteifähigen BGB-Gesellschaften

1. „Die (Außen-)GbR besitzt Rechtsfähigkeit [...]"[17]

Für den BGH ist nach dem obigen Befund damit die Rechtsfähigkeit auf die Außen-BGB-Gesamthandsgesellschaft beschränkt. Weiterhin nicht rechtsfähig sind – im Gegenschluss dazu – die reinen BGB-Innengesellschaften, die demzufolge vom gesetzlichen Normaltypus der Außen-BGB-Gesellschaft[18] zu unterscheiden sind. Ungeachtet vereinzelter Stimmen[19] in der Rechtswissenschaft, die auf eine derartige Abgrenzung zwischen Innen- und Außengesellschaften gänzlich verzichten wollen, wird diese Unterscheidung nach ganz allgemeiner Meinung[20] für notwendig erachtet. Die Abgrenzung zwischen Innen- und Außengesellschaft gehört zu den „Seinsstrukturen"[21] des Gesellschaftsrechts und ist von grundlegender Bedeutung.

---

16 Kraemer, NZM 2002, S. 465 (466).
17 BGH, NJW 2001, S. 1056.
18 Die gesellschaftsrechtlichen Vorschriften im BGB (§§ 705 ff. BGB) gehen von der Außengesellschaft als gesetzlichem Normaltypus aus, vgl. Ulmer, Gesellschaft bürgerlichen Rechts, 4. Aufl., § 705 Rn. 253; Palandt/Sprau, 63. Aufl., § 705 Rn. 33; Erman/Westermann, 10. Aufl., Vor § 705 Rn 24.
19 Steckhan, Die Innengesellschaft, S. 20 ff., 71 ff. und 129 f.; vgl. neuerdings Wilhelm, LM H. 5/2001 § 50 ZPO Nr. 52 Bl. 887 (893), der den Begriff „(Außen-)Gesellschaft" aus dem ersten Leitsatz streichen möchte, da für ihn schon der bloße Zusammentritt der Gesellschafter eine Außengesellschaft begründet.
20 RGZ 166, S. 160 (163); BGHZ 12, S. 308 (314); BGHZ 126, S. 226 (234 ff.); BGH, WM 1966, S. 31 f.; BGH, WM 1973, S. 296 (297); BFH, DStR 2002, S. 1085 ff.; Wiedemann, Gesellschaftsrecht, S. 83 f.; Staudinger/Habermeier, 13. Aufl., § 705 Rn. 57; Ulmer, Gesellschaft bürgerlichen Rechts, 4. Aufl., § 705 Rn. 253 ff.; Hueck/Windbichler, Gesellschaftsrecht, 20. Aufl., S. 29 f.; Kübler, Gesellschaftsrecht, 5. Aufl., S. 24; Schmidt, Gesellschaftsrecht, 4. Aufl., S. 1288 f.
21 Wiedemann, Gesellschaftsrecht, S. 83.

Dass es sich dabei nicht bloß um eine rein rechtstheoretische Kategorisierung handelt, sondern um eine unverzichtbare Abgrenzungsfrage mit erheblichen rechtspraktischen Auswirkungen, wird bereits durch die im Grundlagenurteil vorgenommene Differenzierung augenfällig. Wie bereits festgestellt, ist für den BGH das zur Unterscheidung maßgebende Merkmal die Teilnahme am Rechtsverkehr. Damit weicht der BGH zugleich von Auffassungen in der rechtswissenschaftlichen Literatur ab, die zum Teil auf andersartige und differenziertere Unterscheidungsmerkmale zwischen BGB-Innengesellschaften und BGB-Außengesellschaften abstellen. Aufgrund des Umstandes, dass das Gesetz selbst die Unterscheidung zwischen Innen- und Außengesellschaft nicht kennt und daher auch keine konkreten Unterscheidungsmerkmale zur Verfügung stellt, werden zu diesem Problemkreis eine kaum noch überschaubare Ansammlung von divergierenden Ansichten und Terminologien vertreten, die in diesem Zusammenhang nicht in aller Ausführlichkeit dargestellt werden können. Im Wesentlichen werden hierzu zwei Differenzierungsansätze vertreten.

a. Differenzierung anhand des Merkmals „Gesellschaftsvermögen"

Stellte man bei der Unterscheidung zwischen Innen- und Außengesellschaft lediglich auf das Merkmal des Gesellschaftsvermögens ab, wäre dies für die Rechtsanwender in der Rechtspraxis ein kaum taugliches Differenzierungskriterium, denn bereits aufgrund der strittigen Fragen[22], welche Bedeutung und Auswirkungen der Existenz von Gesamthandsvermögen in diesem Zusammenhang beizumessen sind, bestünden erhebliche Rechtsunsicherheiten.

Diese Fragen betreffen Außen- und Innengesellschaft. Im Hinblick auf die Außengesellschaft wird teilweise die Ansicht vertreten, dass das Vorhandensein von Gesamthandsvermögen eine BGB-Gesellschaft zwingend zur Außengesellschaft mache, während umgekehrt das Fehlen von Gesamthandsvermögen automatisch eine Innengesellschaft begründe. Eine Meinung lautet, dass eine Gesellschaft mit gesamthänderisch gebundenem Gesellschaftsvermögen immer als Außengesellschaft zu qualifizieren sei.[23] Eine andere Meinung besagt, dass das Vorhandensein von Gesamthands-

---

22 Vgl. hierzu nur den Überblick bei Ulmer, Gesellschaft bürgerlichen Rechts, 4. Aufl., § 705 Rn. 265 ff.; Staudinger/Habermeier, 13. Aufl., § 705 Rn. 58 ff.; Soergel/Hadding, 11. Aufl., Vor § 705 Rn. 28; Erman/Westermann, 11. Aufl., Vor § 705 Rn. 28; Bälz, Festschrift für Zöllner, S. 35 ff.; Bamberger/Roth, 1. Aufl., § 705 Rn. 133 ff.

23 Schmidt, Gesellschaftsrecht, 4. Aufl., S. 1290 f., 1696 f.; ders., JuS 1988, S. 444 f.; Timm, NJW 1995, S. 3209 (3216); in diese Richtung nun wohl auch Staudinger/Habermeier, 13. Aufl., § 705 Rn. 58 ff. und § 718 Rn. 2 f.

vermögen für eine Außengesellschaft zwar typisch, nicht aber zwingend erforderlich sei.[24] Die Vertreter der letzteren Auffassung verweisen dabei auf das dispositive BGB-Gesellschaftsrecht: Zwar gestalte die Regelung des § 718 BGB das Gesellschaftsvermögen einer BGB-Gesellschaft grundsätzlich gesamthänderisch aus, aber zugunsten anderer Gestaltungsmöglichkeiten, wie z.B. dem Bruchteilseigentum oder dem gänzlichen Verzicht auf Gesellschaftsvermögen, könne davon abgewichen werden.[25]

Die Abgrenzungsproblematik zwischen Außen- und Innengesellschaft wird durch die oben dargelegten unterschiedlichen Meinungen noch verschärft. Gewichtige Stimmen in der rechtswissenschaftlichen Literatur gehen davon aus, dass auch eine Innengesellschaft Gesamthandsvermögen bilden kann.[26] Als Begründung führen die Anhänger die mit Abschluss des Gesellschaftsvertrages bereits entstandenen Beitragsansprüche gegen die einzelnen Gesellschafter an, welche die ersten Gegenstände eines Gesellschaftsvermögens darstellten (sog. „Gesamthandsstruktur der Sozialansprüche"[27]).[28] Andere vertreten die Auffassung, dass Gesamthandsvermögen und Innengesellschaft sich gegenseitig ausschließen.[29] Es gebe kein gesamthänderisch gebundenes Gesellschaftsvermögen, da ein Gesamthandvermögen notwendig Beziehungen zu Dritten mit sich bringe, woran es bei einer Innengesellschaft ja gerade fehle.[30] Eine Innengesellschaft könne daher allenfalls Bruchteilsvermögen bilden.[31]

Ungeachtet dieser bestehenden Streitigkeiten, die der Rechtssicherheit in hohem Maße abträglich sind, begegnet das Differenzierungskriterium „Ge-

---

[24] RGZ 80, S. 268 (271); RGZ 92, S. 341 (342); RGZ 142, S. 13 (20); Soergel/Hadding, 11. Aufl., Vor § 705 Rn. 28; Erman/Westermann, 11. Aufl., Vor § 705 Rn. 28, Palandt/Sprau, 63. Aufl., § 705 Rn. 33.; differenzierend: Ulmer, Gesellschaft bürgerlichen Rechts, 4. Aufl., 265 ff.

[25] Soergel/Hadding, 11. Aufl., Vor § 705 Rn. 28, § 718 Rn. 9; vgl. auch noch Staudinger/Keßler 12. Aufl., Vorbem. § 705 Rn. 85 ff.; anders wohl nun Staudinger/Habermeier, 13. Aufl., § 718 Rn. 2 f. und § 705 Rn. 61; vgl. hierzu auch Bamberger/Roth, 1. Aufl., § 705 Rn. 136.

[26] Ulmer, Gesellschaft bürgerlichen Rechts, 4. Aufl., § 705 Rn. 280 und § 718 Rn. 10; Hadding, ZGR 2001, S. 712 (715); Soergel/Hadding, 11. Aufl., Vor § 705 Rn. 28; Erman/Westermann, 11. Aufl., Vor § 705 Rn. 28 und § 718 Rn. 2.; Steckhan, Die Innengesellschaft, S. 74 ff; in dieser Richtung wohl auch Grunewald, Gesellschaftsrecht, 5. Aufl., S. 52 f.

[27] Ulmer, Gesellschaft bürgerlichen Rechts, 4. Aufl., § 705 Rn. 280.

[28] Hadding, ZGR 2001, S. 712 (715).

[29] BGH, NJW 1982, S. 99 (100); OLG Braunschweig, BB 1951, S. 266, OLG München, NJW 1968, S. 1384 (1386); Hueck/Windbichler, Gesellschaftsrecht, 20. Aufl., S. 29 ff.; Staudinger/Kessler,12. Aufl., Vorbem. § 705 Rn. 92; Schmidt, Gesellschaftsrecht, 4. Aufl., S. 1696 f.; ders., JuS 1988, S. 444 f.

[30] Hueck/Windbichler, Gesellschaftsrecht, 20. Aufl., S. 30.

[31] Schmidt, NJW 2001, S. 993 (1001); MünchKomm/BGB/Schmidt, 4. Aufl., § 741 Rn. 4.

sellschaftsvermögen" vor allem deshalb erheblichen Vorbehalten, weil für einen außenstehenden Dritten nicht immer sogleich ersichtlich ist, wann eine BGB-Gesellschaft gesamthänderisch gebundenes Gesellschaftsvermögen hat und wann nicht. Zwar handelt es sich bei dem gemeinsamen Vermögen einer BGB-Gesellschaft i.d.R. nach § 718 BGB um Gesamthandsvermögen, aber diese Vorschrift ist abdingbar[32], so dass bei einer BGB-Gesellschaft auch Bruchteilsvermögen entstehen kann. Selbst wenn man aber mit Ulmer[33] forderte, dass die von § 718 Abs. 1 BGB abweichende Zuordnung des Gesellschaftsvermögens in den jeweiligen Rechtsgeschäften mit Dritten zum Ausdruck kommen und für diese erkennbar sein müsse, wenn sie dingliche Wirkung haben soll, so führte dies lediglich im Falle von rechtsgeschäftlichem Verkehr zu mehr Rechtsklarheit und Rechtssicherheit für Dritte. Im Falle von gesetzlichen Schuldverhältnissen, die – wie Gummert[34] zu Recht feststellt – entstehen können, ohne dass ein Gläubiger als außenstehender Dritter jeweils Kenntnis von einem bestimmten Auftreten der Gesellschaft hat, bleibt der Dritte weiterhin im Ungewissen über den gegenüber ihm in Erscheinung getretenen Gesellschaftstyp. Infolge dessen kann eine sachgerechte Entscheidung über die richtige Art und Weise der Verfolgung und Durchsetzung der Rechte eigentlich nicht getroffen werden, denn der Dritte weiß zu diesem Zeitpunkt nicht, ob er seine Ansprüche auch gegenüber einer rechtsfähigen BGB-Außengesellschaft, für deren Vorliegen er grundsätzlich beweispflichtig ist[35], oder nur gegenüber einem oder mehreren Gesellschaftern geltend machen kann.

b. Differenzierung anhand des Merkmals „Teilnahme am Rechtsverkehr"

Solange es keine verpflichtende Registereintragung für rechtsfähige BGB-Außengesellschaften gibt, erscheint das vom BGH gewählte Differenzierungskriterium „Teilnahme am Rechtsverkehr" für die Rechtspraxis praktikabler zu sein als das eher interne Merkmal „Gesellschaftsvermögen". Für einen Außenstehenden, der für das Vorliegen einer BGB-Außengesellschaft beweispflichtig ist[36], ist dieses Merkmal sicher leicht festzustellen. Trotzdem stößt auch dieses Kriterium auf Bedenken und bedarf zunächst der begrifflichen Klärung.

---

[32] Vgl. Staudinger/Habermeier, 13. Aufl., § 718 Rn. 3; Ulmer, Gesellschaft bürgerlichen Rechts, 4. Aufl., § 705 Rn. 267 und § 718 Rn. 10.
[33] Ulmer, Gesellschaft bürgerlichen Rechts, 4. Aufl., § 705 Rn. 267.
[34] Gummert, Gesellschaftsrecht in der Diskussion 2001, S. 139 (149).
[35] BGHZ 12, S. 308 (315); BGH LM Nr. 11 = NJW 1960, S. 1851.
[36] Siehe Fn. 35.

„Teilnahme am Rechtsverkehr" bedeutet nicht „bloße Erkennbarkeit der Gesellschaft nach außen".[37] Die Erkennbarkeit einer Gesellschaft, und zwar in der Weise, dass diese lediglich nach außen in Erscheinung zu treten habe oder das Geheimhalten einer Gesellschaft, eignet sich bereits deswegen nicht als Differenzierungskriterium, weil auch eine BGB-Innengesellschaft nach außen in Erscheinung treten kann. Auch wenn in der Regel eine Innengesellschaft nicht nach außen in Erscheinung tritt, so ist nicht zwingend davon auszugehen. Der Verweis auf ein – als reine Innengesellschaft organisiertes Streichquartett[38] – bei dem jeweils nur ein Mitglied die Verträge im eigenen Namen unterzeichnet, ohne dabei andere Mitglieder zugleich mit zu verpflichten, beweist, dass, obwohl diese Gesellschaft nur als reines Internum existiert, nach außen hörbar und sichtbar in Erscheinung tritt. Dieses Beispiel zeigt, dass sich die Kriterien der Offenlegung beziehungsweise Geheimhaltung der Gesellschaft beziehungsweise Gesellschaftsverhältnisse nicht als geeignete Differenzierungsmerkmale erweisen. Insoweit könnte ein Gesellschafter in jedem Einzelfall – unabhängig von der tatsächlichen Gesellschaftsstruktur und Gesellschaftsausrichtung – rein willkürlich festlegen, ob die Gesellschaft nun eine Innengesellschaft oder Außengesellschaft sein soll. Außenstehende Dritte wären jeweils auf das Ermessen des Gesellschafters angewiesen, der je nach Gutdünken und Einzelfallbetrachtung die Gesellschaft geheim halten oder offen legen könnte.

Voraussetzung für die Annahme einer rechtsfähigen BGB-Außengesellschaft ist demnach nicht lediglich das „Nach Außen in Erscheinung Treten", sondern vielmehr die Teilnahme der Gesellschaft „als solche" am Rechtsverkehr.[39] Maßgeblich ist mithin die erforderliche „Teilnahme am Rechtsverkehr" einer BGB-Gesellschaft, die nach Gesellschaftszweck und Organisation der Gesellschaftsverhältnisse eben gerade auf diese Teilnahme am Rechtsverkehr ausgerichtet ist. Durch die zum Erreichen des Gesellschaftszwecks erforderliche Teilnahme am Rechtsverkehr in der Rechtsform als „BGB-Gesellschaft" wird auch für einen außenstehenden Dritten ersichtlich, dass die Gesellschaft aufgrund ihrer Zwecksetzung und Ausrichtung als Rechtsträgerin und Zuordnungssubjekt eigene Rechte und Pflichten be-

---

[37] In diese Richtung früher, d.h. vor Erlass des Grundlagenurteils, Wiedemann, Gesellschaftsrecht, S. 83 f.; Kübler, Gesellschaftsrecht, 5. Aufl., S. 24; Hueck, Gesellschaftsrecht, 19. Auf., S. 12; neuerdings wieder Hueck/Windbichler, Gesellschaftsrecht, 20. Aufl., S. 30; a.A. BFH, DStR 2002, S. 1085 (1086 f.); Schmidt, Gesellschaftsrecht, 4. Aufl., S. 1288 f.; ders., JuS 1988, S. 444 f.; Hadding, ZGR 2001, S. 712 (715); Palandt/Sprau, 63. Aufl., § 705 Rn. 33.

[38] Vgl. hierzu Schmidt, Gesellschaftsrecht, 4. Aufl., S. 1696.

[39] So auch Bamberger/Roth, 1. Aufl., § 705 Rn. 139; Hadding, ZGR 2001, S. 712 (715); Schmidt, Gesellschaftsrecht, 4. Aufl., S. 1289; ders., JuS 1988, S. 444; ders., NJW 2001, S. 993 (997); Lautner, MittBayNot 2001, S. 425 (426); Kraemer, NZM 2002, S. 465 (466 f.);

gründen soll und auch begründen kann. Wie bereits oben[40] festgestellt, handelt es sich bei der „Rechtsfähigkeit" selbst nicht um ein verliehenes – subjektives – Recht, sondern vielmehr um eine rechtserhebliche Eigenschaft eines Wesens und somit um einen Zustand. Wenn eine BGB-Gesellschaft nach Gesellschaftszweck und Organisation der Gesellschaftsverhältnisse auf die Teilnahme am Rechtsverkehr ausgerichtet ist, dann besitzt sie „als solche" diese rechtserhebliche Eigenschaft und ist als Außengesellschaft mit „eigenständigem gesellschaftsrechtlichem Rechtsstatus"[41] zu qualifizieren. Insofern ist das Kriterium der „Teilnahme am Rechtsverkehr" auch das geeignete Kriterium für eine Unterscheidung zwischen Innen- und Außengesellschaften.

Stellt man entsprechend der vorstehenden Äußerungen richtigerweise auf den Willen der Vertragspartner und auf die Vereinbarungen im Gesellschaftsvertrag ab[42] und nicht auf das tatsächliche – nach außen in Erscheinung tretende – (willkürliche) Verhalten des Geschäftsführers ab („objektiver Sachverhalt"[43])[44], so sieht man sich zweifellos auch hier der Kritik der fehlenden Erkennbarkeit für außenstehende Dritte ausgesetzt. In den seltensten Fällen wird nämlich einem außenstehenden Dritten der Gesellschaftsvertrag einer BGB-Gesellschaft bekannt sein. Diesem Einwand kann aber insofern begegnet werden, als dass man aufgrund des Auftretens eines Geschäftsführers oder eines Gesellschafters beziehungsweise der Teilnahme einer BGB-Gesellschaft am Rechtsverkehr entsprechende Rückschlüsse auf die innere Verfasstheit und Struktur einer BGB-Gesellschaft ziehen kann und darf. Insoweit erscheint es nur konsequent, die tatsächlichen Begebenheiten und Umstände als Indizien für einen entsprechenden Willen der Gesamtheit der Gesellschafter heranzuziehen.[45]

---

[40] Vgl. hierzu oben S. 35.

[41] Schmidt, JuS 1988, S. 444.

[42] So bereits früher schon der 2. Zivilsenat des BGH, Urt. v. 11.10.1965 – II ZR 205/63, WM 1966, S. 31 (32): „Für die Beantwortung dieser Frage kommt es in erster Linie auf den erklärten Willen der Gesellschafter an, also darauf, wie sie nach den getroffenen Vereinbarungen ihre gesellschaftlichen Beziehungen zueinander gestaltet haben." Zustimmend Ulmer, Gesellschaft bürgerlichen Rechts, 4. Aufl., § 705 Rn. 279; Gummert, Gesellschaftsrecht in der Diskussion 2001, S. 139 (150); Bamberger/Roth, 1. Aufl., § 705 Rn. 141; Erman/Westermann, 11. Aufl., Vor § 705 Rn. 28.

[43] BGH, WM 1966, S. 31 (32).

[44] So aber Blaurock, Unterbeteiligung und Treuhand, S. 91 f.

[45] Wie hier bereits Gummert, Gesellschaftsrecht in der Diskussion 2001, S. 139 (150); Bamberger/Roth, 1. Aufl., § 705 Rn. 141.

c. Fazit

Ungeachtet des Umstandes, dass auch der BGH die sich aus der fehlenden Registerpublizität der GbR ergebenden Probleme für den Rechtsverkehr grundsätzlich erkannt hat[46], hat er mit der im Restriktivsatz des ersten Leitsatzes enthaltenen Formulierung – „...soweit sie durch Teilnahme am Rechtsverkehr eigene Rechte und Pflichten begründet" – der Rechtspraxis ein hinreichend praktikables Differenzierungskriterium zur Hand gegeben um Außengesellschaften von Innengesellschaften abzugrenzen. Damit hat er – für den Rechtsalltag – in der Frage der Unterscheidung zwischen Innen- und Außengesellschaften in hohem Maße zu mehr Rechtssicherheit beigetragen. Größtmöglich Rechtssicherheit für den Rechtsverkehr wird allerdings erst eine verpflichtende Registereintragung für BGB-Außengesellschaften – in einem vom Gesetzgeber neu zu schaffenden Register – gewährleisten.

2. Die typenbezogene Reichweite des Grundlagenurteils

Wie bereits einleitend festgestellt[47], lassen sich für ein Typisieren der rechts- und parteifähigen BGB-Gesellschaften im Grundlagenurteil nur sehr wenig Anhaltspunkte finden. Die Entscheidung enthält keine ausdrückliche Feststellung dazu, ob die neuen Rechtsprechungsgrundsätze auf alle BGB-Außengesellschaften uneingeschränkt Anwendung finden oder ob diese lediglich bestimmten Kategorien von BGB-Außengesellschaften vorbehalten sind. Damit stellt sich die praxisrelevante Frage, welche BGB-Außengesellschaften nun rechts- und parteifähig sind. Die Antwort auf diese Frage kann bereits aus Gründen der für die Rechtspraxis dringend erforderlichen Rechtssicherheit nicht unbeantwortet bleiben. In der notwendigen wissenschaftlichen Auseinandersetzung mit dieser Frage haben sich – aufgrund der Zurückhaltung der höchstrichterlichen Rechtsprechung – sehr unterschiedliche Auffassungen herausgebildet.

a. Stand der gegenwärtigen Diskussion

Karsten Schmidt[48] vertritt zu dieser Fragestellung einen unternehmensbezogenen Ansatz und möchte die Rechts-, Parteifähigkeit und die sich daraus

---

[46] Vgl. nur BGH, NJW 2001, S. 1056 (1060).
[47] Siehe oben S. 176.
[48] Schmidt, NJW 2001, S. 993 (1002); ders., Gesellschaftsrecht, 4. Aufl., S. 1720 ff.; bereits früher: Schmidt, JZ 1985, S. 909 (912 ff.); ders., Gutachten, S. 413 (449 f.; 481 ff.); vgl. hierzu auch Roth, ZHR 155 (1991), S. 33 f.

ergebenden Konsequenzen auf Mitunternehmer-BGB-Gesellschaften begrenzt wissen. Schmidt unterscheidet diese von den schlicht zivilistischen Gesellschaften. Mitunternehmer-BGB-Gesellschaften seien unternehmenstragende Gesellschaften, die – im Gegensatz zur OHG und KG – nicht dem handelsrechtlichen Rechtsformzwang unterliegen, wobei Gesellschaften, die sich in der Verwaltung eines durch gesamthänderische Bindung gesicherten Vermögens erschöpfen, hiervon nicht erfasst werden sollten. Schlicht zivilistische Gesellschaften seien dagegen nichtunternehmerische BGB-Gesellschaften, die der Verselbständigung nicht fähig seien. Aufgrund der „Vielgestaltigkeit der Erscheinungsformen"[49] der BGB-Gesellschaft müsse den charakteristischen Interessenlagen unterschiedlicher Anwendungsbereiche Rechnung getragen werden, da es die BGB-Gesellschaft als solche weder tatsächlich noch rechtlich als Einheitsinstitut gebe[50]. Die Mitunternehmer-BGB-Gesellschaft unterscheide sich durch das Kriterium der Unternehmensträgerschaft von der schlicht zivilistischen Gesellschaft; einzig das Merkmal der Unternehmensträgerschaft begründe und rechtfertige die Forderung nach Rechtsfähigkeit, Handlungsfähigkeit, Parteifähigkeit und Insolvenzfähigkeit.[51]

Ähnlich argumentiert Reiff[52], der die im Grundlagenurteil enthaltenen Rechtsprechungsgrundsätze über die akzessorische Haftungsverfassung grundsätzlich auch nur auf unternehmenstragende BGB-Gesellschaften anwenden will, wobei er im Vergleich zu Schmidt einen erweiterten Unternehmensbegriff zugrunde legt und auch ausschließlich eigenes Vermögen verwaltende Gesellschaften erfasst wissen will. Reiff begründet seine Auffassung vor allem mit der sich aus der Anerkennung der Rechts- und Parteifähigkeit ergebenden Folge der rigiden persönlichen Haftung nach § 128 HGB analog, deren uneingeschränkte Anwendung nur bei unternehmenstragenden Gesellschaften, nicht aber bei sonstigen BGB-Außengesellschaften, interessengerecht sei.[53] Unklar bleibt aber, ob Reiff diese Einschränkung nur auf die haftungsrechtlichen Grundsätze begrenzt wissen will, oder ob er mit seiner Einschränkung auf alle drei Rechsprechungsgrundsätze des Grundlagenurteils, d.h. in einem umfassenden Sinn, Bezug nimmt. Im ersten Fall hätte dies zur Folge, dass die Unterscheidung nicht auf der Stufe

---

49 BGHZ 74, S. 240 (242 f.).
50 Schmidt, Gesellschaftsrecht, 4. Aufl., S. 1698.
51 Schmidt, JZ 1985, S. 909 (912); ders., Gesellschaftsrecht, 4. Aufl., 1698 f., insoweit auch bereits in der 1. Aufl., S. 1276 ff.
52 Vgl. Reiff, VersR 2001, S. 515 (516 f.); bereits vor Erlass des Grundlagenurteils: Reiff, ZIP 1999, S. 517 ff.; ders., NZG 2000, S. 281 (283 f.); in diese Richtung früher auch Dauner-Lieb, DStR 1998, S. 2014 (2020); dies., Unternehmen in Sondervermögen, S. 553 f.
53 Reiff, NZG 2000, S. 281 (283 f.).

der Rechts- und Parteifähigkeit ansetzte, sondern erst auf der Stufe der Haftungsverfassung, so dass alle BGB-Außengesellschaften rechts- und parteifähig wären und erst dann zwischen solchen mit akzessorischer und solchen mit nichtakzessorischer Gesellschafterhaftung zu differenzieren wäre. Im letzten Fall würde die Unterscheidung – wie bei Schmidt – bereits auf der Stufe der Rechts- und Parteifähigkeit ansetzen, so dass unter den BGB-Außengesellschaften nur zwischen rechts-/parteifähigen und nichtrechts-/nichtparteifähigen mit den jeweils dazugehörigen Haftungssystemen zu unterscheiden wäre. Drittens bestünde auch noch die Möglichkeit, die zwei Differenzierungsmethoden miteinander zu verknüpfen, so dass gegebenenfalls zwei Abgrenzungen vorzunehmen wären: Erstens zwischen rechts-/parteifähigen und nichtrechts-/nichtparteifähigen BGB-Außengesellschaften, und zweitens – im Falle des Vorliegens einer rechts-/parteifähigen BGB-Außengesellschaft – nochmals zwischen akzessorischer und nichtakzessorischer Gesellschafterhaftung.

Peter Ulmer[54] möchte im Anschluss an die von Uwe John[55] entwickelte Lehre von der Personifikation der Personenverbände beziehungsweise Lehre von den Strukturelementen einer Rechtsperson die Rechts- und Parteifähigkeit ebenfalls nur auf ganz bestimmte BGB-Außengesellschaften beschränkt wissen. Die neuen Rechtsprechungsgrundsätze sollen demnach nur auf solche BGB-Außengesellschaften angewandt werden, die über eine eigene Handlungsorganisation, einen eigenen Haftungsverband und eine eigene Identitätsausstattung verfügen. Unter Handlungsorganisation[56] verstehen die Anhänger dieser Auffassung diejenigen Vorkehrungen und Einrichtungen, die es einem Personenverband ermöglichen, rechtswirksam zu handeln. Diese Regeln und Strukturen – d.h. klar ausgeprägte Organisationsstrukturen und handlungsfähige Verbandsorgane – werden bei einer Personengesellschaft regelmäßig durch den Organisationsvertrag in Verbindung mit den gesetzlichen Regelungen des BGB gewährleistet.[57] Ein Haftungsverband[58] wird, „grob gesagt"[59], als ein Inbegriff von Rechtsgegenständen mit wirtschaftlicher Bedeutung definiert. Das für den Haftungsverband einer rechtsfähigen BGB-Außengesellschaft charakteristische Element soll das

---

[54] Ulmer, ZIP 2001, S. 585 (593 f.); ders., ZIP 2001, S. 1714 (1715 f.); ders., Gesellschaft bürgerlichen Rechts, 4. Aufl., § 705 Rn. 306; ders. bereits früher, AcP 198 (1998), S. 113 (126 ff., 150).

[55] John, Die organisierte Rechtsperson, S. 72 ff.

[56] Vgl. dazu ausführlich John, Die organisierte Rechtsperson, S. 74 ff., S. 150 ff. und S. 230 ff.

[57] Ulmer, AcP 198 (1998), S. 113 (126 f.).

[58] Vgl. dazu ausführlich John, Die organisierte Rechtsperson, S. 81 ff., 157 ff., und S. 240 ff.

[59] John, Die organisierte Rechtsperson, S. 240.

primär dem Haftungszugriff der gemeinsamen Gläubiger offenstehende gesamthänderisch gebundene Sondervermögen (Gesellschaftsvermögen) sein.[60] Schließlich muss eine Rechtsperson noch über die erforderliche Identitätsausstattung[61] als weiteres Personifikationsmerkmal verfügen. Ihre Individualität und Identität muss sie – sofern sie als verselbständigte Wirkungseinheit im Rechtsverkehr funktionieren soll – im sozialen Kontext sinnfällig zum Ausdruck bringen können.[62] Die Identitätsausstattung einer Personengesellschaft realisiert sich im Wesentlichen durch den (Verbands-) Namen, der als übergreifendes Bindeglied Handlungsorganisation und Haftungsverband unter sich vereinigt, und durch den Sitz als lokale Zuordnung.

Habersack[63] hält die von Schmidt und Ulmer vorgeschlagenen Differenzierungsansätze für nicht überzeugend und plädiert dafür, den Kreis der rechts- und parteifähigen BGB-Außengesellschaften auf diejenigen Gesellschaften zu beschränken, die nach §§ 1, 2, 105 Abs. 2 HGB Zugang zu den Personenhandelsgesellschaften haben. Seine Begründung stützt er dabei insbesondere auf das im UmwG zum Ausdruck kommende personengesellschaftsrechtliche Prinzip des gleitenden Rechtsformwechsels[64], wonach eine Kapitalgesellschaft im Wege eines identitätswahrenden Formwechsels in eine BGB-Gesellschaft – als Zielgesellschaft des Wechsels – umgewandelt werden kann, aber der formwechselnde Rechtsträger in der neuen Rechtsform fortbestehen bleibt.

Derleder[65] tritt ebenfalls für eine Differenzierung bei der Verleihung der Rechtsfähigkeit ein und fokussiert das Selbstverständnis der Gesellschaft und ihrer Mitglieder. Die GbR könne sich demnach – bei Vorhandensein einer besonderen Komplexität ihrer Verbandsstruktur – im Rechtsverkehr mit Dritten durch eine entsprechende kollektive Bezeichnung für die Verselbständigung zum Rechtssubjekt entscheiden. Objektiver Anknüpfungspunkt müsse der komplexitätsbedingte Bedarf für eine eigenständige Rechtspersönlichkeit sein, wobei dieser erst durch die Konkretisierungsleistungen der Kasuistik abzuarbeiten sei. Mögliche Anhaltspunkte seien Organisationsaufwand, Mitgliederfluktuation, Vermögens- und Verpflichtungsbestand.

---

[60] Ulmer, AcP 198 (1998), S. 113 (126).
[61] Vgl. dazu ausführlich John, Die organisierte Rechtsperson, S. 92 ff., S. 159 ff. und S. 242 ff.
[62] John, Die organisierte Rechtsperson, S. 92.
[63] Habersack, BB 2001, S. 477 (478 f.).
[64] Habersack, BB 2001, S. 477 (478).
[65] Derleder, BB 2001, S. 2485 (2489 f.).

b. Kritische Würdigung

Insoweit ist zunächst ohne weiteres einzuräumen, dass bereits die Vielfalt der Erscheinungsformen der BGB-Außengesellschaft – von der einfachen, am Rechtsverkehr teilnehmenden, alltäglichen Gelegenheitsgesellschaft bis hin zur Großkanzlei oder Gemeinschaftspraxis – eine irgendwie geartete Differenzierung nahe legen. Dass diese höchst unterschiedlich ausgerichteten und ausgestalteten Gesellschaften alle gleich behandelt werden sollen, widerspricht eigentlich dem Rechtsgefühl.[66] Die von Schmidt und Ulmer vorgeschlagenen Differenzierungskriterien sind in der Tat einleuchtend und erweisen sich, ungeachtet ihrer konzeptionellen Verschiedenheit, auf den ersten Blick als grundsätzlich geeignet und sachgerecht für eine Differenzierung. Bei der von Habersack vorgeschlagenen Vorgehensweise gibt es Bedenken: Bei konsequenter Umsetzung dieser Auffassung werden vermögensverwaltende BGB-Gesellschaften mit einbezogen, Freiberufler-Sozietäten und alle relevanten Fälle höherstufiger Gelegenheitsgesellschaften – und damit wohl auch die dem Grundlagenurteil zugrundeliegende ARGE Weißes Roß – aber unnötigerweise ausgegrenzt. Ebenfalls Bedenken verursacht die Auffassung Derleders, denn die Frage, wann ein solcher „komplexitätsbedingter Bedarf" für eine eigenständige Rechtszuständigkeit konkret zu bejahen sei, bleibt ungeklärt.

Wie bereits oben[67] angeführt, hat der BGH einst angedeutet, aufgrund der Vielschichtigkeit sei eine Unterscheidung zwischen den verschiedenen Erscheinungsformen der BGB-Außengesellschaften unabdingbar. Mit dem Hinweis auf die Strenge der handelsrechtlichen Haftungsvorschriften hat er – in der Tendenz wie Reiff[68] – zu verstehen gegeben, dass die handelsrechtlichen Wertungen, die in den §§ 128 f. HGB zum Ausdruck kommen, offensichtlich nur auf BGB-Gesellschaften passen, die auch ein Unternehmen betreiben.

Gleichwohl hat der BGH im Grundlagenurteil ganz bewusst keine Differenzierung vorgenommen, was sich an zwei weiteren Entscheidungen des BGH[69] ablesen lässt, in denen er seine Auffassung von der Einbeziehung aller BGB-Außengesellschaften bestätigt. Zum einen bekräftigte er durch den Beschluss vom 18.02.2002[70] erneut die Erstreckung der Rechtsprechungsgrundsätze auf eine Arbeitsgemeinschaft (Arge), die im traditionellen Sinn

---

[66] Insoweit ist Schmidt, NJW 2001, S. 993 (1002), zuzustimmen.
[67] Siehe hierzu oben S. 167 f.
[68] Vgl. Fn. 52.
[69] Vgl. BGH, Beschluss v. 18.02.2002 – II ZR 331/00, DStR 2002, S. 686 ff.; BGH, Urteil vom 21.01.2002 – II ZR 2/00, NJW 2002, S. 1642 ff. = JZ 2002, S. 1110 ff.
[70] BGH, Beschluss v. 18.02.2002 – II ZR 331/00, DStR 2002, S. 686.

nicht als Trägerin eines Unternehmens angesehen wird[71]. Zum anderen gibt er durch das Urteil vom 21.01.2002[72] zu erkennen, dass grundsätzlich sowohl geschlossene Immobilienfonds, deren Geschäftszweck sich in der Errichtung und Verwaltung von Immobilienobjekten erschöpft, als auch Bauherrengemeinschaften als BGB-Außengesellschaften und damit als rechtsfähige BGB-Gesellschaften in Erscheinung treten können. Auch Schmidt[73] erkennt inzwischen an, dass der BGH die Rechtsprechungsgrundsätze des Grundlagenurteils auf alle BGB-Außengesellschaften, d.h. ohne Beschränkung auf unternehmenstragende Gesellschaften, angewandt wissen will, was aus der eher beiläufigen Bemerkung, eine Begrenzung auf unternehmenstragende Gesellschaften sei in der Tat seit 1998 – d.h. mit der Einführung des § 105 Abs. 2 HGB – kaum noch begründbar,[74] auch hervorgeht.

Angesichts des Umstandes, dass bereits die Unterscheidung zwischen Innen- und Außengesellschaften[75] im Einzelfall äußerst schwierig sein kann und grundsätzlich noch nicht zweifelsfrei entschieden ist, wäre es der Rechtssicherheit in höchstem Maße abträglich, wenn man die bereits bestehenden Abgrenzungsproblematiken für den Rechtsverkehr verschärfen würde, indem man die Außengesellschaften noch in verschiedene Gruppen einteilen würde. In diesem Fall würde genau das Gegenteil von dem erreicht werden, was die höchstrichterliche Rechtsprechung mit ihrem Grundlagenurteil erreichen wollte, nämlich dem Rechtsverkehr ein praktikables und möglichst widerspruchsfreies Konzept zur Verfügung zu stellen, ohne erst im Rechtsalltag die Tiefen der Zivil- und Gesellschaftsrechtsdogmatik bemühen zu müssen. Die aufgezeigten Differenzierungskriterien leiden alle an dem schwerwiegenden Mangel, dass ihnen abstrakt definierte Wertungsgesichtspunkte zugrunde liegen, deren Anwendung in der Rechtspraxis sich als ungeeignet erweist. Wann von einer rechtsfähigen BGB-Außengesellschaft in dem jeweiligen Sinne auszugehen wäre, ließe sich für einen außenstehenden Dritten im Rechtsalltag kaum zuverlässig beurteilen. Eine unübersichtliche Abgrenzungsstruktur und eine kaum noch überschaubare Kasuistik der Rechtsprechung bieten dem Rechtsanwender keine einheitliche und widerspruchsfreie Linie bei der Handhabung, denn wertende Einzelfallbetrachtungen sind für den Rechtsverkehr stets mit erheblichen Einbußen an Bestimmbarkeit und Berechenbarkeit verbunden. Daher liegen die Vorteile eines Einheitsmodells für alle BGB-Außengesellschaften

---

[71] Schmidt, Gesellschaftsrecht, 4. Aufl., S. 1703; Ulmer, ZIP 2001, S. 585 (593); Eickmann, ZfIR 2001, S. 433 (435).
[72] BGH, NJW 2002, S. 1642.
[73] Schmidt, Gesellschaftsrecht, 4. Aufl., S. 1717.
[74] Vgl. die Bemerkung bei Schmidt, Gesellschaftsrecht, 4. Aufl., S. 1717 unter Fn. 117.
[75] Vgl. dazu oben S. 178 ff.

– worauf Dauner-Lieb[76] zu Recht hinweist – auf der Hand: Es ist unkompliziert, transparent und damit vor allem rechtssicher.

Für die Auffassung des BGH, keine weitere Differenzierung vorzunehmen, spricht ferner ein bislang eher unbeachtet gebliebener Aspekt: Weder das BGB noch das HGB gibt einen Hinweis für eine Unterscheidung der BGB-Außengesellschaften nach den dargelegten Kriterien. Allenfalls könnte man die den Anwendungsbereich des § 105 Abs. 2 HGB einschränkende Auffassung anführen, wonach völlig unbedeutende und wirtschaftlich nicht über den alltäglichen privaten Bereich hinausgehende Betätigungen nicht erfasst werden sollen.[77] Doch vermag dieses Argument angesichts des eindeutigen Wortlautes der Vorschrift, in der diese Einschränkung nicht zum Ausdruck gekommen ist, nicht recht zu überzeugen. Daher wird der Anwendungsbereich des § 105 Abs. 2 HGB mit Blick auf das Tatbestandsmerkmal „die nur eigenes Vermögen verwaltet" aus Gründen der Rechtssicherheit – nach richtiger Ansicht[78] – auch nicht eingegrenzt. Im Hinblick auf die Parteifähigkeit beziehungsweise Beteiligtenfähigkeit der BGB-Gesellschaft in anderen Verfahrensordnungen[79] lässt sich zudem feststellen, dass die entsprechenden Regelungen in diesen Verfahrensordnungen, wie z.B. die §§ 61 Nr. 2 VwGO, 10 Nr. 2 SGB X und 70 Abs. 1 Nr. 2 SGG, bei den als beteiligungsfähig anerkannten Vereinigungen – unter die auch BGB-Gesellschaften fallen[80] – ebenfalls keine Differenzierungen nach den oben aufgezeigten Kriterien vornehmen und keine besonderen Anforderungen an den Organisationsgrad beziehungsweise an die Organisationsstruktur eines solchen Verbandes stellen.[81] Gleiches gilt auch – worauf Scholz[82] zurecht verweist – für die Regelungen zum identitätswahrenden Formwechsel, denn § 191 Abs. 2 Nr. 1 UmwG stellt in diesem Kontext keine besonderen strukturellen oder organisatorischen Anforderungen an eine BGB-Gesellschaft.

---

[76] Dauner-Lieb, Gesellschaftsrecht in der Diskussion 2001, S. 117 (134); dies., DStR 2001, S. 356 (359).

[77] In diese Richtung Schmidt, NJW 2001, S. 993 (1001 f.).

[78] Baumbach/Hopt, HGB, 31. Aufl., § 105 Rn. 13; a.A. Schmidt, NJW 1998, S. 2161 (2165); Ebenroth/Boujong/Joost/Boujong, 1. Aufl., § 105 Rn. 22.

[79] Vgl. hierzu bereits oben S. 63 f.

[80] Vgl. hierzu bereits oben S. 64.

[81] Wie hier bereits Reichert, Die BGB-Gesellschaft im Zivilprozess, S. 119 f.

[82] Scholz, NZG 2002, S. 153 (155 f.).

c. Fazit

Nach alledem verdient die Auffassung des BGH, wonach keine weitere ty-penbezogene Differenzierung unter den BGB-Außengesellschaften vorzu-nehmen ist, vor allem aus Gründen der Rechtssicherheit den Vorzug. Wie bereits oben festgestellt, ist lediglich zwischen Innen- und Außengesell-schaften zu differenzieren. Dabei ist vor allem auf die innere Verfasstheit und Struktur der BGB-Gesellschaft abzustellen, die regelmäßig aus deren Teilnahme am Rechtsverkehr – unter einem der Identifikation dienenden Namen – abzuleiten ist.

III. „Rechtsfähigkeit" und „Teilrechtsfähigkeit"

Lange Zeit beherrschte der Begriff der „Teilrechtsfähigkeit" die wissen-schaftliche Diskussion zum Gesamthandsprinzip und zur Konzeption des BGB-Gesellschaftsrechts. Im Anschluss an Fabricius[83] hat vor allem Flume[84] und später Ulmer[85] diesen Begriff geprägt. Unter „Teilrechtsfähigkeit" und „Rechtsfähigkeit" versteht man die begrifflich zum Ausdruck kommende Trennung zwischen vollrechtsfähigen und teilrechtsfähigen Subjekten. Als vollrechtsfähig werden nach dieser Theorie nur solche Subjekte angesehen, die das geltende Recht ausdrücklich als umfassend rechtsfähig behandelt wissen will. Dazu gehört zum Beispiel die natürliche und juristische Person. In Abgrenzung dazu spricht man bei Subjekten, die der Gesetzgeber nicht ausdrücklich für rechtsfähig erklärt hat, von teilrechtsfähigen Subjekten, wenn ihnen dennoch eine irgendwie geartete Anerkennung im Rechtsver-kehr zuzuerkennen ist.[86] Dieser Sichtweise liegt nicht der Rechtsfähigkeits-begriff der ganz h.M.[87] zugrunde, wonach die Rechtsfähigkeit ungeteilt und umfassend ist, sondern der konkrete, handlungsbezogene Rechtsfähigkeits-begriff der Mindermeinung[88], wonach es sich bei der Rechtsfähigkeit um ein System gestufter Zurechnungsfähigkeiten handelt.[89] Da die BGB-Ge-sellschaft vom Gesetzgeber nicht ausdrücklich mit Rechtsfähigkeit ausge-stattet wurde, vertreten die – der „Theorie der abgestuften Rechtsfähig-

---

[83] Fabricius, Relativität der Rechtsfähigkeit, S. 111 ff.
[84] Flume, ZHR 136 (1972), S. 177 (192 f.); ders., Die Personengesellschaft, S. 89 ff.
[85] Ulmer, Gesellschaft bürgerlichen Rechts, 1. Aufl., § 705 Rn. 111; 3. Aufl., § 705 Rn. 131.
[86] Vgl. zu den Definitionen Fabricius, Relativität der Rechtsfähigkeit, S. 111.
[87] Vgl. hierzu bereits oben S. 34 f.
[88] Vgl. hierzu bereits oben S. 35 f.
[89] Fabricius, Relativität der Rechtsfähigkeit, S. 31 ff.; MüchKomm/BGB/Gitter, 1. – 3. Aufl., § 1 Rn. 8; vgl. auch Schmidt, Gesellschaftsrecht, 4. Aufl., S. 212;

keit"[90] nahe stehenden – Anhänger der Gruppentheorie die Ansicht, dass die BGB-Gesellschaft in Abstufung zur juristischen Person nur teilrechtsfähig sei.[91]

Vor Erlass des Grundlagenurteils hatte bereits Dauner-Lieb[92] zutreffend festgestellt, dass man sich bei dem Versuch einer behutsamen Bestandsaufnahme des aktuellen Erkenntnisstandes zunächst mit einem terminologischen Gestrüpp konfrontiert sieht. Die Begriffe der „Teilrechtsfähigkeit" und „Rechtsfähigkeit" würden in der wissenschaftlichen Diskussion unterschiedslos und ohne jegliche inhaltliche Bestimmung verwendet. An diesem Umstand hat sich auch durch Erlass der Grundlagenurteils nur sehr wenig geändert. Bei einem Überblick über die Publikationen, die sich mit dem Grundlagenurteil auseinander setzen, ist festzustellen, dass die Begriffe „Rechtsfähigkeit", „Teilrechtsfähigkeit", „relative Rechtsfähigkeit" häufig weiterhin ohne konkrete, inhaltliche Differenzierung verwendet werden.[93]

Vor dem Hintergrund dieser unklaren Ausgangslage ist es angebracht, zunächst einmal die Aussagen des Grundlagenurteils näher zu betrachten. Das Grundlagenurteil spricht an keiner Stelle von „Teilrechtsfähigkeit", „relativer Rechtsfähigkeit" oder „beschränkter Rechtsfähigkeit" der BGB-Gesellschaft; vielmehr ist immer nur von der „Rechtsfähigkeit" die Rede. Wenn in der Urteilsbegründung einmal auf die „beschränkte Rechtssubjektivität"[94] Bezug genommen wird, so darf dies nicht voreilig als Anerkennung der Teilrechtsfähigkeitslehre im oben aufgezeigten Sinn verstanden werden. Zum einen spricht gegen eine derartige Interpretation bereits der Umstand, dass der BGH unter II. 1.[95] – wiederum ohne Verwendung des Adjektivs „beschränkt" – schlicht und ergreifend von der „Anerkennung der Rechtssubjektivität" spricht. Zum anderen gibt es hierfür keinen Anlass, denn der BGH hat es im Grundlagenurteil – insbesondere auch in den Leitsätzen des Urteils – grundsätzlich vermieden, sich diesbezüglich terminologisch festzulegen.[96] Drittens darf dieses Zitat insoweit nicht isoliert betrachtet werden, sondern muss in seinem Satzzusammenhang gesehen werden. Dort heißt es nämlich, dass „die Auffassung von der *nach außen* bestehenden beschränkten Rechtssubjektivität der GbR den Vorzug" verdient. Ange-

---

90 Roth, ZHR 155 (1991), S. 24 (35).
91 Flume, ZHR 136 (1972), S. 177 (192 f.); ders., Die Personengesellschaft, S. 89 ff; Ulmer, Gesellschaft bürgerlichen Rechts, 1. Aufl., § 705 Rn. 111; 3. Aufl., § 705 Rn. 131.
92 Dauner-Lieb, Die BGB-Gesellschaft im System der Personengesellschaften, S 95 (99).
93 Vgl. hierzu nur Weimar, NWB 2001, Fach 18, Seite 3805 (3807); C.St., Kreditwesen 2001, S. 453; Jula, StWK 2001, Gruppe 17, S. 227 (228); Kurzwelly, Gesellschaftsrecht 2001, S. 1 (6 f.).
94 BGH, NJW 2001, S. 1056 (1057).
95 BGH, NJW 2001, S. 1056 (1058).
96 So auch Ulmer, ZIP 2001, S. 585 (588).

sichts der oben[97] dargestellten Beschränkung der Rechtsfähigkeit auf BGB-Außengesellschaften spricht vieles dafür, dass der BGH mit dem Wort „beschränkt" keine inhaltliche Beschränkung der Rechtssubjektivität beabsichtigte, sondern vielmehr – in Bezug auf die Formulierung „nach außen" – der formalen Beschränkung auf Außengesellschaften Ausdruck verleihen wollte.

In Anbetracht dessen ist davon auszugehen, dass der BGH der BGB-Außengesellschaft umfassende, d.h. uneingeschränkte, Rechtsfähigkeit zugesprochen hat und keine relative Rechtsfähigkeit im Sinne der Theorie von der Teilrechtsfähigkeit.[98] Dies ist zu begrüßen, denn die Anerkennung und Annahme der Theorie von der Teilrechtsfähigkeit für die BGB-Außengesellschaft stellte keinen Beitrag zu mehr Rechtssicherheit dar, sondern würde vielmehr zu einer weiteren unklaren Differenzierung und in der Rechtspraxis zu weiteren Fragen führen. Der Theorie der Teilrechtsfähigkeit fehlt es an den für Abgrenzungszwecke notwendigen scharfen Konturen, denn welcher Grad an Rechtsfähigkeit notwendig ist, um von Vollrechtsfähigkeit auszugehen, ist nicht hinreichend geklärt. Im Übrigen begegnet die Differenzierung in teil- und vollrechtsfähige Subjekte erheblichen Bedenken, da jedes Subjekt nur zu einem gewissen Grad rechtsfähig sein kann. Ein vollrechtsfähiges Subjekt als solches ist bereits denknotwendig ausgeschlossen. Die juristische Person kann – im Gegensatz zur BGB-Außengesellschaft – auch nicht alle denkbaren und möglichen Rechtspositionen innehaben[99], z.B. kann ihr insbesondere nicht das aktive beziehungsweise passive Wahlrecht nach Art. 38 Abs. 2 GG zustehen. Daher ist in der Frage der Rechtsfähigkeit auf jede Art der „qualitativen oder quantitativen Abstufung"[100] zu verzichten. Als abstrakte Kategorie lässt der Begriff der Rechtsfähigkeit keine immanenten Abstufungen zu.[101] Im Übrigen bieten weder Wortlaut noch Entstehungsgeschichte der Normen des BGB, des HGB, des AktG oder des GmbHG einen Anhaltspunkt für eine Differenzierung nach den Regeln der Lehre von der Teilrechtsfähigkeit. Wenn von Rechtsfähigkeit die Rede ist, dann ist damit jeweils keine irgendwie geartete Abstufung verbunden. Hätte der Gesetzgeber im Zusammenhang mit Personengesellschaften die Anerkennung der Lehre der Teilrechtsfähigkeit für notwendig erachtet, dann hätte er dies sicherlich auch in § 14 Abs. 2 BGB, der erst am

---

[97] Vgl. hierzu oben S. 178 ff.

[98] Wie hier bereits Schmidt, NJW 2001, S. 993 (997 ff.); Ulmer, ZIP 2001, S. 585 (588 f.); Scholz, NZG 2002, S. 153 (156 f.); Gesmann-Nuissl, WM 2001, S. 973 (974); Derleder, BB 2001, S. 2485 (2491); Hadding, ZGR 2001, S. 712 (717 f.); Lüke, Festschrift für Ishikawa, S. 253 (267); Beck PersGes-HB/Sauter, S. 131 f.

[99] Vgl. hierzu Huber, Festschrift für Lutter, S. 107 (112 f.).

[100] Hadding, ZGR 2001, S. 712 (718).

[101] Aderhold, Das Schuldmodell, S. 159.

27.06.2000 durch das Fernabsatzgesetz in das BGB eingeführt wurde, zum Ausdruck gebracht. Dieser spricht aber nur allgemein von Rechtsfähigkeit und beurteilt die Rechtsfähigkeit von Personengesellschaften nicht anders als diejenige von juristischen Personen. Nachdem inzwischen auch Ulmer[102] – als ehemaliger Verfechter der Teilrechtsfähigkeitslehre – dieser Theorie eine klare Absage erteilt hat und das zugrundeliegende Rechtsfähigkeitsverständnis ebenfalls erheblich an Bedeutung verloren hat[103], sollte man im Sinne der Rechtsklarheit und Rechtssicherheit zukünftig von einer einheitlichen Terminologie ausgehen und auf die Verwendung der Begriffe „Teilrechtsfähigkeit", „beschränkte Rechtsfähigkeit" oder „relative Rechtsfähigkeit" verzichten.

Damit bleibt festzuhalten, dass die BGB-Außengesellschaft nach dem Grundlagenurteil des BGH grundsätzlich uneingeschränkt und umfassend rechtsfähig ist. Wie bei jedem anderen Rechtssubjekt sind allerdings auch bei der BGB-Außengesellschaft gegebenenfalls die spezifischen Eigenheiten von jeweils einschlägigen Sonderrechtsgebieten zu beachten und die sich daraus ergebenden Konsequenzen bei der Beantwortung der Frage nach der Rechtsfähigkeit im Einzelfall zu berücksichtigen. Nichts anderes hat der BGH mit der einleitenden Formulierung, „die GbR könne im Rechtsverkehr grundsätzlich *jede Rechtsposition* einnehmen, soweit nicht *spezielle Gesichtspunkte* entgegenstehen"[104], ausdrücken wollen.

IV. Eigenständige Rechtsnatur und juristische Person

Einem ähnlichen terminologischen Gestrüpp begegnet man nach Erlass des Grundlagenurteils auch hinsichtlich der Bestimmung der Rechtsnatur der BGB-Außengesellschaft. Wer geglaubt hat, der BGH habe durch das Grundlagenurteil nun endgültig (terminologische) Klarheit in der Frage der Rechtsnatur der BGB-Außengesellschaft geschaffen, merkt angesichts der vielfältigen und unterschiedlichen Stellungnahmen in der wissenschaftlichen Literatur, dass er sich geirrt hat. Die Begriffe „Rechtsfähigkeit", „Rechtssubjektivität" und „Rechtspersönlichkeit" werden nicht selten ohne jegliche (inhaltliche) Differenzierung verwendet.

---

[102] Ulmer, ZIP 2001, S. 585 (588 f.); ders., Gesellschaft bürgerlichen Rechts, 4. Aufl., § 705 Rn. 302.
[103] Vgl. hierzu bereits oben S. 35.
[104] BGH, NJW 2001, S. 1056.

Hadding[105] ist der Ansicht, der Begriff der „juristischen Person" sei inzwischen entmythologisiert worden und habe seine Abgrenzungsfunktion verloren. Ähnlich wie Raiser[106] will er die Personengesellschaften des deutschen Zivilrechts als juristische Personen qualifizieren oder zumindest sie weitgehend gleichstellen. Seiner Ansicht nach sollte man sich entschließen durchgängig von juristischen Personen zu sprechen und die bislang insoweit vorgenommene Unterscheidung zwischen juristischen Personen und Personengesellschaften aufgeben.[107] Er begründet dies zum einen mit dem nahezu gleichen Wortlaut von § 13 Abs. 1 GmbHG und § 124 Abs. 1 HGB, und zum anderen mit der der Rechtsfähigkeit jeweils zugrunde liegenden gleichartigen rechtsdogmatischen Erklärung, die stets auf der Praktikabilitätserwägung der erleichterten Teilnahme dieser Gemeinschaften am Rechtsverkehr beruhe. Diese Lehre wendet er nun auch auf die rechtsfähige BGB-Außengesellschaft an. Dies erscheint konsequent, denn auch bei der BGB-Außengesellschaft handelt es sich um eine Personengesellschaft, und der BGH hat die Anerkennung der Rechtsfähigkeit sowie Parteifähigkeit der BGB-Außengesellschaft in erster Linie auf Praktikabilitätserwägungen gestützt.[108]

Die ganz h.M.[109] hält dagegen weiterhin an der eigenständigen Rechtsnatur der BGB-Gesellschaft fest und möchte die überkommene Abgrenzung zwischen Gesamthandsgesellschaften und juristischen Personen nicht aufgeben. Begründet wird dies vor allem mit den grundlegenden strukturellen Unterschieden dieser beiden Gesellschaftsformen und den bei einer Gleichbehandlung ansonsten hieraus entstehenden Wertungswidersprüchen.

Für Mülbert/Gramse[110] besteht der fundamentale systembildende Unterschied nicht im Gegensatzpaar von Gesamthandsgesellschaft und juristi-

---

105 Hadding, ZGR 2001, S. 712 (718 f.); ders., Festschrift für Kraft, S. 137 (145 f.).

106 Vgl. hierzu bereits oben S. 51 f.

107 Hadding, Festschrift für Kraft, S. 137 (145 f.).

108 Vgl. hierzu oben S. 100 ff.; 132 ff.

109 Ulmer, ZIP 2001, S. 585 (588 f.); ders., Gesellschaft bürgerlichen Rechts, 4. Aufl., § 705 Rn. 307 ff.; Weimar, NWB 2001, Fach 18, Seite 3805 (3807); Gesmann-Nuissl, WM 2001, S. 973 (974); Habersack, BB 2001, S. 477 (478); Wiedemann, JZ 2001, S. 661 (663); Grunewald, Gesellschaftsrecht, 5. Aufl., S. 50; Hueck/Windbichler, Gesellschaftsrecht, 20. Aufl., S. 25 f.; bereits früher so Ulmer, AcP 198 (1998), S. 113 (119); Hueck, Festschrift für Zöllner, S. 275 (286 f.); Huber, Festschrift für Lutter, S. 107 (113 f.); Zöllner, Festschrift für Gernhuber, S. 563 (567 f.); Zöllner, Festschrift für Kraft, S. 701 (707 f.); ders., Festschrift für Claussen, S. 423 (429 ff.); Berndt/Boin, NJW 1998, S. 2854 (2857); Wertenbruch, WuB II J. § 705 BGB 1.01, S. 820; vgl. hierzu bereits auch Fn. 238 im 3. Teil.

110 Mülbert/Gramse, WM 2002, S. 2085 (2093 f.).

scher Person, sondern in der Gegensätzlichkeit von vertraglich und satzungsmäßig verfassten Gesellschaften. Die Unterscheidung in Vertragsgesellschaften und Satzungsgesellschaften sei durch die jeweils zugrunde liegende gesellschafts(vertrags)rechtliche Konzeption begründet. Aufgrund des Umstandes, dass die Personengesellschafter als Vertragspartner des Gesellschaftsvertrages stets die Kompetenz innehätten, über den Gesellschaftsvertrag zu entscheiden und diesen gegebenenfalls wieder aufzuheben, übten sie damit die Handlungshoheit für die Gesellschaft aus und blieben immer „'Herren der Gesellschaft'", wohingegen bei den satzungsmäßigen Gesellschaften – aufgrund der fehlenden vertragsförmigen Leistungspflichtbeziehung untereinander und der umfassenden Verselbständigung der Gesellschaft gegenüber ihren Mitgliedern – die Gesellschaft in organisationsrechtlicher Hinsicht die „'Herrin der Gesellschafter'" sei.

In der Tendenz hält auch Peifer[111] weiterhin an der Unterscheidung zwischen juristischen Personen und Gesamthandsgesellschaften festhalten. Er möchte die Unterscheidung aber an dem Merkmal der Rechtssubjektivität ausmachen und sieht daher zwischen den Begriffen der „Rechtsfähigkeit" und „Rechtssubjektivität" einen Gegensatz. Infolgedessen wirft er dem BGH vor, im Grundlagenurteil diesen Unterschied ignoriert zu haben, da undifferenziert von „Rechtsfähigkeit", „beschränkter Rechtssubjektivität" und schließlich nur noch von der „Rechtssubjektivität der GbR" die Rede sei.

2. Kritische Würdigung

Peifer moniert zu Recht, dass der BGH die Begriffe nicht klar abgrenzt. Wie bereits oben[112] festgestellt, kann man aus dieser unterschiedlichen Begriffsverwendung aber keine Rückschlüsse auf die Favorisierung einer irgendwie gearteten besonderen Rechtsfähigkeitslehre ziehen.

Der Vorwurf Peifers, der BGH habe die Differenzierung zwischen juristischen Personen und Gesamthandsgesellschaften ignoriert, trifft nicht zu. Vielmehr hält der BGH auch weiterhin an der Unterscheidung der beiden Rechtsnaturen, einerseits juristische Personen und andererseits Gesamthandsgesellschafen (Personengesellschaften), fest. Dies zeigt sich deutlich an zwei Formulierungen des Grundlagenurteils: Unter I. heißt es, die GbR sei „(ohne juristische Person zu sein) rechtsfähig"[113]. Unter I. 4. heißt es weiter, dass die oHG und KG rechtsfähig seien, „ohne als Gesamthands-

---

[111] Peifer, NZG 2001, S. 296 (297 f.).
[112] Vgl. hierzu oben S. 191 ff.
[113] BGH, NJW 2001, S. 1056.

gemeinschaften den Status einer juristischen Person zu besitzen"[114]. Außerdem hat der XI. Zivilsenat des BGH diese Unterscheidung in einem weiteren Urteil aus dem Jahr 2001 nochmals ausdrücklich bestätigt und betont:

> „Eine GbR, zu der sich mehrere natürliche Personen zusammengeschlossen haben, ist keine juristische Person. Die Entscheidung des *II. Zivilsenats* vom 29. 1. 2001 [...] hat daran nichts geändert. Der *II. Zivilsenat* hat darin zwar die [...] Rechtsfähigkeit der GbR anerkannt, aber gleichzeitig klargestellt, dass die GbR nicht den Status einer juristischen Person besitzt [...]."[115]

Der BGH hat somit keine einheitliche Rechtsnatur von BGB-Außengesellschaft und juristischer Person angenommen, obwohl er im Grundlagenurteil dazu Gelegenheit gehabt hätte. Allerdings ist den kritischen Stimmen insoweit zuzustimmen, dass die im allgemeinen Sprachgebrauch verwendete Abgrenzungsformel „juristische Person = rechtsfähig" und „Gesamthandsgesellschaft (Personengesellschaft) = nichtrechtsfähig" nun nicht mehr zutrifft. Im Übrigen wird die BGB-Außengesellschaft von der ganz h.M.[116] als juristische Person im Sinne des Art. 19 Abs. 3 GG verstanden und kann sich daher grundsätzlich auch auf Grundrechte berufen.

Allerdings stößt ein grundsätzliches Ineinssetzen von juristischer Person und Gesamthandsgesellschaft auf erhebliche rechtsdogmatische Bedenken. Zu konzedieren ist, dass die in §§ 1, 21, 22 und 80 BGB gegebenen Definitionen mitunter den Eindruck erwecken, als sei der Rechtsbegriff der (natürlichen beziehungsweise juristischen) Person nur durch die Eigenschaft der Rechtsfähigkeit bestimmt.[117] Zuzugeben ist auch, dass die Person im Rechtssinn über Jahrzehnte hinweg allein durch ihre Rechtsfähigkeit bestimmt wurde. Lange Zeit war dies ein nahezu unbestrittenes Dogma der allgemeinen Zivilrechts-[118] und Rechtssubjektslehre:

> Neben juristischen Personen „kommen als Rechtsträger nur die natürlichen Personen in Betracht, denn es gibt außer Personen keine weiteren Rechtsträger in unserer Rechtsordnung. Der Begriff der Person ist danach notwendig identisch mit dem des Rechtssubjektes, wesentliches Merkmal ist die Rechtsfähigkeit im Sinne eines universalen juristischen Vermögens, so der tradierte Tenor".[119]

---

[114] BGH, NJW 2001, S. 145 (1058).

[115] BGH, Urteil vom 23.10.2001 – XI ZR 63/01, NJW 2002, S. 368 a.E.

[116] BVerfG, Beschluss v. 02.09.2002 – 1 BvR 1103/02, NJW 2002, S. 3533; Schmidt, NJW 2001, S. 993 (997); Staudinger/Habermeier, 13. Aufl., § 705 Rn. 22; Münch-Komm/BGB/Schmitt, 4. Aufl., Vorbem. zu § 21 Rn. 14.

[117] So vor allem Raiser, Festschrift für Zöllner, S. 469 (480).

[118] Vgl. statt aller Raiser, Festschrift für Zöllner, S. 469 (480, Fn. 52), mit Verweis auf Flume, Die Personengesellschaft, S. 90 und Gierke, Deutsches Privatrecht, Bd. I, S. 356 f.

[119] Creutzfeld, Entwicklung und Kritik der Lehren vom Rechtssubjekt, S. 8.

Man begnügte sich mit der Gleichsetzung von Person, Rechtssubjekt und Rechtsfähigkeit. Diese Auffassung war wohl letztlich Ausdruck der im 19. Jahrhundert und im überwiegenden Teil des 20. Jahrhunderts vorherrschenden Rechtsüberzeugung. Wie bereits oben[120] festgestellt, war diese Zeit geprägt von einer „Monopolisierung der Rechtsfähigkeit auf natürliche und juristische Personen". Gemäß dem römisch-rechtlichen Verständnis von einem „strikten Dualismus" wurde grundsätzlich nur Personen im Rechtssinn, d.h. natürlichen und juristischen Personen, Rechtsfähigkeit sowie Parteifähigkeit zuerkannt. Vor dem Hintergrund dieser „von römisch-beziehungsweise gemeinrechtlicher Begriffsbildung geprägten Doktrin"[121] konnte es neben den natürlichen und juristischen Personen überhaupt keinen weiteren, dritten Fall der Rechts- und Parteifähigkeit geben. Infolgedessen bestand für die ganz h.M. zudem wohl auch kein grundsätzlicher Bedarf über Gründe, Ursprung und Rechtfertigung der Identifikation und Gleichsetzung von Person, Rechtssubjekt und Rechtsfähigkeit nachzudenken.[122] Denn jede rechtsfähige Personenvereinigung war demnach zugleich Rechtssubjekt und Rechtsperson. Ob und inwieweit der Vorwurf gerechtfertigt ist, die lange Zeit h.M. habe mit der Gleichsetzung von Person, Rechtssubjekt und Rechtsfähigkeit die Prämissen des Ursprungs dieses Dogmas ungeprüft übernommen[123], steht hier nicht zur Diskussion. Bekanntlich hält dieses Dogma einer Überprüfung am geltenden Rechtssystem nicht mehr stand. Ein Dogma sowie dogmatische Begriffe, die nicht mehr zur Darstellung des geltenden Rechts dienen können, gelten als überholt und haben ihre dogmatische Legitimation verloren.[124]

Der Gesetzgeber geht nämlich in § 14 BGB, dessen Absatz 2 die seit dem 17.07.1996 ehemals im § 1059 a Abs. 2 BGB enthaltene Definition übernommen hat, von einer terminologischen Dreiteilung aus, und zwar in der Weise, dass der Unternehmensbegriff neben natürlichen und juristischen Personen auch rechtsfähige Personengesellschaften umfasst, die er in § 14 Abs. 2 BGB näher definiert. Die Bedeutung dieser Vorschrift geht weit über die revolutionäre Wirkung für das Verhältnis von BGB und Verbraucherschutzrecht[125] hinaus und hat erhebliche Bedeutung für das Gesellschaftsrecht. Diese Dreiteilung ist nicht nur rein terminologischer Natur, sondern aus dieser Dreiteilung lassen sich auch dogmatische Konsequenzen für das Gesellschaftsrecht ableiten. Der Gesetzgeber geht offensichtlich davon aus,

---

[120] Vgl. oben S. 34 f.
[121] Aderhold, Das Schuldmodell der BGB-Gesellschaft, S. 157.
[122] Vgl. Creutzfeld, Entwicklung und Kritik der Lehren vom Rechtssubjekt, S. 81.
[123] So Creutzfeld, Entwicklung und Kritik der Lehren vom Rechtssubjekt, S. 82.
[124] Vgl. Creutzfeld, Entwicklung und Kritik der Lehren vom Rechtssubjekt, S. 82, im Anschluss an Schünemann, Grundprobleme der Gesamthandsgesellschaft, S. 54.
[125] Vgl. hierzu MünchKomm/BGB/Michlitz, 4. Aufl., Vorbem. zu § 13, 14 Rn. 1

dass zwischen rechtsfähigen Personengesellschaften und juristischen Personen ein Unterschied besteht, der es nicht rechtfertigt, die rechtsfähigen Personengesellschaften in die Gruppe der juristischen Personen einzuordnen. Das Merkmal der „Rechtsfähigkeit" reicht jedenfalls nach der gesetzgeberischen Konzeption nicht aus, um Personengesellschaften in die Kategorie der (juristischen) Personen einzuordnen. Demzufolge ist – entgegen der Behauptung von Hadding[126] und Raiser[127] – mit der Eigenschaft, „juristische Person" zu sein, bei einer Gesellschaft nicht zuallererst ihre Rechtsfähigkeit angesprochen. Zwischen Personen im Rechtssinn und rechtsfähigen Personengesellschaften besteht vielmehr ein über das Merkmal der Rechtsfähigkeit hinausgehender Wesensunterschied: die „Verselbständigung"[128]. Zwar handelt es sich bei beiden Gesellschaftsformen um „überindividuelle Wirkungseinheiten"[129], die als Organisationsformen eigenständige Zuordnungssubjekte von Rechten und Pflichten, d.h. Rechtssubjekte, sind. Allerdings ist die juristische Person als Organisationsform in ihrer Existenz gegenüber ihren Mitgliedern verselbständigt, d.h. sie ist als Person verabsolutiert zu verstehen, und die Mitglieder bilden nur einen funktionellen Teil dieser verabsolutierten Organisation. Demgegenüber existiert die Gesamthandsgesellschaft als Personengemeinschaft nur in ihren Gesellschaftern, d.h. als Gruppe der sie bildenden Personen, und nicht als verselbständigte Person.[130] Die Gesamthand ist demzufolge im Vergleich zu ihren Mitgliedern keine andere Person, d.h. Person im Rechtssinn, sondern eine Personengruppe ohne eigene Rechtspersönlichkeit,[131] wie es schließlich auch in § 11 Abs. 2 Nr. 1 InsO zum Ausdruck kommt („Gesellschaft ohne Rechtspersönlichkeit" im Gegensatz zu § 1 AktG: „Gesellschaft mit eigener Rechtspersönlichkeit").

Das Differenzierungsmerkmal der „Verselbständigung" hat den entscheidenden Vorteil, dass es die von der h.M. vorgebrachten strukturellen Unterschiede der juristischen Person gegenüber der Gesamthandsgesellschaft prägnant zusammenfasst und auf den Punkt bringt. Die von Ulmer[132] u.a. im Einzelnen angeführten andersartigen Strukturelemente der juristischen Person, wie z.B. Möglichkeit der Fremdorganschaft, Fortbestand der Kapitalgesellschaft bei Rückgang der Mitgliederzahl auf eine Person, Geltung

---

[126] Hadding, ZGR 2001, S. 712 (719).
[127] Raiser, Festschrift für Zöllner, S. 469 (480).
[128] Flume, Die Personengesellschaft, S. 89 ff.
[129] Flume, Die Personengesellschaft, S. 89.
[130] Vgl. hierzu umfassend Flume, Die Personengesellschaft, S. 89 und Habersack, JuS 1990, S. 179 (181).
[131] Vgl. insoweit auch Huber, Festschrift für Lutter, S. 107 (113 f.).
[132] Ulmer, ZIP 2001, S. 585 (588); ders., Gesellschaft bürgerlichen Rechts, 4. Aufl., § 705 Rn. 308.; Huber, Festschrift für Lutter, S. 107 (113 f.);

des Mehrheitsprinzips, freie Übertragbarkeit der Anteile, sind letztlich jeweils Ausdruck dieser „Verselbständigung" zu einer eigenen Rechtspersönlichkeit. Auch das von Mülbert/Gramse vorgebrachte Unterscheidungskriterium der Satzungsmäßigkeit des Gesellschaftsvertrages ist ebenfalls nur ein Kennzeichen dieser Verselbständigung. Im Übrigen weist auch der Wortlaut des § 13 Abs. 1 GmbHG, welcher der GmbH eigene Rechtspersönlichkeit verleiht, auf dieses Merkmal der „Verselbständigung" hin: „Die Gesellschaft mit beschränkter Haftung als solche hat *selbständig* ihre Rechte und Pflichten [...]".

3.Klärung relevanter Begriffe

Angesichts des erhobenen Befundes, wonach es den gesetzgeberischen Wertungen widerspricht, juristische Personen und rechtsfähige Personengesellschaften gleichzusetzen, erscheint es nunmehr kaum noch vertretbar, weiterhin einer Gleichsetzung der Begriffe „Person", „Rechtssubjekt" und „Rechtsfähigkeit" das Wort zu reden. Im Sinne einer klaren Systematik der allgemeinen Begriffe und vor dem Hintergrund einer sachgerechten terminologischen Abgrenzung bedürfen diese Begriffe einer Differenzierung. Der Begriff des „Rechtssubjekts" ist nach vorzugswürdiger Ansicht und entgegen der h.M. nicht identisch mit dem Begriff der „Person". Denn der Begriff des „Rechtssubjekts" betrifft grundsätzlich nur die Frage, wer Zuordnungsendpunkt eines subjektiven Rechtes sein kann, d.h. wer als Träger eines subjektiven Rechtes in Betracht kommt, wer also Subjekt des Rechtes sein kann (Rechtsträgereigenschaft). Über die Frage der Rechtspersönlichkeit, d.h. die Verselbständigung der Organisation gegenüber ihren Mitgliedern, trifft dieser Begriff hingegen keine Aussage. Rechtsfähigkeit und Rechtssubjektivität sind – wie bereits oben[133] festgestellt – daher als Entsprechungen und nicht – wie bei Peifer[134] – als voneinander abzugrenzende Termini zu verstehen. Demgemäß ist es auch alleiniger Zweck des Begriffs „Rechtsfähigkeit", ein Zuordnungssubjekt für Rechte und/oder Pflichten zu definieren.[135] Der Unterschied zwischen § 1 AktG und § 124 Abs. 1 HGB besteht daher nicht in der fehlenden Rechtssubjektivität, sondern in der fehlenden Rechtspersönlichkeit der OHG. Rechtssubjekte, d.h. rechtsfähige Subjekte, die – als Träger von Rechten und Pflichten – der Teilnahme am Rechtsverkehr fähig sind, sind nach den dargestellten Wertungen des Gesetzgebers neben Rechtspersonen auch rechtsfähige Personengesellschaften. Demzufolge sind die Begriffe der „Rechtsfähigkeit" beziehungsweise „Rechtssubjektivität" als

---

[133] Vgl. hierzu bereits oben S. 34 ff.
[134] Vgl. oben S. 196.
[135] Weipert, ZEV 2002, S. 300.

Oberbegriffe zu verstehen, da sie weiter gefasst sind als der Begriff der „Rechtsperson", der nur eine besondere Kategorie von Rechtssubjekten beschreibt. Das folgende Schaubild stellt die festgestellte gesellschaftsrechtliche Konzeption und die dazu gehörigen Begrifflichkeiten im Überblick dar.

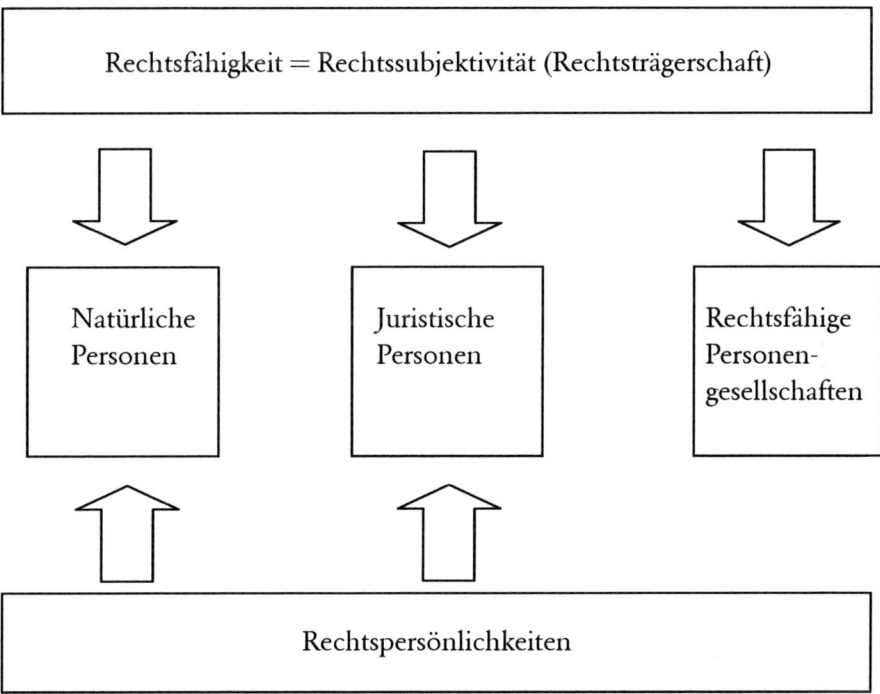

4. Fazit

Die These Raisers[136], die Gesamthandsgesellschaft als rechtsdogmatische Kategorie sei funktionslos und überflüssig geworden – ihre Geschichte sei am Ende, ist damit widerlegt. Auch nach Erlass des Grundlagenurteils verfügt die Gesamthandsgesellschaft über eine eigenständige Rechtsnatur in Abgrenzung zur juristischen Person. Die Geschichte der Gesamthandsgesellschaft ist daher keinesfalls am Ende.

---

[136] Raiser, Festschrift für Zöllner, S. 469 (486).

V. Die Übertragung der Rechtsprechungsgrundsätze auf die Erbengemeinschaft

1. Vorbemerkung

Im Anschluss an das Grundlagenurteil zum BGB-Gesellschaftsrecht sahen Rechtswissenschaft und Rechtspraxis auch mit der Frage konfrontiert, inwieweit die im Grundlagenurteil gefassten Rechtsprechungsgrundsätze auf andere Gesamthandsgesellschaften, insbesondere die Erbengemeinschaft, Anwendung finden können. Nachdem sich zwischenzeitlich bereits dem BGH[137] die Gelegenheit geboten hatte, zu dieser Rechtsfrage Stellung zu nehmen, ist für die Rechtspraxis zunächst einmal Rechtssicherheit eingetreten. Allerdings ist damit die wissenschaftliche und praxisrelevante Streitfrage, ob der Erbengemeinschaft tatsächlich Rechts- und Parteifähigkeit zuzuerkennen sei, noch nicht abschließend entschieden. Die BGH-Entscheidung wurde nämlich vom XII. Zivilsenat gefällt, der an sich für das Erbrecht nicht zuständig ist, sondern sich vorrangig nur mit Fragen des Familien-, Gewerbemiet- und Pachtrechts auseinandersetzt.[138] Mithin steht noch eine Entscheidung des für Erbrechtsfragen zuständigen IV. Zivilsenats aus und ob dieser sich letztlich der gleichen Auffassung wie der XII. Zivilsenat anschließen wird, bleibt abzuwarten. In der wissenschaftlichen Diskussion hingegen scheiden sich an der Frage, ob die Erbengemeinschaft nun der BGB-Außengesellschaft gleichgestellt und ebenfalls als rechts- und parteifähiges Subjekt im Rechtsverkehr anerkannt werden soll, weiterhin die Geister. Dabei stehen sich folgende Ansichten gegenüber:

2. Stand der gegenwärtigen Diskussion

a. Contra Übertragung der Rechtsprechungsgrundsätze

Der BGH[139] und die h.M.[140] in der Literatur gehen davon aus, dass die Rechtsprechungsgrundsätze des Grundlagenurteils nicht auf die Erbengemeinschaft übertragen werden können.

Der XII. Zivilsenat des BGH[141] verweist in seiner Entscheidung zunächst darauf hin, dass sich die Rechtsprechungsgrundsätze des Grundlagenurteils

---

[137] BGH, Urt. vom 11.9.2002 – XII ZR 187/00, NJW 2002, S. 3389 ff. = ZMR 2002, S. 907 ff. = ZEV 2002, S. 504 ff.

[138] Vgl. Ann, MittBayNot 2003, S. 193.

[139] ZEV 2002, S. 504 ff.

[140] Armbrüster, GE 2001, S. 821 (823); Marotzke, ZEV 2002, S. 506 ff.; Heil, ZEV 2002, S. 296 ff.; bereits früher in diese Richtung Ulmer, AcP 198 (1998), S. 113 (133); Staudinger/Bork, 100 Jahre BGB – 100 Jahre Staudinger, S. 181 ff.; Schmidt, NJW 2001, S. 993 (995 f.); differenzierend ders., Gesellschaftsrecht, 4. Aufl., S. 201; ders., NJW 1985, S. 2785 ff.

[141] BGH, ZEV 2002, S. 504 (505).

ausdrücklich nur auf die BGB-Außengesellschaft beziehen, nicht aber auf die Erbengemeinschaft. Eine Übertragung auf die Erbengemeinschaft sei nicht möglich, da sich die Entscheidung nur durch die besonderen Bedürfnisse des Rechtsverkehrs im Bereich des Gesellschaftsrechts legitimiere. Diese Bedürfnisse ließen sich bei einer Erbengemeinschaft gerade nicht ausmachen. Zum einen sei bereits die Rechtsstellung nicht vergleichbar, da die Begründung der Erbengemeinschaft nicht auf einem rechtsgeschäftlichen Akt beruhe, sondern aufgrund gesetzlicher Anordnung entstehe. Zum anderen habe die Erbengemeinschaft den Charakter einer Abwicklungsgemeinschaft, weil sie im Gegensatz zur GbR keine werbende Gemeinschaft und nicht auf Dauer angelegt sei, sondern vielmehr auf Auseinandersetzung ausgerichtet sei. Schließlich fehle es bei der Erbengemeinschaft an der für ein Rechtssubjekt notwendigen Handlungsorganisation, die vor allem durch einen auf Dauer angelegten Handlungszweck und einer hierauf ausgerichteten, d.h. gemeinsamen Handlungszwecken verpflichteten, Personenverbindung mit entsprechenden Regelungen über Vertretung und Geschäftsführung gekennzeichnet sei. Daraus schließt der Senat, dass die Erbengemeinschaft als solche nicht eine zur Teilnahme am Rechtsverkehr bestimmte beziehungsweise geeignete Personenverbindung sei.

Die Vertreter der h.M. in der rechtswissenschaftlichen Literatur verweisen zur Begründung ihrer Ansichten – ähnlich wie der BGH – ebenfalls auf die grundlegenden strukturellen Unterschiede dieser beiden Personengemeinschaften hin. Marotzke[142] stellt dabei insbesondere auf die unterschiedliche Behandlung der Erbengemeinschaft und der BGB-Gesellschaft im Insolvenzrecht ab. Der Annahme der Erbengemeinschaft als Rechtssubjekt widerspreche vor allem der Umstand, dass selbst nach einer vollständig abgeschlossenen Erbauseinandersetzung nach § 316 Abs. 2 InsO die Eröffnung des Nachlassinsolvenzverfahrens noch vorgenommen werden könne. Das Insolvenzrecht behandele, wie sich aus einem Vergleich zwischen § 11 Abs. 3 InsO und § 316 Abs. 2 InsO ergebe, die Erbengemeinschaft grundsätzlich anders als die BGB-Gesellschaft. Marotzke begründet die Ablehnung der Übertragung der Rechtsprechungsgrundsätze mit der wesentlich komplizierteren erbrechtlichen Haftungsstruktur, die grundsätzlich ihre eigenen Wege gehe und sich vor allem in Ansehung der Passiva von derjenigen der BGB-Gesellschaft unterscheide. Dabei verweist er insbesondere auf die §§ 2058, 2059 Abs. 1 S. 2, 2060 ff., 1973 f., 1975 ff., 1989 ff., 1993 ff., 2144 ff., 2382 ff. BGB, §§ 326, 728, 778 ff. ZPO, §§ 315, 317 Abs. 2, 319, 321 ff. InsO. Auch Heil[143] verweist auf die vom Gesetz angelegte Haftungsstruktur der Erbengemeinschaft, namentlich bei Nachlasserbenschulden.

---

[142] Marotzke, ZEV 2002, S. 506 (507).
[143] Heil, ZEV 2002, S. 296 (298 ff.)

Zudem gibt er zu bedenken, dass mit der Annahme der Rechts- und Partei-fähigkeit der Erbengemeinschaft auch die seit Jahrzehnten anerkannte Son-dererbfolge in Anteilen an Personengesellschaften in Frage gestellt werden müsse.[144] Denn es wäre wohl kaum vertretbar von einem rechtsfähigen Sub-jekt auszugehen, das seinerseits aber nicht erbfähig wäre. Mit Blick auf die Rechtssicherheit stellt er schließlich fest, dass die Übernahme der Gruppen-lehre in das Erbrecht in vielen Bereichen das Infragestellen einer langjähri-gen Rechtspraxis bedeutete, das unnötige Eingreifen in eine Vielzahl beste-hender Rechtsverhältnisse. Ulmer[145] hat als einer der Ersten die grundle-genden Strukturunterschiede zwischen Erbengemeinschaft und BGB-Gesellschaft hervorgehoben. Dabei hat er in Anwendung der von ihm ver-tretene Lehre von den Strukturelementen einer Rechtsperson[146] der Erben-gemeinschaft die für die Annahme der Rechts- und Parteifähigkeit nötige Handlungsorganisation und Identitätsausstattung abgesprochen. Von einer für die Qualifikation als Rechtssubjekt ausreichenden Handlungsorganisati-on und Identitätsausstattung – so Ulmer – könne bei einer Erbengemein-schaft keine Rede sein.

b. Pro Übertragung der Rechtsprechungsgrundsätze

Andere Autoren[147] möchten hingegen die Rechtsprechungsgrundsätze des Grundlagenurteils auch auf die Erbengemeinschaft übertragen. Sie argu-mentieren, dass zwischen der Erbengemeinschaft und der BGB-Außenge-sellschaft keine derart gravierenden Unterschiede bestünden, die es rechtfer-tigen, die Rechtsprechungsgrundsätze des Grundlagenurteils nur der BGB-Außengesellschaft vorzubehalten. Über gesamthänderisch gebundenes Ver-mögen, das nach Eberl-Borges[148] als das entscheidende Differenzierungs-merkmal zwischen rechtsfähigen Außengesellschaften und nichtrechtsfähi-gen Innengesellschaften anzusehen ist, verfüge auch die Erbengemein-schaft, so dass aus der Grundlagenentscheidung durchaus Parallelen für die Erbengemeinschaft zu ziehen seien. Allein aus dem Umstand, dass die BGB-Gesellschaft rechtsgeschäftlich und die Erbengemeinschaft gesetzlich begründet werde, lasse sich eine Differenzierung in der Frage der Rechts-

---

[144] Heil, ZEV 2002, S. 296 (299 f.); ders., DNotZ 2002, S. 60 (64).

[145] Ulmer, AcP 198 (1998), S. 113 (124 ff.).

[146] Vgl. hierzu bereits oben S. 186 f.

[147] Eberl-Borges, ZEV 2002, S. 125 ff.; dies., LMK 2003, S. 5 ff.; Früchtl, NotBZ 2002, S. 452 ff.; Ann, MittBayNot 2003; S. 193 ff.; Weipert, ZEV 2002, S. 300 ff.; bereits früher in diese Richtung Grunewald, AcP 197 (1997), S. 305 ff.; nur für die unter-nehmenstragende Erbengemeinschaft Schmidt, NJW 1985, S. 2785 (2788 ff.).

[148] Eberl-Borges, ZEV 2002, S. 125 (128); in diese Richtung auch Weipert, ZEV 2002, S. 300 f.

und Parteifähigkeit nicht herleiten. Für die Teilnahme am Rechtsverkehr sei die rechtsgeschäftlich begründete BGB-Außengesellschaft im Vergleich zur Erbengemeinschaft nur marginal besser gerüstet.[149] Zudem könne auch das Argument, die Erbengemeinschaft sei keine Dauergesellschaft, sondern eine auf Abwicklung und Auseinandersetzung gerichtete Personenverbindung, nicht recht überzeugen. Diese Charakterisierung könne schon deswegen keine Allgemeingültigkeit beanspruchen, weil Erbengemeinschaften auch über mehrere Jahre hinweg fortgeführt werden könnten. Dies sei vom Gesetzgeber, wie sich aus den §§ 2044, 2038 Abs. 2 S. 3, 2042 Abs. 2, 749 Abs. 2, 750, 751, 2043, 2045 BGB ergebe, auch grundsätzlich für möglich erachtet worden. Ferner gelte es zu bedenken, dass die Rechtssubjektsqualität einer Personengesellschaft auch dann weiter bestehe, wenn sie sich im Stadium der Abwicklung befinde. Insofern könne aus diesem Umstand grundsätzlich kein Rückschluss auf die Rechtsnatur gezogen werden. Die These vom Fehlen eines auf Dauer angelegten Handlungszwecks erweise sich ebenfalls als wenig belastbar, da auch der Erbengemeinschaft ein ihre Selbstliquidation übersteigender Handlungszweck zukomme. Insoweit müsse zwischen Ziel und Zweck getrennt werden, und der Zweck der Erbengemeinschaft liege eben darin, dass sie den Nachlass verwalte und damit seinen Wert erhalte.[150] Über eine weite Auslegung des § 2038 BGB, wonach dieser grundsätzlich für das Handeln im Außenverhältnis sowie für Verpflichtungsgeschäfte und Verfügungsgeschäfte gelte, die nicht zum Nachlass gehören, kommen die Vertreter dieser Theorie auch bei der Erbengemeinschaft zu einer für die Rechtssubjektsqualität notwendigen – die Handlungsorganisation begründenden – organschaftsähnlichen Struktur.[151]

c. Kritische Würdigung

Wenig überzeugend erscheint es, mit Eberl-Borges bei der Unterscheidung zwischen Rechtssubjektivität und fehlender Rechtsfähigkeit lediglich auf das Kriterium des Gesamthandsvermögens abzustellen. Bei strikter Anwendung dieser Auffassung führte dies dazu, dass neben Erbengemeinschaften auch eheliche Gütergemeinschaften als Rechtssubjekte anzusehen wären.[152] Wie bereits oben[153] dargelegt, begegnen dem Gesamthandsvermögen als Differenzierungskriterium aber erhebliche Vorbehalte, die es als Abgrenzungskriterium ungeeignet erscheinen lassen. Im Übrigen würde die vorbe-

---

[149] Ann, MittBayNot 2003, S. 193 (195); Eberl-Borges, LMK 2003, S. 5 (6).
[150] Ann, MittBayNot 2003, S. 193 (196).
[151] Eberl-Borges, LMK 2003, S. 5 (6); dies., ZEV 2002, S. 125 (129).
[152] In diese Richtung Weipert, ZEV 2002, S. 300 f.
[153] Vgl. oben S. 179 ff.

zeichnete Auffassung zu einer Einheitsfigur[154] der Gesamthand führen, wonach alle Gesamthandsgemeinschaften im BGB gleich behandelt werden müssten. Denn Gesamthandsvermögen ist ja gerade das typische Kennzeichen dieser drei Arten von Gesamthandsgemeinschaften. Bei Erbengemeinschaften und Gütergemeinschaften ergibt sich zudem die Besonderheit, dass es im Gegensatz zum BGB-Gesellschaftsrecht noch nicht einmal möglich ist, vertraglich von dieser gesamthänderischen Bindung abzuweichen, ohne zugleich diese Rechtsform völlig aufzugeben. BGB-Gesellschaften ohne Gesamthandsvermögen sind hingegen grundsätzlich möglich, da die Regelung des § 718 BGB insoweit abdingbar ist.[155] Demzufolge wären die Erbengemeinschaft und Gütergemeinschaft stets und die BGB-Gesellschaft grundsätzlich als rechts- und parteifähige Subjekte aufzufassen. Von einem Differenzierungskriterium und einer grundlegenden Unterscheidung zwischen den verschiedenen Arten von Gesamthandsgemeinschaften könnte gar keine Rede mehr sein, was angesichts einer BGB-Rechtsordnung, in welcher der Gesetzgeber die Gesamthandsgemeinschaften entsprechend den spezifischen Bedürfnissen der einzelnen Sonderrechtsgebiete – Gesellschaftsrecht, Erbrecht und Familienrecht – verschiedenartig ausgestaltet hat, fragwürdig ist. Wenn der Gesetzgeber insoweit von gleichartigen und jeweils gleich zu behandelnden Gesamthandsgemeinschaften ausgegangen wäre, hätte es wohl nahe gelegen, diese Personenvereinigungen durch entsprechende Verweisungsnormen, wie z.B. § 105 Abs. III HGB, aufeinander zu beziehen und weitgehend identisch zu konzipieren. Dass dies nicht geschehen ist, zeigt sich jedoch bereits daran, dass die Regelungen über die Erbengemeinschaft (§§ 2032 ff. BGB) an keiner Stelle in das BGB-Gesellschaftsrecht verweisen. Durch die zahlreichen Verweise – vgl. nur die §§ 2038 Abs. 2, 2042 Abs. 2, 2044 Abs. 1 S. 2 BGB – in das andersartige und vom BGB-Gesellschaftsrecht abzugrenzende Recht der Gemeinschaft, §§ 741 ff. BGB, wird hingegen deutlich, dass die Erbengemeinschaft grundsätzlich anders ausgestaltet ist als die BGB-Gesamthandsgesellschaft. Die unterschiedliche Ausgestaltung der gesamthänderischen Erbengemeinschaft im Vergleich zur geselschaftsrechtlichen Gesamthand zeigt sich insbesondere an den Vorschriften der §§ 2033 Abs. 1, 2042 Abs. 2 BGB, wonach jeder Miterbe über seinen Anteil an der Erbengemeinschaft verfügen und jederzeit die Auflösung verlangen kann.[156] Vor diesem Hintergrund ist es nicht gerechtfertigt, von einer Einheitsgesamthandsgemeinschaft auszugehen, sondern vielmehr ist mit der h.M. davon auszugehen, dass die verschiedenen Gesamthandsversionen jeweils ihren eigenen Regeln und Gesetzlichkei-

---

[154] Schmidt, Gesellschaftsrecht, 4. Aufl., S. 200, spricht insoweit vom „Einheitsmodell".
[155] Vgl. bereits Fn. 32.
[156] Vgl. Ulmer, Gesellschaft bürgerlichen Rechts, 4. Aufl., § 705 Rn. 81.

ten unterworfen sind. Demzufolge kann auch in der Frage der Verselbständigung keine generelle Entscheidung für alle Gesamthandsgemeinschaften gemeinsam getroffen werden, sondern nur jeweils spezifisch für das entsprechende Sonderrechtsgebiet.

Das Ineinssetzen aller Gesamthandsgemeinschaften und die Übertragung der Rechtsprechungsgrundsätze des Grundlagenurteils auf die anderen Gesamthandsgemeinschaften, insbesondere die Erbengemeinschaft, ist angesichts der obigen Feststellungen auch unter rechtsmethodischen Gesichtspunkten äußerst bedenklich. Fest steht – und insoweit besteht auch noch Einigkeit –, dass sich aus dem Wortlaut der §§ 2032 ff. BGB kein Hinweis auf eine Verselbständigung der Erbengemeinschaft im Sinne eines Rechtssubjekts entnehmen lässt. Demnach bleibt zur Begründung der Rechtssubjektivität der Erbengemeinschaft nur der Weg über eine Rechtsfortbildung. Ohne jedwede Beachtung der Voraussetzungen einer rechtsmethodisch zulässigen Rechtsfortbildung[157] stellen die Vertreter der Rechtssubjektslösung nur auf die Vergleichbarkeit zwischen BGB-Gesamthandsgesellschaft und Erbengemeinschaft ab und wollen mit diesem Argumentationsduktus die Übertragung der Rechtsprechungsgrundsätze des Grundlagenurteils rechtfertigen. Über die primäre und maßgebende Frage, ob denn die §§ 2032 ff. BGB überhaupt eine die Rechtsfortbildung erlaubende Lücke aufweisen, gehen die Vertreter dieser Auffassung leichtfertig hinweg und bleiben insoweit eine rechtsmethodisch befriedigenden Antwort schuldig. Und nach oben erhobenem Befund reicht es nicht aus, dass im Recht der BGB-Gesellschaft eine die Rechtsfortbildung erlaubende Lücke besteht. Notwendig für eine Rechtsfortbildung in Richtung Rechtssubjektivität der Erbengemeinschaft ist vielmehr, dass eine derartige Lücke auch im Recht der Erbengemeinschaft festgestellt werden kann. Ohne an dieser Stelle eine vertiefte Prüfung dieser Frage vornehmen zu wollen, ist eine Gesetzeslücke, auch in Form einer verdeckten nachträglichen Lücke, im Recht der Erbengemeinschaft auf den ersten Blick nicht zu erkennen. Insbesondere lassen auch die Gesetzesmaterialien[158] – soweit erkennbar – in diesem Zusammenhang keine weiterreichenden Rückschlüsse zu. Auf die zur BGB-Gesellschaft gemachten Ausführungen in den Gesetzesmaterialien[159] kann nicht zurückgegriffen werden, da diese sich nur auf die gesellschaftsrechtliche Gesamthand beziehen und zu den anderen Gesamthandsgemeinschaften keine Aussagen enthalten. Über die zweite Möglichkeit einer rechtfortbildenden Veränderung, und zwar im Wege einer gesetzesübersteigenden Rechtsfortbildung, ist damit aber noch nichts gesagt. Allerdings stellen

---

[157] Über die Voraussetzungen einer Rechtsfortbildung vgl. bereits oben S. 118 ff.
[158] Mugdan, Materialien zum Bürgerlichen Gesetzbuch, Band V, S. 495 ff.
[159] Vgl. oben S. 112 ff.

sich einer Bejahung der Rechtssubjektivität der Erbengemeinschaft im Wege einer gesetzesübersteigenden Rechtsfortbildung schwerwiegende Probleme entgegen. Selbst wenn man mit den Vertretern der Rechtssubjektslösung der Meinung sein sollte, es bestünde auch bei der Erbengemeinschaft grundsätzlich ein Bedürfnis nach Rechtsfortbildung, so ist damit noch nicht die Unabwendbarkeit und besondere Dringlichkeit des Bedürfnisses nach Rechtsfortbildung dargetan. Und diese lässt sich angesichts des Umstandes, dass sich die Anhänger der Rechtssubjektslösung weder auf verfassungsrechtliche Aspekte noch auf eine dauernde, seit langem allgemein anerkannte und einschlägige Auffassung berufen können, wohl kaum überzeugend darlegen.

3. Fazit

Nach alledem bleibt festzustellen, dass der Übertragung der Rechtsprechungsgrundsätze des Grundlagenurteils auf andere Gesamthandsgemeinschaften, insbesondere auf die Erbengemeinschaft, gewichtige rechtsdogmatische und rechtsmethodische Argumente entgegen stehen. Die Erbengemeinschaft ist auch weiterhin nicht als Rechtssubjekt aufzufassen, sondern lediglich als „bloßer Ordnungsbegriff der Vermögenszuordnung"[160] zu verstehen. Das Grundlagenurteil zum BGB-Gesellschaftsrecht hat an diesem Befund nichts geändert.

§ 3 Die Folgewirkungen des Grundlagenurteils

I. Die Grundbuchfähigkeit der BGB-Außengesellschaft

1. Vorbemerkung

Als ein äußerst praxisrelevantes Rechtsfolgeproblem soll zunächst die Grundbuchfähigkeit der BGB-Außengesellschaft aufgegriffen werden. Vor dem Hintergrund der grundlegenden Neupositionierung der BGB-Außengesellschaft durch das Grundlagenurteil stellt sich die Frage nach der rechtlichen Behandlung der BGB-Außengesellschaft hinsichtlich ihrer Eintragung im Grundbuch. Ist die Grundbuchfähigkeit der BGB-Außengesellschaft nun die logische Folge der Anerkennung der Rechts- und Parteifähigkeit? Über diese Frage ist zwischenzeitlich ein heftiger wissenschaftlicher Streit entbrannt, der bereits auch Obergerichte beschäftigte. Der II. Zivilsenat des BGH hat sich in seinem Grundlagenurteil zu dieser Fragestellung

---

[160] Marotzke, ZEV 2002, S. 506 (507).

208

nicht explizit geäußert. Dem für das Immobiliarsachenrecht zuständigen V. Zivilsenat des BGH hat sich bislang keine Gelegenheit geboten, hierzu eine Stellungnahme abzugeben. Daher bleibt zunächst weiterhin offen, wie der BGH in dieser Frage entscheiden wird.

2. Stand der gegenwärtigen Diskussion

a. Pro Grundbuchfähigkeit

aa. Eintragungsfähigkeit

Die vorherrschende Ansicht in der Literatur[161] bejaht inzwischen die Grundbuchfähigkeit der BGB-Außengesellschaft. Überwiegend wird dies damit begründet, dass infolge der Anerkennung der umfassenden Rechtsfähigkeit durch den BGH der BGB-Außengesellschaft auch konsequenterweise die Grundbuchfähigkeit zuerkannt werden müsse.[162] Die Grundbuchfähigkeit sei die aus dem Grundlagenurteil zu ziehende logische Konsequenz, weil die Grundbuchfähigkeit als die natürliche Tochter der Rechtsfähigkeit anzusehen sei[163]. Da nach dem Grundlagenurteil nicht mehr die einzelnen Gesellschafter als Träger von Rechten und Pflichten aufzufassen seien, sondern die Gesellschaft selbst, müsse auch das Grundbuchrecht die materiell-rechtlichen Vorgänge richtig widerspiegeln. Sehe man daher die BGB-Außengesellschaft selbst als Eigentümerin von Immobilien an, so müsse diesem Umstand Rechnung getragen werden und ihre Eintragungsfähig-

---

[161] Grunewald, Gesellschaftsrecht, 5. Aufl., S. 51; Ulmer, Gesellschaft bürgerlichen Rechts, 4. Aufl., § 705 Rn. 312 ff.; ders., ZIP 2001, S. 585 (594 f.); Nagel, NJW 2003, S. 1646 ff.; Dümig, ZfIR 2002, S. 796 ff.; ders., Rpfleger 2003, S. 80 ff.; ders., Rpfleger 2002, S. 53 ff.; Hadding, ZGR 2001, S. 712 (724 f.); Ulmer/Steffek, NJW 2002, S. 330 ff.; Eickmann, ZfIR 2001, S. 433 ff.; Demuth, BB 2002, S. 1555 ff.; Keller, NotBZ 2001, S. 397 ff.; Ott, NJW 2003, S. 1223; Elsing, BB 2003, S. 909 (914); Wertenbruch, WM 2003, S. 1785 ff.; Pohlmann, WM 2002, S. 1421 ff.; Böhringer, BWNotZ 2002, S. 42 f.; bereits vor Erlass des Grundlagenurteils in die gleiche Richtung Flume, ZHR 136 (1972), S. 177 (195); Huber, Festschrift für Lutter, S. 107 (128); Schmidt, Gesellschaft bürgerlichen Rechts, 3. Aufl., S. 1772 f.; Ulmer, Gesellschaft bürgerlichen Rechts, 3. Aufl., § 705 Rn. 132; Timm, NJW 1995, S. 3209 (3214).

[162] Elsing, BB 2003, S. 909 (914); Demuth, BB 2002, S. 1555 (1556); Langenfeld, BWnotZ 2003, S. 1 (4); a.A. Böhringer, BWnotZ 2002, S. 42.

[163] Eickmann, ZfIR 2001, S. 433 (435 ff.).

keit[164], d.h. die Fähigkeit, als Eigentümerin eingetragen zu werden, bejaht werden.[165]

bb. Eintragung unter einer Sammelbezeichnung

Während hinsichtlich der Grundbuchfähigkeit im Sinne von Eintragungsfähigkeit noch Einigkeit unter den Anhängern dieser Theorie besteht, gehen die Ansichten über die Art und Weise der Eintragung der BGB-Außengesellschaft in das Grundbuch auseinander.

Einerseits wird hier die Ansicht vertreten, dass neben dem Namen der BGB-Gesellschaft auch alle Gesellschafter namentlich mit eingetragen werden müssten.[166] Zur Begründung dafür, dass neben dem Gesellschaftsnamen auch die Bezeichnung aller Gesellschafter notwendig sei, wird vor allem auf § 47 GBO verwiesen.[167] Daneben wird auch teilweise § 15 GBV angeführt, dessen Abs. 1 a) und b) als formell Grundbuchberechtigte nur natürliche und juristische Personen aufzähle.[168]

Andererseits gehen gewichtige Stimmen[169] in der Literatur zwischenzeitlich davon aus, dass die Eintragung der einzelnen Gesellschafter im Grundbuch nicht mehr notwendig sei, wenn die Gesellschaft einen eigenen, verkehrstauglichen Namen habe. Vielmehr müsse nun die Gesellschaft selbst unter ihrem Namen eingetragen werden.[170] Für den Fall, dass die Gesellschafter ihr keinen besonderen Namen verliehen haben, trage sie den Namen der einzelnen Gesellschafter und müsse unter dieser Bezeichnung ins

---

[164] Karsten Schmidt, Gesellschaftsrecht, 4. Aufl., S. 1771 f., spricht insoweit von „materieller Grundbuchfähigkeit"; Wiedemann, JZ 2001, S. 661 (663), spricht insoweit von „Grundbuchfähigkeit im weiteren Sinn".

[165] Pohlmann, WM 2002, S. 1421 (1429).

[166] Wertenbruch, WM 2003, S. 1785 (1786); ders., Die Haftung von Gesellschaften und Gesellschaftsanteilen in der Zwangsvollstreckung, S. 172 ff.; ders., NJW 2002, S. 324 (329); Münch, DNotZ 2001, S. 535 (548 ff.); Nagel, NJW 2003, S. 1646 (1647); Hammer, NotBZ 2002, S. 385 f; Keller, NotBZ 2001, S. 397 (402); Schmidt, Gesellschaftsrecht, 4. Aufl., S. 1771 f.; Jaschke, Gesamthand und Grundbuchrecht, S. 65 ff.

[167] Vgl. Fn. 166.

[168] Abel/Eitzert, DZWIR 2001, S. 353 (361); vgl. auch Pohlmann, WM 2002, S. 1421 (1430).

[169] So insbesondere Demuth, BB 2002, S. 1555 (1556 ff.); Ulmer. ZIP 2001, S. 585 (594 f.); Dümig, Rpfleger 2002, S. 53 (58); ders., Rpfleger 2003, S. 80 (82); ders., ZfIR 2002, S. 796 ff.; Elsing, BB 2003, S. 909 (914); Eickmann, ZfIR 2001, S. 433 ff.; Ott, NJW 2003, S. 1223; Ulmer/Steffek, NJW 2002, S. 330 ff.; ders., Gesellschaft bürgerlichen Rechts, 4. Aufl., § 705 Rn. 314; Pohlmann, WM 2002, S. 1421 (1430); in diese Richtung wohl auch Habersack, BB 2001, S. 477 (479).

[170] Gemäß der Terminologie von Schmidt (vgl. Fn. 164) kommt der BGB-Gesellschaft nach dieser Ansicht also auch die formelle Grundbuchfähigkeit zu, d.h. die Fähigkeit unter eigenem Namen ins Grundbuch eingetragen zu werden (Wiedemann: Grundbuchfähigkeit im engeren Sinn).

Grundbuch eingetragen werden. Verwiesen wird dabei insbesondere auf den Gleichlauf zwischen materiellem Recht und Verfahrensrecht. Wenn die BGB-Außengesellschaft selbst Träger des Immobiliarrechtes sei, dann müsse sie grundsätzlich auch unter ihrem eigenen Namen eingetragen werden, denn die Auffassung, wonach die Eintragung der einzelnen Gesellschafter tatsächlich die Gesellschaft als Rechtsträgerin verkörpere, wirke „gekünstelt"[171]. Zudem sei die Vorschrift des § 47 GBO in diesem Fall nicht einschlägig, da das Recht nicht für mehrere eingetragen werde, sondern eben nur für die BGB-Gesellschaft als Rechtssubjekt.[172] Zum Teil wird auch die analoge Anwendung der Vorschrift des § 15 Abs. 1 lit. b GBV, wonach zur Bezeichnung des Berechtigten bei juristischen Personen, Handels- und Partnerschaftsgesellschaften der Name oder die Firma und der Sitz anzugeben sind, als Begründung für diese Auffassung angeführt.[173] Als praktischer Vorteil wird ferner hervorgehoben, dass die Eintragung nur des Gesellschaftsnamens in der Regel weniger Aufwand für das Grundbuchamt bedeutet, vor allem bei mitgliederstarken BGB-Außengesellschaften.[174]

Im Hinblick auf den im Grundbruchrecht vorherrschenden (ungeschriebenen) Bestimmtheitsgrundsatz und Publizitätsgrundsatz vertreten einzelne Autoren in der Rechtwissenschaft jedoch einen differenzierten Ansatz.[175] Aufgrund der fehlenden Registerpublizität der BGB-Außengesellschaft verlangen sie zusätzlich, dass dem Grundbuchamt der Gesellschafterbestand, die Vertretungsverhältnisse und die diesbezüglichen Veränderungen jeweils in Form des § 29 Abs. 1 S. 1 GBO zwingend nachzuweisen seien. Diese Informationen sollen den Grundakten beigelegt werden um so für den Rechtsverkehr die nötige Publizität zu gewährleisten.

---

171 Heil, NZG 2001, S. 300 (305); Eickmann, ZfiR 2001, S. 433 (436).
172 Dümig, Rpfleger 2002, S. 53 (58); ders., ZfiR 2002, S. 796 ff.; Pohlmann, WM 2002, S. 1421 (1429 f.); Elsing, BB 2003, S. 909 (914); Ulmer/Steffek, NJW 2002, S. 330 (332 f.).
173 Pohlmann, WM 2002, S. 1421 (1430); Langenfeld, BWNotZ 2003, S. 1 (4); Ulmer/ Steffek, NJW 2002, S. 330 (333); Eickmann, ZfIR 2001, S. 433 (436).
174 Demuth, BB 2002, S. 1555 (1558 ff.); Ulmer, ZIP 2001, S. 585 (594 f.).
175 Ulmer/Steffek, NJW 2002, S. 330 (335 ff.); ders., ZIP 2001, S. 585 (594); in diese Richtung auch Pohlmann, WM 2002, S. 1421 (1430); Hammer, NotBZ 2002, S. 385 (386).

Nach wie vor wird auch die bis zum Grundlagenurteil vorherrschende Ansicht vertreten, die BGB-Gesellschaft sei nicht grundbuchfähig.[176] Aus der Anerkennung der Rechtsfähigkeit folge nicht zugleich auch die Bejahung der Grundbuchfähigkeit im Sinne einer Eintragungsfähigkeit der BGB-Gesellschaft. Die grundbuchrechtlichen Behandlung der BGB-Gesellschaft habe sich durch das Grundlagenurteil grundsätzlich nicht geändert. Einzutragen seien nach § 47 GBO vielmehr weiterhin die Gesellschafter, so dass diese auch als Rechtsinhaber anzusehen seien. Die Vorschrift des § 47 GBO und die fehlende Publizität der GbR verlange die Eintragung der Gesellschafter als Rechtsinhaber. Die weitere Begründung basiert vor allem auf Erfordernisse der sachenrechtlichen Verkehrssicherheit und der zuverlässigen Darstellung der Rechtsverhältnisse an unbeweglichen Sachen.[177] Eine rechtssichere und dem § 29 GBO entsprechende Verfügbarkeit über Grundeigentum der BGB-Gesellschaft, die auch die Vertragspartner einer GbR risikofrei schützt, gewähre nur die traditionelle Lehre.[178]

Dieser eher traditionell ausgerichteten Auffassung hat sich inzwischen auch der II. Zivilsenat des Bayerischen Obersten Landesgerichts angeschlossen.[179] In einem am 31.10.2002 verkündeten Beschluss stellt das Gericht in seinem Leitsatz fest, dass eine Gesellschaft bürgerlichen Rechts nicht grundbuchfähig sei. Sie könne nicht einfach durch eine Sammelbezeichnung in das Grundbuch eingetragen werden, da eine dazu legitimierende Vorschrift fehle. Die Regelung des § 15 Abs. 1 lit. b GBV sehe eine Sammelbezeichnung nur für juristische Personen und für Handels- und Partnerschaftsgesellschaften vor, nicht aber für die BGB-Gesellschaft. Im Umkehrschluss aus § 15 Abs. 3 GBV ergebe sich klar, dass das Grundeigentum den Mitgliedern einer GbR zur gesamten Hand zustehe und diese, d.h. die einzelnen Gesellschafter und nicht die Gesellschaft selbst, als Rechtsträger aufzufassen seien.[180] Verneint wird also nicht nur die „formelle" Grundbuchfä-

---

[176] Heil, NJW 2002, S. 2158 ff.; ders., NZG 2001, S. 300 (305); ders., DNotZ 2002, S. 60 (64 ff.); Stöber, MDR 2001, S. 544 ff.; Derleder, BB 2001, S. 2485 (2490); Vogt, Rpfleger 2003, S. 491 ff.; in diese Richtung auch Demharter, Rpfleger 2001, S. 329 ff.; Schöpflin, NZG 2003, S. 117 f.

[177] Derleder, BB 2001, S. 2485 (2490); Stöber, MDR 2001, S. 544 (545).

[178] Heil, NJW 2002, S. 2158 (2160).

[179] BayObLG, Beschluss v. 31.10.2002 – 2 ZR BR 70/02, NJW 2003, S. 70 ff. = MDR 2003, S. 163 f. = NotBZ 2002, S. 453 ff. = Rpfleger 2003, S. 78 ff.; BayObLG, Beschluss v. 08.09.2004 – 2Z BR 139/04 = NZG 2004, S. 1107; vgl. insoweit auch zu den Anforderungen an eine ordnungsgemäße Auflassung an eine BGB-Gesellschaft: BayObLG, Beschluss v. 04.09.2003 – 2 Z BR 162/03, unter: http://www.dnoti.de/DOC/2003/2zbr162_03.doc = EWiR 2004, S. 113 f.

[180] BayObLG, NJW 2003, S. 70 (71).

higkeit, d.h. die Eintragung unter einer Sammelbezeichnung, sondern auch die Grundbuchfähigkeit im Sinne der Eintragungsfähigkeit. Neben dem Verweis auf die grundbuchrechtlichen Bestimmungen begründet das Gericht seine Auffassung im Wesentlichen mit der fehlenden Registereintragung und Publizität der BGB-Gesellschaft. Aufgrund dessen könne weder über das Bestehen der BGB-Gesellschaft noch über die Verfügungs- und Vertretungsbefugnis ein Nachweis mittels entsprechender Auszüge aus einem Register (§ 32 GBO) geführt werden. Der Nachweis in der Form des § 29 Abs. 1 S. 2 GBO könne oftmals nicht erbracht werden, weswegen Name, Sitz, Identität und Existenz der Gesellschaft sowie Geschäftsführerbefugnisse und Vertretungsverhältnisse dann unklar blieben. Die Folge wären unüberwindbare Hindernisse für den Grundbuchverkehr. Dies gelte nach Auffassung des Gerichts auch dann, wenn die BGB-Gesellschaft unter dem Namen der Gesellschafter eingetragen würde. In diesem Fall würde die Vermutungswirkung des § 891 BGB nicht an den eingetragenen Gesellschaftern anknüpfen, sondern an der BGB-Gesellschaft selbst, und der gute Glaube an die Vertretungs- und Verfügungsbefugnis der einzelnen Gesellschafter wäre dann nicht geschützt. Die fehlende Registerpublizität könne weder durch das Grundbuch selbst noch durch die Einreichung des notariell beglaubigten Gesellschaftsvertrages beziehungsweise der Gesellschafterliste zu den Grundakten kompensiert werden. Es fehle in der Tat an entsprechenden gesetzlichen Vorschriften, die eine solche Handhabung rechtfertigten.

Im Anschluss an diese Rechtsprechung haben zwischenzeitlich auch andere Gerichte diese Auffassung übernommen. Das Landgericht Aachen hat in seinem Beschluss vom 27.05.2003[181] einer BGB-Gesellschaft (der „Vermögensverwaltungsgesellschaft L&Partner GbR") ebenfalls die formelle als auch materielle Grundbuchfähigkeit versagt. Aus § 15 Abs. 3 S. 1 GBV lasse sich mittelbar entnehmen, dass das dingliche Recht nicht der Gesellschaft selbst, sondern den Mitgliedern der Gesellschaft zu gesamten Hand zustehe. Insoweit handele es sich bei im Grundbuch eingetragenen Rechtspositionen um solche, für die die Gesellschaft weiterhin nicht rechtsfähig sei.[182] Ähnlich verneinen auch das LG Weiden i. d. Opf.[183] und das LG Dresden[184] die Grundbuchfähigkeit der BGB-Gesellschaft. Die dem Grundbuchamt gestellte Aufgabe, auf sicherer Grundlage eindeutige Rechtsverhältnisse für unbewegliche Sachen zu schaffen, lasse eine andere Entschei-

---

[181] LG Aachen, Beschluss vom 27.05.2003 – 3 T 42/03, NZG 2003, S. 721 ff. = BB 2003, S. 1458 ff.
[182] LG Aachen, NZG 2003, S. 721 (722).
[183] LG Weiden i. d. Opf., Beschluss vom 03.05.2004 – 2 T 38/04, unter: http://www.dnoti.de/DOC/2004/2t38_04.doc.
[184] LG Dresden, Beschluss v. 23.08.2002 – 2 T 0690/02, NotBZ 2002, S. 384 f.

dung in der Sache nicht zu. Es sei Sache des Gesetzgebers, die Grundbuchfähigkeit der BGB-Gesellschaft zu regeln.

c. Kritische Würdigung

Vor dem Hintergrund des Grundlagenurteils des BGH vermag die vom BayObLG und von den anderen, vorbezeichneten Landgerichten vertretene traditionelle Auffassung, wonach die Grundbuchfähigkeit der BGB-Gesellschaft zu verneinen sei, nicht recht zu überzeugen. Der II. Zivilsenat des BGH hat der BGB-Gesellschaft keine eingeschränkte Rechtsfähigkeit zugesprochen. Nach dem Grundlagenurteil des BGH ist von einer umfassenden Rechtsfähigkeit der BGB-Außengesellschaft auszugehen.[185] Die BGB-Außengesellschaft ist als Rechtssubjekt, d.h. als Rechtsträger, aufzufassen.[186] Im Gegensatz zur individualistischen Theorie sind nicht mehr die Gesellschafter als Rechtsträger zu begreifen, sondern die Gesellschaft selbst: Nur sie ist der Rechtsträger von Rechten und Pflichten. Infolge dessen kann man nur der Gesellschaft selbst das dingliche Recht zuschreiben, wenn man es mit der Grundlagenentscheidung des BGH ernst meint und von der Rechtsfähigkeit der GbR ausgeht.[187] Mit der im Grundlagenurteil gefundenen dogmatischen Konzeption der BGB-Gesellschaft wäre es nicht zu vereinbaren, wenn die BGB-Gesellschaft zwar Eigentümerin beweglichen Vermögens sein könnte, nicht hingegen aber Eigentümerin unbeweglichen Vermögens. Eine derartige Unterscheidung ist auch dem Gesetz wesensfremd. Daher ist es zu begrüßen, dass der III. Zivilsenat des Bayerischen Obersten Landesgerichts[188] eine andere Auffassung als der II. Zivilsenats des BayObLG[189] vertritt und konsequenterweise die Eigentümerstellung der BGB-Gesellschaft auch für dingliche Rechte angenommen hat: „Danach kann eine solche GbR selbst Träger des Eigentums an Grundstücken sein […], ohne dass ein Wechsel im Gesellschafterbestand Einfluss auf den Fortbestand des der Gesellschaft als solcher zustehenden Eigentums hat […].“[190] Auch das OVG Münster[191] hat sich für eine konsequente Umsetzung des Grundlagenurteils ausgesprochen und die Eigentümerstellung der

---

[185] Vgl. hierzu oben S. 191 ff.
[186] Zu den Begriffen vgl. oben S. 200 f.
[187] So auch Dümig, Rpfleger 2003, S. 80.
[188] BayObLG, Beschluss v. 07.05.2002 – 3Z BR 55/02, BayObLGZ 2002, S. 137 ff. = NJW-RR 2002, S. 1363 ff. = http://www.dnoti.de/DOC/2002/3zbr55_02.doc
[189] Vgl. Fn. 179.
[190] BayObLG, Beschluss v. 07.05.2002 – 3Z BR 55/02, Fn. 188, unter II. d) bb).
[191] OVG Münster, Urteil v. 07.05.2002 – 15 A 5299/00, NVwZ-RR 2003, S. 149 ff. = http://www.justiz.nrw.de/includes/php/druckversion.php?site=/RB/nrwe/ovgs/ovg_nrw/j2002/15_A_5299_00urteil20020507.html

BGB-Außengesellschaft bestätigt: „Danach kann die GbR [...] insbesondere Grundstückseigentümerin sein. Fraglich kann allenfalls die Grundbuchfähigkeit sein, nicht aber die Fähigkeit, Eigentümerin zu sein."[192] Dass die grundbuchrechtlichen Vorschriften der Rechtsinhaberschaft am Grundeigentum nicht entgegenstehen, hat auch das LG Weiden i. d. Opf., das sich der traditionellen Auffassung angeschlossen hat, bestätigt: Weder § 47 GBO noch § 15 GBV stünden einer Grundbucheintragung einer BGB-Gesellschaft entgegen.[193] Dieser Ansicht ist zuzustimmen, denn die Regelung des § 15 GBV betrifft nur die Bezeichnung des Berechtigten, sagt aber als bloße Ordnungsvorschrift des formellen Rechts grundsätzlich nichts darüber aus, wer als (materiell) Berechtigter, d.h. als Rechtssubjekt, anzusehen ist.[194] Auch aus der vom III. Zivilsenat des BayObLG ausdrücklich erwähnten Vorschrift des § 15 Abs. 3 GBV lässt sich nichts folgern, da sich deren Funktion in der Bezeichnung eintragungsfähiger Rechtsträger im Grundbuch erschöpft. Wer nun eintragungsfähig ist und wer Eigentümer werden kann, das folgt jedoch nicht aus dieser Verordnung, sondern aus dem BGB selbst.[195] Zudem steht einer derartigen Auslegung die Normenhierarchie zwischen GBO und GBV entgegen, so dass § 15 GBV als nachrangiges Verfahrensrecht (Verordnung) der Auslegung der Vorschriften der GBO stets nachgeordnet ist.[196] Dies hat der III. Zivilsenat des BayObLG in seinem Beschluss verkannt. Die Grundbuchordnung, insbesondere § 47 GBO, steht der Eintragung einer BGB-Außengesellschaft ebenfalls nicht entgegen. Die Vorschrift des § 47 GBO regelt – wie § 15 GBV – nur die Bezeichnung des einzutragenden Rechtssubjekts,[197] kann also nicht als Argument gegen die Eintragungsfähigkeit der BGB-Gesellschaft angeführt werden, da auch sie bereits die vorgängige Beantwortung dieser Frage voraussetzt.[198] Als formelle Ordnungsvorschrift regelt sie lediglich die Art und Weise der Eintragung, nicht aber die Frage nach der materiellen Inhaberschaft des Rechts. Zudem ist sie nach ihrem Wortlaut bei einer rechtsfähigen BGB-Außengesellschaft überhaupt nicht mehr einschlägig, da sie nur die Eintragung eines „für mehrere gemeinschaftlich" begründeten Rechts betrifft.[199] Bei der BGB-Außengesellschaft sind aber – wie bereits ein-

---

[192] OVG Münster, Fn. 191, Rn. 37 ff.

[193] LG Weiden i. d. Opf., Fn. 183, unter III.

[194] Jaschke, Gesamthand und Grundbuchrecht, S. 61; Eickmann, ZfIR 2001, S. 433 (434 f.); Demharter, Rpfleger 2001, S. 329 (330);

[195] Vgl. insoweit Dümig, Rpfleger 2002, S. 53 (59).

[196] So bereits Hammer, NotBZ 2002, S. 385; Ulmer/Steffek, NJW 2002, S. 330 (333).

[197] So auch Wertenbruch, WM 2003, S. 1785 (1786).

[198] Vgl. Eickmann, ZfIR 2001, S. 433 (434 f.)

[199] So sinngemäß Münch, DNotZ 2001, S. 535 (544 f.); Ulmer/Steffek, NJW 2002, S. 330 (332 f.), mit ausführlicher Begründung auch zur Entstehungsgeschichte der

gangs[200] festgestellt – nicht mehr die einzelnen Gesellschafter, d.h. mehrere gemeinschaftlich, als Rechtsträger zu begreifen, sondern die Gesellschaft selbst. Folglich kann in das Grundbuch nur die Gesellschaft eingetragen, da nur sie der Rechtsträger der zum Gesellschaftsvermögen gehörenden dinglichen Rechte ist.

Bei der Frage nach dem „Wie" der Eintragung müssen die Eigentümlichkeiten des Grundbuchrechts – unter besonderer Berücksichtigung des im Grundbuchrecht vorherrschenden (ungeschriebenen) Bestimmtheitsgrundsatzes – beachtet werden. Der Zweck beziehungsweise die Aufgabe des Grundbuchs liegt darin, der Rechtspraxis eine rechtssichere Grundlage zu geben, d.h. bestimmte und sichere Verhältnisse in Bezug auf unbewegliches Vermögen mittels einer die Rechtssicherheit gewährleistenden Grundlage zu schaffen und auch zu erhalten. Über den dinglichen Rechtszustand an Grund und Boden muss das Grundbuch klar, eindeutig, richtig und vollständig Auskunft gegeben.[201] Diesem Erfordernis kann das Grundbuch bei einer einzutragenden BGB-Gesellschaft aber nur dann nachkommen, wenn neben dem Gesellschaftsnamen auch weiterhin die Gesellschafter mit eingetragen werden. Mit der zusätzlichen Eintragung der Gesellschafter ist allerdings nicht die Eintragung der Gesellschafter als Rechtssubjekte, sondern vielmehr die Eintragung der BGB-Gesellschaft als Rechtssubjekt zu verstehen. Gegen die Eintragung der BGB-Gesellschaft unter einer Sammelbezeichnung spricht vor allem die fehlende Registerpublizität. Im Gegensatz zu den unter § 15 Abs. 1 lit. b GBV aufgeführten Gesellschaften – juristischen Personen, Handels- und Partnerschaftsgesellschaften – wird die BGB-Gesellschaft bislang in keinem Register angemeldet und geführt. Aufgrund dessen fehlt es an der nötigen Publizität des Rechtssubjektes der BGB-Gesellschaft. Daher kann auch nicht von einer grundsätzlich vergleichbaren Interessenlage gesprochen werden, die eine analoge Anwendung des § 15 Abs. 1 lit. b GBV auf die BGB-Gesellschaft rechtfertigen würde. Es ist nicht zu leugnen, dass die Grundsätze der Bestimmtheit und Registerpublizität im Zusammenhang mit den Vor-Kapitalgesellschaften[202] und noch nicht eingetragenen Personenhandelsgesellschaften[203] durchbrochen werden, wenn diesen die Eintragungsfähigkeit unter einer Sammelbezeichnung gewährt wird, obwohl sie noch nicht in das Handelsregister eingetragen wurden. Dies kann aber nicht als Argument für die Eintragung der GbR unter

---

Norm; Pohlmann, WM 2002, S. 1429 (1430); Dümig, Rpfleger 2002, S. 53 (58); Elsing, BB 2003, S. 909 (914).

[200] Vgl. oben S. 214 f.

[201] Zu Aufgabe und zentraler Funktion des Grundbuchs vgl. Ulmer/Steffek, NJW 2002, S. 330 (333 f.); Böhringer, BWNotZ 2002, S. 42.

[202] Vgl. zur Vor-GmbH BGHZ 45, S. 338 (339, 348).

[203] Vgl. zur Vor-KG BayObLG, NJW-RR 1986, S. 30 ff.

eine Sammelbezeichnung dienen.[204] Denn nicht die Qualifizierung als Rechtssubjekt macht sie grundbuchfähig; nur ihre alsbaldige Handelsregistereintragung, d.h. ihre sich bereits abzeichnende Registerpublizität, rechtfertigt eine vorzeitige Eintragung in das Grundbuch.[205] Die Zusammenschau von § 47 GBO und § 15 Abs. 1 lit. b GBV ergibt, dass registrierte und nicht registrierte Gesellschaften grundbuchrechtlich jeweils unterschiedlich zu behandeln sind. Den Diesen beiden Paragraphen lässt sich entnehmen, dass nur registrierte d.h. publizierte Gesellschaften, unter einer Sammelbezeichnung eingetragen werden können. Konsequenterweise ist die differenzierende Ansicht[206], die das Erfordernis der Bestimmtheit und Publizität durch die Einreichung der entsprechenden Unterlagen zu den Grundakten kompensieren möchte, abzulehnen, denn die gesetzliche Legitimierung fehlt. Außerdem spricht dagegen, dass sich die Prinzipien der Publizität und Bestimmtheit primär auf das Grundbuch selbst beziehen und erst sekundär auf die dahinter stehenden Grundakten.[207] Jedenfalls bedarf die Eintragung der BGB-Gesellschaft als Rechtssubjekt jedenfalls auch weiterhin der Eintragung ihrer Gesellschafter in das Grundbuch.

3. Fazit

Die BGB-Außengesellschaft ist rechtsfähig und als Rechtssubjekt demzufolge auch materielle Rechtsinhaberin der zum Gesellschaftsvermögen gehörenden beweglichen und unbeweglichen Vermögensgegenstände. Solange es keine Registerpflicht für BGB-Gesellschaften gibt, aufgrund derer sich die Publizität dieser Personenvereinigung ergibt, besteht die Eintragung der GbR in das Grundbuch – ungeachtet dessen, ob man künftig § 47 GBO direkt beziehungsweise analog anwenden oder auf das dahinter stehende Prinzip zurückgreifen möchte – aus dem Gesellschaftsnamen und aus den Namen der jeweiligen Gesellschafter.

---

[204] In diese Richtung aber Ulmer/Steffek, NJW 2002, S. 330 (334 f.); Demuth, BB 2002, S. 1555 (1557).
[205] So bereits Schmidt, ZIP 1998, S. 2 (7).
[206] Vgl. oben Fn. 175.
[207] Zutreffend Schöpflin, NZG 2003, S. 117 f.

1. Vorbemerkung

Von erheblicher praktischer Relevanz ist die Frage nach der Beteiligung von rechtsfähigen BGB-Außengesellschaften an anderen Personenvereinigungen, d.h. sowohl an Kapital- als auch Personengesellschaften. Aufgrund der Anerkennung der Rechts- und Parteifähigkeit hat sich die Rechtswissenschaft im Anschluss an das Grundlagenurteil des BGH vermehrt mit dieser Frage, insbesondere mit der Kommanditistenfähigkeit der BGB-Außengesellschaft, auseinander gesetzt.[208] Im Folgenden soll zuerst der Frage nach der Beteiligung an juristischen Personen und anschließend der Frage nach der Beteiligung an Personengesellschaften nachgegangen werden.

2. Die Beteiligung an juristischen Personen

Bereits lange Zeit vor Erlass des Grundlagenurteils hat sich der BGH mit der Frage der Mitgliedschaft der GbR in Kapitalgesellschaften auseinander gesetzt. Bahnbrechend hierzu war die Entscheidung des II. Zivilsenats aus dem Jahre 1980.[209] In dieser Entscheidung hat der BGH der BGB-Gesellschaft die Fähigkeit zugesprochen, eine GmbH gründen zu können. Ungeachtet der Frage der Rechtsfähigkeit der BGB-Gesellschaft begründet er sein Ergebnis mit § 18 Abs. 1 GmbHG, wonach Geschäftsanteile mehreren Mitberechtigten ungeteilt zustehen könnten.[210] Daher könnten auch mehrere BGB-Gesellschafter gemeinsam eine Stammeinlage übernehmen. Anerkannt wurde im Jahr 1991 schließlich die Beteiligung einer BGB-Gesellschaft an einer Genossenschaft.[211] Begründet wurde diese Entscheidung mit der bereits oben[212] erwähnten und die folgenden Jahre prägenden Aussage, dass die (Außen-)Gesellschaft bürgerlichen Rechts als Gesamthandsgemeinschaft ihrer Gesellschafter nach heutiger Auffassung als Teilnehmer am Rechtsverkehr grundsätzlich, d. h. soweit nicht spezielle Gesichtspunkte entgegenstünden, jede Rechtsposition einnehmen könne. In diesem Zusammenhang wurde klargestellt, dass die GbR grundsätzlich

---

[208] Vgl. nur Hadding, ZGR 2001, S. 712 (722); Derleder, BB 2001, S. 2485 (2492); Westermann, NZG 2001, S. 289 (294); Ulmer, ZIP 2001, S. 585 (595 f.); Armbrüster, GE 2001, S. 821 (826 f.); Münch, DNotZ 2001, S. 535 (550 ff.); Wertenbruch, BB 2001, S. 737 ff.

[209] BGHZ 78, S. 311 ff. = NJW 1981, S. 682 ff.

[210] BGHZ 78, S. 311 (313).

[211] BGHZ 116, S. 86 ff. = NJW 1992, S. 499 ff.

[212] Vgl. oben S. 58.

auch Mitglied einer GmbH sein kann.[213] Vor dem Hintergrund dieser Feststellung und der Anerkennung der Mitgliedschaft in einer Genossenschaft und GmbH hat der II. Zivilsenat des BGH später auch konsequenterweise die Beteiligung einer GbR an einer Aktiengesellschaft ausdrücklich bestätigt.[214] Die Auffassung des BGH, wonach die Beteiligung von BGB-Gesellschaften an juristischen Personen bejaht werden kann, war bereits vor Erlass des Grundlagenurteils im Grundsatz ganz h.M. und hat in der rechtswissenschaftlichen Literatur kaum noch Widerspruch erfahren.[215] Mit der ausdrücklichen Anerkennung der Rechts- und Parteifähigkeit durch das Grundlagenurteil des BGH gelten die vorbezeichneten Judikate nicht als überholt, sondern wurden erneut bestätigt. Der früher geführte wissenschaftliche Streit[216] um die Beteiligung der BGB-Gesellschaft an juristischen Personen dürfte damit endgültig der Vergangenheit angehören.

3. Die Beteiligung an Personengesellschaften

a. Die Kommanditistenfähigkeit

Während die Beteiligung einer BGB-Außengesellschaft an einer anderen GbR schon vor dem Grundlagenurteil weitgehend anerkannt war[217], rückt nach Erlass des Grundlagenurteils die Frage der Kommanditistenfähigkeit der GbR in den Mittelpunkt.[218] In der wissenschaftlichen Diskussion geht es dabei nicht mehr um die Frage der Rechtsfähigkeit der BGB-Gesellschaft, denn diese wird nun bei Zugrundelegung des Grundlagenurteils grundsätzlich bejaht, sondern vielmehr um das Problem ihrer fehlenden Publizität. Ursache dieses Streits sind hauptsächlich die Vorschriften der § 162 Abs. 1 S. 1 , Abs. 3 und § 106 Abs. 2 HGB, welche – vor dem Hintergrund der Durchsetzung der akzessorischen Haftung – die Bezeichnung der Kommanditisten im Handelsregister verlangen. Analog der vorab[219] dargestellten

---

[213] BGHZ 116, S. 86 (88).

[214] BGHZ 118, S. 83 ff.

[215] Ulmer, Gesellschaft bürgerlichen Rechts, 3. Aufl., § 705 Rn. 132 und Fn. 385; ders., AcP 198 (1998), S. 113 (146 ff.); Erman/Westermann, 10. Aufl., Vor § 705 Rn. 16; Palandt/Sprau, 60. Aufl., § 705 Rn. 24; MünchHdbGesR/Bd. I/Gummert, § 9 Rn. 34.

[216] Vgl. dazu noch Ulmer, Gesellschaft bürgerlichen Rechts, 1. Aufl., § 705 Rn 112 und Fn. 265.

[217] BGH, Urteil v. 2.10.1997 – II ZR 249/96, ZIP 1997, S. 2120 ff.; vgl. hierzu auch MünchHdbGesR/Bd. I/Gummert, § 9 Rn. 35; Palandt/Sprau, 60. Aufl., § 705 Rn. 24; Ulmer, Gesellschaft bürgerlichen Rechts, 3. Aufl., § 705 Rn. 67 u. 132; Erman/Westermann, 10. Aufl., Vor § 705 Rn. 16.

[218] Vgl. hierzu bereits oben Fn. 208.

[219] Vgl. oben S. 208 ff.

Diskussion zur Grundbuchfähigkeit der BGB-Außengesellschaft hat sich auch zur Frage der Kommanditistenfähigkeit ein ähnlicher Meinungsbildungsprozess vollzogen. Einesteils wird – sogar nach Erlass des Grundlagenurteils – die Kommanditistenfähigkeit der BGB-Gesellschaft aufgrund der fehlenden Registerpublizität grundsätzlich verneint[220], anderenteils aber bejaht.[221] Wie beim Streit um die Grundbuchfähigkeit[222] geht es um das Problem, wie die BGB-Gesellschaft in das Handelsregister einzutragen ist, ob nämlich die Eintragung unter einer Sammelbezeichnung ausreicht oder ob zusätzlich noch die Gesellschafter mit einzutragen sind.[223] In seinem Beschluss vom 16.07.2001[224] hat der II Zivilsenat des BGH zur Frage der Kommanditistenfähigkeit Stellung positiv Stellung bezogen: „Die (Außen-) Gesellschaft bürgerlichen Rechts kann Kommanditistin einer Kommanditgesellschaft sein". Eingetragen werden müssten aber – zusätzlich zum Gesellschaftsnamen – die der BGB-Gesellschaft zum Zeitpunkt ihres Beitritts zu der KG angehörenden Gesellschafter gemäß § 106 Abs. 2 HGB analog, da nur so das zur Sicherheit des Rechtsverkehrs erforderliche Maß an Publizität gewährleistet werden könne. Um die erforderliche Publizität fortwährend zu gewährleisten, müsse jeder spätere Wechsel in der Zusammensetzung der Mitglieder zum Handelsregister angemeldet werden.[225] Dass dem Prinzip der Publizität in diesem Zusammenhang Vorrang einzuräumen ist und auf die (Mit-)Eintragung der Gesellschafter nicht verzichtet werden kann, hat der Gesetzgeber zwischenzeitlich klargestellt. In dem neuen § 162 Abs. 1 S. 2 HGB, der im Anschluss an die Rechtsprechung des BGH am 10.12.2001 durch das ERJuKoG[226] in das HGB eingefügt worden ist, hat der Gesetzgeber die Kommanditistenfähigkeit der BGB-Gesellschaft nun

---

[220] Koller/Roth/Morck/Koller, HGB, 3. Aufl., § 105 Rn. 19; zurückhaltend Ulmer, ZIP 2001, S. 585 (595); Westermann, NZG 2001, S. 289 (294); kritisch insoweit Heil, DNotZ 2002, S. 60 ff.; Armbrüster, GE 2001, S. 821 (827); so auch die h.M. bis zum Erlass des Grundlagenurteils: vgl. hierzu die umfangreichen Nachweise zur Rechtsprechung und zur Literatur in BayObLG, DB 2000, S. 2362 (Fn. 1 und 2).

[221] Bejahend insoweit Hadding, ZGR 2001, S. 712 (722); Steinbeck, DStR 2001, S. 1162 (1163 ff.); Wertenbruch, BB 2001, S. 737 (739 ff.); Münch, DNotZ 2002, S. 535 (550 ff.).

[222] Vgl. oben 210 ff.

[223] Vgl. insoweit wieder den differenzierenden Vorschlag von Ulmer, ZIP 2001, S. 1714 (1716), der die Eintragung der einzelnen Gesellschafter auch in diesem Fall durch die Einreichung einer Gesellschafterliste zu den Registerakten zu kompensieren versucht.

[224] BGH, Beschluss vom 16.07.2001 – II ZB 23/00, NJW 2001, S. 3121 ff.; vgl. dazu die Stellungnahmen von Wertenbruch, WuB II J. § 705 BGB 2.01; Ulmer, ZIP 2001, S. 1714 ff.; C.St., Kreditwesen 2001, S. 1269; Rothe, EwiR 2002, S. 569 f.

[225] BGH, NJW 2001, S. 3121 (3122).

[226] Gesetz über elektronische Register und Justizkosten für Telekommunikation, BGBl I. 2001, S. 3422 ff.

explizit normiert.[227] Allerdings hält er die bloße Eintragung ins Handelsregister unter einer Sammelbezeichnung nicht für ausreichend, sondern verlangt zusätzlich die Eintragung der Gesellschafter gemäß § 106 Abs. 2 HGB.

Folglich hat die BGB-Außengesellschaft die Fähigkeit Kommanditistin einer KG zu werden. Nachdem der Gesetzgeber diese rechtspraktische Streitfrage geregelt hat, gehört der über lange Zeit in Rechtsprechung und Rechtswissenschaft geführte Streit um die Kommanditistenfähigkeit der BGB-Gesellschaft jetzt endgültig der Vergangenheit an.

b. Die BGB-Außengesellschaft als Komplementärin oder Mitglied einer oHG

Im Gegensatz zur Frage der Kommanditistenfähigkeit der BGB-Außengesellschaft ist das Problem, ob die BGB-Gesellschaft auch Komplementärin einer KG oder Mitglied einer oHG werden kann, weiterhin ungelöst. Soweit ersichtlich, wurde dieses Problem bislang noch nicht höchstrichterlich entschieden.

aa. Stand der gegenwärtigen Diskussion

aaa. Die bislang herrschende Ansicht in Rechtsprechung und Rechtswissenschaft

Die Rechtsprechung[228] und die h.M.[229] in der Rechtswissenschaft hat die Komplementäreigenschaft beziehungsweise Mitgliedsfähigkeit einer BGB-Gesellschaft in einer oHG bislang stets verneint. Begründet wurde die Ablehnung regelmäßig mit der fehlenden Einheit nach außen (fehlende Rechtsträgerschaft) und mit den unklaren Haftungs- und Vertretungsverhältnissen (fehlende Registerpublizität).

---

[227] Vgl. den Wortlaut der Vorschrift: „Ist eine Gesellschaft bürgerlichen Rechts Kommanditist [...]".

[228] In seinem Urteil vom 22.11.1965 – II ZR 102/63, WM 1966, S. 188 (190), stellt der BGH fest, dass eine BGB-Gesellschaft nicht Mitglied einer OHG sein könne. Daraus lässt sich schließlich auch die Verneinung der Komplementäreigenschaft ableiten.

[229] Baumbach/Hopt, HGB, 30. Aufl., § 105 Rn. 29; Kübler, Gesellschaftsrecht, 5. Aufl., S. 66; Flume, Die Personengesellschaft, S. 63 f.; Röhricht/Graf von Westphalen/von Gerkan, HGB, 1. Aufl., § 105 Rn. 65; zurückhaltend Ulmer, ZIP 2001, S. 585 (596); ders., Gesellschaft bürgerlichen Rechts, 4. Aufl., § 705 Rn. 317; Pohlmann, WM 2002, S. 1421 (1431 f.).

Eine im Vordringen begriffene Meinung bejaht inzwischen die Komplementäreigenschaft und Mitgliedschaft der BGB-Gesellschaft in einer oHG.[230] Das Landgericht Berlin[231] hat sich dieser Auffassung angeschlossen und daher in der Rechtsprechung eine Vorreiterrolle eingenommen. In der dem Gericht vorgelegten Rechtssache ging es um die Umwandlung einer GmbH & Co. KG in eine GbR & Co. KG. Die Komplementär-GmbH, die ihre Geschäftsanteile an einer GmbH & Co. KG an eine BGB-Gesellschaft veräußert hatte, sollte durch eine GbR als persönlich haftende Gesellschafterin ersetzt werden. Das Landgericht entschied, dass sich die Komplementärfähigkeit einer BGB-Gesellschaft aus allgemeinen Erwägungen herleiten lasse und dass somit auch eine GbR persönlich haftende Gesellschafterin einer Kommanditgesellschaft sein könne. Das Gericht bezog sich bei seiner Begründung zunächst auf die bekannte Formulierung aus dem Grundlagenurteil, wonach eine GbR nach heutiger Auffassung grundsätzlich jede Rechtsposition einnehmen könne, soweit ihr nicht spezielle rechtliche Gesichtspunkte entgegenstünden.[232] Anschließend stellte es fest, dass es keine speziellen rechtlichen Gesichtspunkte gebe, die es rechtfertigten der GbR die Komplementärstellung abzusprechen. In Analogie zu § 162 Abs. 1 S. 2 HGB könne die fehlende Registerpublizität der GbR durch Eintragung der jeweiligen Gesellschafter kompensiert werden. Durch eine analoge Anwendung der §§ 106 Abs. 2 Nr. 4, 107 HGB sei die Offenlegung der Vertretungsverhältnisse, die sich bei Personenhandelsgesellschaften aus dem Handelsregister ergeben müssen, gewährleistet. Die gesetzliche Anerkennung der Kommanditistenfähigkeit der BGB-Gesellschaft in § 162 Abs. 1 S. 2 HGB lasse keine gegenteiligen Rückschlüsse in Bezug auf die Komplementärstellung der BGB-Gesellschaft zu. Die unmittelbare persönliche Haftung des Komplementärs nach §§ 161 Abs. 2, 128 HGB stelle ebenfalls kein Hindernis für die Anerkennung der Komplementärfähigkeit der BGB-Gesellschaft dar. Durch den Eintritt einer rechtssubjektiv verselbständigten GbR stünden sich die Gläubiger sogar besser als bei einer GmbH & Co. KG, da diesen dann – neben dem Rechtssubjekt der BGB-Gesellschaft – auch die Gesellschafter der GbR analog § 128 HGB persönlich hafteten.

---

[230] Steinbeck, DStR 2001, S. 1162 ff.; Wiedemann, JZ 2001, S. 661 (663); Erman/Westermann, 10. Aufl., § 705 Rn. 21; Wilhelm, LM H. 1/2002 § 705 BGB Nr. 83 Bl. 42 (43); Bergmann, ZIP 2003, S. 2231 ff.; Ries, RpflStud 2002, S. 152 (153); Weimar, NWB 2001, Fach 18, Seite 3805 (3810); Breuninger, Die BGB-Gesellschaft als Rechtssubjekt im Wirtschaftsverkehr, S. 60 ff.

[231] LG Berlin, Beschluss vom 08.04.2003 – 102 T 6/03, BB 2003, S. 1351 ff. = NZG 2003, S. 580 ff.

[232] LG Berlin, BB 2003, S. 1351 (1352).

Schließlich sei auch die praktische Durchsetzung von Ansprüchen gegen die BGB-Gesellschaft als Komplementärin unbedenklich: Als rechts- und parteifähiges Subjekt könne sie nun selbst verklagt werden, die Feststellung der einzelnen Mitglieder sei nicht mehr zwingend notwendig.

Uneinigkeit besteht unter den Anhängern dieser Ansicht nur darüber, ob in das Handelsregister nur jede vom Gesetz abweichende vertragliche Anordnung über die Vertretung einzutragen sei.[233]

bb. Kritische Würdigung

Im Ergebnis und überwiegend auch in der Begründung verdient die Entscheidung des Landgerichts Berlin zugunsten der Komplementärfähigkeit der BGB-Gesellschaft Zustimmung. Der Beschluss ist die konsequente Fortschreibung dessen, was der BGH mit der ausdrücklichen Anerkennung der Kommanditistenfähigkeit begonnen hat. Nimmt man die Rechtsfähigkeit beziehungsweise Rechtssubjektsqualität der BGB-Gesellschaft ernst, muss man ihr die Möglichkeit zur Teilnahme am Rechtsverkehr einräumen. Das schließt – wenn auch den spezifischen Erfordernissen des Handelgesetzbuchs Rechnung getragen wird – die Komplementärstellung beziehungsweise Mitgliedschaft in einer oHG ein. Die Argumente der Gegenansicht, der BGB-Gesellschaft fehlten die nötige (organisatorische) Einheit sowie die notwendige Haftung ihrer Gesellschafter, greifen nicht, denn mit der im Grundlagenurteil erfolgten Anerkennung der Rechts- und Parteifähigkeit sowie der akzessorischen Gesellschafterhaftung nach § 128 HGB ist solchen Bedenken die Grundlage entzogen worden. Was die fehlende Registerpublizität und die mangelnde Publizität der Haftungsverhältnisse betrifft, so ist festzuhalten, dass diese Nachteile – analog zur Problembehandlung bei der Kommanditistenfähigkeit – durch zusätzliche Eintragung aller Gesellschafter neben dem Gesellschaftsnamen kompensiert werden können. Mit der Einfügung des § 162 Abs. 1 S. 2 HGB hat der Gesetzgeber klargestellt, dass – bei Eintragung einer GbR – die zusätzliche Eintragung der jeweiligen Gesellschafter mit den registerrechtlichen Grundsätzen und Gepflogenheiten uneingeschränkt vereinbar ist. Die Norm bezieht sich zwar nur auf die Kommanditisteneigenschaft einer BGB-Gesellschaft, aber es gibt keinen triftigen Grund, weswegen dieser Rechtsgedanke nicht auch auf den Gesellschafterbestand im Hinblick die – vom Gesetzgeber nicht geregelte –

---

[233] So Steinbeck, DStR 2001, S. 1162 (1165); in diese Richtung wohl auch das LG Berlin, BB 2003, S. 1351 (1352); a.A. Bergmann, ZIP 2003, S. 2231 (2237 f.), für den die Vertretungsverhältnisse der BGB-Gesellschaft stets eintragungspflichtig sind, also auch im Falle der Beibehaltung der gesetzestypischen Vertretungsverhältnisse (§§ 709, 714 BGB).

Komplementäreigenschaft und Komplementärstellung einer BGB-Gesellschaft übertragen werden könnte. Die Interessenlage ist insoweit vergleichbar.

Ferner hat der Gesetzgeber – mit dieser Einfügung – die sekundären Registereintragungen und die sekundäre Registerpflicht[234] bei einer BGB-Gesellschaft als eine für den Rechtsverkehr ausreichende Möglichkeit zur Vermittlung der notwendigen Publizität anerkannt. Im Hinblick auf die Vertretungsverhältnisse, die sich bei einem Komplementär aus dem Handelsregister ergeben müssen (vgl. nur § 106 Abs. 2 Nr. 4 HGB), sollte so verfahren werden, dass die Publizität ebenfalls durch eine sekundäre Eintragung in das Handelsregister hergestellt wird. Es wäre unlogisch zwischen dem zu publizierenden Kriterium des bestehenden Gesellschafterbestandes und dem zu publizierenden Kriterium der Vertretungsverhältnisse registerrechtlich zu differenzieren, und zwar in der Weise, dass Ersterem durch eine sekundäre Registereintragung Genüge getan werden könnte, Letzterem aber nur durch eine primäre Registereintragung Rechnung getragen werden könnte. Dies führte zu einer nicht nachvollziehbaren und nicht begründbaren Beschränkung der Rechtsfähigkeit der BGB-Gesellschaft, die mit der vollumfänglichen Anerkennung ihrer Rechtssubjektivität im Grundlagenurteil nicht zu vereinbaren wäre. Die Anerkennung der Komplementärfähigkeit ist – ebenso wie die Anerkennung der Kommanditistenfähigkeit – notwendige Konsequenz nach der Bejahung ihrer Rechtssubjektivität.

Man sollte allerdings nicht nur die von den gesetzlichen Regelungen (§§ 709, 714 BGB) abweichende Vertretungsvereinbarung als eintragungspflichtig ansehen, sondern – zur besseren Verständlichkeit – in jedem Fall die Eintragung der Vertretungsverhältnisse verlangen. Hierfür lässt sich vor allem die vom Gesetzgeber neu eingefügte Vorschrift des § 106 Abs. 2 Nr. 4 HGB anführen.[235]

Im Sinne der Rechtssicherheit und Rechtsklarheit wäre es ferner wünschenswert, wenn sich der Gesetzgeber – entsprechend seinem Vorgehen in der Problematik der Kommanditistenfähigkeit – auch bei der Frage der Komplementärfähigkeit der BGB-Gesellschaft noch zu einer gesetzlichen Regelung durchringen könnte. Entsprechende Vorschläge hierfür liegen bereits vor.[236]

---

[234] Vgl. zu den Begrifflichkeiten Schöpflin, NZG 2003, S. 606 (607); Schmidt/Bierly, NJW 2004, S. 1210 (1211).

[235] So bereits Bergmann, ZIP 2003, S. 2231 (2238).

[236] Vgl. nur den Vorschlag von Ries, RpflStud 2002, S. 152 (153).

cc. Fazit

Die BGB-Außengesellschaft sollte daher nicht nur Kommanditistin, sondern ebenso auch Komplementärin einer KG oder Mitglied in einer oHG werden. In diesem Fall ist außer dem Gesellschaftsnamen auch die Eintragung der jeweiligen Gesellschafter und der Vertretungsverhältnisse in der BGB-Gesellschaft erforderlich. Die §§ 162 Abs. 1 S. 2, 106 Abs. 2 Nr. 4, 107 HGB sind auf die BGB-Außengesellschaft als Komplementärin analog anzuwenden.

III. Die Haftung für deliktisches Verhalten

1. Vorbemerkung

Mit Anerkennung der Rechtsfähigkeit und des akzessorischen Haftungsmodells im Grundlagenurteil hat der BGH die Haftung der Gesellschaft und der Gesellschafter für rechtsgeschäftliche Verbindlichkeiten auf ein neues Fundament gestellt. Dieses Urteil enthält jedoch keine expliziten Aussagen zur Haftung der Gesellschaft beziehungsweise der Gesellschafter für gesetzliche Verbindlichkeiten. Zu dieser Frage brauchte sich der BGH nämlich im Grundlagenurteil noch nicht abschließend zu äußern, weil es sich in dem zu beurteilenden Fall um rechtsgeschäftlich begründete Ansprüche handelte. Gleichwohl ist im Anschluss an das Grundlagenurteil eine rege wissenschaftliche Diskussion über die Haftungsverfassung hinsichtlich gesetzlich begründeter Verpflichtungen entstanden. Dabei steht insbesondere die Frage der Haftung für deliktisches Verschulden im Vordergrund.

2. Die Haftung der BGB-Gesellschaft für deliktisches Verhalten

a. Die BGB-Gesellschaft und die Frage der gesetzlichen Ansprüche

Mit Anerkennung der Rechtssubjektivität ist die BGB-Gesellschaft selbst grundsätzlich auch als Zurechnungsendpunkt gesetzlicher Ansprüche anzusehen. Eine Differenzierung dahingehend, die BGB-Gesellschaft könne als Rechtssubjekt Träger von rechtsgeschäftlich begründeten, nicht aber von gesetzlich begründeten Verbindlichkeiten sein, erscheint systemfremd und lässt sich angesichts der vollumfänglichen Rechtsfähigkeit der BGB-Gesellschaft nicht überzeugend rechtfertigen. Die BGB-Gesellschaft kann daher nach allgemeiner Auffassung selbstverständlich auch Träger von gesetzliche begründeten Verpflichtungen sein.[237]

b. Die BGB-Gesellschaft und die Frage der deliktischen Ansprüche

Ein besonderes Problem stellt in diesem Zusammenhang die Haftung der BGB-Gesellschaft für deliktisches Verhalten dar. Aufgrund des Umstandes, dass die BGB-Gesellschaft selbst nicht unmittelbar handlungsfähig ist und dementsprechend auch keine zum Schadensersatz verpflichtende Handlung begehen kann, kann die BGB-Gesellschaft allenfalls für das Fehlverhalten ihrer Repräsentanten verantwortlich gemacht werden. Ob das Fehlverhalten eines die BGB-Gesellschaft repräsentierenden Organs dieser zugerechnet werden kann, war lange Zeit umstritten.

Im Lichte der individualistischen Theorie konnte die BGB-Gesellschaft als nichtrechtsfähiges Subjekt konsequenterweise nicht haftbar gemacht werden; lange Zeit wurde die Auffassung vertreten, die Mitglieder einer BGB-Gesellschaft hätten nach § 831 BGB für deliktisch handelnde Mitgesellschafter zu haften.[238] Mit einer Entscheidung aus dem Jahr 1966[239] hat der VII. Zivilsenat des BGH die Anwendung des § 831 BGB in diesem Fall aber kritisiert. Grundsätzlich könne die Vorschrift auf die BGB-Gesellschafter untereinander nicht angewandt werden, weil diese gegenüber ihren jeweiligen Mitgesellschaftern in der Regel nicht weisungsbefugt seien.[240]

Auch unter Geltung der Gruppentheorie konnte die Anwendung des § 831 BGB auf die BGB-Gesellschaft nicht überzeugen: Die Anhänger der Gruppentheorie argumentierten damit, dass zum einen auch hier regelmäßig die tatbestandliche Voraussetzung der Weisungsabhängigkeit des handelnden Geschäftsführers gegenüber der Gesellschaft fehle. Zum anderen wurde vorgebracht, die Norm des § 831 BGB sei schon im Ansatz nicht anwendbar, da § 831 BGB keine Zurechnungsnorm sei, sondern eine Haftung für vermutetes eigenes Verschulden begründe. Die selbst nicht handlungsfähige BGB-Gesellschaft könne als Personenvereinigung überhaupt

---

[237] Gesetzlich begründete Verpflichtungen der BGB-Gesellschaft sind z.B. Steuerschulden (vgl. zur Umsatzsteuer: BFH, Urt., v. 27.06.1995 – V R 36/94, BStBl II 1995, S. 915; BFH, Urt. v. 27.6.1989 – VII R 100/86, BStBl. 1989 II S. 952; vgl. zur Grunderwerbssteuer: §§ 5,6 GrEStG) oder andere öffentlich rechtliche Abgaben (vgl. zu Kommunalabgaben: OVG Münster, Urteil v. 07.05.2002 – 15 A 5299/00, NVwZ-RR 2003, S. 149 f.; vgl. hierzu auch Stuttmann, KStZ 2002, S. 50 ff.; App, KKZ 2002, S. 114).

[238] RGZ 64, S. 77 (81 f.); Knoke, Das Recht der Gesellschaft nach dem Bürgerlichen Gesetzbuch für das Deutsche Reich, S. 81.

[239] BGH, Urt. v. 30.06.1966 - VII ZR 23/65, BGHZ 45, S. 311 ff. = NJW 1966, S. 1807 ff.

[240] BGHZ 45, S. 311 (313).

nicht schuldfähig sein.[241] Folglich haben die Anhänger der Gruppentheorie die Anwendung des § 831 BGB auf die BGB-Gesellschaft überwiegend abgelehnt und nur in Ausnahmefällen zugelassen;[242] der BGB-Gesellschaft wurde das deliktische Verhalten ihrer Repräsentanten über die analoge Anwendung des § 31 BGB zugerechnet.

Der BGH hat in seiner Entscheidung aus dem Jahr 1966 – neben § 831 BGB – auch die analoge Anwendung der Zurechnungsnorm des § 31 BGB abgelehnt.[243] Die Begründung, die BGB-Gesellschaft sei nicht ausreichend körperschaftlich organisiert, um bei den handelnden Personen von Organen der BGB-Gesellschaft sprechen zu können, konnte jedoch die im Vordringen begriffene Ansicht[244] in der Rechtswissenschaft, die von der Rechtsfähigkeit der BGB-Gesellschaft ausging, nicht überzeugen. Dieses Urteil ist selbst unter den Anhängern der traditionellen Theorie[245] auf heftige Kritik gestoßen. Die Konsequenz dieses Urteils war nämlich folgende: Im Falle eines deliktisch handelnden Gesellschafters haftete grundsätzlich nur dessen Privatvermögen und nicht zugleich auch das Gesellschaftsvermögen. Nachdem der II. Zivilsenat des BGH in der Folgezeit aber dazu tendierte, die Verselbständigung der BGB-Gesellschaft als Rechtssubjekt anzuerkennen, wurde der Ruf nach gerichtlicher Anerkennung der analogen Anwendung des § 31 BGB immer lauter.

Spätestens mit Erlass des Grundlagenurteils im Jahre 2001 galt daher die Entscheidung des VII. Zivilsenats aus dem Jahre 1966 als überholt.[246] Der II. Zivilsenat des BGH diese Ansicht ausdrücklich bestätigt, und zwar mit einer neuen Grundsatzentscheidung zur Haftungsverfassung der BGB-Gesellschaft im Jahr 2003: „Die Gesellschaft bürgerlichen Rechts muss sich zu Schadensersatz verpflichtendes Handeln ihrer (geschäftsführenden) Gesellschafter entsprechend § 31 BGB zurechnen lassen."[247] [248]

---

[241] Ulmer, Gesellschaft bürgerlichen Rechts, 3. Aufl., § 705 Rn. 216.

[242] Ulmer, Gesellschaft bürgerlichen Rechts, 3. Aufl., § 705 Rn. 215 f.; Sellert, AcP 175 (1975), S. 77 (90 ff.); differenzierend: Schmidt, Gesellschaftsrecht, 3. Aufl., S. 1782; Aderhold, Das Schuldmodell der BGB-Gesellschaft, S. 228 f.

[243] BGHZ 45, S. 311 (312).

[244] Schmidt, Gesellschaftsrecht, 1. Aufl., S. 1357 f.; Aderhold, Das Schuldmodell der BGB-Gesellschaft, S. 213 ff.; Ulmer, Gesellschaft bürgerlichen Rechts, 1. Aufl., § 705 Rn. 258 ff.; Flume, Die Personengesellschaft, S. 322 f.; Habersack, JuS 1993, S. 1 (3 f.).

[245] Zöllner, Festschrift für Kraft, S. 701 (713); Beuthien, DB 1975, S. 729 f.; Wiedemann, Gesellschaftsrecht, S. 264; Kornblum, Die Haftung der Gesellschafter für Verbindlichkeiten von Personengesellschaften, S. 44 f.

[246] Vgl. nur Ulmer, ZIP 2001, S. 585 (597); Armbrüster, GE 2001, S. 821 (832); Habersack, BB 2001, S. 477 (479); Scholz, NZG 2002, S. 153 (161); Schmidt, NJW 2001, S. 993 (998); Gesmann-Nuissl, WM 2001, S. 973 (874); Wiedemann, JZ 2001, S. 661 (663); Mülbert, AcP 199 (1999), S. 38 (92); Elsing, BB 2003, S. 909 (914 f.); Staudinger/Habermeier, 13. Aufl., Vorbem. zu § 705 Rn. 40.

[247] BGH, Urt. v. 24.2.2003 – II ZR 385/99, NJW 2003, S. 1445.

c. Fazit

Mit seiner Entscheidung zur Haftung der BGB-Gesellschaft für deliktisches Handeln der Gesellschafter hat der BGH das Grundlagenurteil aus dem Jahr 2001 konsequent fortgeschrieben und Rechtssicherheit für die Rechtspraxis geschaffen: Analog § 31 BGB ist der BGB-Gesellschaft das deliktische Handeln ihrer geschäftsführenden Gesellschafter zuzurechnen.

3. Die Haftung der Mitgesellschafter für deliktisches Verhalten

Im Anschluss an die Haftung der BGB-Gesellschaft drängt sich zwangsläufig auch die Frage der Haftung der einzelnen Gesellschafter für deliktisches Verhalten eines ihrer Mitgesellschafter auf. Seit dem Grundlagenurteil steht für rechtsgeschäftlich begründete Verbindlichkeiten fest, dass – neben der Gesellschaft – die Gesellschafter selbst mit ihrem Privatvermögen entsprechend § 128 HGB haften. Für gesetzlich begründete Verbindlichkeiten, wie z.B. Steuerschulden und andere öffentlich rechtliche Abgaben[249], ist die persönliche Haftung der Gesellschafter – entsprechend § 128 HGB – ebenfalls grundsätzlich anerkannt.[250] Eine Ausnahme hiervon bilden jedoch die

---

[248] In diesem Punkt wurde das Urteil in der Rechtswissenschaft (siehe Ulmer, ZIP 2003, S. 1113 (1114 f.); ders., Gesellschaft bürgerlichen Rechts, 4. Aufl., § 705 Rn. 263; Altmeppen, NJW 2003, S. 1553; Schmidt, NJW 2003, S. 1897 (1898 ff.); Waldner, NZG 2003, S. 620 f.; Schöpflin, DStR 2003, S. 1349 ff.) nahezu einhellig begrüßt. Inzwischen wurde es auch vom VI. Zivilsenat des BGH übernommen (siehe BGH, Urt. V. 24.06.2003 – VI – ZR 434/01, NJW 2003, S. 2984 ff.). In diesem Punkt ist m.E. dem Urteil zuzustimmen, denn die Gesellschafterhaftung gegenüber Dritten ist im BGB-Gesellschaftsrecht nur fragmentarisch geregelt. Die analoge Anwendung des § 31 BGB führt im BGB-Gesellschaftsrecht daher zu sachgerechteren und angemesseneren Ergebnissen. Hinter der Norm des § 31 BGB steht der allgemeine Rechtsgedanke, dass die – mit einem verselbständigten Sondervermögen ausgestatte – Personenvereinigung, die aus dem Handeln der sie repräsentierenden Personen Vorteile zieht, grundsätzlich auch mit ihrem Vermögen für deren Fehlverhalten einstehen muss (siehe Altmeppen, NJW 1996, S. 1017 (1023); Ulmer, Gesellschaft bürgerlichen Rechts, 4. Aufl., § 705 Rn. 262 f.). Nachdem die BGB-Gesellschaft als Rechtssubjekt anerkannt wurde, besitzt ihr Gesellschaftsvermögen die notwendige organisatorische Selbständigkeit; die Haftung der Gesellschafter ist analog derjenigen der OHG. Konsequenterweise sollte die Norm des § 31 BGB auch auf die BGB-Gesellschaft Anwendung finden, denn besondere Gründe – vor allem solche struktureller Art –, weswegen die BGB-Gesellschaft anders qualifiziert und behandelt werden sollte als ein rechtsfähiger Verein, juristische Person oder eine Personenhandelsgesellschaft sind nicht erkennbar (zutreffend insoweit Elsing, BB 2003, S. 909 (915); Habersack, BB 2001, S. 477 (479); Scholz, NZG 2002, S. 153 (161)).

[249] Vgl. hierzu Fn. 237.; zur Gewerbesteuer vgl. OLG Hamm, WM 1989, S. 1572 (1573 f.).

[250] Habersack, BB 2001, S. 477 (481); Armbrüster, GE 2001, S. 821 (832); Schmidt, NJW 2001, S. 993 (998 f.); Ulmer, ZIP 2001, S. 585 (597); Reiff, NZG 2000, S. 281

gesetzlichen Verbindlichkeiten, die aus einer deliktischen Tat eines einzelnen Gesellschafters herrühren. Im Gegensatz zur Haftung der BGB-Gesellschaft für deliktisches Handeln ihrer Organe ist diese nachgeordnete Frage – Haftung der Mitgesellschafter für von einem anderen Gesellschafter begangene Delikte? – weiterhin umstritten.

a. Die Auffassung des Bundesgerichtshofs und der h.L.

Der BGH hat sich in seiner Grundsatzentscheidung zur Haftungsverfassung der BGB-Gesellschaft im Jahr 2003[251] der h.L.[252] angeschlossen und neben der analogen Anwendung des § 31 BGB auch die persönliche Haftung der Gesellschafter für die Deliktsbegehung eines anderen Mitgesellschafters entsprechend § 128 HGB bejaht. Seine Begründung stellt einerseits auf die Situation der Deliktsgläubiger, andererseits auf die Situation der persönlich haftenden Gesellschafter ab. Im Hinblick auf die Deliktsgläubiger müsse vor allem dem Gedanken des Gläubigerschutzes Rechnung getragen werden.[253] Die Gläubiger gesetzlicher Verbindlichkeiten könnten sich – im Gegensatz zu den Gläubigern rechtsgeschäftlicher Verbindlichkeiten – ihre Schuldner nämlich nicht aussuchen. Im Wege eines „argumentum a maiori ad minus" zieht der Senat daraus die Konsequenz, dass die Deliktsgläubiger nicht schlechter gestellt werden dürften als die anderen Gläubiger. Im Hinblick auf die Gesellschafter müsse dagegen der Gedanke der Zumutbarkeit der persönlichen Haftung berücksichtigt werden. Da die im Namen der Gesellschaft handelnden Personen und deren Tätigwerden im Einflussbereich der Gesellschafter liege, müsse diesen auch die dadurch entstehenden Nachteile zugerechnet werden. Da alle Gesellschafter für Auswahl und Tätigkeitsbereich der geschäftsführenden Gesellschafter verantwortlich seien, sei ihnen zumutbar, für deliktische Verbindlichkeiten zu haften. Im Übrigen – so der Senat[254] – ergebe sich die persönliche Haftung der Gesellschafter aus der Anerkennung des Modells der akzessorischen Gesellschafterhaf-

---

(282 f.); Flume, Die Personengesellschaft, S. 339 ff.; Hadding, ZGR 2001, S. 712 (725 f.).

[251] BGH, Urt. v. 24.2.2003 – II ZR 385/99, NJW 2003, S. 1445 ff.

[252] Gesmann-Nuissl, WM 2001, S. 973 (978); Grunewald, Gesellschaftsrecht, 5. Aufl., S. 56; Habersack, BB 2001, S. 477 (481); Hadding, ZGR 2001, S. 712 (725 f., 735 f.); Schmidt, NJW 2001, S. 993 (998 f.); Ulmer, ZIP 2001, S. 585 (597 f.); Wiedemann, JZ 2001, S. 661 (663); Elsing, BB 2003, S. 909 (914 f.); Armbrüster, GE 2001, S. 821 (832); Wunderlich, WuB II J. § 705 BGB 4.03, S. 709 (710); Brandani, RNotZ 2001, S. 230 (232); vgl. auch die weiteren Nachweise zur h.L. bezüglich des Umfangs des § 128 HGB bei Altmeppen, NJW 1996, S. 1017 Fn. 1.

[253] BGH, NJW 2003, S. 1445 (1446 f.).

[254] BGH, NJW 2003, S. 1445 (1447).

tung; mit ihr werde die Rechtssubjektivität der BGB-Gesellschaft gewissermaßen erst vervollkommnet.

b. Die abweichenden Auffassungen

Die vorbezeichnete Rechtsprechung des BGH zur Haftungsverfassung fand allerdings nicht die ungeteilte Zustimmung der Rechtswissenschaft. Vor allem die persönliche Mithaftung der Gesellschafter für deliktische Verbindlichkeiten ist von namhaften Autoren in der rechtswissenschaftlichen Literatur kritisiert und abgelehnt worden.

Altmeppen[255] begrüßt zwar die analoge Anwendung des § 31 BGB auf die BGB-Gesellschaft, ist aber der Auffassung, dass der analogen Anwendung des § 128 HGB auf deliktische Verbindlichkeiten die Entstehungsgeschichte und Sinn und Zweck dieser Norm entgegen stünden. Bei Erlass des Art. 112 Abs. 1 ADHGB im Jahre 1861, der als Vorläufer des § 128 HGB bezeichnet werden könne, habe der Gesetzgeber gar nicht an Deliktsverbindlichkeiten gedacht, weil man die vorgelagerte Frage der Haftung des Verbandes für deliktisches Verhalten seiner Organe noch nicht einmal angenommen hatte: Die Norm des § 31 BGB und der dahinter stehende Gedanke der Haftung des Verbandes für deliktisches Verhalten seiner Organe seien bis zu deren Einführung im Jahr 1896 (1900) unbekannt gewesen.[256] Dass schließlich die Schaffung der Zurechnungsnorm des § 31 BGB – in Verbindung mit dem bereits bestehenden § 128 HGB – erst die gesetzliche Grundlage für die persönliche Mithaftung der Gesellschafter für deliktisches Handeln der Geschäftsführer mit sich bringen sollte, sei weder dem Gesetzgeber des HGB noch dem Gesetzgeber des BGB bewusst gewesen.[257] Die Vorschrift des § 128 HGB beziehe sich daher – aus historischer Sicht – gar nicht auf Deliktsverbindlichkeiten. Zur Begründung seiner Ansicht verweist Altmeppen ferner darauf, dass die Haftung unschuldiger Personen für von einem anderen begangene Delikte dem Wesen der deliktischen Haftung und damit der Rechtsordnung widerspreche.[258] Daher sei eine teleologische Reduktion des § 128 HGB, dessen Wortlaut für eine Differenzierung zwischen rechtsgeschäftlichen und gesetzlichen Verbindlichkeiten keinen Raum lasse, geboten. Den Umstand, dass das Haftkapital bei einer BGB-Gesellschaft nicht – wie bei einer Kapitalgesellschaft – durch entsprechende Kapitalerhaltungsregelungen gewährleistet ist, versucht er dadurch zu kom-

---

[255] Altmeppen, NJW 2003, S. 1553 ff.; ders., NJW 1996, S. 1017 ff.; vgl. insoweit auch Flume, Die Personengesellschaft, S. 343 f.; Beuthien, DB 1975, S. 773 (775).
[256] Altmeppen, NJW 2003, S. 1553 (1556 f.).
[257] Altmeppen, NJW 2003, S. 1553 (1557).
[258] Altmeppen, NJW 2003, S. 1553 (1554 f.; 1557).

pensieren, indem er die Mitgesellschafter für das deliktische Handeln eines Organs maximal bis zur Höhe des Gesellschaftsvermögens, das im Zeitpunkt der Entstehung des Deliktsanspruchs zur Verfügung stand, persönlich haften lassen möchte. Auf diese Weise könne der Gefahr masseverkürzender Entnahmen ab dem Zeitpunkt der Entstehung des Deliktanspruchs wirksam begegnet werden.

Schöpflin[259] vertritt in dieser Streitfrage eine differenziertere Ansicht. Im Gegensatz zu Altmeppen lehnt er das Urteil des BGH[260] nicht grundsätzlich ab: Das Ergebnis, die persönliche Haftung der Gesellschafter für Deliktsansprüche, treffe zu, auch wenn man der Begründung des BGH nicht in jeder Hinsicht folgen könne.[261] Allerdings möchte er die persönliche Haftung der Gesellschafter für fremde Delikte auf Fahrlässigkeit begrenzt wissen. Eine persönliche Haftung der Mitgesellschafter für vorsätzlich begangene Delikte eines Geschäftsführers sei nicht angemessen. Dafür spreche vor allem, dass der geschäftsführende Gesellschafter für vorsätzliche Delikte kein Mandat der übrigen Gesellschafter habe, vorsätzlich begangene Delikte nähmen auch in anderen Bereichen eine Sonderstellung ein. In diesem Zusammenhang verweist er darauf, dass z.B. Betriebshaftpflichtversicherungen in der Regel für vorsätzlich begangene Delikte nicht einstehen müssten. Ferner müsse auch der Situation bei der BGB-Gesellschaft Rechnung getragen werden. Aufgrund der fehlenden Registerpflicht der BGB-Gesellschaft sei gewöhnlich ein Kontakt mit einem Notar, der die Gesellschafter auf den Umfang der persönlichen Haftung und die entsprechenden (hohen) Risiken hinweisen könnte, nicht gewährleistet. Nicht jeder BGB-Gesellschafter sei jedoch so geschäftsgewandt, dass er den Umfang der persönlichen Haftung – insbesondere die Haftung für fremdes vorsätzliches Handeln – selbst abschätzen könne.

c. Kritische Würdigung

Bevor man sich mit dieser Streitfrage näher auseinander setzt, muss man sich dessen bewusst sein, dass es sich bei der Klärung dieser Problematik um eine wertende Beurteilung der Risikozurechnung handelt.

Nicht hilfreich scheint der Problemansatz von Altmeppen zu sein: Sein vorgeschlagener Lösungsweg, mittels eines historischen Begründungsversuchs zur teleologischen Reduktion des § 128 HGB zu kommen, hat kei-

---

[259] Schöpflin, DStR 2003, S. 1349 (1350 ff.).
[260] BGH, NJW 2003, S. 1445 ff.
[261] Schöpflin, DStR 2003, S. 1349 (1350).

nerlei Beweiskraft.[262] So richtig es in der Tat ist, dass dem Gesetzgeber des Art. 112 Abs. 1 ADHGB, auf den die Vorschrift des § 128 HGB zurückführen ist, die Norm des § 31 BGB unbekannt war, so richtig ist aber auch, dass das Reichsgerichts bereits lange Zeit vor Erlass des § 31 BGB dazu übergegangen war, in ständiger Rechtsprechung[263] die oHG beziehungsweise die Gesellschafter einer OHG für deliktisches Verhalten ihrer geschäftsführungsbefugten Gesellschafter haften zu lassen[264]. Angesichts der Fülle von reichsgerichtlichen Entscheidungen liegt es daher nahe, von einer gefestigten „Tradition"[265] zu sprechen. Dem BGB-Gesetzgeber dürfte die einschlägige Rechtsprechung des Reichsgerichts bei Erlass des § 31 BGB zumindest nicht unbekannt gewesen sein. Warum dem Gesetzgeber des BGB – laut Altmeppen[266] – aber dennoch das diesbezügliche Problembewusstsein gefehlt haben soll, ist nicht einleuchtend. Vor diesem Hintergrund ist es m.E. fragwürdig, aus der Entstehungsgeschichte der §§ 128 HGB, 31 BGB klare und eindeutige Schlussfolgerungen ziehen zu wollen.

Im Lichte einer wertenden Beurteilung der Risikozurechnung ist das Herausnehmen der deliktischen Verbindlichkeiten aus dem Anwendungsbereich des § 128 HGB abzulehnen. Das Risiko, dass der Geschäftsführer einer BGB-Gesellschaft eine deliktische Handlung begeht und dadurch einen Schaden bei einem Dritten verursacht, darf nicht dem Risikobereich des Dritten zugerechnet werden. Der Dritte – als Opfer der schädigenden Handlung – trägt nämlich keinerlei Verantwortung für die Tatbegehung. Es widerspräche dem Grundverständnis unserer Rechtsordnung und dem Anstandsgefühl aller billig und gerecht Denkenden diesem auch nur einen Teil des Schadensrisikos aufzubürden. Das Schadensrisiko fällt einzig und allein in den Risikobereich der BGB-Gesellschaft, und zwar zum einen in den Risikobereich der Gesellschaft selbst, zum anderen aber auch in den Risikobereich der Gesellschafter. Ersteres muss zur analogen Anwendung des § 31 BGB[267], Letzteres zur analogen Anwendung des § 128 HGB auf deliktische Verbindlichkeiten führen.

Es liegt auf der Hand, dass sich aus dem Wesensunterschied zwischen juristischen Personen und Gesamthandsgesellschaften auch die Mithaftung

---

[262] Altmeppen, NJW 2003, S. 1553 (1556), schmälert die Überzeugungskraft seiner Argumentation selbst, wenn er den Begriff „Beweis" in diesem Zusammenhang in Anführungszeichen setzt.

[263] RGZ 10, S. 310 (302); vgl. Schmidt, NJW 2003, S. 1897 (1899, Fn. 36 m.w.N.).

[264] Vgl. Schmidt, NJW 2003, S. 1897 (1898 f.); Altmeppen verkennt dessen Tragweite und begnügt sich mit einer beiläufigen Bemerkung in den Fußnoten: Altmeppen, NJW 2003, S. 1553 (1557 Fn. 35).

[265] So Schmidt, NJW 2003, S. 1897 (1899).

[266] Altmeppen, NJW 2003, S. 1553 (1557).

[267] Vgl. hierzu oben S. 226 ff.

der Gesellschafter für deliktische Verbindlichkeiten ergibt. Der entscheidende Unterschied zwischen juristischer Person und Gesamthandsgesellschaft besteht – ungeachtet der Frage des gesicherten Haftungskapitals – in der Verselbständigung der juristischen Person[268].

Die juristische Person ist eine von den Gesellschaftern losgelöste, eigenständige Rechtsperson, also ein von den einzelnen Gesellschaftern verschiedenes – verselbständigtes – Rechtssubjekt. Deren Mitglieder bilden keine irgendwie geartete rechtsfähige Personengruppe, sondern lediglich einen funktionellen Teil der verselbständigten Organisation[269]. Bisweilen wird sie daher auch in organisationsrechtlicher Hinsicht „als die 'Herrin der Gesellschafter'"[270] bezeichnet.

Die BGB-Gesellschaft ist gegenüber ihren Mitgliedern aber nicht als Rechtsperson verselbständigt: Durch die neue Rechtsprechung des BGH wird sie zwar zum Rechtssubjekt, nicht aber zu einer von den Gesellschaftern losgelösten eigenständigen Rechtsperson. Als Personengemeinschaft existiert die Gesamthandsgesellschaft nur in ihren Gesellschaftern, d.h. als Gruppe der sie bildenden Personen.[271] Infolge dessen sind es die Gesellschafter, die die Handlungshoheit für und über die BGB-Gesellschaft ausüben. Die Gesellschafter verbleiben damit „letztlich die 'Herren der Gesellschaft'"[272]. Vor diesem Hintergrund erscheint es sachgerecht, die Gesellschafter einer BGB-Gesellschaft – nach § 128 HGB analog – vollumfänglich auch für deliktische Verbindlichkeiten der für die BGB-Gesellschaft handelnden Organe haften zu lassen.

Die von Schöpflin vorgeschlagene Differenzierung zwischen vorsätzlich begangenen und fahrlässig begangen Delikten begegnet erheblichen Bedenken. Für einen geschädigten Dritten kann es in einem Schadensersatzprozess dann entscheidend darauf ankommen, ob es sich nachweisen lässt, mit welchem Verschuldensvorwurf die unerlaubte Handlung seitens der BGB-Gesellschaft begangen wurde. Im Lichte einer sachgerechten Risikozurechnung erscheint es aber weder geboten noch angemessen, den – ohne eigenes Verschulden – geschädigten Dritten im Falle eines Schadensersatzprozesses mit dem Streitpunkt der Verschuldensform zu konfrontieren und die möglicherweise weitreichenden Nachforschungen über die Verschuldensform ihm aufzubürden.

---

[268] Vgl. hierzu bereits oben S. 199 f.
[269] Flume, Die Personengesellschaft, S. 89 f.
[270] Mülbert/Gramse, WM 2002, S. 2085 (2094).
[271] Vgl. hierzu oben S. 199.
[272] Mülbert/Gramse, WM 2002, S. 2085 (2094).

d. Fazit

Analog der haftungsrechtlichen Situation bei der oHG haften auch die Gesellschafter einer BGB-Gesellschaft nach §§ 31 BGB analog i.V.m. § 128 HGB analog für deliktisches Verhalten eines anderen Gesellschafters, sofern dieser im Rahmen der ihm obliegenden Geschäftsführungstätigkeit einen Dritten – fahrlässig beziehungsweise vorsätzlich – schädigt. Im Anwendungsbereich des § 128 HGB bleibt nämlich kein Raum für eine Differenzierung zwischen rechtsgeschäftlich und gesetzlich begründeten Verpflichtungen.

IV. Die Haftung neu eintretender Gesellschafter für Altverbindlichkeiten

1. Vorbemerkung

Mit Anerkennung der akzessorischen Gesellschafterhaftung durch das Grundlagenurteil (§ 128 HGB analog) stellt sich mit besonderem Nachdruck die Frage der Haftung neu eintretender Gesellschafter für Altverbindlichkeiten der BGB-Gesellschaft, d.h. für solche Verbindlichkeiten, die bereits vor deren Eintritt entstanden sind. Ursache dieses Streites ist die Norm des § 130 HGB, die für neu eintretende Gesellschafter einer oHG eine akzessorische Gesellschafterhaftung auch für die vor seinem Beitritt begründeten Gesamthandsverbindlichkeiten vorsieht. Umstritten ist, ob diese Norm auf das BGB-Gesellschaftsrecht analog übertragen werden kann. Die Diskussion über diese – längst entschieden geglaubte – Streitfrage ist mit Erlass des Grundlagenurteils somit neu belebt worden.

2. Contra § 130 HGB analog

Analog einer älteren Rechtsprechung des BGH aus dem Jahre 1979[273] wird auch nach Erlass des Grundlagenurteils die entsprechende Anwendung des § 130 HGB auf die BGB-Gesellschaft teilweise verneint.[274]

Das OLG Düsseldorf[275] ist der Ansicht, dass sich an den Rechtsprechungsgrundsätzen des BGH aus dem Jahre 1979 – durch das Grundlagen-

---

[273] BGHZ 74, S. 240 ff. = NJW 1979, S. 1821 ff.
[274] OLG Düsseldorf, NZG 2002, S. 284 ff.; Dauner-Lieb, Festschrift für Ulmer, S. 73 ff.; Baumann, JZ 2001, S. 895 (900 ff.); Lange, NJW 2002, S. 2002 f.; ders., NZG 2002, S. 401 ff.; Baumann/Rößler, NZG 2002, S. 793 ff.; Boehme, NZG 2003, S. 764 ff.; Wiedemann, JZ 2001, S. 661 (664); erhebliche Bedenken äußert Wunderlich, WuB II J. § 705 BGB 4.03, S. 709 (710 ff.).
[275] OLG Düsseldorf, NZG 2002, S. 284 (285 f.).

urteil vom 29.01.2001 – nichts geändert habe. Die Begründung der persönlichen Gesellschafterhaftung bestimme sich – auch nach Anerkennung der akzessorischen Gesellschafterhaftung – grundsätzlich nach den Regeln des BGB und nicht nach handelsrechtlichen Sondervorschriften. Die Vorschrift des § 714 BGB sei die hierfür maßgebliche Norm: Ihr lasse sich die Wertung entnehmen, dass die Begründung der persönlichen Haftung Geschäftsführungsbefugnis, d.h. Vertretungsmacht des Handelnden, voraussetze, die im Falle von vor dem Beitritt begründeten Ansprüchen regelmäßig fehle. Vor diesem Hintergrund habe der BGH im Grundlagenurteil auch nur auf die „128 f. HGB", d.h. auf die §§ 128 und 129 HGB, verwiesen und nicht zugleich auf § 130 HGB.

Dauner-Lieb[276] betont, dass die Vorgaben der Rechtsmethodik nicht außer Acht gelassen werden dürften. Das Rechtsfortbildungsprogramm im BGB-Gesellschaftsrecht sei daher auf unabdingbare Notwendigkeiten zu beschränken. Gegen eine Übertragung des § 130 HGB auf das BGB-Gesellschaftsrecht spreche vor allem deren zu diffuse und dürftige ratio legis. Ferner würde eine analoge Anwendung des § 130 HGB die BGB-Gesellschaft der oHG zu stark annähern, was zu einem tiefgreifenden Systemwandel im Gesellschaftsrecht führte. Derart weitgehende Änderungen müssten dem Gesetzgeber selbst vorbehalten werden.

Die analoge Anwendung des § 130 HGB wird von einigen Autoren[277] fernerhin damit begründet, dass die Norm des § 130 HGB eine spezifisch handelsrechtliche Norm sei, deren strenge Wertungen mit BGB-Gesellschaften nicht kompatibel sei.

3. Pro § 130 HGB analog

Eine im Vordringen begriffene Auffassung bejaht inzwischen die analoge Anwendung des § 130 HGB auf den in eine BGB-Gesellschaft eintretenden Gesellschafter.[278] Das OLG Hamm[279], das sich dieser Auffassung mit seinem Urteil vom 22.11.2001 angeschlossen hat, übernahm damit eine Vor-

---

[276] Dauner-Lieb, Festschrift für Ulmer, S. 73 (81, 85).

[277] Westermann, NZG 2001, S. 289 (294 f.); Lange, NJW 2002, S. 2002 (2003); in diese Richtung auch Baumann/Rößler, NZG 2002, S. 793 (795); Wiedemann, JZ 2001, S. 661 (664); Wertenbruch, WUB II J. § 705 BGB 1.01, S. 819 (820).

[278] Schmidt, NJW 2001, S. 993 (999); ders., NJW 2003, S. 1897 (1901); Ulmer, ZIP 2001, S. 585 (598); ders., ZIP 2003, S. 1113 (1115 f.); Hadding, ZGR 2001, S. 712 (739 f.); Habersack, BB 2001, S. 477 (482); Scholz, NZG 2002, S. 153 (162 f.); ders., NZG 2002, S. 414 (415); Derleder, BB 2001, S. 2485 (2492); Gesmann-Nuissl, WM 2001, S. 973 (978); Peifer, NZG 2001, S. 296 (299); Armbrüster, GE 2001, S. 821 (832).

[279] OLG Hamm, NZG 2002, S. 282 ff.

reiterrolle in der obergerichtlichen Rechtsprechung. Erst die revisionsrechtliche Überprüfung dieses Urteils machte den Weg frei für eine Entscheidung des II. Zivilsenates des BGH[280].

Der BGH geht in seiner Begründung davon aus, dass die Haftung des beitretenden Gesellschafters für Altverbindlichkeiten dem Wesen der Personengesellschaft entspreche. Diese Mithaftung des Beitretenden sei die – im Interesse des Gläubigerschutzes – aus diesem Prinzip zu ziehende Konsequenz.[281] Das Fehlen von Kapitalerhaltungsregeln erfordere als Kompensation die persönliche Haftung der Gesellschafter, und zwar sowohl der Neugesellschafter als auch der Altgesellschafter, denn beide hätten jederzeit die Möglichkeit auf das Gesellschaftsvermögen uneingeschränkt zuzugreifen. Die Mithaftung der Neueintretenden für Altverbindlichkeiten sei ferner das sachgerechte Ergebnis einer Güterabwägung zwischen den legitimen Interessen des Beitretenden und der Gesellschaftsgläubiger. Diese Wertung ließe sich schließlich auch den Normen der §§ 130 HGB, 173 HGB, § 8 Abs. 1 PartGG und Art. 26 Abs. 2 EWIV-VO entnehmen. Ferner lasse sich auch die fehlende Registerpublizität der BGB-Gesellschaft für die Mithaftung des Beitretenden für Altverbindlichkeiten anführen: Es könne schließlich einem Gläubiger der BGB-Gesellschaft nicht zugemutet werden, im Rahmen eines (weiteren) Rechtsstreits womöglich erst noch Nachforschungen über den Zeitpunkt des Entstehens des Anspruchs sowie des Beitritts des Gesellschafters zur Gesellschaft anzustellen, um Klarheit über seine Mithaftung zu erlangen.[282]

4. Kritische Würdigung

Die Berufung auf die im Grundlagenurteil verwendete Formulierung „[…] Gesellschafterhaftung gem. §§ 128 f. HGB […]" hat keinerlei Beweiskraft im Hinblick auf die Frage der analogen Anwendung des § 130 HGB. Dieses bloß formale Argument greift zu kurz, wenn man berücksichtigt, dass sich der BGH – aufgrund des dem Grundlagenurteil zugrunde liegenden Sachverhaltes – mit dem Aspekt der Haftung eines Beitretenden für Altverbindlichkeiten gar nicht auseinander setzen musste. Ebenso wie der BGH zur Grundbuchfähigkeit der BGB-Gesellschaft im Grundlagenurteil keine Stellungnahme abgeben musste, hat er auch zur Frage der Haftung eines Beitretenden für Altverbindlichkeiten nicht Stellung bezogen.

---

[280] BGH, Urt. v. 07.04.2003 – II ZR 56/02, NZG 2003, S. 577 ff. = ZIP 2003, S. 899 ff. = NJW 2003, S. 1803 ff.
[281] BGH, NZG 2003, S. 577.
[282] BGH, NZG 2003, S. 577 (578).

Verfehlt ist ebenfalls der Hinweis auf die Norm des § 714 BGB. Die Haftung der BGB-Gesellschafter wird nach dem Grundlagenurteil des BGH vom 29.01.2001 nicht mehr – mittels rechtsgeschäftlichem Ansatz – über diese Norm begründet, sondern über die entsprechende Anwendung der Vorschrift des § 128 HGB. Bereits die Begründung und nicht erst der Bestand der Verbindlichkeiten richten sich nach dem „auf dem Akzessorietätsprinzip beruhenden Haftungsregime"[283].

Zuzugeben ist den kritischen Stimmen im Schrifttum, die eine analoge Anwendung des § 130 HGB ablehnen, dass das Ergebnis und die Begründung des BGH in seinem Urteil vom 7.4.2003 unter rechtsmethodischen Gesichtspunkten äußerst gewagt anmuten. Der BGH hat die für eine Rechtsfortbildung notwendigen Voraussetzungen in seinem Urteil nicht vollends geklärt und plausibel dargelegt. Zum einen hat er weder den Beweis für eine die Rechtsfortbildung erlaubende Regelungslücke erbracht, noch hat er die Vergleichbarkeit der Interessenlagen zwischen oHG und BGB-Gesellschaft plausibel und schlüssig dargelegt. Allerdings setzt die Kritik hier an einer falschen Stelle ein.[284] Die Haftung des Beitretenden für Altverbindlichkeiten ist – sofern man es mit dem Akzessorietätsprinzip ernst meint – lediglich die logische Folge dieses Prinzips. Insoweit sollte auch zwischen der akzessorischen Haftung bei der oHG und der akzessorischen Haftung bei der BGB-Gesellschaft kein Unterschied gemacht werden, da die Mithaftung des Beitretenden für Altverbindlichkeiten wohl nach richtiger Auffassung[285] ein dem Akzessorietätsprinzip innewohnendes Phänomen darstellt. Überzeugungskräftig wäre die entsprechende Kritik erst und nur dann, wenn sie bereits viel früher, und zwar an der grundsätzlichen Bejahung der Akzessorietätsprinzips durch das Grundlagenurteil angesetzt hätte. Dass es diesbezüglich erhebliche – rechtsmethodische – Bedenken gibt, wurde bereits oben[286] ausführlich dargelegt.

5. Fazit

Angesichts der Bejahung der akzessorischen Gesellschafterhaftung durch das Grundlagenurteil des BGH vom 29.01.2001 erscheint es konsequent die Vorschrift des § 130 HGB auf das BGB-Gesellschaftsrecht analog anzuwenden: Der – in eine BGB-Gesellschaft – neu eintretende Gesellschafter haftet demzufolge auch für solche Verbindlichkeiten, die bereits vor seinem Beitritt entstanden sind.

---

[283] OLG Hamm, NZG 2002, S. 282 (283).
[284] In diese Richtung wohl auch Ulmer, ZIP 2003, S. 1113 (1115).
[285] So bereits OLG Hamm, NZG 2002, S. 282 (283); Ulmer, ZIP 2001, S. 585 (598).
[286] Vgl. oben S. 159 ff.

Die wesentlichen Ergebnisse dieser Untersuchung lassen sich wie folgt zusammenfassen:

1. Der historische Gesetzgeber hat in den der BGB-Gesellschaft zugrunde liegenden Vorschriften der §§ 705 ff. BGB sowohl römischrechtliche als auch deutschrechtliche Elemente vereinigt. Die Mitglieder der Gesetzgebungskommission orientierten sich bei der Beratung des BGB-Gesellschaftsrechts an der *societas* des römischen Rechts und an der Gesamthand des germanischen Rechts.

2. Das Bestreben der Gesetzesverfasser erschöpfte sich darin die beiden grundverschiedenen Rechtsinstitute – *societas* einerseits und Gesamthand andererseits – im BGB-Gesellschaftsrecht zu integrieren um so beide – unseren Rechtskreis prägenden – Rechtstraditionen auch im Personengesellschaftsrecht des BGB gebührend zu berücksichtigen.

3. Nicht im Vordergrund standen bei der Entwicklung und Konzeption des BGB-Gesellschaftsrechts Fragen der Integrationsfähigkeit und der Kompatibilität der unterschiedlichen Gesellschafts-systeme sowie der Praktikabilität im Rechtsalltag. Zahlreiche Grundfragen des BGB-Gesellschaftsrechts wurden bei der Kodifikation offen gelassen und keiner abschließenden Lösung zugeführt. Die daraus resultierenden Probleme beschäftigen seitdem sowohl Rechtswissenschaft als auch Rechtsprechung.

4. Die Konzeption der BGB-Gesellschaft und die ihr zugrunde liegende Theorie der Gesamthand entwickelten sich zu den schwierigsten und umstrittensten Fragen des Personengesellschaftsrechts. Dabei stand die Frage der Rechtsfähigkeit der BGB-Gesellschaft im Mittelpunkt. Zwei wesentliche Auffassungen haben sich beim Streit um die Gesamthandsgesellschaft herauskristallisiert: Die traditionelle Theorie und die Gruppenlehre.

5. Die Vertreter der traditionellen Theorie betonen den römischrechtlichen Ursprung der BGB-Gesellschaft und sehen in dieser eine reine Vermögensgemeinschaft, die sich nicht durch Einheit, sondern durch gesamthänderische Vielfalt auszeichnet. Rechtssubjekt und ausschließlicher Bezugspunkt sind nur die Gesellschafter.

6. Die von Werner Flume angeführte Gruppenlehre stützt sich vor allem auf die von Otto von Gierke entdeckten Wesenselemente des deutschrechtlichen Gesamthandsprinzips und macht sie zum festen Bestandteil ihres Lösungskonzeptes. Sie begreift die BGB-Gesellschaft nicht nur als

ein Phänomen der Vermögensbindung, sondern erkennt in ihr zuerst eine „überindividuelle Wirkungseinheit"[1] mit personenrechtlichem Charakter. Nicht der einzelne Gesellschafter, sondern die kollektive Einheit beziehungsweise die Gruppe der Gesamthänder sind Zuordnungssubjekt und können am Rechtsverkehr teilnehmen, ohne selbst aber juristische Person zu sein.

7. Die traditionelle Theorie dominierte fast ein Dreivierteljahrhundert lang die Diskussion über das Prinzip der Gesamthand und die Rechtsnatur der BGB-Gesellschaft. Rechtswissenschaft, Gesetzgebung und Rechtsprechung standen auf dem Boden der traditionellen Theorie.

8. Erst in den 70er Jahren des letzten Jahrhunderts legte Werner Flume mit seinen Grundlagenarbeiten zum deutschrechtlichen Gesamthandsprinzip den Grundstein für eine Neuorientierung im BGB-Gesellschaftsrecht. In relativ kurzer Zeit konnten sich seine Thesen innerhalb der Rechtswissenschaft durchsetzen.

9. Zurückhaltender reagierte die Gesetzgebung auf die wiederentdeckten Thesen zum deutschrechtlichen Gesamthandsprinzip und die damit einhergehende wissenschaftliche Auseinandersetzung. Zwar sind in einigen gesetzlichen Neuerungen (z.B. §§ 191 Abs. 2 Nr. 1, 202 Abs. 1 Nr. 1 UmwG, § 11 Abs. 2 Nr. 1 InsO, § 14 Abs. 2 BGB) Indizien für einen sich abzeichnenden Wandel zu erkennen, doch klare und eindeutige Rückschlüsse lassen sich daraus nicht ableiten.

10. Anknüpfend an die Diskussion in der Rechtswissenschaft begann in der Rechtsprechung Ende der 70er Jahre eine Phase der Neuorientierung. Bis zum Jahr 2001 konnte man zwar noch keine einheitliche Linie in der Rechtsprechung erkennen, doch der für das Gesellschaftsrecht zuständige II. Zivilsenat des BGH wendete sich immer deutlicher und erkennbarer der Gruppenlehre zu.

11. Die Frage der Parteifähigkeit spielte in der Diskussion über das Wesen der BGB-Gesellschaft bis zum Jahr 2001 eine eher untergeordnete Rolle. Zur Parteifähigkeitslösung, d.h. zur Bejahung der aktiven und passiven Parteifähigkeit der BGB-Gesellschaft, konnte sich nur eine kleine Gruppe von Rechtswissenschaftlern durchringen. Wesentlicher Grund hierfür ist der Umstand, dass sich für einen solchen Wandel hin zur Parteifähigkeit der BGB-Gesellschaft kaum irgendwelche Indizien aus gesetzlichen Neuerungen anführen lassen. Bis in die jüngste Vergangenheit lehnte auch der BGH die Parteifähigkeit der BGB-Gesellschaft strikt ab.

---

[1] Flume, Die Personengesellschaft, S. 89; Ulmer, AcP 198 (1998), S. 113.

12. Die Schuld- und Haftungsstruktur der BGB-Gesellschaft hängt eng mit der Frage der Rechtsnatur der BGB-Gesellschaft zusammen. Die – bis in die 70er Jahre des letzten Jahrhunderts herrschende – traditionelle Theorie bestimmte zunächst die Schuldenhaftung bei der BGB-Gesellschaft. Unter Zugrundelegung dieser Theorie kommen nur die Gesellschafter als schuldrechtliches Zuordnungsobjekt der für die Gesellschaft begründeten Verbindlichkeiten in Betracht. Eigenständige – von den Gesellschaftern unabhängige – Gesellschaftsschulden werden nicht anerkannt.

13. Das Bedürfnis nach Trennung der unterschiedlichen Vermögensmassen einer BGB-Gesellschaft – einerseits Gesellschaftsvermögen und andererseits Vermögen der Gesellschafter – erkannten auch die Vertreter der traditionellen Theorie. Für selbständige Gesamthands- beziehungsweise Gesellschaftsschulden, die eigenen Regeln unterliegen und sich nur auf die Gesellschaft beziehen, ist nur bei dem Schuldmodell der Gruppenlehre Platz.

14. Vor dem Hintergrund der Gruppenlehre, welche die Gesamthänder in ihrer Verbundenheit als Zuordnungssubjekt ansieht, entwickelte sich die Doppelverpflichtungstheorie (rechtsgeschäftliche Begründung der Gesellschafterhaftung) und die Akzessorietätstheorie (akzessorische Begründung der Gesellschafterhaftung). Die Doppelverpflichtungstheorie bestimmte fast drei Jahrzehnte die Rechtsprechung des Bundesgerichtshofs. Die Kehrtwende zur Akzessorietätstheorie hat der BGH im Jahr 1999 vorsichtig und behutsam angedeutet.

15. Mit dem Grundlagenurteil im Jahr 2001 (Urt. v 29.01.2001 – II ZR 331/00) hat der BGH der BGB-Gesellschaft ein völlig neues dogmatisches Gesicht verliehen. Das Urteil hat zu einem grundlegenden Wandel im materiellrechtlichen, prozessrechtlichen und haftungsrechtlichen Verständnis der BGB-Gesellschaft geführt. Weder das Reichsgericht noch der Bundesgerichtshof haben sich bisher zu derart weitreichenden, unmissverständlichen und abschließenden Lösungen in Bezug auf die noch offenen Grundsatzfragen des BGB-Gesellschaftsrechts durchringen können.

16. Die BGB-Gesellschaft ist nach nunmehriger Auffassung des Bundesgerichtshofs nicht nur rechtsfähig, sondern auch im Zivilprozess aktiv und passiv parteifähig. Die Gesellschafterhaftung richtet sich nach der Akzessorietätstheorie.

17. Die ausdrückliche Anerkennung der Rechtsfähigkeit der BGB-Gesellschaft durch den BGH (Urt. v 29.01.2001 – II ZR 331/00) beruht auf einer gesetzesimmanenten Rechtsfortbildung. Die Rechtsfindung und das Ergebnis befinden sich im Einklang mit der Rechtsmethodik. Dabei

wurde die vom Bundesverfassungsgericht entwickelte Praxis der Rechtsfortbildung berücksichtigt.

18. Das kurze und prägnante Bekenntnis des BGH (Urt. v 29.01.2001 – II ZR 331/00) zur Parteifähigkeit der BGB-Gesellschaft hat die Rechtswissenschaft und die Rechtspraxis unvorbereitet getroffen und überrascht. Sein Ergebnis – die Anerkennung der Parteifähigkeit – hat der BGH im Wege einer gesetzesimmanenten Rechtsfortbildung gewonnen. Der BGH hat sich dabei an die Grundsätze der klassischen juristischen Rechtsmethodik gehalten und die Entscheidung nicht contra legem erzielt.

19. Die ausdrückliche Anerkennung der akzessorischen Haftung der Gesellschafter durch das Grundlagenurteil des BGH (Urt. v 29.01.2001 – II ZR 331/00) ist als ein Akt richterlicher Rechtsfortbildung zu verstehen. Mit dem Bekenntnis zur Akzessorietätstheorie hat der BGH, im Ergebnis mehr als in der Methode überzeugend, die Haftungsstruktur der BGB-Gesellschaft neu ausgerichtet.

20. Das Grundlagenurteil des BGH (Urt. v 29.01.2001 – II ZR 331/00) wird nicht nur die wissenschaftliche Diskussion nachhaltig beeinflussen, sondern vor allem auch die gegenwärtige und zukünftige juristische Rechtspraxis prägen.

21. Das Grundlagenurteil (Urt. v 29.01.2001 – II ZR 331/00) begrenzt den Kreis der rechts- und parteifähigen BGB-Gesellschaften auf Außen-BGB-Gesellschaften. Mit dem Merkmal „Teilnahme am Rechtsverkehr" hat der BGH der Rechtspraxis ein hinreichend praktikables Differenzierungskriterium zur Abgrenzung der Außengesellschaften von Innengesellschaften zur Hand gegeben. Erst eine verpflichtende Registereintragung für rechtsfähige BGB-Gesellschaften – in einem vom Gesetzgeber neu zu schaffenden Register – würde ein höheres Maß an Rechtssicherheit gewährleisten.

22. Die Rechtsprechungsgrundsätze des Grundlagenurteils sind uneingeschränkt auf alle BGB-Außengesellschaften anzuwenden. Aus Gründen der Rechtssicherheit ist unter den BGB-Außengesellschaften keine weitere typenbezogene Differenzierung vorzunehmen.

23. Der BGH hat der BGB-Außengesellschaft umfassende, d.h. uneingeschränkte, Rechtsfähigkeit zugesprochen. Im Sinne von mehr Rechtsklarheit und Rechtssicherheit sollte zukünftig von einer einheitlichen Terminologie ausgegangen werden und auf die Begriffe „Teilrechtsfähigkeit", „beschränkte Rechtsfähigkeit" oder „relative Rechtsfähigkeit" verzichtet werden.

24. Die Gesamthandsgesellschaft als rechtsdogmatische Kategorie ist durch das Grundlagenurteil des BGH nicht funktionslos oder überflüssig geworden. Sie hat eine eigenständige Rechtsnatur und weiterhin eine un-

eingeschränkte Existenzberechtigung neben der juristischen Person. Der BGH hat die im Gesellschaftsrecht überkommene Unterscheidung zwischen juristischen Personen und Personengesellschaften durch das Grundlagenurteil nicht augehoben.

25. Die Übertragung der Rechtsprechungsgrundsätze des Grundlagenurteils auf andere Gesamthandsgemeinschaften – insbesondere auf die Erbengemeinschaft – ist aus rechtsdogmatischen und rechtsmethodischen Gründen abzulehnen. Die Erbengemeinschaft verfügt über keine Rechtssubjektsqualität.

26. Die BGB-Gesellschaft kann Eigentümerin unbeweglicher Sachen werden. Solange es keine verpflichtende Eintragung in ein BGB-Gesellschaftsregister gibt, sind bei der Eintragung einer BGB-Gesellschaft in das Grundbuch neben dem Gesellschaftsnamen auch weiterhin die Namen der jeweiligen Gesellschafter mit einzutragen.

27. Die BGB-Gesellschaft kann Komplementärin einer KG oder Mitglied einer oHG werden. In das Handelsregister sind in diesem Fall der Gesellschaftsname, die Namen der jeweiligen Gesellschafter und die Vertretungsverhältnisse in der BGB-Gesellschaft einzutragen. Die §§ 162 Abs. 1 S. 2, 106 Abs. 2 Nr. 4, 107 HGB sind auf die BGB-Außengesellschaft als Komplementärin analog anzuwenden.

28. Die BGB-Gesellschaft ist mit Anerkennung der Rechtssubjektivität auch als Zurechnungsendpunkt gesetzlicher Ansprüche anzuerkennen.

29. Das deliktische Handeln der geschäftsführenden Gesellschafter ist der BGB-Gesellschaft analog § 31 BGB zuzurechnen.

30. Die Gesellschafter einer BGB-Gesellschaft haften nach § 31 BGB analog i.V.m. § 128 HGB analog für deliktisches Verhalten eines geschäftsführenden Gesellschafters.

31. Die Norm des § 130 HGB ist auf das BGB-Gesellschaftsrecht analog anzuwenden. Neu eintretende Gesellschafter einer BGB-Gesellschaft haften auch für die vor ihrem Beitritt begründeten Gesamthandsverbindlichkeiten.

Literaturverzeichnis

Abel, Ralf B. / Eitzert, Peter A.
Rechts- und Parteifähigkeit der Gesellschaft bürgerlichen Rechts, DZWIR 2001, S. 353 ff.

Aderhold, Lutz
- Das Schuldmodell der BGB-Gesellschaft, Bonn 1981
- Grundstrukturen der Gesamthand, JA 1980, S. 136 ff.

Alberts, Martin
Die Gesellschaft bürgerlichen Rechts im Umbruch, Frankfurt/Main 1994

Altmeppen, Holger
- Haftung der Gesellschafter einer Personengesellschaft für Delikte, NJW 1996, S. 1017 ff.
- Anmerkung zu BGH, Urteil vom 27.9.1999 – II ZR 371/98, ZIP 1999, S. 1758 ff.
- Verfassungswidrigkeit der akzessorischen Haftung in der GbR?, NJW 2004, S. 1563 ff.
- Deliktshaftung in der Personengesellschaft, NJW 2003, S. 1553 ff.

Ann, Christoph
- Anmerkung zu BGH, Urt. v. 29.01.2001 – II ZR 331/00, MittdtPatA 2001, S. 181 f.
- Anmerkung zu BGH, Urt. v. 29.01.2001 – II ZR 331/00, MittBayNot 2001, S. 197 f.
- Gesellschaftsrecht, Anmerkung zu BGH, Urt. v. 29.01.2001 – II ZR 331/00, JA 2001, S. 441 ff.
- Rechtsfähigkeit auch für die Erbengemeinschaft?, MittBayNot 2003, S. 193 ff.

App, Michael
Anmerkung zu VG Potsdam, Beschluss v. 10.08.2000 – 4 K 3988/97, KKZ 2002, S. 114.

Arlt, Ulrich
Verbot der Fremdorganschaft bei der GbR, NZG 2002, S. 407 ff.

Armbrüster, Christian
Das BGH-Urteil zur GbR: Konsequenzen für die Praxis, GE 2001, S. 821 ff.

Assmann, Heinz-Dieter
Prospekthaftung als unerlaubter Handlungsdurchgriff?,
in: Reinhart, Gert (Red.), Richterliche Rechtsfortbildung: Erscheinungsformen und Grenzen; Festschrift der Juristischen Fakultät zur 600-Jahr-

Feier der Ruprechts-Karls-Universität Heidelberg, Heidelberg 1986, S. 299 ff.

(zitiert: Assmann, Festschrift der juristischen Fakultät Heidelberg)

Bälz, Ulrich

Organisationsvertrag und Gesamthand – Zur Abgrenzung von Außen- und Innengesellschaften, in: Lieb, Manfred u.a. (Hrsg.), Festschrift für Wolfgang Zöllner zum 70. Geburtstag, Bd. I, Köln u.a. 1999, S. 35 ff.

(zitiert: Bälz, Festschrift für Zöllner)

Ballerstedt, Kurt

Der gemeinsame Zweck als Grundbegriff des Rechts der Personengesellschaften, JuS 1963, S. 253 ff.

Bamberger, Heinz Georg / Roth, Herbert

Kommentar zum Bürgerlichen Gesetzbuch, Band 2, §§ 611 – 1296, 1. Auflage, München 2003

(zitiert: Bamberger/Roth, 1. Aufl.)

Bartholomeyczik, Horst

Das Gesamthandsprinzip beim gesetzlichen Vorkaufsrecht der Miterben, in: Dietz, Rolf/Hübner, Heinz (Hrsg.), Festschrift für Hans Carl Nipperdey zum 70. Geburtstag, 21. Januar 1965, Bd. I, München u.a. 1965, S. 145 ff.

(zitiert: Bartholomeyczik, Festschrift für Nipperdey, Bd. I)

Baumann, Horst

Rechtsnatur und Haftungsverfassung der Gesellschaft bürgerlichen Rechts im Spannungsfeld zwischen Grundrechtsgewährleistung und Zivilrechtsdogmatik, JZ 2001, S. 895 ff.

Baumann, Horst / Rößler, Sabine

Haftung des einer GbR beitretenden Gesellschafters für Altschulden analog § 130 HGB?, NZG 2002, S. 793 ff.

Baumbach, Adolf / Hopt, Klaus J. / Merkt, Hanno

Handelsgesetzbuch, 30. Auflage, München 2000; 31. Auflage, München 2003

(zitiert: Baumbach/Hopt, Aufl.)

Beck'sches Handbuch der Personengesellschaften

hrsg. von Welf Müller; Wolf-Dieter Hoffmann, 2. Auflage, München 2002

(zit.: Beck PersGes-HB/Bearbeiter)

Behr, Johannes

Die Vollstreckung gegen die BGB-Gesellschaft nach der aktuellen BGH-Entscheidung zur Parteifähigkeit, InVo 2001, S. 357 ff.

Bergmann, Andreas

Die BGB-Gesellschaft als persönlich haftender Gesellschafter in oHG und KG, ZIP 2003, S. 2231 ff.

Berndt, Joachim / Boin, Kai

Zur Rechtsnatur der Gesellschaft bürgerlichen Rechts, NJW 1998, S. 2854 ff.

Beseler, Georg

– System des gemeinen deutschen Privatrechts, Bd. I, Allgemeiner Theil. Das allgemeine bürgerliche Recht, 4. Auflage, Berlin 1885
(zitiert: Beseler, System des gemeinen deutschen Privatrechts, Bd. I, Allgemeiner Theil. Das allgemeine bürgerliche Recht)

– Die Lehre von den Erbverträgen, Bd. I, Die Vergabungen von Todes wegen nach dem älteren deutschen Rechte, Göttingen 1835
(zitiert: Beseler, Die Lehre von den Erbverträgen, Bd. I, Die Vergabungen von Todes wegen nach dem älteren deutschen Rechte)

– Volksrecht und Juristenrecht, Leipzig 1843.
(zitiert: Beseler, Volksrecht und Juristenrecht)

Beuermann, Rudolf

Rechtsfähigkeit der GbR, GE 2001, S. 403 ff.

Beuthien, Volker

– Die Haftung von Personengesellschaftern, DB 1975, S. 725 ff. und 773 ff.

– Zur Systemvergessenheit im deutschen Gesellschaftsrecht, JZ 2003, S. 969 ff.

Beuthien, Volker / Ernst, Astrid

Die Gesellschaft bürgerlichen Rechts als Mitglied einer eG, ZHR 156 (1992), S. 227 ff.

Bieder, Marcus

Rechtsfähigkeit der (Außen-)GbR, NZI 2001, S. 235 ff.

Binnewies, Burkhard

Gesellschaftsrecht: (Teil-)Rechtsfähigkeit der Gesellschaft bürgerlichen Rechts, in: Streck, Michael u.a. (Hrsg.), Steuerthemen im Trend (Beratungsakzente 33), Bonn 2001, S. 43 ff.
(zitiert: Binnewies, Beratungsakzente 33)

Blaurock, Uwe

Unterbeteiligung und Treuhand an Gesellschaftsanteilen, Baden-Baden 1981
(zitiert: Unterbeteiligung und Treuhand)

Blenske, Holger

Die Haftung der Gesellschafter einer GbR mbH, NJW 2000, S. 3170 ff.

Blomeyer, Jürgen
Die Rechtsnatur der Gesamthand, JR 1971, S. 397 ff.

Böhringer, Walter
Anmerkung zu BGH, Urt. v. 29.01.2001 – II ZR 331/00, BWNotZ 2002, S. 42 f.

Boehme, Matthias
Neue Grundsätze zur Haftung des Beitretenden für alte GbR-Schulden, NZG 2003, S. 764 ff.

Boin, Kai
Die Rechtsfähigkeit der BGB-Gesellschaft – eine never ending Story?, GmbHR 2001, S. 513 ff.

Brandani, Anrdrea
– Anmerkung zu BGH, Urt. v. 29.01.2001 – II ZR 331/00, RNotZ 2001, S. 230 ff.
– Bericht über die Diskussion der Referate Dauner-Lieb und Gummert, in: Gesellschaftsrecht in der Diskussion 2001, Köln 2002, S. 189 ff. (zitiert: Brandani, Gesellschaftsrecht in der Diskussion 2001)

Brandes, Helmut
Die Rechtsprechung des BGH zur Gesellschaft bürgerlichen Rechts und zur stillen Gesellschaft, WM 1989, S. 1357 ff.

Breuninger, Gottfried E.
Die BGB-Gesellschaft als Rechtssubjekt im Wirtschaftsverkehr: Voraussetzungen und Grenzen, Köln 1991 (zitiert: Breuninger, Die BGB-Gesellschaft als Rechtssubjekt im Wirtschaftsverkehr)

Buchda, Gerhard
– Geschichte und Kritik der deutschen Gesamthandlehre, Marburg 1936.
– Gesamthand, gesamte Hand, in: Erler, Adalbert/Kaufmann, Ekkehard (Hrsg.), Handwörterbuch zur deutschen Rechtsgeschichte, Band I, Spalte 1587 ff., Berlin 1971 (zitiert: Buchda, HRG, Bd. I, Sp. 1587 ff.)

Buchner, Herbert
Zur rechtlichen Struktur der Personengesellschaften, AcP 169 (1969), S. 483 ff.

Bydlinski, Franz
Juristische Methodenlehre und Rechtsbegriff, 2. Auflage, Wien u.a. 1991 (zit.: Bydlinski, Juristische Methodenlehre und Rechtsbegriff)

C. St.
– Gesellschaft bürgerlichen Rechts – Eine Wende in der BGH-Rechtsprechung, Kreditwesen 2001, S. 453

- Gesellschaften bürgerlichen Rechts sind auch „kommanditistenfähig", Kreditwesen 2001, S. 1269

Caemmerer, Ernst von

Anmerkungen zu dem Vortrag von Bundesrichter Walter Stimpel, Richterliche Rechtsfortbildung im Personalhandelsgesellschaftsrecht, in: Pehle, Rudolf / Stimpel, Walter, Richterliche Rechtsfortbildung, Schriftenreihe der Juristischen Studiengesellschaft Karlsruhe, Heft 87/88, Karlsruhe 1969, S. 29 ff.

(zitiert: Von Caemmerer, in: Pehle/Stimpel, Richterliche Rechtsfortbildung)

Canaris, Claus-Wilhelm

Die Übertragung des Regelungsmodells der §§ 125 – 130 HGB auf die Gesellschaft bürgerlichen Rechts als unzulässige Rechtsfortbildung contra legem, ZGR 2004, S. 69 ff.

Casper, Matthias

Anmerkung zu BGH, Urt. v. 21.01.2002 – II ZR 2/00, JZ 2002, S. 1112 ff.

Cordes, Albrecht

Die Gesellschaft bürgerlichen Rechts auf dem Weg zur juristischen Person?, JZ 1998, S. 545 ff.

Creutzfeld, Dieter

Entwicklung und Kritik der Lehren vom Rechtssubjekt, Trier 1992

Crezelius, Georg

Bereicherungshaftung der BGB-Gesellschafter, Rezension zu BGH NJW 1985, 1828, in: JuS 1986, S. 685 ff.

Dauner-Lieb, Barbara

- Unternehmen in Sondervermögen: Haftung und Haftungsbeschränkung; zugleich ein Beitrag zum Unternehmen im Erbgang, Tübingen 1998

  (zitiert: Dauner-Lieb, Unternehmen in Sondervermögen)

- Die BGB-Gesellschaft mit beschränkter Haftung – Phantom oder zulässige Spielart der GbR?, DStR 1998, 2014ff.
- Das Ende der BGB-Gesellschaft – was nun?, DStR 1999, S. 1992 ff.
- Ein neues Fundament für die BGB-Gesellschaft?, DStR 2001, S. 356 ff.
- Das „Weiße Roß"-Urteil des BGH vom 29.1.2001 zur BGB-Gesellschaft – Rechtsdogmatische Konsequenzen, in: Gesellschaftsrecht in der Diskussion 2001, Köln 2002, S. 117 ff.

  (zitiert: Dauner-Lieb, Gesellschaftsrecht in der Diskussion 2001)

- Die BGB-Gesellschaft im System der Personengesellschaften, in: Dreher, Meinrad u.a. (Hrsg.), Die Reform des Handelsstandes und der Personengesellschaften: Fachtagung der Bayer-Stiftung für Deutsches und Internationales Arbeits- und Wirtschaftsrecht am 30. Oktober 1998, München 1999, S. 95 ff.

(zitiert: Dauner-Lieb, Die BGB-Gesellschaft im System der Personengesellschaften)

– § 130 HGB: Weitere Rechtsfortbildung im Recht der BGB-Gesellschaft?, in: Habersack, Hommelhoff u.a. (Hrsg.), Festschrift für Peter Ulmer zum 70. Geburtstag am 2. Januar 2003, Berlin 2003, S. 73 ff.

(zitiert: Dauner-Lieb, Festschrift für Ulmer)

Demharter, Johann

Ist die BGB-Gesellschaft jetzt grundbuchfähig?, Rpfleger 2001, S. 329 ff.

Demuth, Björn

Grundbuchfähigkeit der BGB-Gesellschaft – logische Folge der jüngsten BGH-Rechtsprechung, BB 2002, S. 53 ff.

Denkschrift

Denkschrift zum Entwurf eines Bürgerlichen Gesetzbuches nebst drei Anlagen, Berlin 1896

Derleder, Peter

Die Aufgabe der monistischen Struktur der Gesellschaft bürgerlichen Rechts durch Verleihung der Rechtsfähigkeit, BB 2001, S. 2485 ff.

Diller, Martin

Der Arbeitnehmer der GbR!?, NZA 2003, S. 401 ff.

Dorndorf, Eberhard

Grundriss der Methodenlehre, C. Subjektive Auslegung, unter: http://www.ganz-recht.de/stlehre/Methode/methc.htm, (Link: Methodenlehre / Subjektiv)

(zitiert: Dorndorf, Grundriss der Methodenlehre, C.)

Drasdo, Michael

Die Renaissance der Gesellschaft bürgerlichen Rechts als Wohnungseigentumsverwalterin, NZM 2001, S. 258 ff.

Dümig, Michael

– Die Beteiligung Minderjähriger an einer rechtsfähigen Gesellschaft bürgerlichen Rechts aus familien- bzw. vormundschaftsgerichtlicher Sicht, FamRZ 2003, S. 1 ff.

– Grundbuchfähigkeit der Gesellschaft bürgerlichen Rechts infolge der Anerkennung ihrer Rechts- und Parteifähigkeit, Rpfleger 2002, S. 53 ff.

– Die rechtsfähige GbR als „mehrere" i.S.d. § 47 GBO – ein tertium des Grundbuchrechts?, ZfIR 2002, S. 796 ff.

Anmerkung zu BayObLG, Beschluss v. 31.10.2002 – 2 Z BR 70/02, Rpfleger 2003, S. 80 ff.

Düringer-Hachenburg

Das Handelsgesetzbuch vom 10. Mai 1897, Kommentar von Düringer, Adelbert, Hachenburg, Max (Hrsg.)

- Bd. 2, 1. Hälfte, Allgemeine Einleitung: Das Gesellschaftsrecht des bürgerlichen Rechts, Geiler, Karl, 3. Auflage, Mannheim u.a. 1932 (zitiert: Düringer-Hachenburg/Geiler, Das Gesellschaftsrecht des bürgerlichen Rechts)

Duden

Die deutsche Rechtschreibung, 21. Auflage, Mannheim u.a. 1996

Ebel, Friedrich

Gesamthand, in: Lexikon des Mittelalters, Band IV, Spalte 1363, München 1989 (zitiert: Ebel, Lexikon des Mittelalters, Bd. IV, Sp. 1363)

Ebenroth, Carsten Thomas / Boujong, Karlheinz / Joost, Detlev

Handelsgesetzbuch, Kommentar, Bd. 1., 1 – 342 a, 1. Auflage, München 2001

(zitiert: Ebenroth/Boujong/Joost/Bearbeiter, 1. Aufl.)

Eberl-Borges, Christina

- Die Rechtsnatur der Erbengemeinschaft nach dem Urteil des BGH vom 29.1.2001 zur Rechtsfähigkeit der (Außen-)GbR, ZEV 2002, S. 125 ff.
- Anmerkung zu BGH, Urt. v. 11.9.2002 – XII ZR 187/00, Folgenreiche Entscheidung gegen die Rechtsfähigkeit der Erbengemeinschaft, LMK 2003, S. 5 ff.

Ehlers, Ernst August

Rechts- und Parteifähigkeit der GbR, AktStR 2001, S. 345 ff.

Eichele, Karl

Sozietätshaftung? Denkbare Folgen zur Rechtsfähigkeit der BGB-Gesellschaft, BRAK-Mitt. 2001, S. 156 ff.

Eicker, Bernd

Die Gesellschaft bürgerlichen Rechts im Prozeß und in der Zwangsvollstreckung, Gießen 1991

Eickmann, Dieter

Grundbuchfähigkeit der Gesellschaft bürgerlichen Rechts, ZflR 2001, S. 433 ff.

Eisenhardt, Ulrich

Gesellschaftsrecht, 10. Auflage, München 2002 (zitiert: Eisenhardt, Gesellschaftsrecht, 10. Aufl.)

Elsing, Siegfried

Alles entschieden bei der Gesellschaft bürgerlichen Rechts? – Die Rechtsprechung zwischen Mosaik- und Meilenstein BB 2003, S. 909 ff.

Engels, Curt

Prozessrechtliche Sicherung von Ansprüche gegen die vermögenslose BGB-Gesellschaft, MDR 2003, S. 1028 f.

Erman

Erman Bürgerliches Gesetzbuch: Handkommentar mit AGBG, EGBGB, ErbbauVO, HausratsVO, HausTWG, ProdHaftG, SachenRBerG, SchuldRAnpG, VerbrKrG, Westermann, Harm Peter (Hrsg.), Münster
- Bd. 1, 10. Auflage, Münster 2000
(zitiert: Erman/Bearbeiter, 10. Aufl.)

Ernst, Lieselotte

Schuld und Haftung bei der BGB-Gesellschaft, Heidelberg 1973
(zitiert: Ernst, Schuld und Haftung)

Eyermann/Fröhler

Verwaltungsgerichtsordnung, Kommentar, bearbeitet von Harald Geiger u.a., 11. Auflage, München 2000
(zitiert: Eyermann/Fröhler, 11. Aufl.)

Fabricius, Fritz

Relativität der Rechtsfähigkeit, München und Berlin 1963

Fehl, Norbert

Schuld und Haftung bei der (Gesamthands-) Gesellschaft des bürgerlichen Rechts im Hinblick auf die sich in der Zwangsvollstreckung ergebenden besonderen Problemlagen, in: Graf von Westphalen, Friedrich/Sandrock, Otto (Hrsg.), Festschrift für Reinhold Trinkner zum 65. Geburtstag, Heidelberg 1995, S. 135 ff.
(zitiert: Fehl, Festschrift für Trinkner)

Flume, Werner
- Allgemeiner Teil des Bürgerlichen Rechts, Erster Band, erster Teil, Die Personengesellschaft, Berlin 1977
(zitiert: Flume, Die Personengesellschaft)
- Allgemeiner Teil des Bürgerlichen Rechts, Zweiter Band, Das Rechtsgeschäft, 2. überarbeitete Auflage, Berlin 1975
(zitiert: Flume, Das Rechtsgeschäft)
- Gesellschaft und Gesamthand, ZHR 136 (1972), S. 177 ff.
- Vom Beruf unserer Zeit für Gesetzgebung, ZIP 2000, S. 1427 ff.

Fromme, Friedrich Karl

Rechtspolitik und Medien, Vortrag am 08.05.2001 im Rahmen eines Rechtspolitischen Kolloquiums des Instituts für Rechtspolitik an der Universität Trier, veröffentlicht als Rechtspolitisches Forum Nr. 4/2001, unter :
http://www.irp.uni-trier.de/04_Fromme.pdf
(zitiert: Fromme, Rechtspolitik und Medien)

Früchtl, Bernd

Anmerkung zu BGH, Urt. v. 11.9.2002 – XII ZR 187/00, NotBZ 2002, S. 452 ff.

Geiss, Karlmann

Rechtsfortbildung durch Richterrecht, Vortrag bei einer Richterkonferenz in Tbilissi vom 2. – 3.12.02, unter:

http://gtz-law-caucasus.net/konferenzen/richterkonferenz2002/Geiss.htm

(zitiert: Geiss, Rechtsfortbildung durch Richterrecht)

Gesmann-Nuissl, Dagmar

Die Rechts- und Parteifähigkeit sowie die Haftungsverfassung der Gesellschaft bürgerlichen Rechts nach dem Urteil des BGH, II ZR 331/00 = WM 2001, 408, WM 2001, S. 973 ff.

Gierke, Otto von

– Deutsches Privatrecht, Band I, Allgemeiner Teil und Personenrecht, Leipzig 1895

(zitiert: von Gierke, Deutsches Privatrecht, Bd. I)

– Der Entwurf eines Bürgerlichen Gesetzbuchs und das Deutsche Recht, Nachdruck der Ausgabe Leipzig 1889, Goldbach 1997

(zitiert: von Gierke, Der Entwurf eines Bürgerlichen Gesetzbuchs und das Deutsche Recht)

– Das Deutsche Genossenschaftsrecht, Band II, Geschichte des deutschen Körperschaftsbegriffs, Nachdruck, Graz 1954

(zitiert: von Gierke, Das Deutsche Genossenschaftsrecht, Bd. II)

– Die Genossenschaftstheorie und die deutsche Rechsprechung, Nachdruck, Hildesheim 1963

(zitiert: von Gierke, Die Genossenschaftstheorie und die deutsche Rechtsprechung)

– Die soziale Aufgabe des Privatrechts, Nachdruck, Frankfurt 1948

(zitiert: von Gierke, Die soziale Aufgabe des Privatrechts)

– Personengemeinschaften und Vermögensbegriffe in dem Entwurfe eines Bürgerlichen Gesetzbuches für das Deutsche Reich, Berlin 1889

(zitiert: von Gierke, Personengemeinschaften und Vermögensbegriffe)

Gitter, Wolfgang / Schmitt, Jochen

Sozialrecht, 5. Auflage, München 2001

(zitiert: Gitter/Schmitt, Sozialrecht, 5. Aufl.)

Gladys, Paul Franz

Rechts- und Parteifähigkeit der GbR – Berufshaftpflichtversicherung für Vermögensschäden der Sozietät?, Stbg 2001, S. 684 ff.

Göckeler, Stephan

Die Stellung der Gesellschaft des bürgerlichen Rechts im Erkenntnis-, Vollstreckungs- und Konkursverfahren, Berlin 1992

(zitiert: Göckeler, Die BGB-Gesellschaft im Erkenntnis-, Vollstreckungs-, und Konkursverfahren)

Goette, Wulf
- Anmerkung zu BGH, Urt. v. 27.09.1999 – II ZR 371/98, BGHZ 142, 315, DStR 1999, S. 1707 ff.
- Anmerkung zu BGH, Urt. v. 29.01.2001 – II ZR 331/00, DStR 2001, S. 315.

Gräber / von Groll
Finanzgerichtsordnung, Kommentar, bearbeitet von Rüdiger von Groll u.a., 4. Aufl., München 1997
(zitiert: Gräber/von Groll, 4. Aufl.)

Grashoff, Frieder
Die Nachfolge von Miterben in den Anteil an einer Personengesellschaft, Konstanz 1997
(zitiert: Grashoff, Die Nachfolge von Miterben)

Grote, Ludger
Die Gesellschaft bürgerlichen Rechts ist rechts- und parteifähig, ZfZ 2001, S. 177 f.

Großkommentar zum Handeslgesetzbuch
Handelsgesetzbuch: Großkommentar, begr. von Staub, Hermann, hrsg. von Canaris, Claus-Wilhelm, Berlin u.a.
- Bd. 2, Halbband 1, 105 – 144, 3. Auflage, Berlin 1973
(zitiert: GroßKo/HGB/Bearbeiter, 3. Aufl.)

Grunewald, Barbara
- Gesellschaftsrecht, 2. und 5. Auflage, Tübingen 1996, 2002
(zitiert: Grunewald, Gesellschaftsrecht, 2. bzw. 5. Aufl.)
- Die Rechtsfähigkeit der Erbengemeinschaft, AcP 197 (1997), S. 305 ff.

Gummert, Hans
Das „Weiße-Roß"-Urteil des BGH vom 29.1.2001 zur BGB-Gesellschaft – Auswirkungen auf die Rechtspraxis, in: Gesellschaftsrecht in der Diskussion 2001, Köln 2002, S. 139 ff.
(zitiert: Gummert, Gesellschaftsrecht in der Diskussion 2001)

Habersack, Mathias
- Die Anerkennung der Rechts- und Parteifähigkeit der GbR und der akzessorischen Gesellschafterhaftung durch den BGH, BB 2001, S. 477 ff.
- Die Haftungsverfassung der Gesellschaft bürgerlichen Rechts – Doppelverpflichtung und Akzessorietät, JuS 1993, S. 1 ff.
- Zur Rechtsnatur der Gesellschaft bürgerlichen Rechts – BAG NJW 1989, 3034, JuS 1990, S. 179 ff.
- Haftung der Mitglieder einer GbR für Bürgschaftsverpflichtungen der Gesellschaft, BB 1999, S. 61 ff.

Hadding, Walther

Zur Rechtsfähigkeit und Parteifähigkeit der (Außen-) Gesellschaft bürgerlichen Rechts sowie zur Haftung ihrer Gesellschafter für Gesellschaftsverbindlichkeiten, ZGR 2001, S. 712 ff.

Hahn, Carl / Mugdan, Benno

Die gesammten Materialien zu den Reichs-Justizgesetzen, Bd. VIII, Berlin 1898

Hallerbach, Dorothee

Vermögensverwaltende Personengesellschaft – wer erzielt die Einkünfte?, in: Hörmann, Norbert u.a. (Hrsg.), Brennpunkte des Steuerrechts, Festschrift für Wolfgang Jakob zum 60. Geburtstag, Augsburg 2001, S. 101 ff.

(zitiert: Hallerbach, Festschrift für Jakob)

Hammer, Stefan

Anmerkung zu LG Dresden, Beschluss v. 23.08.2002 – 2 T 0690/02, NotBZ 2002, S. 385 f.

Heckelmann, Dieter

Die GbRmbH als (neue) Gesellschaftsform?, in: Westermann, Harm Peter u.a. (Hrsg.); Festschrift für Karlheinz Quack zum 65. Geburtstag am 3. Januar 1991, Berlin u.a.1991, S. 243 ff.

(zitiert: Heckelmann, Festschrift für Quack)

Heil, Hans-Jürgen

- Parteifähigkeit der GbR – der Durchbruch der Gruppenlehre?, NZG 2001, S. 300 ff.
- Das Grundeigentum der Gesellschaft bürgerlichen Rechts – res extra commercium?, NJW 2002, S. 2158 ff.
- Ist die Erbengemeinschaft rechtsfähig? – Ein Zwischenruf aus der Praxis, ZEV 2002, S. 296 ff.
- Anmerkung zu BGH, Beschluss v. 16.7.2001 – II ZB 23/00, DNotZ 2002, S. 60 ff.

Hennrichs, Joachim

Zum Formwechsel und zur Spaltung nach dem neuen Umwandlungsgesetz, ZIP 1995, S. 794 ff.

Heller, Robert

Der Zivilprozeß der Gesellschaft bürgerlichen Rechts, Köln u.a. 1989

Hennecke, Bernd

Das Sondervermögen der Gesamthand: Beispiel einer Vermögenssonderung im Zivil- und Handelsrecht, Berlin 1976

(zitiert: Hennecke, Das Sondervermögen der Gesamthand)

Henze, Hartwig

Beschränkung der Gesellschafterhaftung – Teilrechtsfähigkeit der GbR im Wandel?, BB 1999, S. 2260 ff.

Hirte, Heribert

Die Entwicklung des Unternehmens- und Gesellschaftsrechts in Deutschland in den Jahren 2000 bis 2002, NJW 2003, S. 1285 ff.

Hommelhoff, Peter

Wider das Akzessorietätsdogma in der Gesellschaft bürgerlichen Rechts, ZIP 1998, S. 8 ff.

Horn, Wilhelm

Die unternehmenstragende (mitunternehmerische) BGB-Gesellschaft in der Landwirtschaft – Auswirkungen der BGH-Entscheidung vom 29.1.2001 II ZR 331/00, ZIP 2001, S. 330, in: AgraR 2001, S. 309 f.

Huber, Ullrich

- Vermögensanteil, Kapitalanteil und Gesellschaftsanteil an Personengesellschaften des Handelsrechts, Heidelberg 1970
- Rechtsfähigkeit, juristische Person und Gesamthand, in: Schneider, Uwe H. u.a. (Hrsg.), Deutsches und europäisches Gesellschafts-, Konzern- und Kapitalmarktrecht: Festschrift für Marcus Lutter zum 70. Geburtstag, Köln 2000, S. 107 ff.
  (zitiert: Huber, Festschrift für Lutter)

Hübner, Rudolf

- Biographie Georg Beselers, Allgemeine Deutsche Biographie, Bd. 46 (1902), S. 445 ff., Nachdruck, Berlin 1971
  (zitiert: Hübner, Allgemeine Deutsche Biographie, Bd. 46 (1902))
- Grundzüge des deutschen Privatrechts, 2. Neudruck der 5. Auflage von 1930, Aalen 1982
  (zitiert: Hübner, Grundzüge des deutschen Privatrechts)

Hueck, Götz

- Gesellschaftsrecht, 19. Auflage, München 1991
- Drei Fragen zur Gesamthandsgesellschaft, in: Lieb, Manfred u.a. (Hrsg.), Festschrift für Wolfgang Zöllner zum 70. Geburtstag, Bd. I, Köln u.a. 1999, S. 275 ff.
  (zitiert: Hueck, Festschrift für Zöllner)

Hueck, Götz / Windbichler, Christine

Gesellschaftsrecht, 20. Auflage, München 2003

Hüffer, Uwe

- Gesellschaftsrecht: Fälle und Erläuterungen zu Verein und Gesellschaft, 3. Auflage, München 1991
  (zitiert: Hüffer, Gesellschaftsrecht, 3. Aufl.)

- Die Gesamthandsgesellschaft in Prozeß, Zwangsvollstreckung und Konkurs, in: Lutter Marcus u.a. (Hrsg.), Festschrift für Walter Stimpel zum 68. Geburtstag, Berlin u.a. 1985, S. 165 ff.
  (zitiert: Hüffer, Festschrift für Stimpel)
- Die Reform des Schuldrechts im Spiegel weiterer Gutachten und Vorschläge, AcP 184 (1984), S. 584 ff.
- 100 Bände BGHZ: Personengesellschaftsrecht, ZHR 151 (1987), S. 396 ff.

Jacoby, Florian
Die Folgen der GbR-Rechtsfortbildung in Altprozessen, NJW 2003, S. 1644 ff.

Jakobs, Horst Heinrich / Schubert, Werner (Hrsg.)
Die Beratung des Bürgerlichen Gesetzbuchs, in systematischer Zusammenstellung der unveröffentlichten Quellen, Recht der Schuldverhältnisse III, §§ 652 bis 853, Berlin 1983
(zitiert: Jakobs/Schubert, Die Beratung des Bürgerlichen Gesetzbuchs, §§ 652 bis 853)

Jaschke, Martin
Gesamthand und Grundbuchrecht, Köln 1991

Jauernig, Othmar
- Zivilprozeßrecht, 26. Auflage, München 2000
- Zur Rechts- und Parteifähigkeit der Gesellschaft bürgerlichen Rechts, NJW 2001, S. 2231 f.

Joerges, Ernst
Zur Lehre vom Miteigenthum und der gesammten Hand nach deutschem Reichsrecht, ZHR 49 (1900), S. 140 ff.; 51 (1902), S. 47 ff.

Jörs, Paul / Honsell, Heinrich
Römisches Recht, 4. Auflage, Berlin 1987
(zitiert: Jörs/Honsell, Römisches Recht)

Jörs, Paul / Kunkel, Wolfgang / Wenger, Leopold
Römisches Privatrecht, 3. Auflage, Berlin 1949
(zitiert: Jörs/Kunkel/Wenger, Römisches Privatrecht)

John, Uwe
Die organisierte Rechtsperson, Berlin 1977

Jula, Rocco
Neues zur Rechtsfähigkeit und Haftung bei der BGB-Gesellschaft, StWK 2001, Heft Nr. 12 v. 30.06.2001, Gruppe 17, S. 227 ff.

Jungbauer, Sabine
Das aktuelle BGH-Urteil zur BGB-Gesellschaft, JurBüro 2001, S. 284 ff.

Jungk, Antje
Aktuelle Entwicklung in der Rechtsprechung zur Rechtsberaterhaftung, BRAK-Mitt. 2001, S. 159 ff.

Kaser, Max

Römisches Privatrecht: ein Studienbuch, 16. Auflage, München 1992

Keller, Ulrich

Probleme der Rechtsfähigkeit und Grundbuchfähigkeit der Gesellschaft bürgerlichen Rechts unter Berücksichtigung insolvenzrechtlicher Verfügungsbeeinträchtigungen, NotBZ 2001, S. 397 ff.

Kellermann, Alfred

Gesellschaft bürgerlichen Rechts: Rechtsfähigkeit, Parteifähigkeit, Haftung der Gesellschafter, in: Wank, Rolf u.a. (Hrsg.); Festschrift für Herbert Wiedemann zum 70. Geburtstag, München 2002, S. 1069 ff.

(zitiert: Kellermann, Festschrift für Wiedemann)

Kellermann, Markus

Die BGB-Gesellschaft in ihrer Ausgestaltung durch die neuere Rechtsprechung, JA 2003, S. 648 ff.

Kemke, Andreas

Die Gesellschaft bürgerlichen Rechts im Prozess – Parteibezeichnung und Kostendrittwiderklage gegen die Gesellschafter, NJW 2002, S. 2218 f.

Kempfler, Herbert

Nicht rechtsfähige Vereine aktiv parteifähig?, NZG 2002, S. 411 ff.

Kindl, Johann

Der Streit um die Rechtsnatur der GbR und seine Auswirkungen auf die Haftung der Gesellschafter für rechtsgeschäftlich begründete Gesellschaftsverbindlichkeiten, NZG 1999, 517 ff.

Knoke, Paul

Das Recht der Gesellschaft nach dem Bürgerlichen Gesetzbuch für das Deutsche Reich, Jena 1901

Koller, Ingo / Roth, Wulf-Henning / Morck, Winfried

Handelsgesetzbuch, Kommentar, 3. Auflage, München 2002

(zitiert: Koller/Roth/Morck/Bearbeiter, 3. Aufl.)

Kopp / Schenke

Verwaltungsgerichtsordnung, Kommentar, bearbeitet von Wolf-Rüdiger Schenke, 12. Auflage, München 2000

(zitiert: Kopp/Schenke, 12. Aufl.)

Kornblum, Udo

- Die Rechtsstellung der BGB-Gesellschaft und ihrer Gesellschafter im Zivilprozeß – Erkenntnisverfahren und Zwangsvollstreckung, BB 1970, S. 1445 ff.
- Die Haftung der Gesellschafter für Verbindlichkeiten von Personengesellschaften, Frankfurt am Main 1972

Kraemer, Hans-Jörg
– Die Gesellschaft bürgerlichen Rechts als Partei gewerblicher Mietverträge, WuM 2002, S. 459 ff.
– Die Gesellschaft bürgerlichen Rechts als Partei gewerblicher Mietverträge, NZM 2002, S. 465 ff.

Kübler, Friedrich
Gesellschaftsrecht, 5. Auflage, Heidelberg 1998

Kunz, Romano
Über die Rechtsnatur der Gemeinschaft zur gesamten Hand, Bern 1963

Kurzwelly, Jens-Peter
Neueste Rechtsprechung des Bundesgerichtshofs zum Gesellschaftsrecht, in: Henze, Hartwig u.a.; Gesellschaftsrecht 2001: Tagungsband zum RWS-Forum am 8. u. 9. März 2001 in Berlin, Köln 2001, S. 1 ff.
(zitiert: Kurzwelly, Gesellschaftsrecht 2001)

Lang, Volker / Fraenkel, Hans Christian
Die Gesellschaft bürgerlichen Rechts – Eine Betrachtung zum Stand der Rechtsprechung unter besonderer Berücksichtigung der Sichtweise der Kreditwirtschaft, WM 2002, S. 260 ff.

Lange, Oliver
– Die Haftung des Gesellschafters einer GbR für Altverbindlichkeiten, NZG 2002, S. 401 ff.
– Haftung des eintretenden GbR-Gesellschafters für Altschulden, NJW 2002, S. 2002 f.

Langenfeld, Gerrit
Die Gesellschaft bürgerlichen Rechts nach Maßgabe der geänderten Rechtsprechung des BGH, BWNotZ 2003, S. 1 ff.

Larenz, Karl
– Lehrbuch des Schuldrechts, Bd. 2, Besonderer Teil, 12. Auflage, München 1981
(zitiert: Larenz, Lehrbuch des Schuldrechts, Bd. 2/BT)
– Lehrbuch des Schuldrechts, Bd. 1, Allgemeiner Teil, 14. Auflage, München 1987
(zitiert: Larenz, Lehrbuch des Schuldrechts, Bd. 1/AT)
– Vortrag zum Thema: Kennzeichen geglückter richterlicher Rechtsfortbildung, abgedruckt in: Schriftenreihe der Juristischen Studiengesellschaft Karlsruhe, Heft 64, Karlsruhe 1965
(zitiert: Larenz, Kennzeichen geglückter richterlicher Rechtsfortbildung)

Larenz, Karl / Canaris, Claus-Wilhelm
Methodenlehre der Rechtswissenschaft, 3. Auflage, Berlin u.a. 1995
(zitiert: Larenz/Canaris, Methodenlehre der Rechtswissenschaft)

Larenz, Karl / Wolf, Manfred
Allgemeiner Teil des Bürgerlichen Rechts, 8. Auflage, München 1997

Laufs, Adolf
Rechtsentwicklungen in Deutschland, 5. Auflage, Berlin 1996

Lautner, Konrad
Auswirkungen der Rechts- und Parteifähigkeit der (Außen-) Gesellschaft bürgerlichen Rechts auf die notarielle Tätigkeit im Grundstücksverkehr, MittBayNot 2001, S. 425 ff.

Lindacher, Walther
Grundfälle zur Haftung bei Personengesellschaften, JuS 1981, S. 431 ff.; JuS 1982, S. 36 ff.; S. 592 ff.

Lüke, Wolfgang
- Prozessführung bei Streitigkeiten im Innenverhältnis der BGB-Gesllschaft, ZGR 1994, S. 266 ff.
- Der Bundesgerichtshof zur Parteifähigkeit der Gesellschaft bürgerlichen Rechts – Ariadnefaden aus dem Labyrinth? – oder Durchtrennung des gordischen Knotens?, in: Lüke, Gerhard u.a. (Hrsg.); Festschrift für Akira Ishikawa zum 70. Geburtstag am 27. November 2001, Berlin u.a. 2001, S. 253 ff.

Lutter, Marcus
Zur Reform von Umwandlung und Fusion, ZGR 1990, S. 392 ff.

Marotzke, Wolfgang
Anmerkung zu BGH, Urt. v. 11.9.2002 – XII ZR 187/00, ZEV 2002, S. 506 ff.

Materialien zu den Reichs-Jusitzgesetznovellen
Materialien zu den Reichs-Jusitzgesetznovellen, Band I, Berlin 1898 (zitiert: Materialien zu den Reichs-Jusitzgesetznovellen, Band I)

Mülbert, Peter
Die rechtsfähige Personengesellschaft, AcP 199 (1999), S. 38 ff.

Mülbert, Peter / Gramse, Gerold R.
Gesellschafterbeschlüsse bei der rechtsfähigen Personengesellschaft, WM 2002, S. 2085 ff.

Müller-Freienfels, Wolfram
Die Vertretung beim Rechtsgeschäft, Tübingen 1955

Müller-Gugenberger, Christian
EWIV – Die neue europäische Gesellschaftsform, NJW 1989, S. 1449 ff.

Mümmler, Alfred
Zwangsvollstreckung in das Gesellschaftsvermögen und in Gesellschaftsanteile der Gesellschaft des bürgerlichen Rechts und der offenen Handelsgesellschaft, JurBüro 1982, S. 1607 ff.

Münch, Christof
Die Gesellschaft bürgerlichen Rechts in Grundbuch und Register, DNotZ 2001, S. 535 ff.

Münchener Handbuch des Gesellschaftsrechts
Münchener Handbuch des Gesellschaftsrechts, Bd. I, BGB-Gesellschaft, Offene Handelsgesellschaft, Partnerschaftsgesellschaft, Partenreederei, EWIV; herausgegeben von Riegger, Bodo; Weipert, Lutz, München 1995
(zitiert: MünchHdbGesR/Bd. I/Bearbeiter)

Münchener Kommentar
Münchener Kommentar zum *Bürgerlichen Gesetzbuch*, Rebmann, Kurt u.a. (Hrsg.), München
- Bd. 1, Allgemeiner Teil, §§ 1 – 240, 1. – 3. Auflage, München 1978, 1984, 1993
  (zitiert: MünchKomm/BGB/Bearbeiter, 1. – 3. Aufl.)
- Bd. 1, Allgemeiner Teil, §§ 1 – 240, 4. Auflage, München 2001
  (zitiert: MünchKomm/BGB/Bearbeiter, 4. Aufl.)
- Bd. 3, Schuldrecht, Besonderer Teil, Halbband 2 (§§ 657 – 853), 1. Auflage, München 1980
  (zitiert: MünchKomm/BGB/Bearbeiter, 1. Aufl.)
- Bd. 3, Schuldrecht, Besonderer Teil, Halbband 2 (§§ 652 – 853), 2. Auflage, München 1986
  (zitiert: MünchKomm/BGB/Bearbeiter, 2. Aufl.)
- Bd. 5, Schuldrecht, Besonderer Teil III (§§ 705 – 853), 3. – 4. Auflage, München 1997, 2004
  (zitiert: MünchKomm/BGB/Bearbeiter, 3. Aufl. od. 4. Aufl.)
  Münchener Kommentar zur *Zivilprozessordnung*, Lüke, Gerhard u.a. (Hrsg.), München
- Bd. 2, §§ 355 – 802, 2. Auflage, München 2000
  (zitiert: MünchKomm/ZPO/Bearbeiter, 2. Aufl.)

Müther, Peter Hendrik
- Die BGB-Gesellschaft im Zivilprozeß, MDR 1998, S. 625 ff.
- Anmerkung zu BGH, Urt. v. 29.01.2001 – II ZR 331/00, MDR 2001, S. 461 f.
- Zivilprozessuale Probleme der „neuen" BGB-Gesellschaft, MDR 2002, S. 987 ff.

Mugdan, Benno
Die gesamten Materialien zum Bürgerlichen Gesetzbuch für das Deutsche Reich,
(zitiert: Mugdan, Materialien zum Bürgerlichen Gesetzbuch)
- Band I, Einführungsgesetz und allgemeiner Teil, Berlin 1899

- Band II, Recht der Schuldverhältnisse, Berlin 1899
- Band III, Sachenrecht, Berlin 1899
- Band IV, Familienrecht, Berlin 1899
- Band V, Erbrecht, Berlin 1899

Nagel, Riever

Grundeigentum und Grundbucheintragung der GbR, NJW 2003, S. 1646 ff.

Neye, Hans-Werner / Limmer, Peter u.a.

Handbuch der Unternehmensumwandlung, Herne 1996

(zitiert: Neye/Limmer, Handbuch der Unternehmens-umwandlung)

Noack, Wilhelm

- Die Gesellschaft bürgerlichen Rechts in der Zwangsvollstreckung, JR 1971, S. 223 ff.
- Die Gesellschaft bürgerlichen Rechts in der Zwangsvollstreckung, MDR 1974, S. 811 ff.

Ott, Sieghart

Zur Grundbuchfähigkeit der GbR und des nicht eingetragenen Vereins, NJW 2003, S. 1223

Pache Eckhard / Knauff Matthias

Die BGB-Gesellschaft im Verwaltungsprozess, BayVBl 2003 S. 168 ff.

Palandt

Kommentar zum BGB, 60. Auflage, München 2001; 61. Auflage, München 2002; 62. Auflage, München 2003; 63. Auflage, München 2004

(zitiert: Palandt/Bearbeiter, Aufl.)

Peifer, Karl-Nikolaus

Rechtsfähigkeit und Rechtssubjektivität der Gesamthand – die GbR als oHG?, NZG 2001, S. 296 ff.

Peters, Tillmann

Die Gesellschaft bürgerlichen Rechts und das System der Personengesellschaften nach der Reform des Handelsrechts, Köln 2003

(zitiert: Peters, Die Gesellschaft bürgerlichen Rechts und das System der Personengesellschaften)

Planck, Gottlieb

Planck`s Kommentar zum Bürgerlichen Gesetzbuch nebst Einführungsgesetz, 1. Auflage, Berlin 1900

(zitiert: Planck`s Kommentar zum BGB, 1. Aufl.)

Pohlmann, Petra

- Anmerkung zu BGH, Urt. v. 29.01.2001 – II ZR 331/00, ZZP 2002, S. 103 ff.

- Rechts- und Parteifähigkeit der Gesellschaft bürgerlichen Rechts – Folgen für Erkenntnisverfahren, Zwangsvollstreckung und freiwillige Gerichtsbarkeit, WM 2002, S. 1421 ff.

Prütting, Hanns
- Ist die Gesellschaft bürgerlichen Rechts insolvenzfähig?, ZIP 1997, S. 1725 ff.
- Anmerkung zu BGH, Urt. v. 29.01.2001 – II ZR 331/00, EWiR (2001) § 50 ZPO 1/01, S. 341 f. (Rechts- und Parteifähigkeit der BGB- Gesellschaft)

  (zitiert: Prütting, EWiR 2001, S. 341 f.)
- Die Rechtsfähigkeit der Gesellschaft bürgerlichen Rechts als Methodenproblem, in: Wank, Rolf u.a. (Hrsg.); Festschrift für Herbert Wiedemann zum 70. Geburtstag, München 2002, S. 1177 ff.

  (zitiert: Prütting, Festschrift für Wiedemann)

Raiser, Thomas
- Gesamthandsgesellschaft oder juristische Person – Eine Geschichte ohne Ende?, in: Lieb, Manfred u.a. (Hrsg.), Festschrift für Wolfgang Zöllner zum 70. Geburtstag, Bd. I, Köln u.a. 1999, S. 469 ff.

  (zitiert: Raiser, Festschrift für Zöllner)
- Gesamthand und juristische Person im Licht des neuen Umwandlungsrechts, AcP 194 (1994), S. 494 ff.

Raster, Nicole
Die Verselbständigung der Gesellschaft bürgerlichen Rechts im Zivilprozess und in der Zwangsvollstreckung, Regensburg 2001

Reatz, Karl F.
Die zweite Lesung des Entwurf eines Bürgerlichen Gesetzbuchs für das Deutsche Reich unter Gegenüberstellung der ersten Lesung. Im Auftrage des Vorstandes des Deutschen Anwaltvereins dargestellt und aus den Protokollen der zweiten Lesung erläutert von Jusitzrath Dr. Reatz, Drittes Heft, Berlin 1893

(zitiert: Reatz, Die zweite Lesung des Entwurfs eines Bürgerlichen Gesetzbuchs für das Deutsche Reich)

Reichert, Eleonore
Die BGB-Gesellschaft im Zivilprozess, Frankfurt a.M. u.a. 1988

(zitiert: Reichert, Die BGB-Gesellschaft im Zivilprozess)

Reiff, Peter
- Die Haftungsverfassungen nichtrechtsfähiger unternehmenstragender Verbände, Tübingen 1996
- Die Haftungsverfassung der GbR nach dem Urteil des BGH vom 27.9.1999, NZG 2000, S. 281 ff.

- Wider die unternehmenstragende Gesellschaft bürgerlichen Rechts ohne Gesellschafterhaftung, ZIP 1999, S. 517 ff.
- Anmerkung zu BGH, Urt. v. 29.01.2001 – II ZR 331/00, VersR 2001, S. 515 ff.

Ries, Peter
Auswirkungen der Rechtsprechung zur Rechts- und Kommanditistenfähigkeit der Gesellschaft bürgerlichen Rechts auf das Handelsregister, RpflStud 2002, S. 152 ff.

Röhricht, Volker / Graf von Westphalen, Friedrich
Kommentar zu Handelsstand, Handelsgesellschaften, Handelsgeschäften und besonderen Handelsverträgen (ohne Bilanz-, Transport- und Seerecht), 1. Auflage, Köln 1998
(zitiert: Röhricht/Graf von Westphalen/Bearbeiter, HGB, 1.Aufl.)

Römermann, Volker
- Anmerkung zu BGH, Urt. v. 29.01.2001 – II ZR 331/00, DB 2001, S. 428 ff.
- Anmerkung zu BGH, Urt. v. 07.04.2003 – II ZR 56/02, BB 2003, S. 1084 ff.

Roth, Günther
Die kleine Erwerbsgesellschaft zwischen bürgerlichem Recht und Handelsrecht, ZHR 155 (1991), S. 24 ff.

Rothe, Reinhard
Anmerkung zu BGH, Beschluss v. 16.07.2001 – II ZB 23/00, EWiR 2002, S. 569 f.

Rüthers, Bernd
Rechtsdogmatik und Rechtspolitik unter dem Einfluss des Richterrechts, Vortrag am 30.06.2003 im Rahmen eines Rechtspolitischen Kolloquiums des Instituts für Rechtspolitik an der Universität Trier, veröffentlicht als Rechtspolitisches Forum Nr. 15/2003, unter :
http://www.irp.uni-trier.de/15_Ruethers.pdf
(zitiert: Rüthers, Rechtsdogmatik und Rechtspolitik)

Sauer, Wilhelm
Juristische Methodenlehre, Stuttgart 1940

Schemmann, Till
Anmerkung zu BGH, Urt. v. 29.01.2001 – II ZR 331/00, DNotZ 2001, S. 244 ff.

Scherer, Feick
Die GbR als Erbin – Thesen und Gestaltungsmöglichkeiten, ZEV 2003, S. 341 ff.

Schleicher, Bettina

Persönliche Haftung der BGB-Gesellschafter von geschlossenen Immobilienfonds im Außenverhältnis, ZfIR 2002, S. 430 ff.

Schlutzky, Hendrik / Weissinger, Martina

Die Rechtsfähigkeit der BGB-Gesellschaft, JA 2001, S. 886 ff.

Schmid, Michael J.

Rechtsfähigkeit der Gesellschaft bürgerlichen Rechts, GE 2001, S. 753 ff.

Schmidt, Christian / Bierly, Jennifer

Gesellschaft bürgerlichen Rechts als Gesellschafterin einer Personenhandelsgesellschaft, NJW 2004, S. 1210 ff.

Schmidt, Karsten

- Gesellschaftsrecht, 1. – 4. Auflage, Köln u.a. 1980, 1991, 1997, 2002
- (zitiert: Schmidt, Gesellschaftsrecht, 1., 2., 3. oder 4. Aufl.)
- Die BGB-Außengesellschaft: rechts- und parteifähig, NJW 2001, S. 993 ff.
- Zur Vermögensordnung der Gesamthands-BGB-Gesellschaft, JZ 1985, S. 909 ff.
- Gesellschaft bürgerlichen Rechts – Welche Änderungen und Ergänzungen sind im Recht der BGB-Gesellschaft geboten?, in: Gutachten und Vorschläge zur Überarbeitung des Schuldrechts, herausgegeben vom Bundesminister der Justiz, Bd. 3, 1983, S. 413 ff.
  (zitiert: Schmidt, Gutachten)
- Anmerkung zu BGH, Urt. v. 29.01.2001 – II ZR 331/00, JuS 2001, S. 509
- Zur „Außenhaftung der Innengesellschaft" – LG Konstanz, NJW 1987, 2521, JuS 1988, S. 444 ff.
- Rechtsfortbildung im Unternehmens- und Gesellschaftsrecht durch die Rechtsprechung des BGH, NJW 2000, S. 2927 ff.
- Das Handelsrechtsreformgesetz, NJW 1998, S. 2161 ff.
- Integrationswirkung des Umwandlungsgesetzes, in: Habersack, Hommelhoff u.a. (Hrsg.), Festschrift für Peter Ulmer zum 70. Geburtstag am 2. Januar 2003, Berlin 2003, S. 557 ff.
  (zitiert: Schmidt, Festschrift für Ulmer)
- Zum Haftungsstatus unternehmenstragender BGB-Gesellschaften, in: Goerdeler, Reinhard (Hrsg.), Festschrift für Hans-Joachim Fleck zum 70. Geburtstag am 30. Januar 1988, Berlin u.a. 1988, S. 271 ff.
  (zitiert: Schmidt, Festschrift für Fleck)
- Die Erbengemeinschaft nach einem Einzelkaufmann, NJW 1985, S. 2785 ff.
- Personengesellschaft und Grundstücksrecht, ZIP 1998, S. 2 ff.

- Die Gesellschafterhaftung bei der Gesellschaft bürgerlichen Rechts als gesetzliches Schuldverhältnis, NJW 2003, S. 1897 ff.
- Haftungsprobleme der „bürgerrechtlichen Kommanditgesellschaft", DB 1973, S. 653 ff.

Schmittmann, Jens M.
Die Rechtsfähigkeit der Gesellschaft bürgerlichen Rechts (GbR) nach der aktuellen Rechtsprechung des BGH, StuB 2001, S. 519 ff.

Schöpflin, Martin
- Die Grundbuchunfähigkeit der Gesellschaft bürgerlichen Rechts, NZG 2003, S. 117 ff.
- Entsprechende Anwendung des § 31 BGB und persönliche Haftung für gesetzliche Verbindlichkeiten bei der GbR, DStR 2003, S. 1349 ff.
- Primäre Registerpflicht der Gesellschaft bürgerlichen Rechts?, NZG 2003, S. 606 ff.
Der nichtrechtsfähige Verein, Köln u.a. 2003

Scholz, Kai-Steffen
- Verselbständigung bürgerrechtlicher Gesellschaften in Deutschland und Frankreich, Frankfurt am Main u.a. 2001
  (zitiert: Scholz, Verselbständigung bürgerrechtlicher Gesellschaften)
- Akzessorietätstheorie und Formwechsel, NZG 2002, S. 414 ff.
- Die BGB-Gesellschaft nach dem Grundsatzurteil des BGH vom 29.1.2001, NZG 2002, S. 153 ff.

Schünemann, Wolfgang
Grundprobleme der Gesamthandsgesellschaft unter besonderer Berücksichtigung des Vollstreckungsrechts, Bielefeld 1975
(zitiert: Schünemann, Grundprobleme der Gesamthandsgesellschaft)

Schulze-Osterloh, Joachim
Das Prinzip der gesamthänderischen Bindung, München 1972

Schwörer, Frank
Parteifähigkeit der Wohnungseingetümergemeinschaft, NZM 2002, S. 421 ff.

Seibert, Ulrich
Die rechtsfähige Personengesellschaft, JZ 1996, S. 785.

Sellert, Wolfgang
Zur Anwendung des §§ 831, 31 BGB auf die Gesellschaft des bürgerlichen Rechts, AcP 175 (1975), S. 77 ff.

Senft, Klaus
Rechtsfähige GbR – Auswirkungen für Kanzleien, in: Anwalt, Beilage zur NJW, Heft 6/2001, S. 26 ff.

Seuffert, Lothar
Die neue Civilprozessordnung, DJZ 1899, S. 1 ff. und S. 50 ff.

Sieg, Oliver
- Auswirkung der neuen Rechtsprechung zur BGB-Gesellschaft auf die persönliche Haftung der Mitglieder von Rechtsanwalts-, Steuerberater- und Wirtschaftsprüfersozietäten, WM 2002, S. 1432 ff.
- Zur Rechts- und Parteifähigkeit der Gesellschaft bürgerlichen Rechts und der Haftung ihrer Gesellschafter, ZAP 2001, Heft Nr. 12 v. 27.06.2001, Fach 15, S. 355 ff.

Soergel
Bürgerliches Gesetzbuch: mit Einführungsgesetz und Nebengesetzen; Kohlhammer-Kommentar, begründet von Hans Theodor Soergel
- Bd. 1, Allgemeiner Teil, §§ 1-240, 12. Auflage, Stuttgart u.a. 1988 (zitiert: Soergel/Bearbeiter, 12. Aufl.)
- Bd. 4, Schuldrecht III, §§ 705-853, 11. Auflage, Stuttgart u.a. 1985 (zitiert: Soergel/Bearbeiter, 11. Aufl.)

Staudinger, Julius von
J. von Staudingers Kommentar zum Bürgerlichen Gesetzbuch, Berlin
- Buch 1., Allgemeiner Teil, §§ 1-12, 13. Auflage, Berlin 1995 (zitiert: Staudinger/Bearbeiter, 13. Aufl.)
- Buch 2., Recht der Schuldverhältnisse, §§ 652 – 740, 12. Auflage, Berlin 1991 (zitiert: Staudinger/Bearbeiter, 12. Aufl.)
- Buch 2., Recht der Schuldverhältnisse, §§ 705 – 740 (Gesellschaftsrecht), 13. Auflage, Berlin 2003 (zitiert: Staudinger/Bearbeiter, 13. Aufl.)
- BGB-Synopse 1896-2000: Gesamtausgabe des Bürgerlichen Gesetzbuches von seiner Verkündigung 1896 bis 2000 mit sämtlichen Änderungen im vollen Wortlaut in synoptischer Darstellung, Berlin 2000 (zitiert: Staudinger, BGB Synopse 1896-2000)
- 100 Jahre BGB – 100 Jahre Staudinger: Beiträge zum Symposion vom 18. – 20. Juni 1998 in München, Berlin 1999 (zitiert: Staudinger/Bearbeiter, 100 Jahre BGB – 100 Jahre Staudinger)

Steckhan, Hans-Werner
Die Innengesellschaft, Berlin 1966 (zitiert: Steckhan, Die Innengesellschaft)

Steding, Rolf
Zulässigkeit und Begrenzung des Einsatzes der GbR und des Vereins für wirtschaftliche Tätigkeit, NZG 2001, S. 721 ff.

Stein, Friedrich; Jonas, Martin
Kommentar zur Zivilprozessordnung, 22. Auflage, Tübingen 2002 (zitiert: Stein/Jonas/Bearbeiter, 22. Aufl.)

Steinbeck, Anja

Die Gesellschaft bürgerlichen Rechts als Gesellschafterin einer Personenhandelsgesellschaft, DStR 2001, S. 1162 ff.

Stöber, Kurt

Grundbuchfähigkeit der BGB-Gesellschaft – Rechtslage nach der neuen BGH-Entscheidung, MDR 2001, S. 544 ff.

Studienkommentar zum BGB

Studienkommentar zum BGB: 1. – 3. Buch (§§1 – 1296), bearbeitet von Volker Beuthien [u.a.], 1. Auflage, Frankfurt 1975

(zitiert: Studienkommentar/Bearbeiter, 1. Aufl.)

Stürner, Rolf

Anmerkung zu BGH, Beschluss v. 18.02.2002 – II ZR 331/00, JZ 2002, S. 1108 ff.

Stuttmann, Martin

Hinweise zur Festsetzung von Kommunalabgaben gegen Gesellschaften bürgerlichen Rechts nach dem Urteil des BGH vom 29.1.2001, KStZ 2002, S. 50 ff.

Teichmann, Arndt

Die Personengesellschaft als Rechtsträger, AcP 179 (1979), S. 475 ff.

Thielmann, Georg

Bereicherung des Gesellschaftsvermögens und der Eigenvermögen der Gesellschafter, ZHR 136 (1972), S. 397 ff.

Thomas, Heinz / Putzo, Hans

Kommentar zur Zivilprozessordnung, 22. und 26. Auflage, München 2004

(zitiert: Thomas/Putzo, 22. oder 26. Aufl.)

Thur, Andreas von

Der Allgemeine Teil des Deutschen Bürgerlichen Rechts, Bd. 1, Allgemeine Lehren und Personenrecht, Unveränderter Nachdruck der 1. Auflage, Berlin 1957

(zitiert: von Thur, Der Allgemeine Teil des Deutschen Bürgerlichen Rechts)

Timm, Wolfram

- Die Rechtsfähigkeit der Gesellschaft bürgerlichen Rechts und ihre Haftungsverfassung, NJW 1995, S. 2309 ff.
- Einige Zweifelsfragen zum neuen Umwandlungsrecht – Beitrag zur Festschrift Boujong, ZGR 1996, S. 247 ff.

Timme, Michael / Hülk, Fabian

Rechts- und Parteifähigkeit der Gesellschaft bürgerlichen Rechts – BGH, NJW 2001, 1056, in: JuS 2001, S. 536 ff.

Ulmer, Peter

- Die Gesellschaft bürgerlichen Rechts, systematischer Kommentar der §§ 705 – 740 BGB, Sonderausgabe aus Band 3 (Schuldrecht, Besonderer Teil, Halbband 2) des Münchener Kommentars zum Bürgerlichen Gesetzbuch, 1. – 2. Auflage, München 1980, 1986 (zitiert: Ulmer, Gesellschaft bürgerlichen Rechts, 1. od. 2. Aufl.)
- Gesellschaft bürgerlichen Rechts und Partnerschaftsgesellschaft, systematischer Kommentar, Sonderausgabe aus Band 5 (Schuldrecht – Besonderer Teil III) des Münchener Kommentars zum Bürgerlichen Gesetzbuch, 3. – 4. Auflage, München 1997, 2004 (zitiert: Ulmer, Gesellschaft bürgerlichen Rechts, 3. Aufl. od. 4. Aufl.)
- Die Gesamthandsgesellschaft – ein noch immer unbekanntes Wesen?, AcP 198 (1998), S. 113 ff.
- Die höchstrichterlich „enträtselte" Gesellschaft bürgerlichen Rechts, ZIP 2001, S. 585 ff.
- Unbeschränkte Gesellschafterhaftung in der Gesellschaft des bürgerlichen Rechts, Besprechung des Urteils BGH NJW 1999, S. 3483 ff., in: ZGR 2000, S. 339 ff.
- Rechtsfragen der BGB-Gesellschaft, RWS-Seminarskript Nr. 28, Köln 1979 (zitiert: Ulmer, Rechtsfragen der BGB-Gesellschaft)
- Gesellschafterhaftung in der Gesellschaft bürgerlichen Rechts: Durchbruch der Akzessorietätstheorie?, ZIP 1999, S. 554 ff.
- Wege zum Ausschluss der persönlichen Gesellschafterhaftung in der Gesellschaft bürgerlichen Rechts, ZIP 1999, S. 509 ff.
- Die Haftungsverfassung der BGB-Gesellschaft, ZIP 2003, S. 1113 ff.
- Vertretung und Haftung bei der BGB-Gesellschaft, in: Lutter, Marcus u.a. (Hrsg.), Festschrift für Robert Fischer, Berlin u.a. 1979, S. 785 ff. (zitiert: Ulmer, Festschrift für Fischer)
- Richterrechtliche Entwicklungen im Gesellschaftsrecht 1971 – 1985, Heidelberg 1986 (zitiert: Ulmer, Richterrechtliche Entwicklungen im Gesellschaftsrecht)
- Anmerkung zu BGH, Beschluss v. 16.07.2001 – II ZB 23/00, ZIP 2001, S. 1714 ff.

Ulmer, Peter / Steffek, Felix

Grundbuchfähigkeit einer rechts- und parteifähigen GbR, NJW 2002, S. 330 ff.

Urban, Bernd

Die Rechtsfähigkeit einer BGB-Gesellschaft und ihre Auswirkungen auf die Haftung, NWB 2001, Heft Nr. 32 v. 6.8.2001, Meinungen-Stellungnahmen, S. 2656 ff.

Veracius, Justus

Libellus Consuetudinum Principatus Bambergensis Autore Justo Veracio Primum in Lucem Editus Anno Christi 1681, in: Ludewig, Johan Peter von (Hrsg.), Scriptores rerum episcopatus Bambergensis, Frankfurt und Leipzig 1718, Nr. V Spalte 936 ff. (Veracii Consuetudines Bambergenses).

Vogt, Marco

Die Eintragung der Gesellschaft bürgerlichen Rechts unter ihrem Namen im Grundbuch, Rpfleger 2003, S. 491 ff.

Wahrig, Gerhard

Deutsches Wörterbuch, Jubiläumsausgabe, Gütersloh u.a. 1991

(zitiert: Wahrig, Deutsches Wörterbuch)

Waldner, Wolfram

Anwendung des § 31 BGB auf die GbR – der vorletzte Schritt auf dem Weg zur oHG, NZG 2003, S. 620 ff.

Walter, Alexander

Haftungsverhältnisse in ärztlichen Kooperationsformen nach der Anerkennung der Rechtsfähigkeit von BGB-Gesellschaften, MedR 2002, S. 169 ff.

Weber-Grellet, Heinrich

Die Gesamthand – ein Mysterienspiel?, AcP 182 (1982), S. 316 ff.

Weimar, Robert

Die Rechts und Parteifähigkeit der Gesellschaft bürgerlichen Rechts, NWB 2001, Heft Nr. 22 v. 28.05.2001, Fach 18, Seite 3805 ff.

Weipert, Lutz

Die Erbengemeinschaft als Mitglied einer Personengesellschaft, ZEV 2002, S. 300 ff.

Wertenbruch, Johannes

– Die Haftung von Gesellschaften und Gesellschaftsanteilen in der Zwangsvollstreckung, Köln 2000

– Die Parteifähigkeit der GbR – die Änderungen für die Gerichts- und Vollstreckungspraxis, NJW 2002, S. 324 ff.

– Die BGB-Gesellschaft in der Zwangsvollstreckung, DGVZ 2001, S. 97 ff.

– Anmerkung zu BGH, Urt. v. 29.01.2001 – II ZR 331/00, WuB II J. § 705 BGB 1.01

– BGB-Gesellschaft als Kommanditistin – oder: Der lange Weg zur Anerkennung im Rechtsverkehr, BB 2001, S. 737 ff.

– Die Markenrechtsfähigkeit der BGB-Gesellschaft, DB 2001, S. 419 ff.

– Publizität der Vertretungsmacht eines GbR-Geschäfts-führers, DB 2003, S. 1099 ff.

- Grundbucheintragung und Zwangshypothek bei der Gesellschaft bürgerlichen Rechts, WM 2003, S. 1785 ff.
- Anmerkung zu BGH, Beschluss v. 16.07.2001 – II ZR 23/00, WuB II J. § 705 BGB 2.01

Westermann, Harm Peter
- Bereicherungshaftung der Gesellschafter einer BGB-Gesellschaft, ZGR 1977, S. 552 ff.
- Erste Folgerungen aus der Anerkennung der Rechtsfähigkeit der BGB-Gesellschaft, NZG 2001, S. 289 ff.

Westermann, Harry
Sachenrecht, 5. Auflage, Karlsruhe 1966

Westphal, Michael R.
Die BGB-Gesellschaft im Lichte neuerer Rechtsprechung, SteuerStud 2002, S. 265 f.

Wieacker, Franz
- Rechtsgeschichte, Rezension von: Buchda, Gerhard, Geschichte und Kritik der deutschen Gesamthandlehre, Marburg 1936, Kritische Vierteljahresschrift für Gesetzgebung und Rechtswissenschaft 31 (1940/41), S. 174 ff.
  (zitiert: Wieacker, KrVJSchr 31 (1940/41))
- Societas: Hausgemeinschaft und Erwerbsgesellschaft, Bd. I; Untersuchungen zur Geschichte des römischen Gesellschaftsrechts, Weimar 1936
  (zitiert: Wieacker, Societas. Hausgemeinschaft und Erwerbsgesellschaft, Bd. I)

Wieczorek, Bernhard / Schütze Rolf A.
Zivilprozessordnung und Nebengesetze, Großkommentar, Berlin u.a.
Zivilprozessordnung und Nebengesetze, Bd. 1, Teilband 2, §§ 50 – 127 a, 3. Aufl., Berlin u.a. 1994
(zitiert: Wieczorek/Schütze/Bearbeiter)

Wiedemann, Herbert
- Gesellschaftsrecht, Band I, Grundlagen, München 1980
  (zitiert: Wiedemann, Gesellschaftsrecht)
- Die Personengesellschaft – Vertrag oder Organisation, ZGR 1996, S. 286 ff.
- Juristische Person und Gesamthand als Sondervermögen, WM 1975, Sonderbeilage Nr. 4
- Rechtsverhältnisse der BGB-Gesellschaften zu Dritten, WM 1994, Sonderbeilage Nr. 4
- Zur Selbständigkeit der BGB-Gesellschaft, in: Goerdeler, Reinhard u.a. (Hrsg.), Festschrift für Alfred Kellermann, Berlin u.a. 1991, S. 529 ff.

(zitiert: Wiedemann, Festschrift für Kellermann)
- Anmerkung zu BGH, Urt. v. 29.01.2001 – II ZR 331/00, JZ 2001, S. 661 ff.

Wieser, Eberhard
Rechtsfähige BGB-Gesellschaft – Neue Rechtslage nach der BGH-Entscheidung, MDR 2001, S. 421 ff.

Wiesner, Georg
Die Haftungsordnung der BGB-Gesellschaft – BGHZ 74, 240, JuS 1981, S. 331 ff.

Wilhelm, Jan
- Der Durchbruch zur Anerkennung der Rechts- und Parteifähigkeit der BGB-Gesellschaft, LM H. 5/2001, § 50 ZPO Nr. 52 Bl. 887 (893).
- Anmerkung: Die GbR als Kommanditistin einer KG und als persönlich haftende Gesellschafterin einer Personenhandelsgesellschaft, LM H. 1/2002 § 705 BGB Nr. 83 Bl. 42 (43).

Winter, Martin
Haftung des Gesamthandsvermögens der Gesellschaft bürgerlichen Rechts für Gesellschafterschulden?, KTS 1983, S. 349 ff.

Würdinger, Hans
Gesellschaften, 1. Teil: Recht der Personalgesellschaften, Hamburg 1937

Wunderlich, Nils-Christian
- Das Ende der Doppelverpflichtungstheorie?, WM 2002, S. 271 ff.
- Anmerkung zu BGH, Urt. v. 24.02.2003 – II ZR 385/99, und BGH, Urt. v. 07.04.2003 – II ZR 56/02, WuB II J. § 705 BGB 4.03

Zöller
Zivilprozessordnung, Kommentar, bearbeitet von Reinhold Greimer u.a., 22. und 23. Auflage, Köln 2001, 2002
(zitiert: Zöller/Bearbeiter, 22. bzw. 23. Aufl.)

Zöllner, Wolfgang
- Rechtssubjektivität von Personengesellschaften?, in: Lange, Hermann u.a. (Hrsg.), Festschrift für Joachim Gernhuber zum 70. Geburtstag, Tübingen 1993, S. 563 ff.
(zitiert: Zöllner, Festschrift für Gernhuber)
- Rechtsfähigkeit der BGB-Gesellschaft – ein Sachverstands- oder Kommunikationsproblem?, in: Hönn, Günther u.a. (Hrsg.), Festschrift für Alfons Kraft zum 70. Geburtstag, Neuwied u.a. 1998, S. 701 ff.
(zitiert: Zöllner, Festschrift für Kraft)
- Grundsatzüberlegungen zur umfassenden Umstrukturierbarkeit der Gesellschaftsformen nach dem Umwandlungsgesetz, in: Mertens, Klaus Peter u.a. (Hrsg.), Festschrift für Carsten Peter Claussen: zum 70. Geburtstag, Köln u.a. 1997
(zitiert: Zöllner, Festschrift für Claussen)

Die in dieser Arbeit verwendeten fachspezifischen Abkürzungen folgen Hildebert Kirchner/Cornelie Butz, Abkürzungsverzeichnis der Rechtssprache, 5. Aufl., Berlin 2003. Nachfolgend eine Übersicht über die in dieser Arbeit häufig verwendeten Abkürzungen:

a.A.	anderer Ansicht
ABlEG	Amtsblatt der europäischen Gemeinschaften
Abs.	Absatz
ADHGB	Allgemeines Deutsches Handelsgesetzbuch von 1861
a.E.	am Ende
a.F.	alte Fassung
AG	Aktiengesellschaft, Amtsgericht, Ausführungsgesetz
ALR	Allgemeines Landrecht für die preußischen Staaten von 1794
Arge	Arbeitsgemeinschaft
Art.	Artikel
AT	Allgemeiner Teil
Aufl.	Auflage
BayObLG	Bayerisches Oberstes Landesgericht
Bd.	Band
Begr.	Begründung
BFH	Bundesfinanzhof
BGB	Bürgerliches Gesetzbuch
BGBl.	Bundesgesetzblatt
BGH	Bundesgerichtshof
BGHZ	Entscheidungssammlung des Bundesgerichtshofs in Zivilsachen
BSG	Bundessozialgericht
BT	Besonderer Teil
BT-Drucks.	Drucksache des Deutschen Bundestages
BVerfG	Bundesverfassungsgericht
BVerwG	Bundesverwaltungsgericht
ders.	derselbe
d.h.	das heißt
dies.	dieselbe
EG	Europäische Gemeinschaften, Einführungsgesetz
EGInsO	Einführungsgesetz zur Insolvenzordnung
Einl.	Einleitung
EWIV	Europäische Wirtschaftliche Interessenvereinigung

Fn.	Fußnote
GbR	Gesellschaft bürgerlichen Rechts
GG	Grundgesetz
GmbH	Gesellschaft mit beschränkter Haftung
GmbHG	Gesetz betreffend die Gesellschaften mit beschränkter Haftung
HGB	Handelsgesetzbuch
h.M.	herrschende Meinung
HRefG	Handelsrechtsreformgesetz
Hs.	Halbsatz
InsO	Insolvenzordnung
i.V.m.	in Verbindung mit
KG	Kammergericht, Kommanditgesellschaft
LAG	Landesarbeitsgericht
LG	Landgericht
MarkenG	Markengesetz
MHbeG	Minderjährigenhaftungsbeschränkungsgesetz
m.w.N.	mit weiteren Nachweisen
Nr.	Nummer
oHG	Offene Handelsgesellschaft
OLG	Oberlandesgericht
OLGZ	Entscheidungen der Oberlandesgerichte in Zivilsachen
OVG	Oberverwaltungsgericht
PartGG	Partnerschaftsgesellschaftsgesetz
RegE	Regierungsentwurf
RG	Reichsgericht
RGZ	Sammlung der Reichsgerichtsrechtsprechung in Zivilsachen
ROHG	Sammlung der Entscheidungen des Reichsoberhandelsgerichts
SGB	Sozialgesetzbuch; römische Ziffern bezeichnen das betreffende Buch
SGG	Sozialgerichtsgesetz
Sp.	Spalte
UmwG	Umwandlungsgesetz
VGH	Verwaltungsgerichtshof
Vgl.	Vergleiche
VO	Verordnung
Vorbem.	Vorbemerkung
VwGO	Verwaltungsgerichtsordnung
ZPO	Zivilprozessordnung

WÜRZBURGER RECHTSWISSENSCHAFTLICHE SCHRIFTEN

herausgegeben von
der Juristischen Fakultät der
Universität Würzburg

Informationen zu Band 1-23 finden
Sie unter http://www.ergon-verlag.de

Band 24
Grode, Simone Gabriele
**Belästigende Werbung in
Selbstbedienungsgeschäften**
Zugleich eine Studie zu den dogmati-
schen Grundlagen, insbesondere auch
persönlichkeitsrechtlichen
Fragen des Unlauterkeitsrechts
2001. 304 S. – 155 x 225 mm.
Kartoniert
€ 29,00
ISBN 3-933563-72-0

Band 25
Hümmer, Ewald R.
Bodenreform in den Westzonen
2000. 310 S. – 155 x 225 mm.
Kartoniert
€ 29,00
ISBN 3-933563-75-5

Band 26
Backhaus, Susanne
**Die Gemeinden in der Landespla-
nung unter Berücksichtigung der
Neuregelung des Raumordnungs-
rechts**
2001. 197 S. – 155 x 225 mm.
Kartoniert
€ 24,00
ISBN 3-935556-61-6

Band 27
Röpke, Andreas
**Die Würzburger Juristenfakultät von
1815 bis 1914**

2001. 305 S. – 155 x 225 mm.
Kartoniert
€ 29,00
ISBN 3-935556-77-2

Band 28
Merkner, Andreas
**Die gesetzliche Regelung der Rechts-
anwalts-GmbH**
Diskriminierung der Rechtsanwälte gegenüber Wirtschaftsprüfern und Steu-
erberatern?
2001. 232 S. – 155 x 225 mm.
Kartoniert
€ 26,00
ISBN 3-935556-99-3

Band 29
Kim, Seong Tae
**Datenschutz im deutschen und
koreanischen Polizeirecht**
2001. 296 S. – 155 x 225 mm.
Kartoniert
€ 29,00
ISBN 3-89913-214-9

Band 30
Wittzack, Maren
**Das Recht der französischen
Vollzugspolizeien**
Eine vergleichende Untersuchung
aus der Perspektive der Polizei-
rechtsordnung der Bundesrepublik
Deutschland
2002. 400 S. – 155 x 225 mm.
Kartoniert
€ 49,00
ISBN 3-89913-224-6

ERGON VERLAG · WÜRZBURG

WÜRZBURGER RECHTSWISSENSCHAFTLICHE SCHRIFTEN

herausgegeben von
der Juristischen Fakultät der
Universität Würzburg

Band 31
Ott, Georg
**Landesgrundrechte in der
bundesstaatlichen Ordnung**
2001. 211 S. – 155 x 225 mm.
Kartoniert
€ 27,00
ISBN 3-89913-225-4

Band 32
Heid, Daniela A.
**Das tschechische Polizeirecht
im Vergleich mit „Europäischem Po-
lizeirecht" unter besonderer
Berücksichtigung der Schengener
Abkommen**
2002. 239 S. – 155 x 225 mm.
Kartoniert
€ 28,00
ISBN 3-89913-227-0

Band 33
Ahrens, Claus
**Die Verwertung persönlichkeitsrecht-
licher Positionen**
Ansatz einer Systembildung
2002. 579 S. – 155 x 225 mm.
Kartoniert
€ 79,00
ISBN 3-89913-228-9

Band 34
Dittrich, Sabine
**Effektengiroverkehr mit Auslandsbe-
rührung**
2002. 231 S. – 155 x 225 mm.
Kartoniert
€ 28,00
ISBN 3-89913-250-5

Band 35
Striegel, Andreas
Die Auslegung des § 2 b EStG
Einkünfte aus Verlustzuweisungs-
modellen
2002. 209 S. – 155 x 225 mm.
Kartoniert
€ 28,00
ISBN 3-89913-256-4

Band 36
Dollmann, Bernd
**Die Stellung des Königtums
in den Rechtsbüchern Coutumes de
Beauvaisis und Sachsenspiegel**
Zwischen traditionellen Herrschafts-
elementen und den Frühformen
moderner Staatlichkeit
2002. 239 S. – 155 x 225 mm.
Kartoniert
€ 29,00
ISBN 3-89913-258-0

Band 37
Dohr, Markus
**Erbrechtliche Gestaltungsmöglich-
keiten für die Beschränkung des erb-
vertraglich zu bindenden überleben-
den Ehegatten auf die
Einsetzung der gemeinschaftlichen
Abkömmlinge**
2002. 275 S. – 155 x 225 mm.
Kartoniert
€ 31,00
ISBN 3-89913-262-9

Band 38
Bühler, Markus
**Das Recht der belgischen Vollzugs-
polizeien**

ERGON VERLAG · WÜRZBURG

WÜRZBURGER RECHTSWISSENSCHAFTLICHE SCHRIFTEN

herausgegeben von
der Juristischen Fakultät der
Universität Würzburg

– eine vergleichende Untersuchung aus der Perspektive der Polzeirechtsordnung der Bundesrepublik Deutschland
2002. 300 S. – 155 x 225 mm.
Kartoniert
€ 32,00
ISBN 3-89913-268-8

Band 39
Weber, Katharina
Europäische Einwirkungen auf die Aufgabenerfüllung von Ordnungsbehörden
2003. 250 S. – 155 x 225 mm.
Kartoniert
€ 28,00
ISBN 3-89913-269-6

Band 40
Breucker, Marius
Transnationale polizeiliche Gewaltprävention
Maßnahmen gegen reisende Hooligans
2003. 367 S. – 155 x 225 mm.
Kartoniert
€ 34,00
ISBN 3-89913-275-0

Band 41
Engbers, Tilman
Deutsch-italienische Erbfälle
Nachlassplanung,
Nachlassabwicklung
2003. 252 S. – 155 x 225 mm.
Kartoniert
€ 29,00
ISBN 3-89913-282-3

Band 42
Höpfl, Marianne
Rechtsrahmen für die wirtschaftliche Nutzung des Weltraumes durch Privatunternehmen
Eine Analyse zentraler Rechtsfragen der wirtschaftlichen Nutzung des Weltraumes durch Privatunternehmen unter besonderer Berücksichtigung der Convention on International Interests in Mobile Equipment vom November 2001 in Verbindung mit dem UNIDROIT Preliminary Draft Protocol on Matters Specific to Space Assets vom Januar 2002
2003. 371 S. – 155 x 225 mm.
Kartoniert
€ 32,00
ISBN 3-89913-303-X

Band 43
Günther, Wolf G. H.
Umfang und zivilrechtliche Begrenzung der Aufnahmerechte an Sportveranstaltungen, insbesondere durch das Persönlichkeitsrecht der Sportler
2003. 293 S. – 155 x 225 mm.
Kartoniert
€ 29,00
ISBN 3-89913-304-8

Band 44
Haupt, Susanne
Der virtuelle Arbeitsplatz
2004. 269 S. – 155 x 225 mm.
Kartoniert
€ 29,00
ISBN 3-89913-335-8

ERGON VERLAG · WÜRZBURG

WÜRZBURGER RECHTSWISSENSCHAFTLICHE SCHRIFTEN

herausgegeben von
der Juristischen Fakultät der
Universität Würzburg

Band 45

Pompey, Franziska

**Die Kommune als Dienstherr der
Kommunalbeamten und als Arbeit-
geber der kommunalen Angestellten
und Arbeiter**

Eine vergleichende Darstellung des
kommunalen Beamten- und Arbeits-
rechts am Beispiel des bayerischen
Gemeinderechts unter besonderer Berücksichtigung der Auswirkungen des
Dienstrechtsreformgesetzes von 1997
sowie weiterer Reformgesetze zur Umsetzung des Programms „Moderner
Staat – Moderne Verwaltung"

2004. 303 S. – 155 x 225 mm.
Kartoniert
€ 32,00
ISBN 3-89913-336-6

Band 46

Trost, Mathias

**Das Fischrecht der Würzburger
Fischerzunft am Main**

2004. 136 S. – 155 x 225 mm.
Kartoniert
€ 24,00
ISBN 3-89913-338-2

Band 47

Hils, Frank

**Die Behandlung des Sonderbetriebs-
vermögens im Erbfall**

Gesellschaftsrechtliche Gestaltungs-
varianten der Vererbung von Anteilen
an Personengesellschaften und ihre
einkommenssteuerrechtlichen
Konsequenzen für das
Sonderbetriebsvermögen

2004. 211 S. – 155 x 225 mm.
Kartoniert
€ 28,00
ISBN 3-89913-349-8

Band 48

Eckert, Frank

**Kommunale Aufgaben im Bereich
der Wirtschaftsverwaltung**

Eine rechts- und begriffssystematische
Untersuchung über Zulässigkeit und
Grenzen wirtschaftsrelevanten Han-
delns der öffentlichen Verwaltung un-
ter besonderer Berücksichtigung der
Stellung der Kommunen

2004. 486 S. – 155 x 225 mm.
Kartoniert
€ 52,00
ISBN 3-89913-354-4

Band 49

Forkel, Hans – Sosnitza, Olaf (Hrsg.)

**Zum Wandel beim Recht der Persön-
lichkeit und ihrer schöpferischen
Leistungen**

2004. 45 S. – 155 x 225 mm.
Kartoniert
€ 8,00
ISBN 3-89913-358-7

Band 50

Lührmann, Christian

**Der Steuerungsansatz der Verpak-
kungsordnung im Spannungsver-
hältnis zum Kartellrecht**

2004. 204 S. – 155 x 225 mm.
Kartoniert
€ 28,00
ISBN 3-89913-360-9

ERGON VERLAG · WÜRZBURG

WÜRZBURGER RECHTSWISSENSCHAFTLICHE SCHRIFTEN

herausgegeben von
der Juristischen Fakultät der
Universität Würzburg

Band 51
Hinrichs, Fabian
**Das Recht der spanischen
Vollzugspolizei**
2004. XXVI/348 S. – 155 x 225 mm.
Kartoniert
€ 37,00
ISBN 3-89913-364-1

Band 52
Schork, Christoph
**Die Entschädigung immaterieller
Schäden im Urheberrecht**
2004. L/253 S. – 155 x 225 mm.
Kartoniert
€ 32,00
ISBN 3-89913-367-6

Band 53
Hilgendorf, Eric
**Die Renaissance der Rechtstheorie
zwischen 1965-1985**
2005. 77 S. - 155 x 225 mm. Kartoniert
ISBN 3-89913-416-8

Band 54
Kiewitt, Anja
**Rückforderung staatlicher Beihilfen
nach Europäischem Gemeinschaftsrecht bei Insolvenz oder Veräußer-
ung des Empfängerunternehmens**
2004. XLIV/254 S. – 155 x 225 mm.
Kartoniert
€ 35,00
ISBN 3-89913-417-6

Band 55
Degenhardt, Julia
**Das UNCITRAL-Modellgesetz über
die internationale Handelsschiedsge-
richtsbarkeit und nationales Recht -
eine Untersuchung aus Sicht des
schottischen Rechts**
2005. XVIII/381 S. - 155 x 225 mm.
Kartoniert
€ 47,00
ISBN 3-89913-432-X

Band 56
Winkler, Miriam
Der Ehename bei Eheaufhebung
2005. 204 S. – 155 x 225 mm.
Kartoniert
€ 28,00
ISBN 3-89913-433-8

Band 57
von Preuschen - von Lewinski, Anna
Elisabeth D.
**Baumaßnahmen des Mieters auf
fremdem Grund und Boden**
Eine systematische Untersuchung
In Vorbereitung
ISBN 3-89913-448-6

Band 58
Weiss, Markus K.
**Rechtsfähigkeit, Parteifähigkeit und
Haftungsordnung der BGB-Gesellschaft nach dem Grundlagenurteil
des Bundesgerichtshofs vom
29.01.2001**
2005. 274 S. – 155 x 225 mm.
Kartoniert
€ 34,00
ISBN 3-89913-456-7